EUROPA-FACHBUCHREIHE
für wirtschaftliche Bildung

Schul- und Beamtenrecht

mit Datenschutz und Urheberrecht
für die Lehramtsausbildung und Schulpraxis
in Baden-Württemberg

10. Auflage

VERLAG EUROPA-LEHRMITTEL · Nourney, Vollmer GmbH & Co. KG
Düsselberger Straße 23 · 42781 Haan-Gruiten

Europa-Nr.: 77819

Autoren:

Bernhard Gayer Leitender Regierungsdirektor
Regierungspräsidium Stuttgart

Stefan Reip Dr. jur., Ministerialrat
Kultusministerium

Das vorliegende Buch wurde auf der **Grundlage der neuen amtlichen Rechtschreibregeln** erstellt.

10. Auflage 2012

Druck 5 4 3 2 1

Alle Drucke derselben Auflage sind parallel einsetzbar, da bis auf die Behebung von Druckfehlern untereinander unverändert.

ISBN   978-3-8085-7965-7

Alle Rechte vorbehalten. Das Werk ist urheberrechtlich geschützt. Jede Verwertung außerhalb der gesetzlich geregelten Fälle muss vom Verlag schriftlich genehmigt werden.

© 2012 by Verlag Europa-Lehrmittel, Nourney, Vollmer GmbH & Co. KG, 42781 Haan-Gruiten

Umschlaggestaltung: Michael M. Kappenstein, 60385 Frankfurt a. M.
Satz: Doris Busch, 40235 Düsseldorf
Druck: Triltsch Print und digitale Medien GmbH, 97199 Ochsenfurt-Hohestadt

Vorwort

Das Schul- und Beamtenrecht wird von Lehrerinnen und Lehrern häufig als Beschränkung ihrer pädagogischen Freiheit empfunden. Die Schule als »staatliche Behörde« kommt aber in einem demokratischen Rechtsstaat nicht umhin, sich den rechtlichen Vorgaben zu stellen. Diese Regeln zumindest in ihren Grundstrukturen zu kennen gehört deshalb zur Professionalität des Lehrers.

Dieses Buch soll
- Referendaren und Anwärtern eine zuverlässige Grundlage für die Prüfung im Fach Schulrecht, Beamtenrecht und schulbezogenes Jugendrecht geben,
- aber auch dem Praktiker eine rasche Information über Rechtsfragen des Schulalltags ermöglichen.

Es stellt die Rechtsmaterie, die Lehrerinnen und Lehrern oftmals spröde erscheint, mit einführenden Fällen, Beispielen und Übersichten leicht verständlich dar. Besonderer Wert wurde dabei auf die praxisnahe Darstellung gelegt.

Die 10. Auflage berücksichtigt die Änderungen bei der Grundschulempfehlung, die Einführung der Gemeinschaftsschule, Anpassungen bei § 90 SchG (Erziehungs- und Ordnungsmaßnahmen) sowie das neue »Gesetz zur Kooperation und Information im Kinderschutz« (KKG).

Der wachsenden Bedeutung des Datenschutz- und Urheberrechts für die Schulen wurde durch die Erweiterung des Buches um zwei vollständig neue Teile Rechnung getragen.

Frau Rechtsanwältin Dr. Gesine Walz danken wir für die kritische Durchsicht des Manuskripts.

Die Verfasser

Inhaltsverzeichnis

Teil 1: Schulrecht

1	**Pädagogik und Recht**	11
	Fall 1.1	11
1.1	Woher kommt das Recht?	11
1.2	Die Methodik der juristischen Fallbearbeitung	12
1.2.1	Tatbestand und Rechtsfolge	12
1.2.2	Die Sprache des Gesetzes	12
1.2.3	Freie und gebundene Entscheidung/Ermessen	13
	Fragen zur Wiederholung und Vertiefung	14
2	**Erziehungs- und Bildungsauftrag der Schule, § 1 SchulG**	15
	Fall 2.1	15
2.1	Wertegrundlage für die Erziehung	15
2.2	Anspruch auf eine der Begabung entsprechende Erziehung und Ausbildung	16
2.3	Zusammenarbeit zwischen Schule und Elternhaus	16
	Fragen zur Wiederholung und Vertiefung	17
3	**Rechtsquellen im Bereich des Schulrechts**	18
	Fall 3.1	18
3.1	Schule als »Veranstaltung des Staates«	18
3.2	Gesetze, Verordnungen, Verwaltungsvorschriften	19
3.3	Gesetzgebungskompetenz im Bereich des Schulrechts (Kulturhoheit der Länder)	21
	Fragen zur Wiederholung und Vertiefung	22
4	**Rechtsformen des Handelns im Schulbereich**	23
	Fall 4.1	23
4.1	Die Schule im Rechtsstaat	23
4.2	Der Verwaltungsakt	23
4.2.1	Die Merkmale des Verwaltungsaktes	23
4.2.2	Das Verfahren vor dem Erlass eines Verwaltungsaktes	24
4.2.3	Die aufschiebende Wirkung des Widerspruchs	27
4.3	Der Rechtsschutz gegen einen Verwaltungsakt (das Widerspruchsverfahren)	28
	Fragen zur Wiederholung und Vertiefung	30
5	**Die Gliederung des Schulwesens**	31
	Fall 5.1	31
	Fall 5.2	31
5.1	Wahl des Bildungsganges	31
5.2	Schularten und Schultypen	33
5.3	Die Schularten und ihre Profile	33
5.3.1	Die Haupt- und Werkrealschule	33
5.3.2	Die Gemeinschaftsschule	34
5.3.3	Die Realschule	34
5.3.4	Das Gymnasium	35
5.3.5	Das berufliche Schulwesen	35
5.3.6	Zu einem Studium berechtigende Abschlüsse	38

5.3.7	Organisatorische Verbindung von Schulen	38
5.4	Privatschulen	39
5.4.1	Privatschulen und Grundgesetz	39
5.4.2	Schule und freie Unterrichtseinrichtung	39
5.4.3	Ersatzschulen	40
5.4.4	Ergänzungsschulen	41
5.4.5	Rechtsschutz	42
5.5	Die konfessionelle Ausrichtung von Schulen	42
	Fragen zur Wiederholung und Vertiefung	43
6	**Der Schulträger**	**44**
	Fall 6.1	44
	Fall 6.2	44
6.1	Hintergrund der Aufgabenverteilung zwischen Schulträger und Land	44
6.2	Die Aufgaben des Schulträgers	45
6.3	Lernmittelfreiheit	46
6.4	Schulgeldfreiheit	47
	Fragen zur Wiederholung und Vertiefung	47
7	**Die Schulaufsicht**	**48**
	Fall 7.1	48
7.1	Der Begriff der Schulaufsicht	48
7.2	Die Schulaufsichtsbehörden	50
	Fragen zur Wiederholung und Vertiefung	51
8	**Die Schulverfassung**	**52**
	Fall 8.1	52
	Fall 8.2	52
	Fall 8.3	52
	Fall 8.4	52
8.1	Direktoriale und kollegiale Schulverfassung	52
8.2	Der Schulleiter	52
8.3	Lehrer	54
8.4	Konferenzen	54
8.4.1	Lehrerkonferenzen	54
8.4.2	Schulkonferenz	56
8.4.3	Rechte der Elterngruppe	57
8.5	Die Schülermitverantwortung	58
8.5.1	Ziel der Schülermitverantwortung	58
8.5.2	Ebenen der Schülermitverantwortung	58
8.5.3	Aufgaben und Rechte der SMV	59
8.5.4	Verbindungslehrer (§ 68 Abs. 2 SchulG)	60
8.5.5	Veranstaltungen der SMV (§ 14 SMV-VO)	60
8.5.6	Schülerzeitschriften	61
	Fragen zur Wiederholung und Vertiefung	61
9	**Die Rechtsstellung des Schülers**	**63**
	Fall 9.1	63
	Fall 9.2	63
	Fall 9.3	63
9.1	Die Schulpflicht	63
9.1.1	Grundsätze, Umfang und Gliederung der Schulpflicht	63
9.1.2	Pflicht zum Besuch der Grundschule und einer auf ihr aufbauenden Schule	64

9.1.3	Pflicht zum Besuch der Berufsschule	65
9.1.4	Pflicht zum Besuch der Sonderschule	65
9.1.5	Schulpflicht und Schulberechtigung	65
9.1.6	Ausnahmen von der Schulbesuchspflicht	66
9.1.7	Durchsetzung der Schulpflicht	67
9.2	Grundrechte des Schülers im Schulverhältnis	67
9.2.1	Das Schulverhältnis als Rechtsverhältnis	67
9.2.2	Grundrechte, die durch ein Gesetz eingeschränkt werden können	68
9.2.3	Grundrechte, die unter keinem Gesetzesvorbehalt stehen	69
	Fragen zur Wiederholung und Vertiefung	69
10	**Elternrechte**	**70**
	Fall 10.1	70
	Fall 10.2	70
	Fall 10.3	70
10.1	Das Erziehungsrecht der Eltern	70
10.2	Der staatliche Erziehungsauftrag	71
10.3	Die gemeinsame Erziehungsverantwortung von Schule und Eltern	71
10.4	Beteiligungsrechte der Eltern	72
10.4.1	Gliederung der Elternrechte	72
10.4.2	Individualrechte (Rechte, die das eigene Kind betreffen)	72
10.4.3	Repräsentative und kollektive Rechte (Mitwirkung über Gremien)	73
10.5	Elternrechte bei volljährigen Schülern	75
	Fragen zur Wiederholung und Vertiefung	75
11	**Erziehungs- und Ordnungsmaßnahmen (§ 90 SchulG)**	**76**
	Fall 11.1	76
11.1	Erziehungs- und Ordnungsmaßnahmen als pädagogisches Problem	76
11.2	Das pädagogische Ermessen bei Erziehungs- und Ordnungsmaßnahmen	77
11.3	Die Erziehungs- und Ordnungsmaßnahme als Verwaltungsakt	78
11.3.1	Der Gesetzesvorbehalt	78
11.3.2	Die Erziehungs- und Ordnungsmaßnahme als Verwaltungsakt	78
11.4	Anknüpfungspunkt: Schulisches Fehlverhalten	78
11.5	Abgrenzung: Erziehungs- und Ordnungsmaßnahmen, pädagogische Maßnahmen, präventive Maßnahmen	79
11.6	Notensanktionen	80
11.7	Zuständigkeit, formelle Anforderungen	81
11.8	Inhaltliche Anforderungen	82
11.9	Verfahrensablauf, abschließende Entscheidung	83
	Fragen zur Wiederholung und Vertiefung	84
12	**Aufsichtspflicht**	**85**
	Fall 12.1	85
	Fall 12.2	85
12.1	Rechtliche Grundlagen	85
12.2	Umfang der Aufsichtspflicht	86
12.2.1	Örtliche und zeitliche Grenzen der Aufsichtspflicht	86
12.2.2	Aufsicht während des Unterrichts	87
12.2.3	Aufsicht bei außerunterrichtlichen Veranstaltungen	88
12.3	Kriterien der Aufsichtsführung	88
12.4	Aufsichtspflichtige	90
12.5	Gesetzliche Unfallversicherung für Schüler	90
12.6	Rechtliche Folgen von Aufsichtspflichtverletzungen	92
	Fragen zur Wiederholung und Vertiefung	92

13	**Außerunterrichtliche Veranstaltungen**	93
	Fall 13.1	93
	Fall 13.2	93
13.1	Allgemeines	93
13.2	Vorbereitung und Planung	94
13.3	Durchführung der Veranstaltung	95
13.3.1	Der Vertragsabschluss	95
13.3.2	Wahl des Beförderungsmittels	95
13.3.3	Die Aufsichtspflicht	96
13.3.4	Reaktion bei Fehlverhalten von Schülern	96
	Fragen zur Wiederholung und Vertiefung	97
14	**Schulbezogenes Jugendrecht**	98
	Fall 14.1	98
	Fall 14.2	98
14.1	Allgemeine Grundlagen	98
14.2	Schutzvorschriften	101
14.2.1	Schutz durch das Strafrecht	101
14.2.2	Schutz in der Öffentlichkeit	101
14.2.3	Schutz am Arbeits- bzw. Ausbildungsplatz	103
14.2.4	Kooperation und Information	105
14.3	Elterliches Sorgerecht	105
	Fragen zur Wiederholung und Vertiefung	107
15	**Leistungsfeststellung und Prüfungen**	108
	Fall 15.1	108
	Fall 15.2	108
15.1	Funktionen der Notengebung	108
15.2	Der Beurteilungsspielraum bei der Notengebung	109
15.3	Rechtsgrundlage für die Leistungsfeststellung und -bewertung	110
15.3.1	Verbindliche Vorgaben durch Verordnungen und Konferenzbeschlüsse	110
15.3.2	Allgemeine Grundsätze	111
15.4	Transparenz bei der Notengebung	112
15.5	Notenskala	113
15.6	Leistungsarten und ihre Bewertung	113
15.7	Schriftliche Leistungen	113
15.7.1	Klassenarbeiten und schriftliche Wiederholungsarbeiten	113
15.7.2	Schutzvorschriften	114
15.7.3	Aufbewahrung von schriftlichen Leistungen	115
15.7.4	Nachträgliche Korrektur von Benotungen	115
15.8	Die mündliche Note	116
15.9	Säumnis bei Leistungsfeststellungen	116
15.10	Täuschung und Täuschungsversuch	117
15.11	Hausaufgaben als Teil der Gesamtleistung	119
15.12	Bewertung von Gruppenleistungen	119
15.13	Versetzungsentscheidungen	120
15.13.1	Gemeinsame Grundzüge aller Versetzungsordnungen	120
15.13.2	Nichtversetzung als besondere Härte	121
15.13.3	Die freiwillige Wiederholung	122
15.13.4	Die Nichtversetzung als Verwaltungsakt	122
15.14	Die Multilaterale Versetzungsordnung	123
15.14.1	Grundstruktur der Multilateralen Versetzungsordnung	123
15.14.2	Wechsel in eine »höhere« Schulart	124

15.14.3	Wechsel in eine niedrigere Schulart	126
15.15	Prüfungsrecht	128
15.15.1	Prüfungsbedingungen	128
15.15.2	Information über das Prüfungsverfahren	128
15.15.3	Prüfungsstoff	128
15.15.4	Prüfer	129
15.15.5	Prüfungsverfahren	129
15.15.6	Nichtteilnahme, Rücktritt	131
15.15.7	Täuschungshandlungen	131
15.15.8	Rechtsschutz	132
15.15.9	Sonderfall: Prüfung für Schulfremde	134
	Fragen zur Wiederholung und Vertiefung	134

Teil 2: Beamtenrecht

1	**Das Recht des öffentlichen Dienstes in der Diskussion**	135
	Fall 1.1	135
1.1	Der öffentliche Dienst	135
1.2	Gründe für das Berufsbeamtentum	136
1.2.1	Historische und gesellschaftliche Betrachtung	136
1.2.2	Grundlegende Unterschiede zwischen der Rechtsstellung von Beamten und Tarifbeschäftigten	137
1.3	Die Kosten des öffentlichen Dienstes	139
1.4	Absicherung des Berufsbeamtentums durch das Grundgesetz	140
	Fragen zur Wiederholung und Vertiefung	141
2	**Rechtsquellen und Gesetzgebungszuständigkeit**	142
	Fall 2.1	142
2.1	Gesetzgebungszuständigkeit	142
2.2	Verwaltungsvorschriften und Verordnungen	143
	Fragen zur Wiederholung und Vertiefung	143
3	**Grundprinzipien des Beamtenrechts**	144
	Fall 3.1	144
3.1	Formenstrenge	144
3.2	Treue und Fürsorge	145
3.3	Alimentation	145
	Fragen zur Wiederholung und Vertiefung:	145
4	**Der Dienstherr des Lehrers und seine Organe/Zuständigkeiten im Bereich des Beamtenrechts**	146
	Fall 4.1	146
4.1	Zuständigkeiten im Beamtenrecht	146
4.2	Begriffsbestimmungen: Oberste Dienstbehörde, Dienstvorgesetzter, Vorgesetzter	147
4.3	Vorgesetzter/Dienstvorgesetzter der Anwärter und Referendare	148
	Fragen zur Wiederholung und Vertiefung	148
5	**Das Laufbahnrecht**	149
	Fall 5.1	149
5.1	Grundgedanken des Laufbahnrechtes	149
5.2	Gliederung in Laufbahngruppen und Laufbahnen	150
5.3	Entwicklung des Beamtenstatus	151
	Fragen zur Wiederholung und Vertiefung:	154

6	**Begründung und Beendigung des Beamtenverhältnisses**	155
	Fall 6.1	155
6.1	Die Einstellung in das Beamtenverhältnis und ihre Voraussetzungen	155
6.2	Die Beendigung des Beamtenverhältnisses	156
	Fragen zur Wiederholung und Vertiefung	158
7	**Pflichten und Rechte des Beamten**	159
	Fall 7.1	159
	Fall 7.2	159
7.1	Der Sonderstatus des Beamten	159
7.2	Pflichten des Beamten	159
7.2.1	Dienstleistungspflichten	160
7.2.2	Treuepflichten	162
7.2.3	Verhaltenspflichten	164
7.3	Rechte des Beamten	167
7.3.1	Vermögenswerte Rechte	167
7.3.2	Fürsorgerechte	170
7.3.3	Schutzrechte	172
7.3.4	Personalvertretung	174
7.4	Folgen von Pflichtverletzungen des Beamten und Ansprüche bei Verletzung seiner Rechte	177
7.4.1	Disziplinarische Folgen	177
7.4.2	Vermögensrechtliche Folgen	178
7.4.3	Strafrechtliche Folgen	178
	Fragen zur Wiederholung und Vertiefung	179
8	**Zuweisung neuer Tätigkeiten**	180
	Fall 8.1	180
8.1	Grenzen für die Zuweisung neuer Tätigkeiten	180
8.2	Begriffsbestimmungen: Versetzung, Abordnung, Umsetzung	180
8.3	Voraussetzungen von Versetzung und Abordnung	181
8.4	Länderübergreifende Versetzung	181
	Fragen zur Wiederholung und Vertiefung	183
9	**Die Rechtsstellung der Anwärter und Referendare im Vorbereitungsdienst**	184
	Fall 9.1	184
	Fall 9.2	184
9.1	Allgemeines	184
9.2	Ablauf und Beendigung des Vorbereitungsdienstes	184
9.3	Rechte und Pflichten	185
9.4	Die Prüfung	186
	Fragen zur Wiederholung und Vertiefung	186

Teil 3: Urheberrecht in der Schule

1	**Der Schutz des geistigen Eigentums**	187
	Fall 1	187
	Fall2	187
	Fall 3	187
2	**Das Werk des Urhebers**	189
2.1	Die erforderliche Schöpfungshöhe	189

2.2		Gesetze, Verordnungen, Erlasse und Urteile..	189
2.3		Dauer des Schutzes...	189
3		**Das Zitatrecht**...	**190**
4		**Die Vervielfältigung**..	**191**
4.1		Was ist eine Vervielfältigung?...	191
4.2		Grundstruktur der Regelung zur Vervielfältigung (§ 53 UrhG)...........................	192
4.3		Die Vervielfältigung für den Unterrichtsgebrauch...	192
4.4		Für den Unterrichtsgebrauch bestimmte Werke..	192
4.5		Sonstige Druckwerke...	193
4.6		Musikeditionen	193
5		**Internet und Intranet: Das Recht der »öffentlichen Zugänglichmachung«**	**194**
6		**Die »öffentliche Wiedergabe«**	**195**
7		**Die Lizenzierung einer Nutzung**	**197**

Teil 4: Datenschutzrecht

		Fall 1	199
		Fall 2	199
1		**Grundsätze des Datenschutzrechts**...	**199**
2		**Datenerhebung**...	**201**
3		**Die Datenübermittlung**...	**202**
3.1		Allgemeine Grundsätze der Datenübermittlung	202
3.2		Übermittlung von Daten bei einem Schulwechsel des Schülers........................	203
4		**Die Einwilligungserklärung**...	**204**
5		**Löschungs- bzw. »Aufbewahrungsfristen«**...	**205**
6		**Verarbeitung personenbezogener Daten auf dem privaten PC der Lehrkraft**	**206**

Abkürzungsverzeichnis..	207
Stichwortverzeichnis	208

Teil 1: Schulrecht

1 Pädagogik und Recht

Einführung

Fall 1.1

Während einer Schulpause kommt es zu einer körperlichen Auseinandersetzung zwischen zwei Schülern. Schüler A. schlägt Schüler B. »grundlos«. B. hebt vor dem zweiten Schlag schützend seinen Arm vor das Gesicht. Dadurch verletzt sich Schüler A., weil er mit voller Wucht auf den Arm des B. trifft.

Der Schulleiter entscheidet nach Durchführung des vorgeschriebenen Verfahrens, beide Schüler für eine Woche vom Unterricht auszuschließen.

- Wie beurteilen Sie diese Entscheidung?

1.1 Woher kommt das Recht?

Zur Beurteilung des Falles 1 hilft die Lektüre des Gesetzes nicht wesentlich weiter. Die einschlägige Gesetzesnorm, § 90 des Schulgesetzes, nennt die Voraussetzungen für den Unterrichtsausschluss, der hier vom Schulleiter verhängt werden kann.

Danach kann ein Unterrichtsausschluss mit einer Dauer von bis zu vier Wochen verfügt werden, wenn ein Schüler durch **schweres oder wiederholtes Fehlverhalten** seine Pflichten verletzt und dadurch die Erfüllung der Aufgabe der Schule oder die Rechte anderer gefährdet.

Die Entscheidung, ob die gesetzlichen Voraussetzungen vorliegen, setzt mehrere Wertungen voraus:

- Liegt überhaupt ein **Fehl**verhalten vor? Wie sollte sich der Schüler richtig verhalten? Woher weiß ich, dass das eine Verhalten richtig und das andere falsch ist?
- Wie treffe ich die Entscheidung, dass das Fehlverhalten **schwer** wiegt?

Beide Fragestellungen lassen sich nur dadurch beantworten, dass sie an Wertmaßstäben gemessen werden. Woher aber kommen diese Wertmaßstäbe?

Mit dieser Fragestellung nach dem Ursprung der Wertmaßstäbe für »Recht und Unrecht« setzt sich die Rechtsphilosophie auseinander und ganze Bibliotheken sind gefüllt mit Büchern zu diesem Problem. Eine abschließende Antwort dazu ist hier deshalb auch nicht möglich.

Recht anzuwenden bedeutet also nur selten, dass man nur wissen muss, wie etwas geregelt ist. Meistens muss der Rechtsanwender selbst eine eigene Wertung vornehmen, um eine Situation rechtlich zu beurteilen.

Gerade von Lehrkräften wird deshalb die Rechtsunsicherheit durch »Gummiparagraphen« beklagt.

Es wäre aber weder möglich noch wünschenswert, jeden Fall in einem Gesetz, einer Verwaltungsvorschrift oder einer Verordnung zu regeln. Das Leben ist dafür zu vielfältig. So ist in dem oben geschilderten Fall bei der Entscheidung über eine Erziehungs- und Ordnungsmaßnahme zu berücksichtigen, welches Verhalten der Schüler bisher in der Schule gezeigt hat oder welche gesundheitlichen Probleme er vielleicht hat.

Im Schulbereich sind diese **Wertungen meist pädagogischer Art**, gehören also zu dem Bereich, in dem der Pädagoge seine eigene Fachkompetenz, seine Erfahrungen und die Wertmaßstäbe, die sich daraus gebildet haben, anzuwenden hat. Eine pädagogisch sinnvolle Entscheidung wird deshalb fast immer auch dem Recht entsprechen.

> Der Schulleiter hat deshalb auch im **Fall 1.1** einen pädagogischen Beurteilungsspielraum. Diesen Spielraum hat der Schulleiter aber mit seiner Entscheidung, den Angreifer und den Verteidiger gleichermaßen zu bestrafen, überschritten, denn er hat »allgemein gültige Wertmaßstäbe« missachtet.

Grundansätze der Rechtsphilosophie zum Ursprung des Rechts

Die **Naturrechtslehre** vertritt die Auffassung, dass das, was Recht und Unrecht ist, mit der Vernunft aus der menschlichen Natur erkennbar sei. Es gibt nach der Auffassung dieser Lehre also ein »unwandelbares Recht«.

- **Aus der Natur** könnte man aber das Recht des Stärkeren, mit dem Schwachen nach Belieben zu verfahren (so die Sophisten unter Hinweis auf den Selbsterhaltungstrieb), genauso ableiten wie
- aus dem **Geselligkeitstrieb** die Anerkennung einer Menschenwürde (Grotius, Pufendorf, 17. Jh.)

Kant hingegen hat diese Möglichkeit, aus der Natur mit der menschlichen Vernunft zu erkennen, was Recht und Unrecht ist, abgelehnt.

1.2 Die Methodik der juristischen Fallbearbeitung

1.2.1 Tatbestand und Rechtsfolge

Im Schulalltag geht es, genauso wie bei Fallgestaltungen in der Prüfung, darum festzustellen, welche Lösung sich aus dem Gesetz ableiten lässt.

Dabei ist es hilfreich, sich zunächst die Grundstruktur vor Augen zu führen, nach der die meisten Rechtsnormen aufgebaut sind.

Eine rechtliche Regelung spricht in der Regel eine »**Rechtsfolge**« aus und nennt dafür die Voraussetzungen, den so genannten »**Tatbestand**«:

Im Ausgangsbeispiel (1.1) einer Erziehungs- und Ordnungsmaßnahme ist die **Voraussetzung (Tatbestand)** ein schweres oder wiederholtes Fehlverhalten des Schülers, die **Rechtsfolge** der Ausschluss vom Unterricht.

Die Aufgabe bei der Rechtsanwendung besteht also darin, den Tatbestand eines Gesetzes herauszuarbeiten und zu prüfen, ob im konkreten Fall die im Gesetz abstrakt umschriebenen Voraussetzungen vorliegen.

1.2.2 Die Sprache des Gesetzes

Die Formulierungen des Gesetzes sind in der Regel in ihrem umgangssprachlichen Sinn zu verstehen und haben keine spezifisch juristische Bedeutung.

Eine Besonderheit in der gesetzlichen Formulierung ist jedoch zu beachten. Häufig verwendet der Gesetzgeber in Gesetzestexten die Worte »kann«, »soll« und »muss«

Diese Worte geben ein Verhältnis zwischen Tatbestand und Rechtsfolge an.

1.2.3 Freie und gebundene Entscheidung/Ermessen

Beispiel 1: Formulierung »kann«

§ 90 Abs. 3 Schulgesetz:
»*Folgende Erziehungs- und Ordnungsmaßnahmen können getroffen werden …*«

Sofern die gesetzlichen Voraussetzungen des § 90 Schulgesetzes, (z. B. ein schweres oder wiederholtes Fehlverhalten), vorliegen, **kann** ein Unterrichtsausschluss verfügt werden, er muss aber nicht verfügt werden. Es besteht ein **Ermessensspielraum**, der im Gesetz durch das Wort »kann« zum Ausdruck gebracht wurde.

Von Rechts wegen ist die Schule gezwungen, immer dann, wenn ihr ein solcher Spielraum durch das Gesetz eingeräumt wird, diesen Spielraum auch tatsächlich zu nutzen. Sie muss ihr »Ermessen betätigen«, das heißt alle für und gegen eine Entscheidung sprechenden Gesichtspunkte gegeneinander abwägen.

Vergisst dabei die Schule wesentliche Gesichtspunkte oder glaubt sie irrtümlich, sie hätte gar keinen Spielraum, ist die Entscheidung rechtswidrig.

Beispiel 2: Formulierung »muss«, »hat zu« u. Ä.

§ 100 Schulgesetz:
»*Abmeldung vom Religionsunterricht: Zum Termin der mündlichen Abgabe der Erklärung des religionsmündigen Schülers sind die Erziehungsberechtigten zu laden.*«

In diesem Beispielsfall hat die Schule keinen Entscheidungsspielraum. Sie muss die Erziehungsberechtigten laden und kann nicht – aus welchen Gründen auch immer – davon absehen. Es liegt eine »gebundene Entscheidung« vor.

Beispiel 3: Formulierung »soll«

§ 21 Schulgesetz:
»*Schulpflichtigen Kindern und Jugendlichen, die … infolge längerfristiger Erkrankung am Schulbesuch gehindert sind, soll Hausunterricht in angemessenem Umfang erteilt werden.*«

Diese Formulierung steht zwischen dem »kann« (Ermessen) und dem »muss« (gebundene Entscheidung ohne Spielraum). Sie bedeutet im Regelfall ein Muss, wobei in begründeten Ausnahmen auch davon abgewichen werden kann. Die Formulierung »soll« gibt also ein Regel-Ausnahme-Verhältnis an.

Die Verknüpfung von Tatbestand und Rechtsfolge	
Tatbestand (Voraussetzungen) → Rechtsfolge • Gebundene Entscheidung • Ermessen	
Gesetzliche Formulierungen:	
Kann	Ermessen.
Soll	Bedeutet im Regelfall ein Muss, von dem aber in begründeten Ausnahmefällen abgewichen werden kann.
Muss	Es besteht kein Ermessensspielraum. Abweichungen sind nicht möglich.

Fragen zur Wiederholung und Vertiefung

1 Welche unterschiedlichen Verknüpfungen von Tatbestand und Rechtsfolge kennt das Gesetz?

2 Woran erkennen Sie in der Formulierung eines Gesetzes, dass der entscheidenden Stelle ein »Ermessen« eingeräumt wird?

3 Warum bedeutet die Einräumung des Ermessens nicht nur eine Berechtigung, sondern auch eine Verpflichtung?

4 Wie wird bei einer Entscheidung das Ermessen betätigt?

2 Erziehungs- und Bildungsauftrag der Schule, § 1 SchulG

Einführung

Fall 2.1

An Ihrer Schule wird ein pädagogischer Tag zu dem Thema »Werteerziehung an unserer Schule« durchgeführt.

In der Diskussion meldet sich ein Fachlehrer für Mathematik und Physik zu Wort. Er vertritt die These, dass in seinen Fächern eine Werteerziehung gar nicht möglich sei. Die von ihm vertretenen Fächer unterlägen ausschließlich den Gesetzen der Logik und seien deshalb »wertfrei«. Wenn er den Lehrplan erfüllen wolle, habe er zur Erziehung auch wahrlich keine Zeit. Die Erziehung sei seiner Auffassung nach ohnehin Aufgabe der Eltern. Es sei eine völlig falsche Entwicklung, dass die Schule hier die Erziehungslast auf sich nehme und dadurch ihre eigentliche Aufgabe, Wissen zu vermitteln, vernachlässigen müsse.

- Wie beurteilen Sie den Diskussionsbeitrag des Lehrers?

2.1 Wertegrundlage für die Erziehung

Das gesellschaftliche Leben wird immer weniger von allgemein verbindlichen Normen bestimmt, die von allen Mitgliedern der Gesellschaft unabhängig von ihren religiösen, weltanschaulichen oder politischen Überzeugungen anerkannt werden. In einer pluralistischen Gesellschaft gibt es eine Vielzahl von Zielsetzungen.

Eine Gesellschaft bleibt aber nur dann funktionsfähig, wenn sie von einem Grundbestand gemeinsamer Überzeugungen und Wertanschauungen ihrer Mitglieder getragen wird. Dadurch bekommt die Schule ihre erzieherische Aufgabe.

Das Menschenbild des Grundgesetzes und der Landesverfassung Baden-Württemberg ist geprägt von der Tradition des christlichen Abendlandes, ergänzt durch das Gedankengut der Aufklärung.

Für die Schulen in Baden-Württemberg legt das Schulgesetz fest, dass die Erziehung auf der Grundlage **christlich-abendländischer** Werte erfolgen soll. Auch soll zur Anerkennung der freiheitlich-demokratischen Grundordnung erzogen werden.

Dieser Auftrag, den die Landesverfassung in Art. 12 erteilt, wird durch den § 1 des Schulgesetzes konkretisiert. Auf der Grundlage dieser Vorgaben hat die Erziehungswissen-

> **Erziehungs- und Bildungsauftrag der Schule nach § 1 SchulG:**
>
> (1) Der Auftrag der Schule bestimmt sich aus der durch das Grundgesetz der Bundesrepublik Deutschland und die Verfassung des Landes Baden-Württemberg gesetzten Ordnung, insbesondere daraus, daß jeder junge Mensch ohne Rücksicht auf Herkunft und wirtschaftliche Lage das Recht auf eine seiner Begabung entsprechende Erziehung und Ausbildung hat und daß er zur Wahrnehmung von Verantwortung, Rechten und Pflichten in Staat und Gesellschaft sowie der ihn umgebenden Gemeinschaft vorbereitet werden muss.
>
> (2) Die Schule hat den in der Landesverfassung verankerten Erziehungs- und Bildungsauftrag der Schule zu verwirklichen. Über die Vermittlung von Wissen, Fähigkeiten und Fertigkeiten hinaus ist die Schule insbesondere gehalten, die Schüler in Verantwortung vor Gott, im Geiste christlicher Nächstenliebe, in der Liebe zu Volk und Heimat, zur Achtung der Würde und der Überzeugung anderer, zu Leistungswillen und Eigenverantwortung sowie zur sozialen Bewährung zu erziehen und in der Entfaltung ihrer Persönlichkeit und Begabung zu fördern.

schaft allgemeine Lernziele entwickelt, die auch erzieherische Maßstäbe vorgeben. Hinweise, welchen Beitrag ein bestimmtes Unterrichtsfach zur Erreichung der Erziehungsziele leisten kann und soll, finden sich in den Richtzielen, meist im Vorspann der Bildungspläne.

Es gehört also zu den Pflichten des Lehrers, erziehend tätig zu werden.

> Die Argumente, die der Lehrer im **Fall 2.1** in die Diskussion eingebracht hat, missachten die Erziehungspflicht. Der Erziehungsauftrag verpflichtet den Lehrer nicht, jedes einzelne nach dem Bildungsplan zu vermittelnde Unterrichtsthema wertorientiert zu vermitteln. Vielfach wird dies auch gar nicht möglich sein. Trotzdem wirkt der Lehrer durch seine Person, durch den Umgang mit den Schülern, dadurch, wie er das »Miteinander«, den Umgang regelt, wo er auch Grenzen setzt, auf die Schüler erzieherisch ein.

2.2 Anspruch auf eine der Begabung entsprechende Erziehung und Ausbildung

Die Bildungschancen eines jungen Menschen sollen unabhängig von den wirtschaftlichen Möglichkeiten seiner Eltern sein. Diese Forderung, die zunächst die Landesverfassung in Art. 11 aufstellt, wird in § 1 des Schulgesetzes wiederholt.

Eingelöst wird die Forderung im Schulgesetz z. B. durch die Lernmittelfreiheit (§ 94 SchulG) und die Schulgeldfreiheit (§ 93 SchulG).

Ausschließlich abhängig von seinen Begabungen und Neigungen soll er die Schule besuchen können, in der er am besten gefördert werden kann.

Die Entscheidung, welche Schulart den Begabungen und Neigungen am besten entspricht, wird dabei nicht allein dem Schüler und den Eltern überlassen. Der Rahmen, innerhalb dessen Eltern und Schüler wählen können, wird durch das schulische Leistungsbild in einem festgelegten, schulischen Verfahren bestimmt.

Solche Verfahren stehen an verschiedenen Stellen einer schulischen Laufbahn, z. B. bei
- der Wahl des Bildungsweges, § 88 SchulG,
- dem Wechsel zwischen den Schularten entsprechend der Begabung nach der Multilateralen Versetzungsordnung,
- dem Verfahren zur Feststellung der Sonderschulbedürftigkeit, § 82 SchulG.

2.3 Zusammenarbeit zwischen Schule und Elternhaus

§ 1 SchulG trifft auch eine Aussage dazu, in welcher Weise Eltern und Schule zur Erfüllung ihres gemeinsamen Erziehungs- und Bildungsauftrages zusammenwirken sollen. Die Einzelheiten dieses Zusammenwirkens werden in den §§ 55 ff. des Schulgesetzes geregelt (vgl. dazu Kapitel 10).

Art. 12 Abs. 2 der Landesverfassung
Verantwortliche Träger der Erziehung sind in ihren Bereichen die Eltern, der Staat, die Religionsgemeinschaften, die Gemeinden und die in ihren Bünden gegliederte Jugend.

Fragen zur Wiederholung und Vertiefung

1 Durch welche Regelungen wird der Anspruch des jungen Menschen auf eine seiner Begabung entsprechende Erziehung und Ausbildung im Schulgesetz abgesichert?

2 Art. 6 Abs. 2 des Grundgesetzes formuliert: »Pflege und Erziehung der Kinder sind das natürliche Recht der Eltern und die zuvörderst ihnen obliegende Pflicht.«

Wie ist der Erziehungsauftrag der Schule mit dieser Regelung in Einklang zu bringen?

3 Rechtsquellen im Bereich des Schulrechts

Einführung

Fall 3.1

Nehmen Sie an, das Ministerium für Kultus, Jugend und Sport Baden-Württemberg erlässt eine Verwaltungsvorschrift, die auch in dem Amtsblatt »Kultus und Unterricht« veröffentlicht wird:

Verwaltungsvorschrift über pädagogische Maßnahmen

Neben den Erziehungs- und Ordnungsmaßnahmen nach § 90 SchulG kann die Klassenkonferenz nach Anhörung der Erziehungsberechtigten und des betroffenen Schülers folgende pädagogische Maßnahmen treffen:

1. Soziale Arbeiten bei karitativen Einrichtungen. Insgesamt darf die Anzahl der zu leistenden Arbeitsstunden 15 nicht übersteigen

2. Hilfs- und Reinigungsarbeiten innerhalb der Schule.

In keinem Fall darf durch diese Maßnahmen für den Schüler Unterricht ausfallen.

- Wäre eine pädagogische Maßnahme, die auf der Grundlage dieser Verwaltungsvorschrift erlassen würde, rechtmäßig?

3.1 Schule als »Veranstaltung des Staates«[1]

Die öffentliche Schule ist in der Bundesrepublik eine »Veranstaltung des Staates«. Das war freilich nicht immer so: Bis in das 17 Jahrhundert befanden sich Schule und Schulaufsicht vor allem in den Händen der Kirche.

Deshalb erfolgt die rechtliche Ausgestaltung des Schulverhältnisses **z. B. nicht auf der Grundlage eines Vertrages**[2], sondern durch verbindliche, rechtliche Regeln, die vom Staat formuliert werden.

Solche Regeln können verschiedene Urheber haben: **Verfassungsgeber, Gesetzgeber oder die Verwaltung**.

In einem demokratischen Rechtsstaat kann der Verwaltung, die selbst nur indirekt demokratisch legitimiert wird, nicht völlig freie Hand gelassen werden, solche Rechtsregeln aufzustellen. Vielmehr müssen die **wesentlichen** Entscheidungen vom Gesetzgeber selbst getroffen werden. Dies ist die zentrale Aussage der so genannten »Wesentlichkeitstheorie«, wie sie von der herrschenden Meinung in der Literatur und vom Bundesverfassungsgericht vertreten wird.

Demgegenüber wurde früher die Meinung vertreten, dass das Schulverhältnis ein so genanntes »**besonderes Gewaltverhältnis**« sei. In diesem sei selbst für den Eingriff in Grundrechte keine gesetzliche Ermächtigung erforderlich. Damals ging man davon aus, dass der Staat seinen »internen« Bereich wie z. B. bei Schulen, Strafanstalten selbst regeln könne und der Bürger, der sich in diesen Bereich eingliedert, diesem internen Recht unterworfen ist. Das Schulverhältnis wurde als »implizite Beschränkung« der Grundrechte verstanden.

Diese Lehre musste nach mehreren Entscheidungen des Bundesverwaltungsgerichtes und des Bundesverfassungsgerichtes aufgegeben werden. Grundlegend war hier eine Entscheidung aus dem Bereich des Strafvollzuges im Jahr 1972. Im Schulbereich waren richtungsweisend z. B. die Entscheidungen zur »Förderstufe« (1972), »Sexualkunde« (1977) und zum »Schulgebet« (1979).

---

1 Diese Formulierung stammt aus dem preußischen allgemeinen Landrecht von 1794, § 1 II 12.
2 So aber bei den Schulen in »freier Trägerschaft«. Dort erfolgt die rechtliche Ausgestaltung vor allem auf vertraglicher Grundlage.

In der Konsequenz müssen Maßnahmen im Schulverhältnis, die in die Grundrechte des Schülers oder der Eltern eingreifen, nun auch auf einer gesetzlichen Grundlage erfolgen.

Freilich kann der Gesetzgeber nicht jedes Problem selbst lösen. Eine solche **Regelungsdichte** ist undenkbar und würde auch den pädagogischen Freiraum unzumutbar einengen. Der Gesetzgeber muss nur die wesentlichen Entscheidungen selbst treffen.

Als wesentlich in diesem Sinne sieht das Bundesverfassungsgericht alle Entscheidungen an, die wesentlich für die Verwirklichung der Grundrechte sind. Als Beispiele für solche Entscheidungen, die vom Gesetzgeber selbst getroffen werden müssen, sind zu nennen:

- Grundlegende **Erziehungs- und Bildungsziele**: Im Schulgesetz des Landes Baden-Württemberg ist diese Forderung durch § 1 SchulG erfüllt
- Tief greifende Veränderungen des Schulwesens (z. B. reformierte Oberstufe)
- **Unterrichtsfächer und Gegenstände**, die das Erziehungsrecht der Eltern oder das Persönlichkeitsrecht des Schülers besonders berühren: Deshalb ist der Religions- und Ethikunterricht (§§ 100 und 100 a SchulG) wie auch die Familien- und Geschlechtserziehung (§ 100 b) im Schulgesetz besonders erwähnt
- Gliederung des Schulwesens (Schularten und Schultypen)
- Schullaufbahn
- Erziehungs- und Ordnungsmaßnahmen

Je intensiver eine Regelung die Grundrechte berührt, desto detaillierter muss der Gesetzgeber die Regelung selbst treffen. Während für eine Änderung der Sitzordnung in der Klasse § 23 Abs. 2 Schulgesetz ausreicht, der die Schule ermächtigt, die »erforderlichen Maßnahmen« zu treffen, kann z. B. ein Schulausschluss nur auf der Grundlage einer gesetzlichen Regelung erfolgen (§ 90 SchulG), die diese Rechtsfolge ausdrücklich vorsieht.

> Im **Einführungsfall 3.1** wäre die Verwaltungsvorschrift keine ausreichende Ermächtigung für die Anordnung einer Arbeitspflicht. Diese Anordnung, die man auch als »Zwangsarbeit« bezeichnen könnte, würde derart in die Grundrechte des Schülers eingreifen, dass eine gesetzliche Ermächtigung erforderlich wäre. Eine Verwaltungsvorschrift, die vom Ministerium erlassen wird, wäre keine ausreichende Grundlage.
>
> Die »pädagogische Maßnahme« wäre deshalb nicht rechtmäßig und könnte rechtlich mit Erfolg angegriffen werden.

3.2 Gesetze, Verordnungen, Verwaltungsvorschriften

Verbindliche Rechtsregeln, die das Schulwesen bestimmen, können verschiedene Urheber haben:

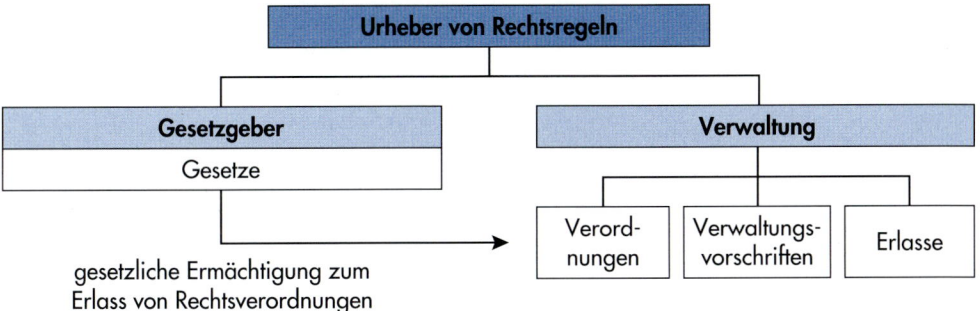

In ihrer Wertigkeit unterscheiden sich die Regelungen durch ihre unterschiedliche demokratische Legitimierung:
- **Gesetze** werden unmittelbar vom (gewählten) **Parlament** erlassen und im Gesetzblatt veröffentlicht.
- **Verordnungen** werden aufgrund einer gesetzlichen Ermächtigung vom **Ministerium** erlassen. Die gesetzliche Ermächtigung muss bereits Inhalt, Zweck und Ausmaß der Verordnung erkennen lassen (Art. 80 Grundgesetz, 61 Landesverfassung).
- **Verwaltungsvorschriften** und Erlasse werden im Rahmen der Gesetze erlassen, ohne aber bereits eng vorherbestimmt zu sein. Die demokratische Legitimierung besteht nur indirekt auf dem Weg über die demokratisch legitimierte Regierung. Der zuständige Kultusminister ist weisungsberechtigt gegenüber der Schulverwaltung.
- **Erlasse:** Der Begriff des Erlasses ist schillernd und wird in Theorie und Praxis mit ganz unterschiedlicher Wortbedeutung verwandt. Manchmal wird der Begriff Erlass im Sinne einer abstrakten Regelung durch die Verwaltung für den inneren Dienstbetrieb gebraucht (Runderlass), teilweise aber auch im Sinne der Regelung eines Einzelfalles (Verwaltungsakt).

Es ist schwer, eine allgemeine Regel dafür anzugeben, wann eine Regelung in Form einer Verordnung, wann sie in Form einer Verwaltungsvorschrift und wann sie in Form eines Erlasses ergeht.

In Form einer **Verwaltungsvorschrift** kann die vorgesetzte gegenüber der nachgeordneten Behörde Anordnungen treffen. So wird beispielsweise in der Verwaltungsvorschrift »Außerunterrichtliche Veranstaltungen der Schulen« bestimmt, dass bei außerunterrichtlichen Veranstaltungen mit mehr als 20 Schülern neben dem verantwortlichen Lehrer auch eine Begleitperson teilnehmen soll. Diese Verwaltungsvorschrift richtet sich also an die Lehrkräfte und gibt ihnen vor, wie sie außerunterrichtliche Veranstaltungen zu organisieren haben. Verwaltungsvorschriften richten sich also in der Regel nicht an Schüler, sondern an Bedienstete, z. B. an die Lehrkräfte. Sie sollen eine gerechte und einheitliche Handhabung sicherstellen.

Wesentliche Regelungen im oben genannten Sinne können nicht allein auf eine Verwaltungsvorschrift gestützt werden.

Rechtsverordnungen ergehen demgegenüber auf der Grundlage einer gesetzlichen Ermächtigung.

Deshalb können auch grundrechtsrelevante Regelungen durch eine Rechtsverordnung getroffen werden. Solche Regelungen, die Grundrechte »intensiv« berühren, bedürfen jedoch einer Entscheidung durch den Gesetzgeber selbst in Form eines Gesetzes.

Die Regelungen in Grundgesetz, Landesverfassung, Gesetz, Rechtsverordnungen und Verwaltungsvorschriften stehen nicht gleichrangig nebeneinander, sondern in einem hierarchischen Verhältnis zueinander, das sich in der Form einer Pyramide abbilden lässt. Dieses hierarchische Verhältnis gilt in allen Rechtsbereichen, also z. B. auch im Beamtenrecht.

> **Die gesetzliche Ermächtigung zum Erlass einer Rechtsverordnung am Beispiel der Schulbesuchsverordnung**
>
> **§ 89 Schulgesetz**
>
> (1) Das Ministerium für Kultus und Sport wird ermächtigt, **durch Rechtsverordnung** Schulordnungen über die Einzelheiten des Schulverhältnisses, Prüfungsordnungen ... zu erlassen«
>
> (2) In den Schulordnungen sind insbesondere zu regeln:
>
> ...
>
> Nr. 3: Der Umfang der Pflicht zur Teilnahme am Unterricht und an den sonstigen Schulveranstaltungen ...
>
> Aufgrund dieser Ermächtigung hat das Ministerium für Kultus, Jugend und Sport die so genannte »**Schulbesuchsverordnung**« erlassen, die z. B. die Möglichkeiten einer Befreiung vom Unterricht oder die Beurlaubung von Schülern regelt.

Soweit Regelungen also miteinander kollidieren, gilt die in der Pyramide dargestellte Rangfolge: Das Grundgesetz steht über dem Schulgesetz, das Schulgesetz über der Rechtsverordnung und der Verwaltungsvorschrift.

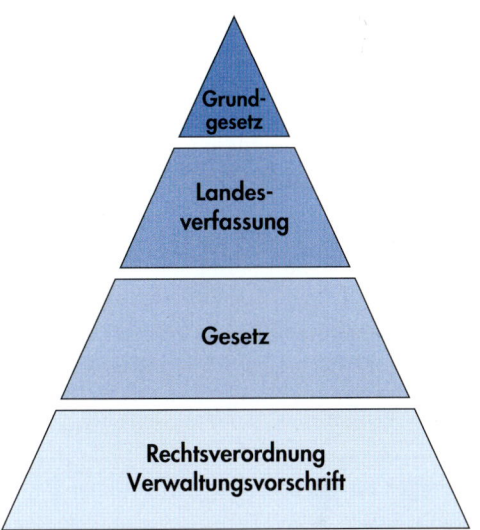

Beispiel
Eine islamische Schülerin beantragt aus Glaubensgründen die Befreiung vom Schwimmunterricht. Zwar sehen weder das Schulgesetz noch die Schulbesuchsverordnung eine solche Ausnahme vor. Jedoch kann eine Befreiung vom Schwimmunterricht mit Rücksicht auf die in Artikel 4 des Grundgesetzes garantierte Glaubensfreiheit geboten sein.

3.3 Gesetzgebungskompetenz im Bereich des Schulrechts (Kulturhoheit der Länder)

Den Ländern steht nach der Zuständigkeitsverteilung in Art. 70 GG das Recht zur Gesetzgebung zu, soweit das Grundgesetz nicht dem Bund die Gesetzgebungsbefugnisse verleiht. Eine solche Zuständigkeitsregelung die dem Bund auf dem Gebiet des Schulwesens die Gesetzgebungszuständigkeit einräumt, existiert im Grundgesetz (Art. 71 ff.) nicht. Die Länder können deshalb die Schulgesetzgebung nach ihren eigenen Vorstellungen regeln. Sie besitzen die **Kulturhoheit**.

Die Kulturhoheit als die Hoheit, das Schulwesen nach eigenen Vorstellungen des Landes zu gestalten, ergibt sich also aus der Gesetzgebungszuständigkeit.

Allerdings würde die Freizügigkeit im Bundesgebiet erheblich eingeschränkt, wenn die schulrechtlichen Regelungen, die Bildungsgänge, Noten u.s.w. gar zu sehr voneinander abweichen würden.

Deshalb wurden Möglichkeiten zu einer Vereinheitlichung der Rahmenbedingungen geschaffen, soweit dies erforderlich ist.

1. **Das Hamburger Abkommen vom 28.10.1964**

    Das Hamburger Abkommen ist eine Vereinbarung, die von den Ministerpräsidenten der einzelnen Bundesländer mit dem Ziel einer Vereinheitlichung des Bildungswesens geschlossen wurde. Es enthält grundlegende Regelungen, z. B.
    - Schuljahresbeginn: 1. August – § 1
    - Beginn der Schulpflicht – § 2 Abs. 1
    - Vollzeitschulpflicht endet nach neun Jahren – § 2 Abs. 2
    - Gesamtdauer der Schulferien: 75 Werktage – § 3
    - Einheitliche Bezeichnung der Schularten – § 4 ff.
    - Anerkennung von Prüfungen – §§ 17 ff.
    - Bezeichnung der Notenstufen – § 19

2. Die ständige Konferenz der Kultusminister in der Bundesrepublik (KMK)

Das Hamburger Abkommen wird durch zahlreiche Beschlüsse der Kultusministerkonferenz ergänzt. Die Kultusministerkonferenz ist ein Organ, das die Bildungs- und Kultuspolitik der Länder koordiniert. Die Beschlüsse sind nicht unmittelbar geltendes Recht, sondern müssen von dem jeweiligen Bundesland in landesrechtliche Vorschriften umgesetzt werden. Eine unmittelbare Verpflichtung dazu besteht nicht. Ein Zwang ergibt sich jedoch daraus, dass sonst die Bildungsabschlüsse in den anderen Bundesländern nicht anerkannt werden.

Das Abkommen räumt als Vereinbarung zwischen den Ländern den einzelnen Schülern und Eltern keine unmittelbaren Rechte ein.

Die wichtigsten Beschlüsse der KMK betreffen z. B.
- die Regelungen zur gymnasialen Oberstufe,
- die Rechtsstellung des Schülers in der Schule.

Fragen zur Wiederholung und Vertiefung

1 Welche Regelung wird mit dem Stichwort »Kulturhoheit der Länder« umschrieben?

2 Welche Zielsetzung hat das Hamburger Abkommen?

3 Könnten Beginn und Ende der Schulpflicht auch
  – in einer Verwaltungsvorschrift
  – in einer Rechtsverordnung
  geregelt werden?

4 Rechtsformen des Handelns im Schulbereich

Einführung

Fall 4.1

S. ist Schüler der Klasse 8 einer Realschule. Seine Zeugnisnoten lassen eine Versetzung nach Klasse 9 nicht zu. Im Zeugnis wird deshalb die Bemerkung »nicht versetzt« angebracht.

Die Eltern des S. sind der Auffassung, dass die Noten rechtsfehlerhaft zustande gekommen seien, und legen deshalb gegen die Entscheidung, dass S. nicht versetzt wird, Widerspruch ein.

Nehmen Sie an, über den Widerspruch wurde vom Regierungspräsidium bis zum Beginn des Unterrichts nach den Sommerferien noch nicht entschieden.

- Darf S. am Unterricht der Klasse 9 teilnehmen?

4.1 Die Schule im Rechtsstaat

Alles staatliche Handeln, das in die Rechte eines Einzelnen eingreift, unterliegt in einem Rechtsstaat dem Rechtsschutz, das heißt, es kann gerichtlich überprüft werden. Dieser Grundsatz gilt auch im Schulbereich. Die Schule ist eine staatliche Einrichtung. Zahlreiche Entscheidungen greifen hier in die Rechte des Schülers ein, sei es dadurch, dass dem Schüler eine Erziehungs- und Ordnungsmaßnahme auferlegt oder ihm die Versetzung in die nächsthöhere Klasse versagt wird.

In all diesen Fällen muss es in einem Rechtsstaat möglich sein, durch ein Gericht überprüfen zu lassen, ob die Entscheidungen dem Recht entsprechen.

Dieser Rechtsstaatsgedanke kam an der Wende vom 18. zum 19. Jahrhundert auf und wurde als Gegenbegriff zum absolutistischen Polizeistaat begriffen. Die Staatsmacht sollte begrenzt werden (»Government of laws and not of men«).

Gerade der Schulbereich hinkte dieser Entwicklung lange hinterher. Es wurde dort die sog. »Lehre vom besonderen Gewaltverhältnis« vertreten, wonach

- Maßnahmen der Schulverwaltung auf keiner gesetzlichen Grundlage beruhen mussten und
- auch Grundrechte ohne eine gesetzliche Ermächtigung eingeschränkt werden konnten.

Ziele des Rechtsstaates sind
- Gesetzmäßigkeit der Verwaltung
- Gewährleistung von Menschenrechten
- Umfassender gerichtlicher Rechtsschutz

4.2 Der Verwaltungsakt

4.2.1 Die Merkmale des Verwaltungsaktes

Die Ausgestaltung des Rechtsschutzes gegen Maßnahmen im Schulverhältnis ist, abhängig davon, wie schwerwiegend die Rechte des Schülers berührt sind, unterschiedlich ausgeprägt.

Das Gesetz unterscheidet hier danach, ob das Handeln als **Verwaltungsakt** einzuordnen ist oder ob ein so genanntes »**schlichtes Verwaltungshandeln**« vorliegt.

Abhängig davon ist das Rechtsschutzverfahren unterschiedlich ausgestaltet.

- Das Gesetz sieht für den Widerspruch gegen Verwaltungsakte ein spezielles Rechtsschutzverfahren, das so genannte »Widerspruchsverfahren«, vor.
- Der Widerspruch gegen einen Verwaltungsakt hat die so genannte aufschiebende Wirkung.

Wegen dieser Konsequenzen ist es erforderlich, zunächst zu klären, welches Handeln im Schulbereich als Verwaltungsakt einzuordnen ist.

Die **Definition** des Verwaltungsaktes ist im Landesverwaltungsverfahrensgesetz, § 35, zu finden. Dort wird der Verwaltungsakt definiert als

Verfügung, Entscheidung oder andere hoheitliche Maßnahme, die eine Behörde zur Regelung eines Einzelfalles auf dem Gebiet des öffentlichen Rechts trifft und die auf unmittelbare Rechtswirkung nach außen gerichtet ist.

Das Gesetz redet also ausdrücklich von dem Handeln einer **Behörde**. Versucht man, das Handeln der Schule – z. B. eine Erziehungs- und Ordnungsmaßnahme – an dieser Definition zu messen, könnte fraglich sein, ob denn die Schule überhaupt eine Behörde in diesem Sinne ist. Deshalb stellt das Schulgesetz in § 23 Abs. 3 ausdrücklich klar: »*Soweit die Schule auf dem Gebiet der inneren Schulangelegenheiten einen Verwaltungsakt erlässt, gilt sie als untere Sonderbehörde …*«

> **Beispiele für Verwaltungsakte im Schulbereich:**
> - Erziehungs- und Ordnungsmaßnahmen nach § 90 Schulgesetz
> - Entscheidung über die Nichtversetzung eines Schülers in die nächsthöhere Klasse. Einzelne Zeugnisnoten sind nur in Ausnahmefällen als Verwaltungsakte einzuordnen, z. B. dann, wenn sie für den Zugang zu einer Ausbildungsstätte maßgeblich sind.
> - Entlassung eines Schülers wegen wiederholter Nichtversetzung
> - Noten im Abgangszeugnis

Damit ist aber bisher nur klar, dass die Schule grundsätzlich solche »Verwaltungsakte« erlassen kann. Welche Maßnahmen der Schule sind aber tatsächlich als Verwaltungsakte einzuordnen?

Die Rechtsprechung unterscheidet hier im Schulbereich danach, ob eine Maßnahme das »**Grundverhältnis**« des Schülers zur Schule oder nur das »**Betriebsverhältnis**« betrifft.

Soweit also eine Maßnahme des Schulalltages nicht schwerwiegend in die Grundrechte des Schülers eingreift und auch nicht das Rechtsverhältnis zu der Schule infrage stellt, betrifft sie nur das Betriebsverhältnis. Es handelt sich dann nicht um einen Verwaltungsakt.

> **Beispiele für schlichtes Verwaltungshandeln (keine Verwaltungsakte)**
> - Änderung der Sitzordnung im Klassenzimmer
> - Eintrag ins Tagebuch

Die Einordnung einer Maßnahme als »schlichtes Verwaltungshandeln« bedeutet nicht, dass sie dem gerichtlichen Rechtsschutz völlig entzogen wäre. Auch solches Verwaltungshandeln kann von dem Betroffenen einer gerichtlichen Überprüfung zugeführt werden, jedoch ist das Verfahren anders ausgestaltet und die Überprüfungsdichte ist geringer.

4.2.2 Das Verfahren vor dem Erlass eines Verwaltungsaktes

Für Verwaltungsakte legt das Landesverwaltungsverfahrensgesetz bestimmte Anforderungen an das **Verfahren** fest, das einzuhalten ist, bevor ein solcher Akt erlassen wird.

Es regelt z. B. folgende Fragen:

- **Zuständigkeit**
Der Verwaltungsakt muss von der jeweils zuständigen Behörde erlassen werden. In schulrechtlichen Angelegenheiten ergeben sich die Zuständigkeiten vor allem aus dem Schulgesetz. So ist nach § 4 Abs. 1 Nr. 4 Konferenzordnung z. B. die Klassenkonferenz zuständig für Zeugnis und Versetzungsentscheidungen. Der Schulleiter entscheidet über die Aufnahme von Schülern (§ 41 SchulG). Die Schulaufsichtsbehörde kann Ausnahmen von der Einteilung der Schulbezirke nach § 76 Abs. 2 SchulG zulassen.
Für die beamtenrechtlichen Angelegenheiten werden die Zuständigkeiten im Teil 2, Beamtenrecht, unter 4. dargestellt.

- **Befangenheit (§ 20 LVwVfG)**
Von einem Verwaltungsverfahren ist ausgeschlossen, wer befangen ist. Das ist grundsätzlich dann der Fall, wenn
  – Familienangehörige von der Entscheidung betroffen sind oder
  – sonst ein Grund vorliegt, der geeignet ist, Misstrauen gegen eine unparteiische, unvoreingenommene Entscheidung aufkommen zu lassen.

- **Untersuchungsgrundsatz (§ 24 ff. LVwVfG)**
In dem Verwaltungsverfahren hat die Behörde (also auch die Schule) selbst den entscheidungserheblichen Sachverhalt vollständig zu ermitteln. Sie beschränkt sich also vor einer Erziehungs- und Ordnungsmaßnahme nicht darauf, den Vortrag der Parteien entgegenzunehmen und zu bewerten, sondern klärt selbst, z. B. durch die Vernehmung von Zeugen, vollständig den Sachverhalt auf. Sie muss dabei auch die für den Beteiligten günstigen Umstände ermitteln.

- **Anhörung (§ 28 LVwVfG)**
Der Beteiligte ist anzuhören, bevor er mit einem Verwaltungsakt belastet wird. Die Entscheidung darf nur auf solche Umstände gestützt werden, zu denen er angehört wurde.

- **Bekanntgabe**
Der Verwaltungsakt wird erst dadurch wirksam, dass er dem Adressaten bekannt gegeben wird. Bei minderjährigen Schülern sind die Eltern Adressat des Verwaltungsaktes. Wird für die Bekanntgabe der Postweg genutzt, stellt sich die Frage, welche Versendungsart gewählt werden soll. Der eingeschriebene Brief hat hier erhebliche Nachteile: Zum einen belegt er nicht den Zugang, sondern nur die Versendung. Zum andern kann der Empfänger die Annahme verweigern, sodass die Bekanntgabe scheitert. Mit dem sog. »Einwurfeinschreiben« kann darüber hinaus dokumentiert werden, dass eine Sendung in den Briefkasten eingeworfen wurde. Sicherer, wenn auch teurer ist die Möglichkeit, den Verwaltungsakt mit »Postzustellungsauftrag« zuzustellen. Bei dieser Zustellungsart wird die Zustellung dokumentiert. Trifft der Postbedienstete den Adressaten nicht an oder verweigert dieser die Annahme, kann der Brief auch durch Einlegen in den Briefkasten, hilfsweise durch »Niederlegung« beim Postamt zugestellt werden.

- **Form**
Eine bestimmte Form ist für Verwaltungsakte in der Regel nicht vorgesehen, das heißt, sie können schriftlich, aber auch mündlich erlassen werden. Der mündlich erlassene Verwaltungsakt ist jedoch auf Verlangen des Adressaten schriftlich zu bestätigen, sofern daran ein berechtigtes Interesse besteht.

- **Begründung**
Ein schriftlicher Verwaltungsakt muss auch schriftlich begründet werden (§ 39 LVwVfG). Dabei sind die tragenden Gesichtspunkte der Entscheidung anzugeben, also insbesondere auf welche Tatsachen sich die Entscheidung stützt und welche Erwägungen bei der Betätigung des Ermessens maßgeblich waren.

- **Rechtsbehelfsbelehrung**

    Der Adressat sollte darüber belehrt werden, dass die Möglichkeit besteht, gegen den Verwaltungsakt Widerspruch einzulegen. Ist der Verwaltungsakt mit einer solchen Belehrung versehen, wird er innerhalb von einem Monat »bestandskräftig«, d. h., er kann nicht mehr rechtlich angegriffen werden. Die Formulierung der Rechtsbehelfsbelehrung sollte wie folgt lauten:

    »Gegen diesen Bescheid kann innerhalb eines Monats nach der Bekanntgabe Widerspruch eingelegt werden. Der Widerspruch ist schriftlich oder zur Niederschrift bei der ... (Schule, Adresse) einzulegen.«

    Fehlt die Belehrung, macht dies den Verwaltungsakt nicht rechtswidrig. Es kann dann jedoch nicht nur innerhalb eines Monats, sondern innerhalb eines Jahres Widerspruch eingelegt werden.

- **Weitere Verfahrensrechte**

    Im Verfahren hat der Beteiligte weiter das Recht, Einsicht in die Behördenakten zu nehmen und sich von einem Bevollmächtigten vertreten zu lassen oder zu Verhandlungen mit einem Beistand zu erscheinen.

    Es ist also rechtlich z. B. nichts dagegen einzuwenden, wenn Eltern und Schüler bei der Anhörung durch die Klassenkonferenz bei einer Erziehungs- und Ordnungsmaßnahme mit einem Rechtsanwalt erscheinen.

Der Verwaltungsakt sollte in etwa folgende Gliederung haben:

Gliederungspunkt	Formulierungsbeispiel
	A-Schule Musterstadt
Anrede	Sehr geehrte Frau ..., Sehr geehrter Herr ..., in der Schulangelegenheit Ihres Sohnes habe ich nach Anhörung der Klassenkonferenz am ... folgende Entscheidung getroffen
A Entscheidung	Der Schüler Matthias A. wird aus der Schule ausgeschlossen
B Sachverhalt	
1. Verfahrensablauf	Aufgrund der Vorfälle vom 23. und 25.06. hat der zuständige Klassenlehrer, Herr B., den Schulleiter informiert, der sowohl Ihren Sohn als auch Sie als die Erziehungsberechtigten anhörte. Die Klassenkonferenz hat sich ebenfalls mit dem Vorgang befasst und gab das Votum ab, dass ein Schulausschluss verfügt werden sollte. Die auf Ihren Wunsch einberufene Schulkonferenz gab ein gleichlautendes Votum ab.
2. Geschehen, das dem Verwaltungsakt zugrunde liegt	Matthias verkaufte am 23. und 25.06. auf dem Pausenhof jeweils 50 g Haschisch an seine Mitschüler B. und C. Er wurde dabei von Herrn D. beobachtet. Gegenüber Herrn Rektor R. hat er dieses Verhalten auch eingeräumt.

Gliederungspunkt	Formulierungsbeispiel
C Begründung	
1. Gesetzliche Voraussetzungen der getroffenen Maßnahme	Die Schule kann einen Schüler von der Schule ausschließen, wenn er durch schweres oder wiederholtes Fehlverhalten seine Pflichten verletzt, dadurch die Erfüllung der Aufgaben der Schule oder die Rechte anderer gefährdet und das Verbleiben des Schülers in der Schule eine Gefahr für die Erziehung und Unterrichtung, die sittliche Entwicklung, Gesundheit oder Sicherheit seiner Mitschüler befürchten lässt.
2. Darstellung, warum der Sachverhalt diese gesetzlichen Voraussetzungen erfüllt	Dies ist hier der Fall: Straftaten eines Schülers innerhalb der Schule beeinträchtigen generell den Erziehungs- und Bildungsauftrag der Schule. Bei dem Verkauf von Rauschgift an Mitschüler trifft dies in besonderer Weise zu.
3. Darstellung der Ermessensbetätigung	Matthias war bereits in der Vergangenheit mehrfach durch Fehlverhalten aufgefallen, das Erziehungs- und Ordnungsmaßnahmen erforderlich machte. … Besondere Umstände, die den Vorfall in einem milderen Licht erscheinen lassen könnten, sind nicht ersichtlich. Auch unter Berücksichtigung des persönlichen Interesses von Matthias, an unserer Schule zu verbleiben, war eine Erziehungs- und Ordnungsmaßnahme von geringerem Gewicht nicht ausreichend.
Unterschrift des Schulleiters	Musterstadt, den … Schulleiter
D Rechtsbehelfsbelehrung	Gegen diesen Bescheid kann innerhalb eines Monats nach der Bekanntgabe Widerspruch eingelegt werden. Der Widerspruch ist schriftlich oder zur Niederschrift bei der … (Schule, Adresse) einzulegen.

4.2.3 Die aufschiebende Wirkung des Widerspruchs

Der Widerspruch gegen einen Verwaltungsakt hat nach § 80 der Verwaltungsgerichtsordnung die so genannte aufschiebende Wirkung. Der Verwaltungsakt kann also nicht vollzogen werden, wenn Widerspruch eingelegt wird.

Legen beispielsweise die Erziehungsberechtigten für einen Schüler Widerspruch gegen eine wiederholte Nichtversetzung ein, darf der Schüler wegen dieser aufschiebenden Wirkung gleichwohl weiterhin die Schule besuchen.

Diese aufschiebende Wirkung ist einer der wichtigsten Gründe dafür, weshalb die rechtliche Einordnung des Handelns einer Schule danach, ob es als Verwaltungsakt zu qualifizieren ist, von so großer Bedeutung ist.

Nur der Widerspruch gegen einen Verwaltungsakt entfaltet diese Wirkung. Wird Widerspruch gegen ein anderes Handeln, beispielsweise gegen eine pädagogische Erziehungsmaßnahme eingelegt, tritt diese Wirkung nicht ein.

Die Vollziehung eines Verwaltungsaktes ist für den Fall, dass gegen ihn Widerspruch eingelegt wurde, erst dann möglich, wenn die Widerspruchsbehörde (Regierungspräsidium) über den Widerspruch entschieden hat und ein möglicherweise sich daran anschließendes Gerichtsverfahren vor dem Verwaltungsgericht abgeschlossen wurde. Bei einer geschätzten Verfahrensdauer von ca. einem Jahr wäre ein Zuwarten mit der Vollziehung bis zum Verfahrensabschluss in vielen Fällen kaum vertretbar. Beispielsweise wäre es sinnlos, den Unterrichtsausschluss gegen einen Schüler erst nach einem Jahr zu vollziehen. Eine solche Maßnahme wäre pädagogisch wirkungslos, weil dem Schüler der Zusammenhang mit seinem Fehlverhalten nicht mehr erkennbar wäre. Das Gesetz hat deshalb z. B. im § 90 SchulG die aufschiebende Wirkung des Widerspruchs ausdrücklich ausgeschlossen. In anderen Fällen, in denen die sofortige Vollziehung im öffentlichen Interesse erforderlich ist, räumt das Gesetz die Möglichkeit ein, die aufschiebende Wirkung des Widerspruchs aufzuheben.

Das geschieht in der Weise, dass entweder die Schule selbst oder die Widerspruchsbehörde (Regierungspräsidium) den **Sofortvollzug** anordnet. Diese Anordnung kann auch bereits im Verwaltungsakt selbst, also vorsorglich für den Fall eines Widerspruchs, angeordnet werden. Das Gesetz schreibt vor, dass die Gründe für den Sofortvollzug **schriftlich** niedergelegt werden müssen.

Damit werden die Empfänger eines Verwaltungsaktes aber nicht rechtlos gestellt. Sie haben die Möglichkeit, gegen die Anordnung des Sofortvollzuges die »Wiederherstellung der aufschiebenden Wirkung« des Widerspruchs beim Verwaltungsgericht zu beantragen. Das Verwaltungsgericht prüft dann in einem »Eilverfahren«, ob der Sofortvollzug rechtmäßig angeordnet wurde, also insbesondere, ob

- die erforderliche schriftliche Begründung erfolgte,
- das öffentliche Interesse an der sofortigen Vollziehung tatsächlich besteht,
- die zugrunde liegende Verfügung sich bei »summarischer Prüfung« als rechtmäßig erweist.

> Im **Ausgangsfall 4.1** hat der Widerspruch gegen die Nichtversetzung zwar wie bei jedem anderen Verwaltungsakt auch die so genannte aufschiebende Wirkung. Das bedeutet aber noch nicht, dass der Schüler an der nächsthöheren Klasse teilnehmen darf. Das dürfte er nämlich nur dann, wenn zu seinen Gunsten eine Versetzungsentscheidung ausgesprochen worden wäre. Der Widerspruch suspendiert nur die Nichtversetzungsentscheidung, führt aber nicht zu einer positiven Versetzungsentscheidung.
>
> S. darf deshalb nicht am Unterricht der nächsthöheren Klasse teilnehmen. Wollte er dies, müsste er beim Verwaltungsgericht einen Eilantrag mit dem Ziel stellen, dass ihm der Besuch der nächsthöheren Klasse vorläufig gestattet wird.

4.3 Der Rechtsschutz gegen einen Verwaltungsakt (das Widerspruchsverfahren)

Verwaltungsakte werden in einem besonderen Verfahren, dem so genannten Widerspruchsverfahren, überprüft. Erst wenn dieses Widerspruchsverfahren durchgeführt wurde, kann der Verwaltungsakt mit einer Klage vor Gericht angegriffen werden. Der Sinn dieser Regelung besteht darin, dass der Verwaltung, hier also der Schule und dem Regierungspräsidium, zunächst die Möglichkeit gegeben werden soll, sich selbst mit der Recht- und Zweckmäßigkeit einer Entscheidung auseinander zu setzen und möglicherweise erkannte Fehler selbst zu korrigieren.

Erst wenn dieses Verfahren durchlaufen ist, kann auch eine Klage vor dem Verwaltungsgericht erhoben werden.

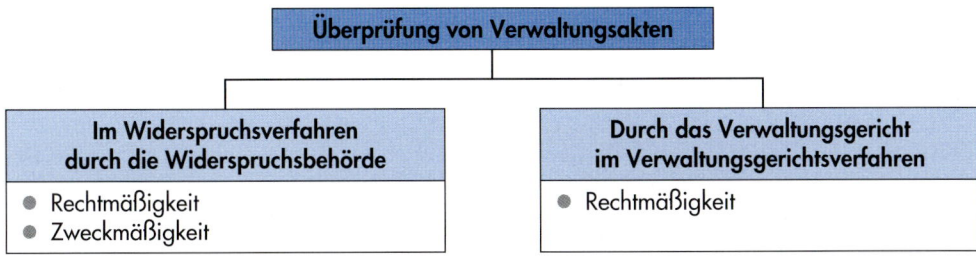

Das Widerspruchsverfahren beginnt stets damit, dass die Stelle, die eine Entscheidung erlassen hat, überprüft, ob sie bei ihrer Entscheidung bleiben will (so genannte **Abhilfeentscheidung**). Erst wenn diese Überprüfung stattgefunden hat und die Stelle bei ihrer Entscheidung bleibt, geht die Zuständigkeit auf die Widerspruchsbehörde, das ist im Schulbereich das Regierungspräsidium, über. Das Regierungspräsidium überprüft die Entscheidung vollständig hinsichtlich ihrer **Recht- und Zweckmäßigkeit** und teilt seine Entscheidung in Form eines Widerspruchsbescheides an die Widerspruchsführer mit.

Übersicht
Ablauf des Widerspruchsverfahrens

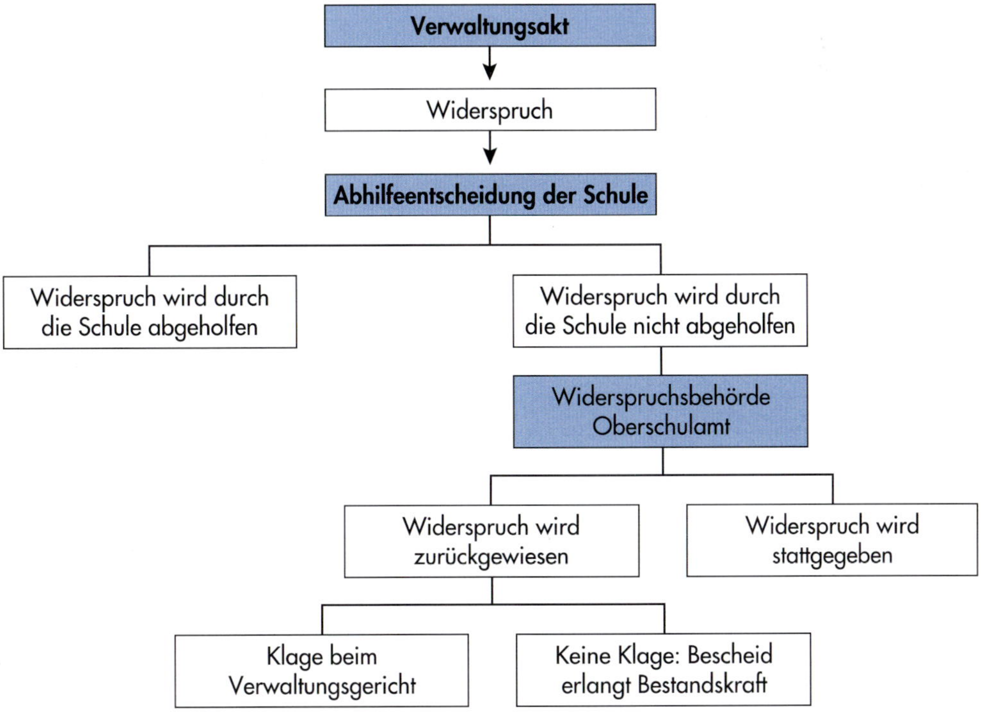

Verwaltungsakt → Widerspruch → Abhilfeentscheidung der Schule

- Widerspruch wird durch die Schule abgeholfen
- Widerspruch wird durch die Schule nicht abgeholfen → Widerspruchsbehörde Oberschulamt
  - Widerspruch wird zurückgewiesen → Klage beim Verwaltungsgericht
  - Widerspruch wird stattgegeben → Keine Klage: Bescheid erlangt Bestandskraft

Fragen zur Wiederholung und Vertiefung

1. Welche Bedeutung haben die Forderungen des Rechtsstaates für den Schulbereich?
2. Beschreiben Sie die Bedeutung der Einordnung eines Handelns der Schule als Verwaltungsakt.
3. Welche Wirkung hat der Widerspruch eines Schülers bzw. dessen Erziehungsberechtigten gegen eine Änderung der Sitzordnung innerhalb der Klasse?
4. In welchen Fällen kann die Schule den so genannten Sofortvollzug anordnen?
5. Beschreiben Sie den Gang eines Widerspruchsverfahrens am Beispiel des Widerspruchs gegen die Nichtversetzung eines Schülers.

5 Die Gliederung des Schulwesens

Einführung

Fall 5.1
Der Schüler Paul F. erhält am Ende der 4. Klasse eine Grundschulempfehlung für die Werkrealschule und Hauptschule. Seine wohlhabenden Eltern melden ihn bei einem privaten Gymnasium an, wo er auch aufgenommen wird. Der Schulleiter der Hauptschule vermisst seinen Schüler Paul und fragt Sie um Rat.

Fall 5.2
Felix F. besucht ein kirchliches Gymnasium. Weil er mit einer Mitschülerin auf dem Schulhof Zärtlichkeiten ausgetauscht hat, wird er aus der Schule entlassen. Felix meint, dass die Voraussetzungen des § 90 SchulG nicht vorliegen, und legt deshalb beim Regierungspräsidium Widerspruch gegen die Entscheidung der Schule ein.

5.1 Wahl des Bildungsganges

Das Schulwesen in der Bundesrepublik Deutschland ist vielfältig gegliedert, um den unterschiedlichen Begabungen, Neigungen und Weltanschauungen gerecht zu werden.

Die schulische Laufbahn eines Schülers beginnt heute entweder in der **Grund-** oder der **Sonderschule**, wo alle Schüler zunächst gemeinsam unterrichtet werden. Diese gemeinsame Unterrichtung aller Schüler in der Grundschule wurde durch das Grundschulgesetz im Jahr 1920 eingeführt.

In der Grundschule sollen den Schülern Grundkenntnisse und Grundfertigkeiten vermittelt werden und sie sollen allmählich von spielerischen an die schulischen Formen des Lernens herangeführt werden.

Für Schüler mit besonderem sonderpädagogischem Förderbedarf werden verschiedene Typen von **Sonderschulen** angeboten. Soweit dies möglich ist, führt die Sonderschule zu den gleichen Bildungszielen wie die übrigen Schularten. Beispielsweise sind an Schulen für Blinde, Körperbehinderte und Schwerhörige die Bildungsgänge des Gymnasiums, der Realschule und der Hauptschule eingerichtet.

Hochschulreife					
Fachhochschulreife					
Einjähriges Berufskolleg	Berufskolleg II	Berufliches Gymnasium			
Berufsausbildung	Berufskolleg I				
Mittlerer Bildungsabschluss (an Gymnasien mit Versetzung in die erste Jahrgangsstufe)					
Berufsausbildung »9 + 3«-Modell	Zweijährige Berufsfachschule	6. Klasse der Werkrealschule			
Hauptschulabschluss (an Realschulen und Gymnasien mit Versetzung Klasse 9 nach Klasse 10)					
Hauptschule	Werkrealschule	Realschule	Gemeinschaftsschule	Gymnasium	
Grundschule					

Über alle weiteren Bildungswege nach der Grundschule entscheiden die Erziehungsberechtigten. Volljährige Schüler entscheiden selbst (§ 88 Abs. 1 SchulG). Dieses Wahlrecht ist wesentlicher Bestandteil des Elternrechts.

Von der rechtlichen Möglichkeit, dieses Wahlrecht durch eine verbindliche Empfehlung der Schule einzuschränken, macht das Land Baden-Württemberg seit dem Jahr 2012 keinen Gebrauch mehr.

Die Grundschulempfehlung hat seitdem nur noch empfehlenden Charakter. Sie wird am Ende des ersten Schulhalbjahres der Klasse 4 auf der Grundlage eines Beschlusses der Klassenkonferenz erteilt und stellt eine pädagogische Gesamtwürdigung dar, in die neben den schulischen Leistungen auch das Lern- und Arbeitsverhalten sowie die bisherige Entwicklung des Kindes einfließen.

Die Noten in den Fächern Deutsch und Mathematik können als Orientierungshilfe für die Grundschulempfehlung dienen, ohne dass es eine strenge Koppelung der Empfehlung an diese Noten gibt.

- Den Anforderungen des Gymnasiums wird in der Regel entsprochen, wenn in den Fächern Deutsch und Mathematik im Durchschnitt mindestens gut-befriedigend (2,5) erreicht wurde;
- Den Anforderungen der Realschule bei einem Durchschnitt in diesen Fächern von mindestens befriedigend (3,0).

Für bestimmte Schularten sind »Schulbezirke« eingerichtet, wodurch die Wahlfreiheit der Erziehungsberechtigten eingeschränkt wird. Für jede dieser Schularten gibt es also genaue Regelungen des Schulträgers, welche Wohnbezirke einer bestimmten Schule zugeordnet sind. Nur mit einer Ausnahmeregelung durch die Schulaufsicht kann eine andere als die danach zuständige Schule besucht werden (§§ 25, 76, 79 SchulG). Dabei kann es sich um die Zuweisung zu einer bestimmten Schule aus schulorganisatorischen Gründen oder um die Gestattung des Besuchs einer anderen Schule aus wichtigen persönlichen Gründen des Schülers handeln. Für die Hauptschulen und Werkrealschulen kann der Schulträger einen Schulbezirk festlegen.

Demgegenüber haben die **Wahlschulen** keinen festen Schulbezirk. Es kann also z. B. zwischen den verschiedenen Gymnasien oder Realschulen ausgewählt werden.

Ein Anspruch auf Aufnahme in eine ganz bestimmte Schule besteht jedoch nicht, solange der Besuch einer anderen Schule desselben Schultyps möglich und dem Schüler zumutbar ist. Die Aufnahme eines Schülers kann also insbesondere abgelehnt werden, wenn die Aufnahmekapazitäten erschöpft sind. Die Schulaufsichtsbehörde kann auch nach Anhörung der Eltern den Schüler einer anderen Schule desselben Typs zuweisen, wenn dies zur Bildung annähernd gleich großer Klassen erforderlich und dem Schüler zumutbar ist (sog. Lenkung der Schülerströme). Ein Schüler darf aber nicht deshalb abgelehnt werden, weil er nicht am Schulort wohnt.

Gliederung der Schulen unter dem Gesichtspunkt Schulpflicht

Pflichtschulen
- vermitteln die durch Schulpflicht gewährleistete Mindestbildung
- haben in der Regel einen **Schulbezirk**

Pflichtschulen sind:
- Grundschule
- Berufsschule
- Sonderschule

Wahlschulen
- vermitteln eine weiter gehende Bildung
- haben **keinen** festen Schulbezirk

Wahlschulen sind:
- Realschule
- Gymnasium
- Hauptschule
- Gemeinschaftsschule
- Berufsfachschule
- Berufskolleg
- Werkrealschule

5.2 Schularten und Schultypen

Terminologisch unterscheidet das Schulgesetz zwischen Schularten und Schultypen.

Es nennt in § 4 folgende Schularten.

Schularten nach § 4 SchulG			
Allgemein bildende Schulen		**Berufliche Schulen**	
• Grundschule	• Hauptschule	• Berufsfachschule	• Berufskolleg
• Realschule	• Werkrealschule	• Berufsoberschule	• Fachschule
• Gymnasium	• Sonderschule	• Berufsschule	
	• Kolleg		

Manche dieser Schularten unterteilen sich wiederum in verschiedene »Schultypen«: So z. B. die Sonderschule:

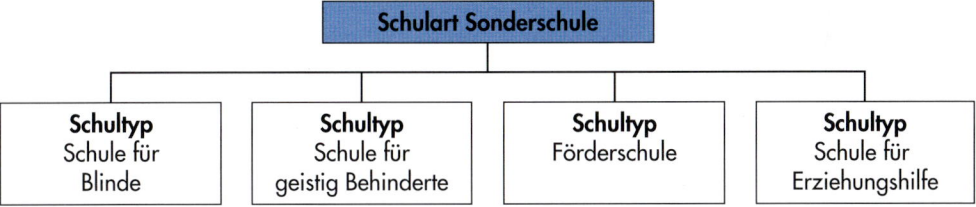

Die Vielzahl der Schularten soll gewährleisten, dass für jeden Schüler ein seiner Begabung entsprechender Ausbildungsgang offen steht. Dabei bestehen teilweise Übergangsmöglichkeiten zwischen den Schularten, die die Durchlässigkeit gewährleisten und einen Schüler nicht auf eine einmal gewählte Schulart festlegen sollen. Diese Möglichkeiten des Wechsels zwischen den Schularten sind in der **Multilateralen Versetzungsordnung** geregelt.

Andererseits soll auch bei jedem Ausbildungsabschluss die Möglichkeit bestehen, die Ausbildung fortzusetzen und einen höheren Abschluss erreichen zu können (»Kein Abschluss ohne Anschluss«). So hat z. B. auch ein Schüler mit Hauptschulabschluss über das Durchlaufen verschiedener Ausbildungsgänge die Möglichkeit, die allgemeine Hochschulreife zu erreichen.

5.3 Die Schularten und ihre Profile

Die auf die Grundschule aufbauenden Schulen haben unterschiedliche Profile. Die aufgeführten Schularten werden ab dem Jahr 2012 durch die neue Schulart **»Gemeinschaftsschule«** ergänzt werden. Neben den Klassen 5 bis 10 können die Gemeinschaftsschulen auch eine gymnasiale Oberstufe und eine Primarstufe umfassen. Inklusive Bildungsangebote sollen verpflichtender Teil des Schulkonzepts sein.

5.3.1 Die Hauptschule und Werkrealschule

Das Schulgesetz beschreibt die Werkrealschule in § 6 als eine Schule, die

- eine grundlegende und eine erweiterte allgemeine Bildung vermittelt,
- die sich an lebensnahen Sachverhalten und Aufgabenstellungen orientiert
- in besonderem Maße praktische Begabungen, Neigungen und Leistungen fördert
- den Schülern entsprechend ihrer Leistungsfähigkeit und ihren Neigungen eine individuelle Schwerpunktbildung insbesondere bei der beruflichen Orientierung ermöglicht.

- in enger Abstimmung mit beruflichen Schulen die Grundlage für eine Berufsausbildung und für weiterführende, insbesondere berufsbezogene schulische Bildungsgänge schafft.

Sie ist grundsätzlich mindestens zweizügig und kann auf mehrere Standorte verteilt sein. Schulen die einzügig sind, führen die Schulartbezeichnung Hauptschule.

Die Werkrealschule eröffnet den Zugang zu weiterführenden Abschlüssen:
- Nach dem Besuch der Klasse 10 der Hauptschule kann ein dem Realschulabschluss gleichwertiger Bildungsstand (mittlere Reife) erworben werden, der u.a. zum Besuch eines beruflichen Gymnasiums berechtigt.

Über die Berufsausbildung steht der Zugang zu einem mittleren Bildungsabschluss wie auch zum Erwerb der Fachhochschulreife offen:
- Ein dem Realschulabschluss gleichwertiger Bildungsstand kann nach Abschluss einer **Berufsausbildung** unter folgenden Voraussetzungen zuerkannt werden:
  - wenn die Durchschnittsnote aus Hauptschulabschlusszeugnis und Berufsschulabschlusszeugnis und Berufsausbildungsabschlusszeugnis mindestens die Note 2,5 ergibt (so genanntes **9 + 3**-Modell, nur in Baden-Württemberg),
  - wenn im Abschlusszeugnis der Berufsschule ein Durchschnitt von mind. 3,0 erreicht, eine mind. zweijährige Berufsausbildung erfolgreich abgeschlossen wurde sowie hinreichende Fremdsprachenkenntnisse durch einen mind. fünfjährigen Fremdsprachenunterricht erfolgreich nachgewiesen sind (bundesweit geltend).
- Aufbauend auf einen Berufsabschluss führt die **Berufsaufbauschule** ebenfalls zu einem mittleren Bildungsabschluss (Fachschulreife).
- Auch über die **zweijährige Berufsfachschule** können Hauptschüler in einem Vollzeitunterricht die Fachschulreife erwerben.
- Das **einjährige Berufskolleg zum Erwerb der Fachhochschulreife** bietet die Chance, innerhalb eines Jahres die Fachhochschulreife zu erlangen. Voraussetzung ist ein mittlerer Bildungsabschluss und eine Berufsausbildung. Der Zugang ist auch über den nach dem sog. 9 + 3-Modell (s.o.) erworbenen mittleren Bildungsabschluss möglich.

5.3.2 Die Gemeinschaftsschule

Die im Jahr 2012 neu geschaffene Schulart »Gemeinschaftsschule« wird in § 8 a dargestellt. Sie

- vermittelt in einem gemeinsamen Bildungsgang Schülern der Sekundarstufe I je nach ihren individuellen Leistungsmöglichkeiten eine der Hauptschule, der Realschule oder dem Gymnasium entsprechende Bildung;
- entspricht den unterschiedlichen Leistungsmöglichkeiten der Schüler durch an individuellem und kooperativem Lernen orientierten Unterrichtsformen.

Sie ist eine inklusive Schule, d.h. sie steht auch Schülern offen, die ein Recht auf den Besuch einer Sonderschule haben. Eine weitere Besonderheit dieser Schulart ist, dass sie in der Sekundarstufe I als eine verbindliche Ganztagsschule geführt wird.

5.3.3 Die Realschule

Die Realschule ist in § 7 des Schulgesetzes beschrieben als eine Schule, die
- eine erweiterte allgemeine Bildung vermittelt,
- sich an lebensnahen Sachverhalten orientiert und zu deren theoretischer Durchdringung und Zusammenschau führt und

- eine Grundlage für die Berufsausbildung und weiterführende, insbesondere berufliche Bildungsgänge schafft.

Ab Klasse 7 ist ein **Wahlpflichtbereich** eingerichtet. Der Schüler kann zwischen den Bereichen Mensch und Umwelt, Natur und Technik sowie der 2. Fremdsprache wählen.

Schüler können im Rahmen der Multilateralen Versetzungsordnung auf eine »höhere Schulart« überwechseln. In der sog. »Orientierungsstufe« ist dafür ein bestimmter Notendurchschnitt und eine entspr. Bildungsempfehlung erforderlich.

Die **Realschule** eröffnet den Zugang zu weiterführenden beruflichen Schularten:
- über die Berufsschule im Rahmen einer Berufsausbildung zu einem Berufsabschluss.
- über das Berufskolleg zu einem vollschulischen Berufsabschluss (z. B. techn. Assistent, staatlich geprüfter Wirtschaftsassistent). Über ein Zusatzprogramm kann auch die Fachhochschulreife erworben werden.
- über das Berufliche Gymnasium zum Abitur (Voraussetzung: Notendurchschnitt mind. 3,0 in den Fächern Deutsch, Englisch und Mathematik, wobei keine der Noten schlechter als »ausreichend« sein darf).

5.3.4 Das Gymnasium

Das Gymnasium wird in § 8 des Schulgesetzes beschrieben. Es
- vermittelt eine breite und vertiefte Allgemeinbildung, die zur Studierfähigkeit führt.
- fördert insbesondere die Fähigkeit, theoretische Erkenntnisse nachzuvollziehen, schwierige Sachverhalte geistig zu durchdringen und vielschichtige Zusammenhänge zu durchschauen, zu ordnen und verständlich vortragen und darstellen zu können.

Die Gymnasien haben zum Teil unterschiedliche Profile bzw. bieten sog. Züge mit verschiedenen Schwerpunkten an (z. B. altsprachlich, neusprachlich, mathematisch-naturwissenschaftlich, musisch/künstlerisch). Sie werden in Baden-Württemberg ganz überwiegend in der 8-jährigen Form, an einer begrenzten Anzahl von Standorten (im Schuljahr 2012/2013: 44 Standorte) als Schulversuch aber auch wieder in der 9-jährigen Form angeboten.

Mit der Versetzung in die erste Jahrgangsstufe wird der mittlere Bildungsabschluss erworben.

In der Gymnasialen Oberstufe werden die Fächer Deutsch, Fremdsprache und Mathematik sowie zwei weitere, individuell bestimmbare Fächer (Profilfach und Neigungsfach) für alle Schüler verpflichtend mit vier Wochenstunden unterrichtet. Es können auch »besondere Lernleistungen« (Seminarkurs oder Teilnahme an einem Wettbewerb) in die Gesamtqualifikation eingebracht werden.

5.3.5 Das berufliche Schulwesen

Innerhalb des **beruflichen Schulwesens** werden unterschieden:
- **Die Berufsschule (§ 10 SchulG)**
  Ihre Aufgabe ist es, im Rahmen der Berufsausbildung vor allem fachtheoretische Kenntnisse zu vermitteln und die allgemeine Bildung zu vertiefen.
  Der Ausbildungsbetrieb sorgt vorwiegend für die Vermittlung der berufspraktischen Fertigkeiten.
  Dieses Nebeneinander von schulischer und betrieblicher Ausbildung in enger Zusammenarbeit und Abstimmung wird als »**duales System**« bezeichnet. Während die Ausbildung in der Schule in die Zuständigkeit des Landes fällt und im Schulgesetz geregelt ist, ist die betriebliche Ausbildung eine Bundesangelegenheit. Die rechtlichen Rahmenbedingungen sind im **Berufsbildungsgesetz (BBiG)** bzw. der **Handwerksordnung** festge-

legt. Für mehr als 300 Ausbildungsberufe sind bundesrechtlich **Ausbildungsordnungen** aufgestellt worden.

Der Unterricht an der Schule wird in Teilzeitform begleitend zur Ausbildung im Ausbildungsbetrieb erteilt. Grundsätzlich sind bis zu 13 Wochenstunden zu erteilen, entweder an eineinhalb Tagen in der Woche oder in mehrwöchigen Unterrichtsblöcken, die mit entsprechenden »Betriebsblöcken« alternieren (»Blockunterricht«). Nach dem Berufsbildungsgesetz müssen die Auszubildenden von ihrem Ausbilder für die Teilnahme am Berufsschulunterricht freigestellt werden.

Die im Allgemeinen dreijährige Ausbildung erfolgt in der **Grundstufe** und den **Fachstufen I** und **II**. In **Fachklassen** können in der Grundstufe Schüler eines Berufsfeldes, in der Fachstufe einer Berufsgruppe bzw. eines Berufs gemeinsam unterrichtet werden. Bei Berufen mit nur wenigen Auszubildenden werden die Schüler in den Fachstufen teilweise in Bezirks- oder Landesfachklassen, teilweise sogar nur an einem Standort in der Bundesrepublik in Bundesfachklassen zusammengefasst.

In **Baden-Württemberg** findet am Ende der Ausbildung eine **gemeinsame Abschlussprüfung** von Schule und Kammer in der Form statt, dass die Ergebnisse der Berufsschulabschlussprüfung in den berufsbezogenen Fächern von den Kammern (Industrie- und Handelskammer bzw. Handwerkskammer) als »zuständiger Stelle« für die Kammerabschlussprüfung in dem Ausbildungsberuf übernommen werden und nur noch eine praktische Prüfung hinzukommt. Die Prüfungsaufgaben werden in Abstimmung mit den Kammern in einer sog. »Koordinierungsstelle« erstellt. Die Dauer des Berufsschulbesuchs und der Berufsausbildung sind aneinander gekoppelt. Vor einer Verkürzung der Berufsausbildung durch die Kammer bei guten Leistungen muss die Berufsschule gehört werden. Eine erforderliche Nichtversetzung wegen schlechter Leistungen in der Berufsschule führt nur dann zu einer Wiederholung des Schuljahres, wenn der Ausbildungsbetrieb die Ausbildung entsprechend verlängert.

Schüler, die keine Berufsausbildung absolvieren, erfüllen die Berufsschulpflicht in der Regel in einem Jahr im Vollzeitunterricht, dem so genannten »**Berufsvorbereitungsjahr**«. Im Rahmen der Abschlussprüfung des Berufsvorbereitungsjahrs kann durch eine Zusatzprüfung der Hauptschulabschluss nachgeholt bzw. verbessert werden.

Das Berufseinstiegsjahr (BEJ) soll gezielt die Ausbildungsreife von Absolventen der Hauptschule erhöhen. Sie erhalten eine Vorqualifikation in einem Berufsfeld sowie u.a. eine verstärkte Förderung in Deutsch und Mathematik. Die Anforderungen liegen über dem Niveau des Hauptschulabschlusses. Seit der flächendendeckenden Einführung ab dem Schuljahr 2008/2009 tritt es für die Absolventen der Hauptschule an die Stelle des bisherigen »Berufsvorbereitungsjahres«.

Das Berufsvorbereitungsjahr bleibt vor allem für Förderschüler mit Hauptschulabschluss weiterhin bestehen.

- **Die Berufsfachschule (§ 11 SchulG)**

Sie vermittelt eine berufliche Grundbildung und führt in dem 2-jährigen Typ (z.B. der Wirtschaftsschule) zur Fachschulreife. Diese ermöglicht den Eintritt z.B. in ein Berufskolleg oder berufliches Gymnasium. Der Besuch einer **einjährigen Berufsfachschule** bei Bestehen eines Vorvertrags für ein Ausbildungsverhältnis wird bei einigen vorwiegend handwerklichen Berufen auf die Ausbildungszeit angerechnet.

- **Das Berufskolleg (§ 12 SchulG)**

Die Schulart Berufskolleg fasst eine Vielzahl unterschiedlicher auf einem mittleren Bildungsabschluss aufbauender Bildungsangebote zusammen, die die Fachhochschulreife vermitteln und an denen zusätzlich eine berufliche Qualifikation (Assistentenberuf) erworben werden kann. Die Dauer der Ausbildungen beträgt ein bis drei Jahre. Die Fachhochschulreife ist grundsätzlich nur in Baden-Württemberg und einzelnen anderen Bundesländern anerkannt, aufgrund von Beschlüssen der KMK ist jedoch eine bundesweite

Anerkennung gegeben, wenn zusätzlich zum Besuch des Berufskollegs ein einschlägiges, d.h. ein entsprechend der jeweiligen Fachrichtung der schulischen Ausbildung ausgerichtetes halbjähriges Praktikum, eine mindestens zweijährige einschlägige Berufstätigkeit oder eine Berufsausbildung nachgewiesen wird.

Aufbauend auf einer Berufsausbildung und einem mittleren Bildungsabschluss kann am **einjährigen Berufskolleg zum Erwerb der Fachhochschulreife (BKFH)** die Fachhochschulreife mit bundesweiter Anerkennung erworben werden.

Das dreijährige duale Berufskolleg in Teilzeitform bereitet auf eine Facharbeitertätigkeit mit erhöhten theoretischen Anforderungen vor.

Als **Schulversuche (§ 22 SchulG)** werden z. B. kaufm. Berufskollegs in Teilzeitform und auf der Hochschulreife aufbauende Berufskollegs angeboten. An einem dreijährigen dualen Berufskolleg für Altenpflege wird eine Doppelqualifikation vermittelt.

- **Die Berufsoberschule (§ 13 SchulG)**
  Sie baut auf einer Berufsausbildung auf und soll eine weiter gehende allgemeine Bildung vermitteln. Die Berufsoberschule gliedert sich
    – in eine **Mittelstufe**, die **Berufsaufbauschule**, die nach einem Jahr zur Fachschulreife führt, und
    – eine **Oberstufe** (Wirtschaftsoberschule, Technische Oberschule), die in zwei Jahren den Erwerb der **fachgebundenen Hochschulreife** (s. u.) ermöglicht.

- **Das berufliche Gymnasium (§ 8 Abs. 3 SchulG)**
  Es handelt sich hier um meist drei-, an wenigen Standorten auch sechsjährige Gymnasien in **Aufbauform**, die Schülern, die an anderen Ausbildungseinrichtungen (z. B. der Realschule) einen mittleren Bildungsabschluss erworben haben, eine weiterführende Ausbildung ermöglichen sollen. An ein berufliches Gymnasium wechseln können auch Schüler des allgemein bildenden Gymnasiums, die ein Versetzungszeugnis nach Klasse 11 bzw. im G 8 nach Klasse 10 haben (letztere erwerben nach dem erfolgreichen Besuch des ersten Jahres des beruflichen Gymnasiums oder auch eines Berufskollegs einen dem Realschulabschluss gleichwertigen mittleren Bildungsabschluss), jedoch werden bei einem Bewerberüberhang entsprechend dem o. g. Zweck der beruflichen Gymnasien nur 15 % der zu vergebenden Plätze an diesen Personenkreis vergeben. Andererseits gelten für die Abgänger von Realschulen strengere Aufnahmevoraussetzungen (s. o. S. 35). Bei Gymnasiasten können nur die allgemeinen Versetzungsvoraussetzungen verlangt werden, da es sich um den Wechsel innerhalb einer Schulart handelt. Ihre besondere Prägung erhalten die beruflichen Gymnasien durch die zusätzlichen berufsbezogenen Fächer, die zwingend zu belegen sind und zweifach gewertet werden (z. B. Volks- und Betriebswirtschaftslehre und Rechnungswesen bei den Wirtschaftsgymnasien).

- **Die Fachschule (§ 14 SchulG)**
  Sie hat die Aufgabe, nach einer einschlägigen Berufstätigkeit von mind. 5 Jahren eine weiter gehende fachliche Ausbildung im Beruf zu vermitteln. Sie ist insbesondere im Schultyp der gewerblichen Schulen verbreitet, vorwiegend in der Form der **Technikerschulen**, die zum staatlich geprüften Techniker führen, und der **Meisterschulen**, die auf die von den Handwerkskammern abgenommene Meisterprüfung vorbereiten.

Die Schularten des beruflichen Bereichs sind jeweils wieder in verschiedene **Schultypen** untergliedert. Die wichtigste Unterscheidung ist die in den kaufmännischen, den gewerblichen (allgemein-gewerblich bzw. gewerblich-technisch) und den hauswirtschaftlichen, landwirtschaftlichen, sozialpädagogischen und pflegerischen Schultyp. Insgesamt werden ca. 200 verschiedene Ausbildungsgänge angeboten.

Schularten, die wie die Fachschule, die Berufsoberschule und das einjährige Berufskolleg zum Erwerb der Fachhochschulreife u. a. eine abgeschlossene Berufsausbildung voraussetzen, werden als Einrichtungen des »**zweiten Bildungswegs**« bezeichnet.

5.3.6 Zu einem Studium berechtigende Abschlüsse

Die schulischen Abschlüsse, die zu einer weiterführenden Ausbildung im sog. tertiären Bereich, also den Universitäten, pädagogischen Hochschulen, Fachhochschulen und Berufsakademien berechtigen, lassen sich folgendermaßen gliedern:

- **Allgemeine Hochschulreife.** Sie wird am allgemein bildenden Gymnasium oder am beruflichen Gymnasium erworben, wenn in einer 2. Fremdsprache Mindestkenntnisse nachgewiesen werden. Absolventen des beruflichen Gymnasiums oder der Berufsoberschule mit fachgebundener Hochschulreife können über eine Ergänzungsprüfung in einer 2. Fremdsprache die allgemeine Hochschulreife erwerben.

- **Fachgebundene Hochschulreife.** Sie kann an der Berufsoberschule erworben werden, wenn Mindestkenntnisse in einer 2. Fremdsprache nicht vorliegen. Sie berechtigt **in Baden-Württemberg** zum Studium bestimmter Studiengänge (z. B. zum Studium für die Lehrämter an Grund- und Hauptschulen, Realschulen, Sonderschulen und beruflichen Schulen). Die Studienberechtigung ist abhängig von der Richtung der besuchten Berufsoberschule. So berechtigt beispielsweise der Abschluss an der Wirtschaftsoberschule u. a. zum Studium der Betriebswirtschaft oder Rechtswissenschaft. Ausgeschlossen sind hingegen z. B. die medizinischen Studiengänge. Nach einer Vereinbarung der Kultusministerkonferenz (s. S. 21) berechtigt die an der Technischen Oberschule und der Wirtschaftsoberschule erworbene fachgebundene Hochschulreife auch zum Studium bestimmter Studienrichtungen an Hochschulen anderer Bundesländer.

- **Fachhochschulreife.** Sie wird erworben durch den erfolgreichen Besuch eines 1-jährigen Berufskollegs zum Erwerb der Fachhochschulreife (s. o.) oder den Besuch bestimmter zweijähriger Berufskollegs. Letzterer Abschluss berechtigt allerdings nur zu einem Fachhochschulstudium in Baden-Württemberg. Auch an Fachschulen kann für Schüler, die bereits vor dem Besuch der Fachschule einen mittleren Bildungsabschluss erworben hatten und die ein zusätzliches Unterrichtsangebot in Deutsch, Englisch und Mathematik wahrnehmen, die Fachhochschulreife erworben werden. Wer ein Gymnasium bis zum Abschluss des zweiten Halbjahres der ersten Jahrgangsstufe des Kurssystems durchlaufen hat und dieses ohne allgemeine oder fachgebundene Hochschulreife verlässt, erwirbt die Fachhochschulreife, wenn er bestimmte, in der Verordnung des Kultusministeriums vom 17.05.2009 (K. u. U., S. 86) festgelegte schulische Leistungen (schulischer Teil) und eine abgeschlossene Berufsausbildung oder eine in der Verordnung (§3) aufgeführte Berufserfahrung (berufsbezogener Teil) nachweisen kann.

5.3.7 Organisatorische Verbindung von Schulen

Aus organisatorischen (z. B. zur besseren Ausnutzungsmöglichkeit der Räume und Lehrmittel) und pädagogischen (z. B. wegen der vielfältigeren und flexibleren Einsatzmöglichkeit der Lehrkräfte und der möglichen Ausweitung des Unterrichtsangebots) Gründen werden zum Teil mehrere Schularten in einem **Schulverbund (§ 16 SchulG)** zusammengefasst. Häufig bilden eine Grundschule und eine Hauptschule einen Schulverbund; in einer beruflichen Schule sind in der Regel mehrere Schularten zu einem Schulverbund zusammengefasst. Im beruflichen Schulwesen werden selbstständige Schulen verschiedener Schultypen (gewerblich, kaufmännisch, hauswirtschaftlich/landwirtschaftlich/sozialpädagogisch/ sozialpflegerisch) oft zu **Bildungszentren (§ 17 SchulG)** zusammengefasst.

5.4 Privatschulen

5.4.1 Privatschulen und Grundgesetz

Privatschulen sind Schulen, die weder vom Land allein noch von diesem zusammen mit einer Gemeinde, einem Landkreis oder einem Schulverband (§ 31 SchulG) getragen werden.

In Art. 7 Abs. 4 Satz 1 des Grundgesetzes (GG) wird das Recht zur Errichtung von privaten Schulen gewährleistet. Damit soll eine Vielfalt der Bildungsangebote gewährleistet werden, die dem individuellen Bildungsprozess junger Menschen und den unterschiedlichen Bildungsanschauungen und Wertvorstellungen in der Gesellschaft gerecht wird.

Diese Vielfalt verwirklicht auch das Recht der Eltern auf Erziehung ihrer Kinder. Ihnen soll ermöglicht werden, eine Schule zu wählen, die ihren Erziehungsvorstellungen näher steht als eine staatliche Schule.

Das Grundgesetz enthält aber auch Vorschriften, die mögliche Fehlentwicklungen verhindern sollen. So bestimmt Art. 7 Abs. 1 GG, dass das gesamte Schulwesen – also auch die Privatschulen – grundsätzlich einer staatlichen Aufsicht unterliegt. Art. 7 Abs. 5 GG lässt die **Errichtung privater »Volksschulen«** – gemeint sind damit heute in erster Linie Grundschulen – nur zu, wenn ein besonderes pädagogisches Interesse anerkannt wird oder es sich um eine Bekenntnis- oder Weltanschauungsschule handelt. Grund für diese Regelung ist, dass mit der für alle verbindlichen Grundschule für einen gewissen Zeitraum eine gemeinsame Bildung und Erziehung aller Kinder gewährleistet werden soll. Kinder mit unterschiedlicher Herkunft und unterschiedlichen Wertvorstellungen sollen lernen, zusammen zu leben, und dadurch einen gesellschaftlichen Grundkonsens entwickeln.

Art. 7 Abs. 4 GG bestimmt für Privatschulen als Ersatz für öffentliche Schulen (**Ersatzschulen**, s. u.), dass deren Errichtung der staatlichen Genehmigung bedarf. Diese wird nur erteilt, wenn die Schule in ihren Lehrzielen und Einrichtungen sowie der Ausbildung ihrer Lehrkräfte nicht hinter entsprechenden öffentlichen Schulen zurücksteht. Auch muss die wirtschaftliche und rechtliche Stellung der Lehrkräfte gesichert sein. Eine Sonderung (d. h. getrennte Erziehung und Unterrichtung) der Schüler nach den Besitzverhältnissen ihrer Eltern darf nicht gefördert werden.

Diese Genehmigungsvoraussetzungen sollen sicherstellen, dass Schüler, die eine solche Schule besuchen, zum einen nicht in ihrem Bildungs- und Erziehungsanspruch benachteiligt sind und andererseits keine Zweiteilung der Schulen in der Weise entsteht, dass der Besuch bestimmter qualitativ hoch stehender Schulen von den Vermögensverhältnissen der Eltern abhängig ist. Den privaten Schulträgern wird damit allerdings auch eine fast unlösbare Aufgabe gestellt, denn sie können ihre Aufwendungen für den Betrieb der Schule nicht durch ein kostendeckendes Schulgeld bestreiten. Dem wird dadurch Rechnung getragen, dass private Ersatzschulen einen Anspruch auf staatliche Finanzhilfe haben.

5.4.2 Schule und freie Unterrichtseinrichtung

Von der inhaltlichen Gestaltung und der Organisationsform her müssen bestimmte Voraussetzungen erfüllt sein, um überhaupt von einer »**Schule**« sprechen zu können. Nach einer gängigen Definition ist Schule eine »organisierte, auf eine Mindestdauer *(in der Regel mindestens ein Jahr)* angelegte Einrichtung, in der unabhängig vom Wechsel der Lehrer und der Schüler durch planmäßige *(d. h. durch Regelungen vorgegebene und nicht individuellen Gestaltungen überlassene)*, gemeinschaftliche *(im Gegensatz zu Einzelunterricht)* Unterweisung in einer Mehrzahl von Gegenständen *(also nicht nur in einzelnen Kenntnisgebieten und Fertigkeiten)* bestimmte Lern- und Erziehungsziele verfolgt werden.«

Keine »Schulen« in diesem Sinn sind daher z. B. Tanz- oder Fahrschulen, Nachhilfeunterricht, Rhetoriklehrgänge, Fremdsprachenkurse, Weiterbildungseinrichtungen oder Fernunterricht.

Derartige **freie Unterrichtseinrichtungen** dürfen keine Bezeichnung führen, die eine Verwechslung mit öffentlichen Schulen oder Ersatzschulen hervorrufen kann. Sie unterliegen andererseits nicht der Schulaufsicht, sondern nur der gewerberechtlichen bzw. wettbewerbsrechtlichen Aufsicht wie jeder andere Gewerbebetrieb. Das Rechtsverhältnis zwischen dem Betreiber einer solchen Einrichtung und seinen »Kunden« ist rein privatrechtlich, d. h., bei Streitigkeiten sind die Amts- bzw. Landgerichte zuständig.

5.4.3 Ersatzschulen

Eine Schule ist Ersatzschule, wenn im Land eine entsprechende öffentliche Schule besteht. Sie muss also in einem vergleichbaren Ausbildungsgang zu dem gleichen Abschluss wie die öffentliche Schule führen. Nach § 3 Abs. 2 PSchG können durch Rechtsverordnung Schulen, die einen von öffentlichen Schulen abweichenden Ausbildungsgang haben, zu Ersatzschulen erklärt werden, wenn ein öffentliches Interesse daran besteht. Solche Verordnungen gibt es z. B. für die Abendgymnasien und -realschulen, die Freien Waldorfschulen und die Schulen für Erzieher der Fachrichtung Jugend- und Heimerziehung.

> An einer Ersatzschule kann die Schulpflicht erfüllt werden. Für die Aufnahme eines Schülers gelten die gleichen Voraussetzungen wie an der entsprechenden öffentlichen Schule. Dies gilt jedenfalls für staatlich anerkannte Ersatzschulen. Im **Fall 5.1** kann Paul zwar durchaus an einer privaten Schule seine Schulpflicht erfüllen, seitdem die Verbindlichkeit der Grundschulempfehlung entfallen ist auch an einem Gymnasium.

Weil eine solche Schule an die Stelle einer öffentlichen Schule tritt, muss sie besondere Anforderungen erfüllen. Sie bedarf zunächst vor der Aufnahme des Betriebs einer **Genehmigung** durch die Schulaufsichtsbehörde. In dem Genehmigungsverfahren wird geprüft, ob die Einrichtung von ihrer sächlichen Ausstattung (z. B. Räume, Lehrmittel) und von ihren Lehrkräften her die Gewähr für einen ordnungsgemäßen Unterricht bietet. Auch wird geprüft, ob der Träger die erforderliche Zuverlässigkeit bietet, sodass gewährleistet ist, dass Schüler, die dort in einen Ausbildungsgang eintreten, die Ausbildung auch abschließen können und nicht die Gefahr besteht, dass die Schule z. B. wegen nicht ausreichender finanzieller Mittel während der Ausbildungsdauer den Betrieb aufgeben muss. Die Lehrkräfte müssen grundsätzlich eine den Lehrkräften an öffentlichen Schulen gleichwertige Ausbildung haben und auch die erforderliche persönliche Eignung besitzen. Bei Ungeeignetheit kann durch die Schulaufsichtsbehörde eine Tätigkeit untersagt werden. Dies ist dann der Fall, wenn bei einem Lehrer einer öffentlichen Schule die Entlassung oder Entfernung aus dem Dienst ausgesprochen würde. Da die Privatschulen oft eigene Wertvorstellungen verwirklichen wollen, sind z. B. Abweichungen im Lehrstoff und in der Lehr- und Erziehungsmethode möglich, solange die Gleichwertigkeit mit öffentlichen Schulen gegeben ist.

Bewährten Ersatzschulen kann die Eigenschaft einer **anerkannten Ersatzschule** verliehen werden. Sie kann dann selbst Prüfungen nach den für öffentliche Schulen geltenden Prüfungsordnungen abnehmen. Bis dahin müssen die Schüler einer Ersatzschule die Prüfung als **Schulfremde** an einer öffentlichen Schule ablegen.

Lehrer an öffentlichen Schulen können sich für die Tätigkeit an einer Ersatzschule **beurlauben** lassen. Diese Tätigkeit wird bei der späteren Berechnung des Ruhegehalts einer Tätigkeit im Landesdienst gleichgestellt.

5.4.4 Ergänzungsschulen

Ergänzungsschulen sind solche Schulen, für die es keine vergleichbaren öffentlichen Schulen gibt. Es handelt sich dabei meist um berufsbildende Schulen, z. B. Schulen für Dolmetscher oder fremdsprachliche Wirtschaftskorrespondenten, Mode- oder Kosmetikschulen, Ballettschulen. Aber auch sog. »Internationale Schulen« sind Ergänzungsschulen, an denen die Schulpflicht grundsätzlich (Ausnahmen gelten für Kinder, deren Eltern aus beruflichen Gründen zwischen Aufenthalten in Baden-Württemberg und im Ausland wechseln) nicht erfüllt werden kann.

Ihre Errichtung bedarf keiner Genehmigung, muss aber der Schulaufsichtsbehörde **angezeigt** werden. Dabei wird von der Schulaufsichtsbehörde geprüft, ob die Voraussetzungen für einen ordnungsgemäßen Schulbetrieb gewährleistet sind. Hinsichtlich der Ausbildung der Lehrkräfte gelten weniger strenge Voraussetzungen als für Ersatzschulen, auch deshalb, weil es oft eine Lehramtsausbildung für diesen Bereich gar nicht gibt. Geprüft wird aber, ob von fachlicher und pädagogischer Seite eine Befähigung für eine Lehrtätigkeit vorliegt.

Bewährten Ergänzungsschulen kann die Eigenschaft einer **anerkannten Ergänzungsschule** verliehen werden. Voraussetzung ist, dass ein besonderes pädagogisches oder sonstiges staatliches Interesse an einer solchen Schule besteht und die Schule Unterricht nach einem von der Schulaufsichtsbehörde genehmigten Lehrplan erteilt. Nach der Anerkennung kann die Schule selbst Prüfungen nach einer von der Schulaufsichtsbehörde genehmigten Prüfungsordnung abnehmen.

Auch Ergänzungsschulen können staatliche Finanzhilfen erhalten, jedoch nur, soweit im Staatshaushaltsplan entsprechende Mittel zur Verfügung gestellt werden.

	Unterrichtseinrichtungen in freier Trägerschaft		
	Freie Unterrichts-einrichtungen	**Privatschulen**	
		Ersatzschulen	**Ergänzungsschulen**
Beschreibung	• Unterweisung nur in einzelnen Gegenständen oder • nicht auf Dauer angelegt	• im Land bestehen entsprechende öffentliche Schulen • bei abweichendem Ausbildungsgang kann eine Schule durch Verordnung zur Ersatzschule bestimmt werden (z. B.: Waldorfschule) • Schulpflicht kann an dieser Schule erfüllt werden	• Wenn im Land keine entsprechende öffentliche Schule besteht
Beispiel	Fahrschule, Rhetoriklehrgang, Nachhilfeunterricht	Waldorfschule, Gymnasium in Trägerschaft der Kirche	Dolmetscherschule, Schauspielschule
Genehmigung durch die Schulaufsicht	Gegenüber der Schulaufsicht ist weder eine Genehmigung noch eine Anzeige erforderlich	Aufnahme des Betriebes muss von der Schulaufsichtsbehörde genehmigt werden	Aufnahme des Betriebes muss der Schulaufsichtsbehörde nur angezeigt werden

5.4.5 Rechtsschutz

Das Rechtsverhältnis zwischen Privatschule und Schüler ist grundsätzlich privatrechtlich. Die Aufnahme und die Beendigung des Beschulungsverhältnisses wird durch einen Vertrag geregelt, ebenso die Höhe des für den Schulbesuch erhobenen Entgelts. Rechtsstreitigkeiten in diesem Bereich werden vor den ordentlichen Gerichten (Amts- bzw. Landgericht) ausgetragen, die Schulaufsichtsbehörden sind insoweit nicht einbezogen, es sei denn, die Genehmigungsvoraussetzungen sind berührt, z. B. weil ein gegen das Sonderungsverbot verstoßendes Schulgeld erhoben wird oder sich die Unzuverlässigkeit des Trägers zeigt.

Anerkannte Ersatz- und Ergänzungsschulen nehmen aber bei der Abnahme von Prüfungen öffentliche Funktionen wahr, sodass hier Entscheidungen in der Form von Verwaltungsakten getroffen werden. Der Schüler kann gegen diese Entscheidungen Widerspruch einlegen, über den durch das Regierungspräsidium entschieden wird. Gegen dessen Entscheidung kann Klage beim Verwaltungsgericht erhoben werden.

> Im **Fall 5.2** muss die Schule sich nicht an die Vorschrift des § 90 SchulG halten. Der Schüler kann gegen die Beendigung des Schulverhältnisses aber beim Amts- bzw. Landgericht klagen.

5.5 Die konfessionelle Ausrichtung von Schulen

Der »Regeltyp« im öffentlichen Schulwesen (Grund- und Hauptschulen, Gemeinschaftsschulen) ist die sog. »**christliche Gemeinschaftsschule**« (Art. 15, 16 der Landesverfassung). Dort werden also Schüler beider Konfessionen gemeinsam unterrichtet und die Erziehung erfolgt auf der Grundlage christlich-abendländischer Kultur- und Gemeinschaftswerte. Nichts anderes gilt grundsätzlich auch für die anderen Schularten, denn der Erziehungs- und Bildungsauftrag nach § 1 des Schulgesetzes erfolgt auch auf der Grundlage dieser Werte.

Konfessionsschulen sind hingegen konfessionell ausgerichtet und werden in der Regel nur von den Angehörigen einer Konfession besucht. In der Regel sind dies Schulen in freier Trägerschaft, d. h. keine staatlichen Schulen.

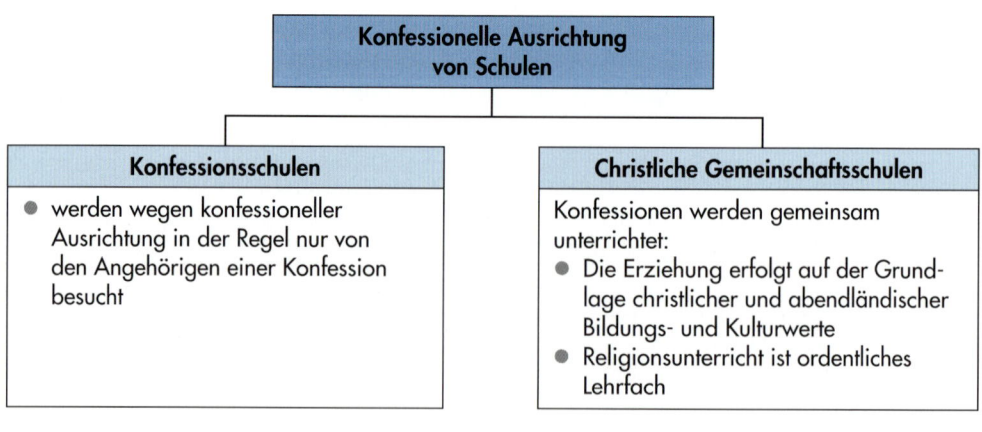

Fragen zur Wiederholung und Vertiefung

1 Die Eltern eines Schülers legen Widerspruch gegen die Grundschulempfehlung mit dem Argument ein, ihr Sohn habe den von der Aufnahmeverordnung geforderten Notendurchschnitt (was zutrifft), gleichwohl sei ihm eine Empfehlung für das Gymnasium versagt worden.
Wie ist die Rechtslage?

2 Wie unterscheiden sich die Begriffe »Schulart« und »Schultyp«?

3 Welche Funktion haben nach unserer Verfassungsordnung private Schulen innerhalb des gesamten Schulwesens?

4 Worin unterscheiden sich Ersatz- von Ergänzungsschulen?

5 Eine religiöse Gruppierung möchte eine Grund- und Hauptschule gründen, deren Unterricht sich z. B. in Biologie streng an der biblischen Schöpfungsgeschichte ausrichten soll. Ist das zulässig?

6 Der Schulträger

Einführung

Fall 6.1

Als Sie eines Morgens das Schulgebäude aufschließen wollen, stellen Sie entsetzt fest, dass Sie den Schulschlüssel verloren haben. Unter welchen Umständen Sie den Schlüssel verloren haben, lässt sich nicht mehr klären.

Die Stadt lässt daraufhin sämtliche Schlösser der Schule auswechseln. Es entstehen Kosten in Höhe von 7 500 €:

- Wer trägt die Kosten?

Fall 6.2

In der Klassenpflegschaftssitzung besprechen Sie mit den Eltern Ihrer Schüler einen geplanten Schullandheimaufenthalt. Gegen die angekündigte Kostenbeteiligung in Höhe von 150 € je Schüler wehren sich Eltern mit dem Argument, für die Teilnahme an einer schulischen Veranstaltung dürfe wegen der Schulgeldfreiheit kein Entgelt verlangt werden.

- Haben diese Eltern Recht?

6.1 Hintergrund der Aufgabenverteilung zwischen Schulträger und Land

Die Schulen sind **nichtrechtsfähige öffentliche Anstalten** (§ 23 Abs. 1 SchulG). Nicht rechtsfähig in diesem Sinne bedeutet, dass die Schule selbst nicht Träger von Rechten und Pflichten sein kann. Die »Schule« selbst kann also weder schulden noch fordern.

Wer schuldet also, wenn Lehrer einen Vertrag »für die Schule« abschließen oder Lehrkräfte einen Schaden anrichten? Wer wird verklagt, wenn Eltern mit einer Notengebung nicht einverstanden sind?

Berechtigt oder verpflichtet aus den Handlungen der Schule wird immer ein hinter der Schule stehender Rechtsträger. Dies können

- der Schulträger,
- das Land Baden-Württemberg

sein.

Die Zuständigkeitsverteilung zwischen dem Land und dem Schulträger lässt sich schlagwortartig so beschreiben: »Die Gemeinde baut der Schule ein Haus, Herr im Haus ist aber der Staat.«[1] Heute wird die Abgrenzung der Aufgaben zwischen Schulträger und Land mit dem Begriffspaar »äußere« und »innere« Schulangelegenheiten beschrieben. Für die äußeren Schulangelegenheiten ist der Schulträger, für die inneren Schulangelegenheiten das Land zuständig.

Diese Zuständigkeitsverteilung ist das Ergebnis eines geschichtlichen Prozesses. Während im Mittelalter die Schulen zunächst ausschließlich kirchliche Einrichtungen mit dem Ziel der Ausbildung des geistlichen Nachwuchses waren (so genannte »Lateinschulen«), folgten mit der Entwicklung des städtischen Wohlstandes Schulen in kommunaler Trägerschaft.

Mit der Ausbildung einer zentralen Staatsgewalt erkannte der Staat auch schnell die Bedeutung der inhaltlichen Ausgestaltung des Schulwesens für den Staat.

---

1 So beschreibt dies Anschütz in seinem Lehrbuch »Die Verfassung des Deutschen Reiches vom 11.8.1919«

Zwei Strömungen scheinen hier bemerkenswert:

- **Wohlfahrtsgedanke**
  Der Staat übernahm die Verantwortung für die gleichen Bildungschancen aller Kinder unabhängig von ihren wirtschaftlichen Verhältnissen
- **Erziehung der Kinder**
  Zu jeder Zeit diente die inhaltliche Ausgestaltung des Schulwesens aber auch dazu, die Kinder zu Bürgern zu erziehen, die das jeweilige Staatswesen mittragen. Im Kaiserreich wollte beispielsweise Wilhelm II. die Schulen »nutzbar machen, um der Ausbreitung sozialistischer und kommunistischer Ideen entgegenzuwirken«

Der Schulträger stellt deshalb nur den äußeren Rahmen für den Unterricht. Die Ausgestaltung des Schulwesens obliegt dem Land.

Schulträger einer Schule können die Gemeinden, die Land- und Stadtkreise sowie das Land sein. Wer konkret Schulträger einer Schule ist, hängt von der Schulart ab: Die **Gemeinden** sind Schulträger der Grund- und Hauptschulen, der Realschulen, der Gymnasien sowie der Sonderschulen. Die **Land- bzw. Stadtkreise** sind Träger der beruflichen Schulen. Das **Land** schließlich ist Träger der Heimsonderschulen sowie der Gymnasien in Aufbauform mit Heim.

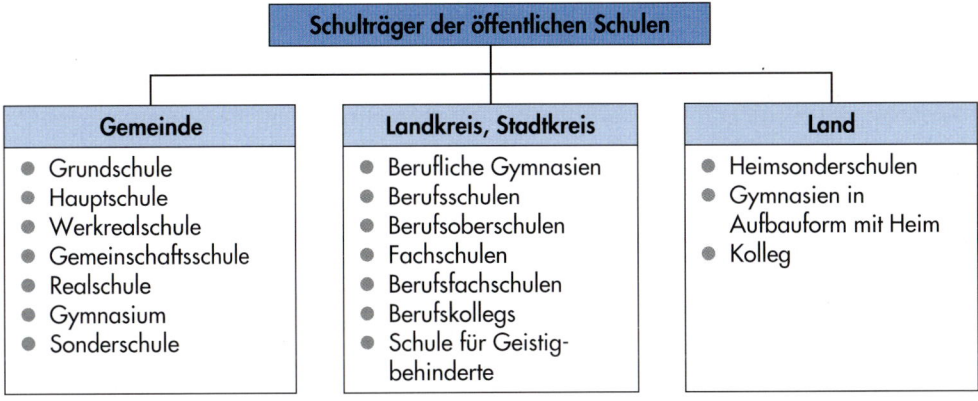

6.2 Die Aufgaben des Schulträgers

Schulträger ist nach der gesetzlichen Definition in § 27 Schulgesetz, wer die sächlichen Kosten für die Schule trägt. Er errichtet und unterhält das Schulgebäude und stellt die für die Schule erforderlichen Einrichtungen und Gegenstände zur Verfügung.

Nach dem Finanzausgleichsgesetz erhält er dafür einen Sachkostenbeitrag vom Land für jeden Schüler. Eine Ausnahme bilden insoweit die Grundschulen, für die das Land keinen Sachkostenbeitrag leistet.

Zu den äußeren Schulangelegenheiten, über die der Schulträger entscheidet, gehören:

- die Einrichtung einer Schule, also z. B. die Entscheidung, ob überhaupt eine Schule eingerichtet wird, über deren Lage sowie über die Ausstattung mit dem Inventar,
- die Namensgebung für die Schule,

Sachkostenbeitrag im Jahr pro Schüler nach der Schullastenverordnung (§ 2)
- Hauptschule und Werkrealschule: 1.064 €
- Realschule: 574 €
- Gymnasium: 597 €
- Berufsschule: 385 €
- Schule für Geistigbehinderte: 4.415 €

- die Festlegung des Schulbezirkes nach § 25 Abs. 1 des Schulgesetzes für die Grundschulen, Hauptschulen, Berufsschulen und Sonderschulen,
- die Einstellung und Entlassung des nicht lehrenden Personals,
- die Entscheidung über die Verwendung der Schulräume zu anderen als schulischen Zwecken.

Im **Fall 6.1** sind die Kosten für das Auswechseln der Schlösser nach der gesetzlichen Zuständigkeitsverteilung vom Schulträger zu übernehmen. Ein Rückgriff auf die Lehrkraft ist nur dann möglich, wenn ihr Vorsatz oder grobe Fahrlässigkeit zur Last zu legen ist.

6.3 Lernmittelfreiheit

Der Schulträger hat nach der gesetzlichen Zuständigkeitsverteilung den Schülern die **notwendigen** Lernmittel leihweise zu überlassen (§ 94 SchulG).

Ausgenommen davon sind

- Gegenstände von geringem Wert. Früher nannte das Schulgesetz an dieser Stelle eine »Bagatellgrenze« von 5 DM. Bis zu diesem Höchstbetrag mussten die Eltern Lernmittel auf eigene Kosten beschaffen. Diese Grenze wurde mit einer Änderung des Schulgesetzes vom 16.12.1996 abgeschafft. Die Formulierung »Gegenstände von geringem Wert« räumt dem Schulträger einen Spielraum ein. Er kann selbst festlegen, welche Gegenstände einen »geringen Wert« haben. Der Verwaltungsgerichtshof Baden-Württemberg hat in einem Urteil vom 23.1.2001 die Auslegungsmöglichkeiten eingeschränkt und festgestellt, dass eine Ganzschrift im Wert von 9,90 DM kein Gegenstand geringen Wertes ist. Der Städtetag hat aufgrund dieses Urteils seinen Mitgliedern empfohlen, eine Wertgrenze von 1 € anzusetzen. Von der Lernmittelfreiheit ausgeschlossen werden können Gegenstände, bei denen die Möglichkeit eines nicht zweckentsprechenden Gebrauchs besteht (die »auch außerhalb des Unterrichts gebräuchlich sind«, d. h. auf die auch im Privatbereich zugegriffen werden kann), sowie Gegenstände, deren Beschaffung bzw. Kostenerstattung einen Verwaltungsaufwand verursacht, der in keinem Verhältnis zum Zweck der Lernmittelfreiheit steht. Zu nennen sind hier z. B. Papier, Hefte, Ordner, Schreib- und Malgeräte. Keine Lernmittel sind ferner Gegenstände, die zur gewöhnlichen Eigenausstattung gehören, z. B. Schulranzen, Mäppchen, Sportkleidung. Die Einzelheiten sind in der Lernmittelverordnung vom 19.04.2004 (K. u. U., S. 152) geregelt.

Welche Lernmittel **notwendig** sind, ist in der Lernmittelverordnung gegliedert nach Schularten und Klassenstufen dargestellt. Die Lernmittelverordnung umschreibt die Lernmittel allerdings auch nur abstrakt, beispielsweise derart, dass in Klasse 4 der Grundschule zu den notwendigen Lernmitteln im Fach Mathematik ein Lehrbuch gehört.

Die Auswahl des konkreten Lehrbuches aus den auf dem Markt befindlichen Lehrbüchern wird in der Regel die **Fachkonferenz** vornehmen. Sie ist dabei allerdings auf die zugelassenen Lehrbücher beschränkt.

Schulbücher und bestimmte Druckwerke, wie z. B. Textsammlungen, Arbeitshefte und Atlanten, dürfen an öffentlichen Schulen nur verwendet werden, wenn sie zum Gebrauch vom Ministerium für Kultus, Jugend und Sport zugelassen werden (die Einzelheiten sind in der Verordnung vom 11.01.2007, GBl., S. 3 geregelt).

Lern- und Arbeitsmaterialien, die für den Unterricht benötigt werden, sind in der Lernmittelverordnung nicht einzeln aufgeführt. Dabei handelt es sich beispielsweise um Verbrauchsmaterialien wie Ton, Holz, Kochmaterialien. Die Lernmittelverordnung nennt hier lediglich gegliedert nach Schularten, Klassenstufen und Fächern Höchstbeträge, die im

Schuljahr je Schüler eingesetzt werden dürfen. Innerhalb dieser Pauschbeträge sollen den Schulen Mittel zur eigenen Bewirtschaftung überlassen werden.

Auch hier gilt, dass Gegenstände, die auch außerhalb des Unterrichts gebräuchlich sind, nicht vom Schulträger bezahlt werden müssen.

In der Regel wird der Schulträger die Materialien auch dann einheitlich für alle Schüler beschaffen, wenn sie nur geringen Wert haben, um gleiche Arbeitsbedingungen für alle Schüler zu schaffen.

Verarbeiten Schüler das vom Schulträger zur Verfügung gestellte Material, z. B. indem aus Ton eine Skulptur geformt, mit den Farben ein Bild gemalt oder aus Stoff ein Kleid gefertigt wird, erwerben die Schüler nach den Regeln des BGB das **Eigentum** an den daraus entstandenen Gegenständen (§ 950 Abs. 1 BGB). Sie sind jedoch der Schule zur Verfügung zu stellen, solange sie z. B. für die Notengebung oder Ausstellungen benötigt werden.

Lehrmittel werden im Unterricht zur Vermittlung des Wissens eingesetzt, z. B. Computer, Filmgeräte und Tageslichtprojektoren. Die Kosten für die Beschaffung der Lehrmittel trägt gleichfalls der Schulträger. Das gilt auch für den Fall, dass wegen der Beschädigung eine Reparatur oder Ersatzbeschaffung notwendig wird.

Falls eine Lehrkraft für die Beschädigung von Lehrmitteln verantwortlich ist, kann das Land als Dienstherr für den Schulträger sie nur unter den Voraussetzungen des § 48 BeamtStG in Anspruch nehmen, d. h. dann, wenn sie vorsätzlich oder grob fahrlässig gehandelt hat.

Die Wartung von Lehrmitteln gehört nicht zu den Dienstaufgaben der im Landesdienst stehenden Lehrkräfte. Der Schulträger kann diese Aufgabe deshalb ebenso wenig wie die Beschaffung von Lehrmitteln dem lehrenden Personal der Schule übertragen. Keine Bedenken bestehen freilich, wenn »Kleinstreparaturen« zur Fortsetzung des Unterrichts von Lehrkräften vorgenommen werden, wie z. B. das Auswechseln der Birne an einem Tageslichtprojektor.

6.4 Schulgeldfreiheit

Der Unterricht an öffentlichen Schulen erfolgt unentgeltlich (§ 93 Schulgesetz). Eine Ausnahme besteht für den Besuch von Fachschulen, für den vom Schulträger Schulgeld erhoben werden kann.

Für die Unterrichtung kann also keine Gebühr erhoben werden. Diese Regelung schließt aber nicht aus, dass eine Kostenbeteiligung für andere Leistungen der Schule, die nicht in der Unterrichtung der Schüler bestehen, erhoben wird. Beispielsweise sind hier Schullandheimaufenthalte, Mittagstisch, Kernzeitenbetreuung zu nennen.

Im **Fall 6.2** ist die Argumentation der Eltern also nicht zutreffend. Für den Schullandheimaufenthalt darf ein Kostenbeitrag erhoben werden.

Fragen zur Wiederholung und Vertiefung

1 Aus welchem Grund erhält der Schulträger einen Sachkostenbeitrag?
2 Welche schulischen Kosten muss der Schüler bzw. seine Erziehungsberechtigten selbst übernehmen?
3 Angenommen, die Volkshochschule möchte in den Räumen einer Schule Kurse durchführen. Mit wem muss sie diese Nutzung absprechen?

7 Die Schulaufsicht

Einführung

> **Fall 7.1**
>
> Beim Regierungspräsidium beklagen sich Eltern darüber, dass ihr Sohn nicht von der Klasse 6 nach Klasse 7 der Realschule versetzt worden sei. Zwar habe er nicht die erforderlichen Noten für die Versetzung. Jedoch hätte ihrer Meinung nach eine Ausnahmeversetzung nach § 3 Abs. 1 der Versetzungsordnung ausgesprochen werden müssen. Ihr Sohn habe psychische Probleme gehabt und sei deshalb nicht zu seiner normalen Leistung fähig gewesen. Eine Bescheinigung des behandelnden Psychologen wird dem Regierungspräsidium vorgelegt.
>
> Das Regierungspräsidium weist daraufhin die Schule an, eine entsprechende Versetzung nach § 3 der Versetzungsordnung auszusprechen.
>
> - Ist diese Weisung des Regierungspräsidiums rechtmäßig?

7.1 Der Begriff der Schulaufsicht

Das **gesamte** Schulwesen steht unter der **Aufsicht** des **Staates** (Art. 7 Abs. 1 Grundgesetz).

Über lange Zeit wurde die Aufsicht über die Schulen durch die Kirchen ausgeübt. Klargestellt wird deshalb in diesem Artikel des Grundgesetzes zunächst, dass die Schulaufsicht durch den Staat, nicht mehr durch die Kirchen ausgeübt wird. Deutlicher hatte dies noch die Paulskirchenverfassung zum Ausdruck gebracht:

»Das Unterrichts- und Erziehungswesen steht unter der Oberaufsicht des Staates und ist, abgesehen vom Religionsunterricht, der Beaufsichtigung der Geistlichkeit als solcher entzogen.«

Von der Schulaufsicht sind nicht nur die »staatlichen Schulen«, sondern das gesamte Schulwesen, also auch die Schulen in freier Trägerschaft umfasst. Dies soll einen einheitlichen Standard des Schulsystems sicherstellen.

Der Begriff der Schulaufsicht im Sinne des Grundgesetzes ist sehr weit und nur historisch zu verstehen. Er umfasst nicht nur die Aufsicht im engeren Sinn, d.h. die **Dienst-** und **Fachaufsicht**, sondern auch die Planung, Ordnung, Förderung und Gestaltung des Schulwesens. In diesem weiten Sinn wird die Schulaufsicht auch als **Schulhoheit** bezeichnet.

Der Staat kann hier also einheitliche Standards für alle Schulen vorgeben und so einer Zersplitterung des Schulwesens im Interesse der Chancengleichheit aller Schüler entgegenwirken.

Gegenüber den Schulen in freier Trägerschaft umfasst die Aufsicht allerdings nicht die **Dienstaufsicht**. Der Grund für diese Einschränkung ist darin zu finden, dass die Lehrer der Schulen in freier Trägerschaft ihren Dienst auf der Grundlage eines Rechtsverhältnisses (z. B. eines Arbeitsvertrages) zu dem Träger der Privatschule verrichten. Es kann deshalb nicht dem Staat obliegen, die Pflichten aus diesem Rechtsverhältnis einzufordern.

Die **Dienstaufsicht** umfasst die Aufsicht über die Erfüllung der Dienstpflichten der Lehrkräfte. Diese Pflichten ergeben sich für die Tarifbeschäftigten aus dem Arbeitsvertrag, für die Beamten aus dem Landesbeamtengesetz.

Die **Fachaufsicht** beschäftigt sich mit der Recht- und Zweckmäßigkeit, also mit der Frage, ob die Arbeit an den Schulen fachlich richtig, d.h. effizient, fachgerecht und methodisch korrekt durchgeführt wird.

Darüber, wie ein Unterricht zu gestalten ist, gibt es zwar allgemein anerkannte Standards. Der Unterricht ist jedoch auch Ausdruck der Persönlichkeit des Lehrers. Ihm wird deshalb ein pädagogischer Freiraum eingeräumt, an dem auch die Schulaufsicht ihre Grenzen finden muss.

> Im **Fall 7.1** ist die Entscheidung darüber, ob ein Schüler ausnahmsweise versetzt werden kann, weil er den Anforderungen der nächsthöheren Klasse (trotz der schlechten Noten) gewachsen sein wird, der Klassenkonferenz überantwortet. Sie muss mit $^2/_3$-Mehrheit entscheiden. In dieses pädagogische Entscheidungsrecht, das der Klassenkonferenz als Gremium durch die Versetzungsordnung eingeräumt wird, darf das Regierungspräsidium nicht mit einer Weisung eingreifen. Die Weisung ist also rechtswidrig.

Die Fachaufsicht ist auch weit mehr als das Erteilen von Weisungen. Sie schließt die Beratung mit ein, und zwar nicht nur hinsichtlich des individuellen Unterrichts eines Lehrers, sondern auch hinsichtlich von Veränderungsprozessen an den Schulen (z. B. »innere Schulreform«).

Diese historische Interpretation von Art. 7 Grundgesetz spiegelt sich in der Gliederung des § 32 Schulgesetz wider.

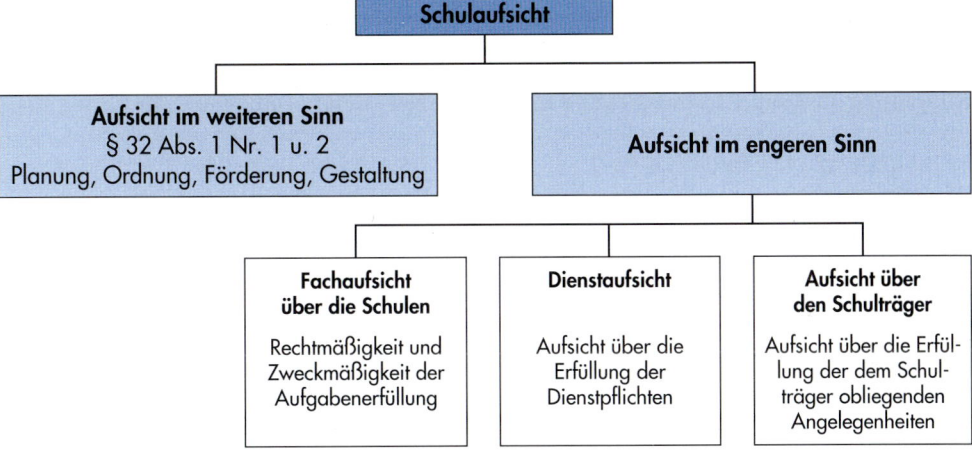

Für die **Aufsicht gegenüber den Schulträgern** ist die Zuständigkeit zwischen den Rechtsaufsichtsbehörden des Schulträgers (Landratsamt/Regierungspräsidium) und den Schulaufsichtsbehörden aufgeteilt. Berührungspunkte zwischen der staatlichen Schulaufsicht und dem Schulträger ergeben sich z. B. bei der Errichtung von Schulen (§ 30 SchulG).

Hier entscheidet der Schulträger als Kostenträger grundsätzlich selbst, ob er eine Schule errichten will. Im Rechtssinne errichtet ist die Schule allerdings erst dann, wenn die Schulaufsichtsbehörde feststellt, dass der Schulbetrieb aufgenommen werden kann.

Es steht dem Schulträger aber nicht frei, z. B. aus Gründen der Sparsamkeit auf die Einrichtung einer Schule zu verzichten. Es ist die dem Schulträger gesetzlich zugewiesene Aufgabe, Schulen in ausreichendem Umfang zur Verfügung zu stellen.

Trifft das Ministerium als oberste Schulaufsichtsbehörde die Feststellung, dass das öffentliche Bedürfnis für die Einrichtung einer Schule besteht, trifft die Rechtsaufsichtsbehörde des Schulträgers die erforderlichen Maßnahmen, um den Schulträger zur Wahrnehmung seiner Pflichten anzuhalten.

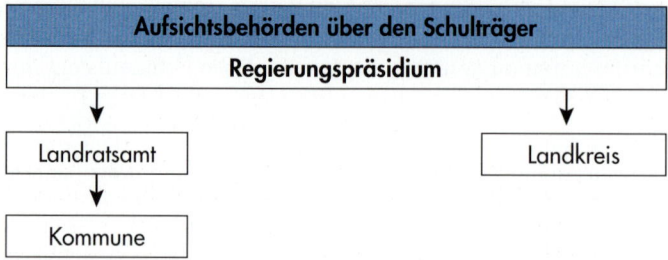

Das Landratsamt, das auf der Ebene des Landkreises angesiedelt ist, führt die Aufsicht über die Kommunen. Das Regierungspräsidium beaufsichtigt den Landkreis.

7.2 Die Schulaufsichtsbehörden

Die Dienst- und Fachaufsicht über die Lehrkräfte und Schulleiter wird von den **Staatlichen Schulämtern** als unteren Schulaufsichtsbehörden sowie von den Regierungspräsidien als oberen Schulaufsichtsbehörden ausgeübt. Die Fachaufsicht ist von »fachlich vorgebildeten, hauptamtlich tätigen Beamten« wahrzunehmen. Diese Schulräte bzw. Schulreferenten haben eine Lehramtsausbildung absolviert und besitzen i.d.R. langjährige eigene Unterrichtserfahrung. Bei den Gymnasien und beruflichen Schulen sind ferner sog. Fachberater als »besondere Schulaufsichtsbeamte« im Sinne von § 37 SchulG tätig (zu Einzelheiten siehe die VwV vom 04.08.2006). Darüber hinaus führen das Ministerium und das Regierungspräsidium die Dienst- und Fachaufsicht über die ihnen jeweils nachgeordneten Behörden.

Das **Ministerium** hat vor allem planende und ordnende Aufgaben. Es erlässt die dazu erforderlichen Verwaltungsvorschriften und Verordnungen.

Die Schulaufsichtsbehörden		
Ebene	Behörde	Aufgaben
Oberste Schulaufsichtsbehörde	Ministerium für Kultus, Jugend und Sport	• Fachaufsicht über die Schulabteilung des Regierungspräsidiums • Dienstaufsicht über die Bediensteten des schulpsychologischen und schulpädagogischen Dienstes • Ordnung der Schularten, Bildungs- und Lehrpläne • Erlass der erforderlichen Rechtsverordnungen und Verwaltungsvorschriften
Obere Schulaufsichtsbehörde	Regierungspräsidium (Schulabteilung)	• Dienst- und Fachaufsicht über die unteren Schulaufsichtsbehörden • Fachaufsicht über die Schulen • Dienstaufsicht über die Schulleiter und die Lehrer
Untere Schulaufsichtsbehörde	Staatliches Schulamt	• Fachaufsicht über die Schulen • Dienstaufsicht über die Schulleiter und Lehrer

Während die beruflichen Schulen und die Gymnasien direkt der Aufsicht des Regierungspräsidiums unterstehen, werden die Grund-, Haupt-, Real-, Gemeinschafts- und Sonderschulen von der unteren Schulaufsichtsbehörde, den Staatlichen Schulämtern, beaufsichtigt. Der Grund für diese »Zwischeninstanz« liegt in der hohen Zahl der Schulen in diesem Bereich, die nicht alle direkt von den Regierungspräsidien beaufsichtigt werden könnten.

Die Schulaufsicht in den Regierungspräsidien (obere Schulaufsichtsbehörde) ist als eine Abteilung mit insgesamt 7 Referaten organisiert. Die Zuständigkeit umfasst jeweils einen Regierungsbezirk (Stuttgart, Karlsruhe, Tübingen, Freiburg). Der Regierungspräsident ist Dienstvorgesetzter der Lehrkräfte und Schulleiter seines Bezirks. Die Aufsichtsbezirke der unteren Schulaufsichtsbehörde umfassen jeweils einen oder mehrere Land- und Stadtkreise.

Insgesamt werden von den Schulaufsichtsbehörden des Landes Baden-Württemberg über 100 000 Lehrkräfte betreut. Mit dem Gesetz zur Weiterentwicklung der Verwaltungsstrukturreform wurden zum 01.01.2009 insgesamt 21 Staatliche Schulämter als untere Sonderbehörden eingerichtet.

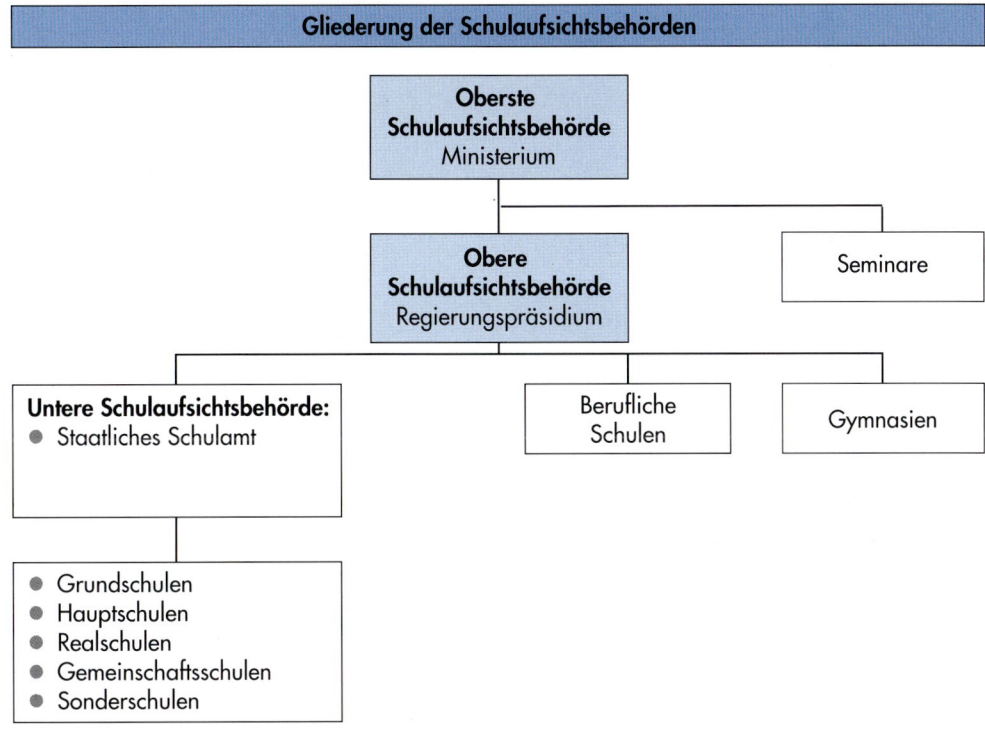

Fragen zur Wiederholung und Vertiefung

1 Warum kann der Inhalt des Begriffs der »Schulaufsicht« i. S. des Art. 7 Grundgesetz nur historisch verstanden werden?

2 Aus welchem Grund unterliegen Privatschulen nur der Fach-, nicht auch der Dienstaufsicht?

3 Worin findet das Weisungsrecht der Schulaufsichtsbehörde gegenüber Lehrkräften seine Grenze?

8 Die Schulverfassung

Einführung

Fall 8.1

Nach Ihrem Dienstantritt als Lehramtsanwärter an der Schule werden Sie von Kollegen gefragt, ob Sie bereit sind, sich als Lehrervertreter in die Schulkonferenz wählen zu lassen. Sie fragen zurück, ob das rechtlich überhaupt möglich ist. Die Kollegen sind ratlos.

Fall 8.2

Die Gesamtlehrerkonferenz beschließt aus Unmut über die neueste Arbeitszeitregelung der Landesregierung, künftig keine Schullandheimaufenthalte und Studienfahrten mehr durchzuführen. Der Schulleiter fragt deshalb beim Juristen des Regierungspräsidiums an, ob er gegen diesen Beschluss etwas unternehmen kann.

Fall 8.3

Der Gemeinderat des Schulträgers Ihrer Schule beschließt, aus Kostengründen dürfe künftig nur das jeweils billigste Schulbuch als Lernmittel eingeführt werden.

- Ist das zulässig?

Fall 8.4

Die Gesamtlehrerkonferenz beschließt, dass in Ihrem Fach die mündlichen und schriftlichen Schülerleistungen künftig im Verhältnis 1:2 zu gewichten sind.

- Müssen Sie sich daran halten?

8.1 Direktoriale und kollegiale Schulverfassung

Unter dem Begriff »Schulverfassung« werden alle die Regelungen zusammengefasst, die sich damit befassen, welche Personen oder Gremien an der Schule für die einzelnen Aufgaben und Entscheidungen zuständig sind. Dabei kann unterschieden werden zwischen

- direktorialer und
- kollegialer Schulverfassung.

Bei einer **direktorialen** Schulverfassung entscheidet der Schulleiter allein, die übrigen Gremien (z. B. Konferenzen) haben nur eine beratende Funktion.

Die **kollegiale** Schulverfassung überlässt alle Entscheidungen Gremien, die mit Mehrheit entscheiden. Der Schulleiter muss diese Beschlüsse ausführen und nach außen vertreten.

In dieser reinen Form existieren diese Schulverfassungsprinzipien nirgends, meist handelt es sich um eine Mischform, in der einmal das eine, einmal das andere dieser Elemente überwiegt.

In Baden-Württemberg hat das direktoriale Element ein Übergewicht, denn der Schulleiter ist dort zuständig für die Besorgung aller Schulangelegenheiten, soweit nicht durch eine Rechtsvorschrift eine abweichende Zuständigkeitsregelung getroffen worden ist.

8.2 Der Schulleiter

Die Rechtsstellung des Schulleiters ist in den **§§ 39–41 SchulG** umschrieben.

Er ist zunächst Lehrer an der Schule und hat nach den geltenden Arbeitszeitregelungen für Lehrer eine Mindestunterrichtsverpflichtung von 4 Wochenstunden. Er benötigt deshalb die

Lehramtsbefähigung für eine an der Schule bestehende Schulart. So kann z. B. ein Realschullehrer nicht an einer Grund- und Hauptschule Schulleiter werden.

Außerdem ist er für die **verwaltenden** Aufgaben der Schule zuständig und ist der Repräsentant der Schule gegenüber Außenstehenden. Er ist ferner der Vorgesetzte der Lehrer und hat als solcher Aufgaben der **Personalführung**. Durch seine Verantwortung für die Einhaltung der Bildungs- und Lehrpläne ist er auch der **pädagogische Leiter** der Schule.

Im Verhältnis zum Schulträger ist er weisungsberechtigt gegenüber den Bediensteten des Schulträgers (Hausmeister, Schulsekretärin) und soll Mittel weitgehend selbstständig bewirtschaften können (§ 48 Abs. 2 Satz 2 SchulG). Über die Verwendung von Schulräumen für andere als schulische Zwecke darf der Schulträger nicht gegen das Votum des Schulleiters entscheiden. Ist der Schulleiter der Auffassung, dass die andere Verwendung schulischen Belangen widerspricht, entscheidet die Rechtsaufsichtsbehörde (§ 51 SchG). Das ist für kreisangehörige Gemeinden das Landratsamt; für Stadtkreise, große Kreisstädte und Landkreise das Regierungspräsidium (§ 119 GemO, § 51 LkrO).

Dem Schulleiter steht auch das **Hausrecht** zu, d.h., er kann gegen einzelne Personen ein Hausverbot aussprechen, mit der Folge, dass ein Verstoß dagegen einen strafbaren Hausfriedensbruch darstellt. Ob dieses Hausverbot rechtlich dem Schulträger oder dem Land zuzurechnen ist, richtet sich nach dem Grund der Maßnahme. Hängt der Ausspruch des Hausverbots mit einer inneren Schulangelegenheit oder einer dienstlichen Angelegenheit zusammen (z. B. *Durchsetzung eines Schulausschlusses nach § 90 SchulG oder eines beamtenrechtlichen Verbots der Dienstgeschäfte; Ausschluss eines nicht sorgeberechtigten Elternteils von schulischen Veranstaltungen*), müsste eine Klage gegen das Land gerichtet werden. Steht hingegen der räumliche Schutz des Schulgeländes im Vordergrund (z. B. *Schulfremde sollen sich nicht auf dem Schulgelände aufhalten*), wäre der Schulträger der richtige Beklagte.

Diese vielfältigen Aufgaben und Befugnisse des Schulleiters machen es erforderlich, bei der Besetzung einer Schulleiterstelle eine besonders sorgfältige Auswahl zu treffen.

Wer sich um eine solche im Amtsblatt »Kultus und Unterricht« ausgeschriebene Stelle (§ 11 Abs. 3 LBG) bewirbt, muss sich zunächst einem intensiven Überprüfungsverfahren durch die Schulaufsichtsbehörde unterziehen, das in der Verwaltungsvorschrift vom 5.12.2001, K. u. U. 2002, S. 68, geregelt ist.

Dazu gehören:

- Einholung einer dienstlichen Beurteilung bei dem Schulleiter des Bewerbers, § 41 Abs. 2 Satz 2 SchulG,
- eine Unterrichtsanalyse, d.h., der Bewerber muss unter Beobachtung durch die Schulaufsichtsbehörde den Unterricht eines anderen Lehrers beobachten und mit diesem ein Gespräch darüber führen,
- ein Bewerbergespräch, das vom zuständigen Regierungspräsidium durchgeführt wird.

Danach werden alle eingegangenen Bewerbungen zusammen mit einer Eignungsbewertung, die auf der Grundlage der oben genannten Überprüfungsteile erstellt wird, der **Schulkonferenz** und dem **Schulträger** mitgeteilt. Diese können dann einen Vorschlag für die Stellenbesetzung machen, wobei sie gehalten sind, den Bestgeeigneten, bei gleicher Eignung den »Außenbewerber« (d.h. den Bewerber, der nicht der Schule angehört) vorzuschlagen **(§ 40 SchulG)**.

Letztendlich entscheidet die für die beamtenrechtliche Ernennung zuständige Stelle (Regierungspräsidium, Kultusministerium bzw. Ministerpräsident). In Zweifelsfällen kann diese Stelle auch ein weiteres Vorstellungsgespräch als Entscheidungsgrundlage führen.

Der **Stellvertretende Schulleiter** ist der ständige und allgemeine Vertreter des Schulleiters (**§ 42 SchulG**), d.h., er ist also nicht nur „Abwesenheitsvertreter". Abweichend von diesem Grundsatz wird der Schulleiter als Vorsitzender der Schulkonferenz von dem Elternbeiratsvorsitzenden vertreten.

Weitere Funktionsträger sind an Gymnasien und beruflichen Schulen die **Studiendirektoren zur Koordinierung schulfachlicher Aufgaben** (§ 42 Abs. 2 SchulG). Ihre Aufgaben und Befugnisse sind in der Verwaltungsvorschrift vom 25.05.2005, K. u. U. 2005, S. 84 beschrieben. Innerhalb ihres Aufgabenbereichs sind sie gegenüber den Lehrern weisungsberechtigt (Nr. II., 1.).

Für diese Funktionsstellen gilt ein ähnliches Überprüfungsverfahren wie für Schulleiterbewerber, jedoch ohne Mitwirkungsmöglichkeiten von Schulkonferenz und Schulträger und ohne Durchführung einer Unterrichtsanalyse.

8.3 Lehrer

Der Lehrer trägt im Rahmen der geltenden Rechtsvorschriften die unmittelbare pädagogische Verantwortung für die Erziehung und Bildung der Schüler (**§ 38 Abs. 2 SchulG**). Er entscheidet in seiner täglichen Unterrichtsarbeit eigenverantwortlich, auf welchem Weg und mit welchen Mitteln er den Schülern zum Erreichen des Ausbildungsziels verhilft. Die Grenze der Methodenfreiheit des Lehrers ist dort erreicht, wo durch die Freiheit des Lehrers die Rechte der Schüler beeinträchtigt würden. So gehört zum Bildungsziel der Schule auch die Vermittlung von sog. Schlüsselqualifikationen wie z. B. Teamfähigkeit. Werden Unterrichtsmethoden, bei denen solche Fähigkeiten erworben werden können (z. B. Gruppenarbeit), überhaupt nicht angewandt, sind die Schüler in ihrem Bildungsanspruch benachteiligt.

Einen großen Freiraum hat der Lehrer bei der Feststellung der Schülerleistungen. Der Schulleiter darf hier nur insoweit eingreifen, als die allgemein für die Notengebung geltenden Grundsätze, wie sie insbesondere in der Verwaltungsvorschrift vom 5.5.1983, K. u. U. 1983, S. 449 ff, zuletzt geändert 17.05.2009, K. u. U. S. 85, NotenVO, niedergelegt sind, nicht beachtet werden. Er kann im Allgemeinen keine Anweisung zur Erteilung einer bestimmten Note geben. Soweit die o. g. Verwaltungsvorschrift eine Entscheidung ausdrücklich dem Lehrer zugewiesen hat, sind auch Konferenzbeschlüsse für den einzelnen Lehrer nicht bindend.

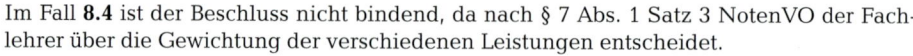

Im Fall **8.4** ist der Beschluss nicht bindend, da nach § 7 Abs. 1 Satz 3 NotenVO der Fachlehrer über die Gewichtung der verschiedenen Leistungen entscheidet.

8.4 Konferenzen

8.4.1 Lehrerkonferenzen

Lehrerkonferenzen sind die Gesamtlehrerkonferenzen und die Teilkonferenzen. Teilkonferenzen sind insbesondere die Klassenkonferenz und die Fachkonferenz.

Die Lehrerkonferenzen werden in den **§§ 44–46 SchulG** sowie in der **Konferenzordnung (KonfO)** des Kultusministeriums behandelt. Die Aufgaben der Konferenzen ergeben sich jeweils aus der Ebene, auf der sie angesiedelt sind. So ist die Gesamtlehrerkonferenz für die Beratung aller die gesamte Schule betreffenden Angelegenheiten zuständig, die Klassenkonferenz für die eine einzelne Klasse betreffenden Angelegenheiten und die Fachkonferenz für die Angelegenheiten eines Faches.

Die in der Praxis wichtigsten Lehrerkonferenzen lassen sich in einer Übersicht folgendermaßen darstellen:

	Die Lehrerkonferenzen		
	Gesamtlehrerkonferenz	**Klassenkonferenz**	**Fachkonferenz**
Aufgaben	Beratung aller die gesamte Schule betreffenden Angelegenheiten **Bsp.:** Erlass einer Schul- und Hausordnung; Verwendung der Haushaltsmittel; Stellungnahme zu schulorganisatorischen Maßnahmen § 2 KonfO	Beratung aller die Erziehungs- und Unterrichtsarbeit in einer Klasse betreffenden Angelegenheiten **Bsp.:** Zeugnis- und Versetzungsentscheidungen; Voten bei Unterrichts- und Schulausschlüssen; Koordinierung der Hausaufgaben und Klassenarbeiten § 4 KonfO	Beratung aller ein Fach oder eine Fächergruppe betreffenden Angelegenheiten **Bsp.:** Verwendung von Lehr- und Lernmitteln; Abstimmung der Stoffverteilungspläne; Vorschläge für die Fortbildung § 5 KonfO § 3 LernmittelVO
Einberufung	mind. **viermal** im Schuljahr § 12 Abs. 1 KonfO	mind. **einmal** im Schulhalbjahr § 12 Abs. 1 KonfO	nach Bedarf § 12 Abs. 1 KonfO
Vorsitz	Schulleiter § 12 Abs. 2 KonfO	Klassenlehrer § 12 Abs. 2 KonfO **Ausnahmen:** § 12 Abs. 2 Satz 4 KonfO (Zeugnis und Versetzungsentscheidungen)	wird von den Konferenzteilnehmern gewählt § 12 Abs. 2 Satz 2 KonfO

Die Lehrerkonferenzen sollen das kollegiale und pädagogische Zusammenwirken der Lehrer fördern. Außerdem stellen sie neben dem hierarchischen Element der Alleinentscheidungszuständigkeit des Schulleiters ein »demokratisches« Element dar, mit dem alle an der Schule tätigen Lehrkräfte ihren Willen zum Ausdruck bringen können. Der Grad der Mitentscheidungsmöglichkeit reicht dabei von der bloßen Abgabe von **Empfehlungen** *(z.B. zur Verteilung der Lehraufträge und Aufstellung der Stundenpläne, § 2 Abs. 1 Nr. 9)* und Stellungnahmen *(z.B. zu schulorganisatorischen Maßnahmen, § 2 Abs. 1 Nr. 8)* bis zur für alle **verbindlichen Entscheidung**, wobei allerdings bei den meisten Fällen das **Einverständnis der Schulkonferenz** erforderlich ist (vgl. § 47 Abs. 5 SchulG) oder diese zumindest **gehört** werden muss (vgl. § 47 Abs. 4 SchulG).

In Lehrerkonferenzen **dürfen keine Personalangelegenheiten einzelner Lehrer** behandelt werden (§ 1 Abs. 2 KonfO), ebenso wenig dürfen allgemein politische Diskussionen geführt und z.B. Resolutionen verfasst werden.

Soweit keine ausdrückliche Zuständigkeitsregelung getroffen ist, spricht bei Aufgaben aus dem **pädagogischen Bereich** eine Vermutung für die Zuständigkeit der Konferenz, bei eher **administrativen** Aufgaben die Vermutung für die Zuständigkeit des Schulleiters.

Soweit die Konferenz **bindende Entscheidungen** treffen kann *(z. B. die Klassenkonferenz bei Versetzungsentscheidungen)* muss der Schulleiter sie ausführen. Hat er Bedenken hinsichtlich der Rechtmäßigkeit einer solchen Entscheidung, muss er zunächst eine erneute Abstimmung herbeiführen. Bleibt die Konferenz bei ihrer Entscheidung, muss der Schulleiter die Schulaufsichtsbehörde anrufen, die dann die endgültige Entscheidung trifft (vgl. § 16 KonfO).

> Im **Fall 8.2** hat die Konferenz ihre Kompetenzen überschritten, denn die Durchführung außerunterrichtlicher Veranstaltungen als Teil des schulischen Auftrags ist in der Verwaltungsvorschrift vom 19.10.1995 (K.u.U. 1995, S. 554) festgelegt und die Konferenz kann daher nur Grundsätze über die Durchführung im Einzelnen (z. B. welche Veranstaltung auf welcher Klassenstufe durchgeführt werden soll) aufstellen.
>
> Im **Fall 8.3** ist die nach § 3 LernmittelVO der Fachkonferenz übertragene Zuständigkeit zur Bestimmung der einzuführenden Lernmittel eine innere Schulangelegenheit, in die der Schulträger nicht eingreifen darf. Die Konferenz hat allerdings den Grundsatz der Sparsamkeit zu beachten und ist für mindestens 4 Jahre an ihre Entscheidung gebunden.

Die Sitzungen der Konferenzen sollen grundsätzlich außerhalb der üblichen Unterrichtszeiten stattfinden (§ 12 Abs. 1 Satz 2 KonfO). Da die Arbeitszeit der Lehrer durch die Unterrichtsverpflichtung nur zum Teil ausgefüllt ist, sollen die Schüler nicht durch die Erfüllung sonstiger dienstlicher Aufgaben beeinträchtigt werden.

Für die Einberufung und den Ablauf der Konferenzen sind detaillierte Verfahrensvorschriften vorhanden. Beispielsweise ist eine Ladungsfrist von sechs Unterrichtstagen mit der Möglichkeit einer Abkürzung in dringenden Fällen einzuhalten, eine **Tagesordnung** ist festzusetzen und bei **Abstimmungen** sind bestimmte Regularien einzuhalten. Für die Beschlussfähigkeit müssen mindestens die Hälfte der Stimmberechtigten anwesend sein. In der Regel entscheidet die einfache Mehrheit der Stimmen.

Schließlich muss über jede Konferenzsitzung ein **Protokoll** gefertigt werden. Bei Einwendungen gegen den Inhalt des Protokolls entscheidet darüber die Konferenz in ihrer nächsten Sitzung.

8.4.2 Schulkonferenz

Die Schulkonferenz ist das gemeinsame Beratungs- und Beschlussorgan aller am Schulleben Beteiligten. Ihre Aufgaben, Befugnisse und Zusammensetzung sind in **§ 47 SchulG** geregelt.

Die in § 47 Abs. 9 SchulG geregelte Zusammensetzung mit dem Schulleiter als Vorsitzendem soll gewährleisten, dass die Lehrkräfte die Mehrheit besitzen, wenngleich die Mitglieder der Schulkonferenz nicht an Weisungen und Aufträge (z. B. der Gesamtlehrerkonferenz oder des Schulleiters) gebunden sind (§ 47 Abs. 10 Satz 3 SchulG).

Die Schulkonferenz muss mindestens **einmal** im Schul**halb**jahr zusammentreten (§ 47 Abs. 12 SchulG).

Die **Befugnisse** der Schulkonferenz sind folgendermaßen abgestuft:
- Sie kann **Anregungen und Empfehlungen** geben, § 47 Abs. 2 SchulG;
- sie muss **gehört** werden, z. B. zu Beschlüssen der Gesamtlehrerkonferenz, zu schulorganisatorischen Maßnahmen, vor einem Ausschluss aus der Schule auf Wunsch des Schülers oder dessen Eltern, § 90 Abs. 4 Satz 1 SchulG;
- ihr **Einverständnis** muss eingeholt werden, z. B. zum Erlass einer Schul- und Hausordnung, zur Aufstellung von Grundsätzen zur Durchführung von außerunterrichtlichen Veranstaltungen, zu Beschlüssen zu allgemeinen Fragen der Klassenarbeiten und Hausaufgaben, § 47 Abs. 5 SchulG;

- sie **entscheidet**, z. B. über die Verteilung des Unterrichts auf 5 oder 6 Wochentage und den Unterrichtsbeginn, über die Stellungnahme der Schule zur Namensgebung und zur Anforderung von Haushaltsmitteln, § 47 Abs. 3 SchulG.
- Nach § 40 SchulG wirkt die Schulkonferenz durch ein Vorschlagsrecht bei der **Besetzung der Schulleiterstelle** mit.

> Im **Fall 8.1** bestimmt sich die Wählbarkeit nach § 2 Abs. 1 Nr. 15 KonfO. Stimmberechtigt sind alle zur Teilnahme verpflichteten Lehrkräfte (§ 13 Abs. 1 Satz 1 KonfO). Der Schule zur Ausbildung zugewiesene Personen (Referendare bzw. Anwärter) sind teilnahmepflichtig, wenn sie selbstständig unterrichten und der Verhandlungsgegenstand ihre Teilnahme erfordert (§ 10 Abs. 1 Satz 1 und 4 KonfO). Der Verhandlungsgegenstand erfordert hier ihre Anwesenheit nicht, sodass auch die Wählbarkeit ausscheidet. In der juristischen Literatur wie auch in der Praxis werden in dieser Frage aber unterschiedliche Auffassungen vertreten.

Art der Beteiligung der Schulkonferenz bei Beschlüssen der Gesamtlehrerkonferenz

Anhörung	Einverständnis	Keine Beteiligung der Schulkonferenz
• Allgemeine Fragen der Erziehung und des Unterrichts an der Schule • Verwendung der der Schule zur Verfügung gestellten Haushaltsmittel im Rahmen ihrer Zweckbestimmung • Stellungnahme zur Einrichtung und Ausstattung der Schule sowie zu Baumaßnahmen gegenüber dem Schulträger …	• Erlass der Schul- und Hausordnung sowie der Pausenordnung • Allgemeine Fragen der Klassenarbeiten und Hausaufgaben • Einheitliche Durchführung der Rechts- u. Verwaltungsvorschriften an der Schule • Aufstellung der Grundsätze über die Durchführung von besonderen Schulveranstaltungen, die die gesamte Schule berühren (z. B. Schulfeste) • Aufstellung der Grundsätze über die Durchführung von außerunterrichtlichen Veranstaltungen (z. B. Klassenfahrten, Schullandheimaufenthalte)	• Fragen der Fortbildung der Lehrer • Empfehlungen für einheitliche Maßstäbe bei Notengebung und Versetzung • Allgemeine Empfehlungen für die Verteilung der Lehraufträge und sonstiger dienstlicher Aufgaben, für die Aufstellung der Stunden- und Aufsichtspläne sowie für die Anordnungen von Vertretungen … • Zusammenarbeit mit den Erziehungsberechtigten … • Geschäftsordnung für die Lehrerkonferenzen der Schule • Wahl der Vertreter der Lehrer in der Schulkonferenz

8.4.3 Rechte der Elterngruppe

Besondere Beachtung verdienen im Zusammenhang mit den oben aufgeführten Konferenzen die Rechte der so genannten »Elterngruppe«.

Solche Elterngruppen bilden

- die der Klassenpflegschaft angehörenden Eltern sowie
- die der Schulkonferenz angehörenden Eltern.

Diese Elterngruppen können den Lehrerkonferenzen Vorschläge zur Beratung und Beschlussfassung vorlegen, können also bestimmte Themen vorgeben, mit denen sich diese Konferenzen befassen und dazu einen Beschluss herbeiführen müssen.

Die Elterngruppe in der Klassenpflegschaft kann sich an die Klassenkonferenz wenden. Der Klassenelternvertreter und sein Stellvertreter haben das Recht, an der Beratung dieser Vorschläge in der Klassenkonferenz mitzuwirken (§ 11 Abs. 3 KonfO).

Ansprechpartner für die Elterngruppe in der Schulkonferenz ist die Gesamtlehrerkonferenz. Hier hat die Elterngruppe auch das Recht, an der Beratung dieser Vorschläge in der Gesamtlehrerkonferenz mitzuwirken (§ 11 Abs. 4 KonfO).

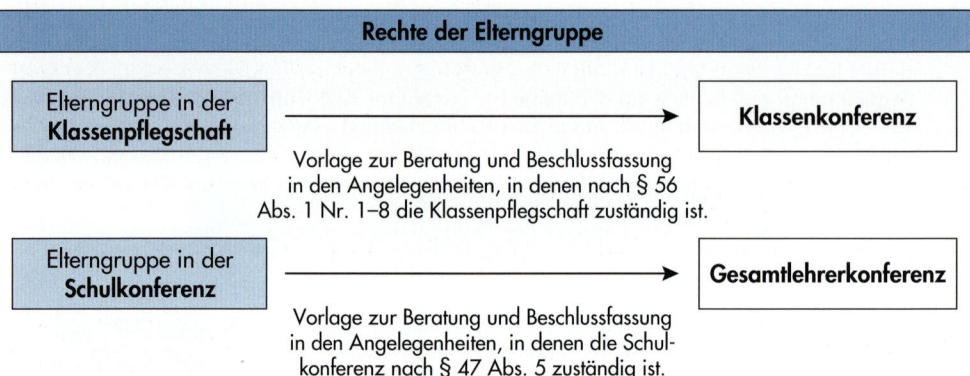

8.5 Die Schülermitverantwortung

8.5.1 Ziel der Schülermitverantwortung

Die Schüler sollen in der Schule zu freien und verantwortungsbewussten Bürgern erzogen werden (Art. 21 der Landesverfassung). Sie sollen lernen, Entscheidungen zu treffen, mitzugestalten und Verantworung für andere zu übernehmen.

Die Schule soll die Schüler nicht vom gesellschaftlichen Leben fernhalten, sondern ihnen ermöglichen, die Teilhabe an der Gestaltung des gesellschaftlichen Lebens einzuüben. Sie sollen sich in eigener Verantwortung Aufgaben stellen, Rechte wahrnehmen und Pflichten erfüllen.

Dem dient die Beteiligung der Schüler an der Gestaltung der Schule im Rahmen der Schülermitverantwortung (SMV). Die Art und der Umfang der Beteiligung der Schüler hängen von deren Entwicklungsstand ab.

8.5.2 Ebenen der Schülermitverantwortung

Die **Klassenschülerversammlung** hat die Aufgabe, alle Fragen der Schülermitverantwortung, die sich bei der Arbeit der **Klasse** ergeben, zu beraten und zu beschließen. Sie fördert die Zusammenarbeit mit den Lehrern der Klasse (§ 64 SchulG).

Spätestens bis zum Ablauf der dritten Unterrichtswoche wählt die Klassenschülerversammlung ab der Klasse 5 den **Klassensprecher**. Der Klassensprecher vertritt die

Ebenen der Schülermitveranwortung	
Landesebene	**Landesschülerbeirat** **Vorsitz:** wird gewählt **Mitglieder:** 24 gewählte Mitglieder, 6 pro Regierungsbezirk, die jeweils eine Schulart vertreten
Schulebene	**Schülerrat** **Vorsitz:** Schülersprecher **Mitglieder:** Klassensprecher und Stellvertreter
Klassenebene	**Klassenschülerversammlung** **Vorsitz:** Klassensprecher **Mitglieder:** Schüler der Klasse

Interessen der Klasse und unterrichtet die Klassenschülerversammlung über alle Angelegenheiten, die für sie von allgemeiner Bedeutung sind.

In den Jahrgangsstufen werden in der Kursschülerversammlung im Fach Deutsch bzw. bei beruflichen Gymnasien im Profilfach Kurssprecher gewählt. Die Kurssprecher und ihre Stellvertreter sind Mitglieder des Schülerrats.

Der **Schülerrat** konstituiert sich aus den Klassensprechern und ihren Stellvertretern. Er muss spätestens in der 5. Unterrichtswoche zusammentreten. An den beruflichen Schulen gehören dem Schülerrat nur die Klassensprecher an.

Er befasst sich mit den Angelegenheiten, die für die Schule in ihrer Gesamtheit von Bedeutung sind. Die Klassensprecher und ihre Stellvertreter wählen aus allen Schülern der Schule (passives Wahlrecht) den Schülersprecher, der den Vorsitz in dem Schülerrat führt und die Interessen aller Schüler der Schule vertritt. Den Stellvertreter wählt der Schülerrat aus seiner Mitte. Die SMV-Satzung kann aber auch vorsehen, dass der Schülersprechervon allen Schülern der Schule gewählt wird.

Der **Landesschülerbeirat** vertritt die Interessen und Anliegen der Schüler gegenüber dem Kultusministerium.

Die Klassenschülerversammlungen werden durch den Klassensprecher einberufen. Möchte er in der Klasse wichtige Angelegenheiten der Schülermitverantwortung thematisieren, gibt es dafür verschiedene Möglichkeiten:

- Soweit dies im Rahmen eines geordneten Unterrichts möglich ist, kann er mit Zustimmung des zuständigen Lehrers einen Teil der Unterrichtsstunde dafür in Anspruch nehmen.
- Der Klassensprecher kann beim Klassenlehrer aber auch eine **Verfügungsstunde** beantragen. Im Schulhalbjahr können zwei solcher Verfügungsstunden eingeräumt werden.

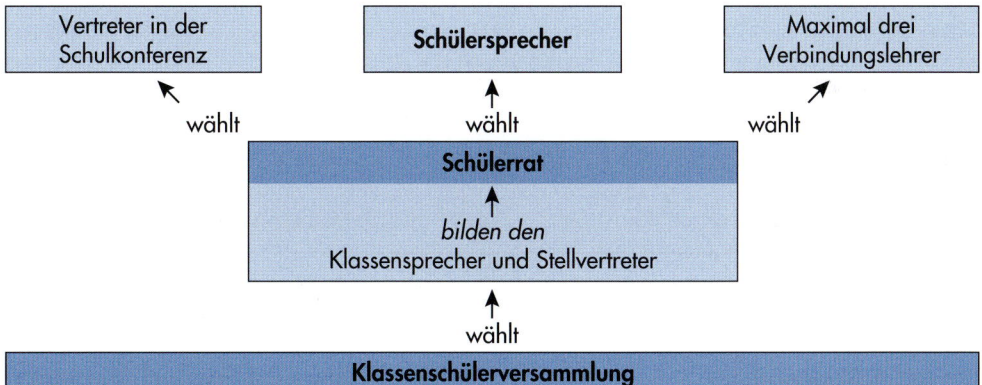

8.5.3 Aufgaben und Rechte der SMV

Der Mitwirkungsbereich der SMV ergibt sich aus den Aufgaben der Schule. Sie hat deshalb z. B. kein politisches Mandat, kann also keine Beschlüsse zu allgemein politischen Themen fassen und Aktionen dazu durchführen.

Die SMV stellt sich in diesem Rahmen ihre Aufgaben selbst. Lediglich beispielhaft sind deshalb in der SMV-Verordnung als Aufgaben aufgeführt:

- Vertretung der Interessen der Schüler,
- Förderung der fachlichen, kulturellen, sozialen, politischen, sportlichen Interessen der Schüler. Hierzu können z. B. eigene Veranstaltungen durchgeführt werden, wie Arbeitskreise, Schülerbücherei und Schulfeiern.

- Anregungen und Vorschläge für die Gestaltung des Unterrichts,
- Beteiligung an Verwaltungs- und Organisationsaufgaben der Schule,
- Beteiligung an Aufgaben im Ordnungs- und Aufsichtsdienst, z. B. Mitwirkung bei der Pausenaufsicht.

Zur Verwirklichung der Aufgaben sind der SMV **Rechte** eingeräumt.

Die Klassensprecher und Schülersprecher können die Anliegen der Schüler gegenüber Lehrern, Schulleiter und Elternvertretung vertreten **(Anhörungs- und Vorschlagsrecht, § 10 I SMV-VO)**, sie können Beschwerden vorbringen **(Beschwerderecht)** und die Anliegen einzelner Schüler vertreten **(Vermittlungs- und Vertretungsrecht)**. Beispielsweise kann der Klassensprecher den Schüler bei der Anhörung vor einer Erziehungs- und Ordnungsmaßnahme nach § 90 Schulgesetz vertreten.

Im Zeugnis ist die Tätigkeit in der SMV nur auf Wunsch der Schüler und auch ohne Wertung auszuführen.

8.5.4 Verbindungslehrer (§ 68 Abs. 2 SchulG)

Der Verbindungslehrer, der von dem Schülerrat gewählt wird, berät und unterstützt die SMV. Gewählt werden können nur Lehrer, die vor der Wahl ihre Bereitschaft zur Übernahme dieses Amtes erklärt und mindestens einen halben Lehrauftrag haben. Referendare und Anwärter können deshalb nicht Verbindungslehrer sein.

Er stellt die Verbindung zu Eltern, Schulleiter und Lehrern her und nimmt beratend an den Veranstaltungen der SMV teil.

8.5.5 Veranstaltungen der SMV (§ 14 SMV-VO)

Veranstaltungen der SMV sind **Schulveranstaltungen**. Sie unterliegen deshalb zum einen der Verantwortung und **Aufsichtspflicht** der Schule. Zum anderen besteht auch der **Versicherungsschutz** der gesetzlichen Schülerunfallversicherung. Dies gilt jedoch nicht, wenn die SMV ohne Genehmigung des Schulleiters eine Veranstaltung außerhalb der Schule durchführt.

Veranstaltungen der SMV sind dem Schulleiter vorher rechtzeitig **anzuzeigen**. Er muss die Veranstaltung beispielsweise dann untersagen, wenn sie mit besonderen Gefahren für die Schüler verbunden oder eine ausreichende Aufsicht nicht sichergestellt ist.

Der Schulleiter hat in diesem Zusammenhang auch die **Interessen des Schulträgers** zu wahren, beispielsweise wenn aufgrund der Art der Veranstaltung (z. B. öffentliches Rockkonzert) das Risiko von Schäden am Schulgebäude oder der Einrichtung besteht. Geht die Nutzung des Schulgebäudes deutlich über das hinaus, was üblicherweise mit dem Schulbetrieb verbunden ist, muss der Schulträger vor dieser Nutzung gehört werden.

Die Ausübung der **Aufsicht** richtet sich nach der Art der Veranstaltung sowie nach Alter und Reife der Schüler. Unter Umständen kann die Aufsichtsführung durch den Schulleiter auf geeignet erscheinende Schüler übertragen werden, die aber mind. 16 Jahre alt sein sollen. Es ist zudem das Einverständnis der Erziehungsberechtigten dieser Schüler einzuholen.

Die SMV als Organisation ist nicht rechtsfähig, kann also keine Verträge abschließen. Nach außen muss deshalb für die Abwicklung von Rechtsgeschäften ein Schüler oder der Verbindungslehrer auftreten (dazu: **Fall 14.1.**).

Zur Finanzierung ihrer Vorhaben kann die SMV von Schülern ab Klasse 5 freiwillige Beiträge erheben. Die Annahme von Zuwendungen Dritter (z. B. Privatfirmen) ist dem Verbindungslehrer anzuzeigen. Im Zweifelsfall entscheidet der Schulleiter.

8.5.6 Schülerzeitschriften

Schülerzeitschriften sind solche Zeitschriften, die ausschließlich von Schülern für Schüler dieser Schule herausgegeben und gestaltet werden und zum Vertrieb auf dem Schulgrundstück bestimmt sind. Abzugrenzen sind die Schülerzeitschriften von solchen Druckwerken, die von der Schule selbst herausgegeben werden.

Die Herausgabe und der Vertrieb von Schülerzeitschriften ist durch das Recht auf freie Meinungsäußerung, die Pressefreiheit und das Zensurverbot geschützt.

Schüler, die eine Schülerzeitschrift herausgeben wollen, teilen dies vorher dem Schulleiter mit. Der Vertrieb der Schülerzeitschrift auf dem Schulgelände bedarf **keiner Genehmigung** durch die Schule (Pressefreiheit). Der Schulleiter kann jedoch verlangen, dass ihm ein Exemplar drei Tage vor der Verteilung zugänglich gemacht wird. Er kann den **Vertrieb** auf dem Schulgelände **untersagen**, wenn der Inhalt oder die Art des Vertriebes gegen ein Gesetz verstößt oder eine schwere Beeinträchtigung der Aufgaben der Schule zu befürchten ist. Vor der Untersagung ist die Schulkonferenz zu hören.

Darüber hinaus findet das Landespressegesetz Anwendung (dort sind z. B. Regelungen über das Recht zur Gegendarstellung und die Verantwortlichkeit des Herausgebers enthalten).

Fragen zur Wiederholung und Vertiefung

1 Worin unterscheiden sich Konferenzen und Dienstbesprechungen (vgl. § 1 Abs. 3 KonfO)?

2 Welches Gewicht hat die Stimme des Schulleiters bei Zeugnis- und Versetzungsentscheidungen?

3 Weshalb sieht die Zusammensetzung der Schulkonferenz eine Mehrheit der Lehrkräfte vor?

4 Welches Verfahren hat die SMV einzuhalten, wenn sie

a) eine Schuldisco,

b) die Herausgabe einer Schülerzeitschrift plant?

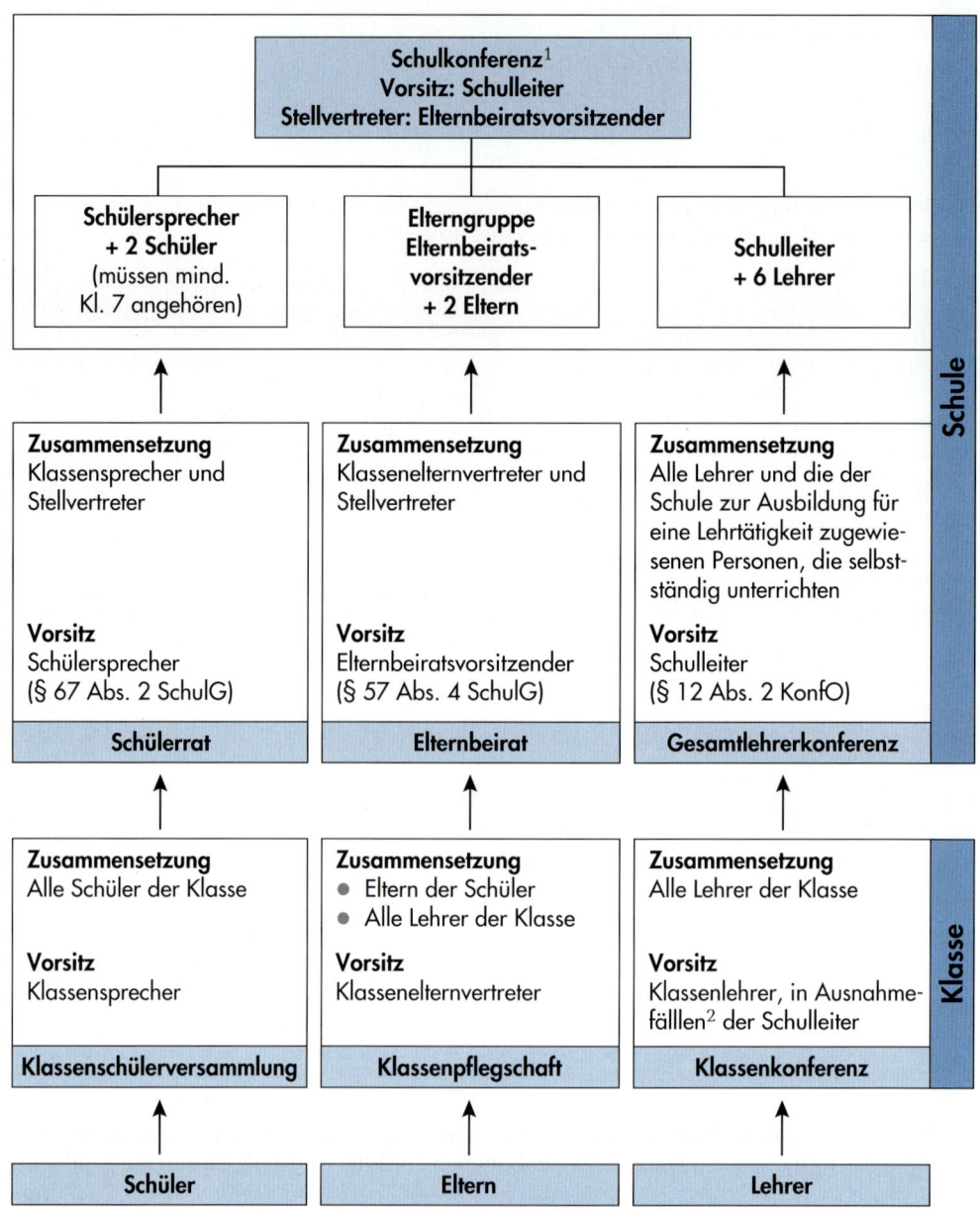

1 Zusammensetzung bei mehr als 14 Lehrerstellen an Schulen mit Schülerrat und Elternbeirat.
2 Ausnahmen sind: Zeugnis- und Versetzungsentscheidungen.

9 Die Rechtsstellung des Schülers

Einführung

Fall 9.1

Die Eltern einer evangelikal ausgerichteten Abspaltung der evangelischen Landeskirche möchten ihre Kinder gemeinsam zu Hause von einem Prediger, der auch ausgebildeter Grund- und Hauptschullehrer ist, unterrichten lassen. Ihren Antrag begründen sie damit, dass die Lehrplaninhalte (z. B. Geschlechtserziehung, Evolutionstheorie) und der Lebenswandel der Lehrkräfte an den Öffentlichen Schulen nicht mit ihrem Glauben in Einklang zu bringen seien.
- Kann diesem Antrag stattgegeben werden?

Fall 9.2

Vor den Sommerferien beantragen die Eltern eines Ihrer Schüler bei Ihnen als Klassenlehrerin eine Beurlaubung im Umfang von einer Woche vor Beginn der Sommerferien, weil für die geplante Urlaubsreise kein anderer Flug mehr zu bekommen gewesen sei.
- Können Sie dem Antrag stattgeben?

Fall 9.3

An Ihrer Schule erscheint eine Schülerin mit einem Button »Frieden schaffen ohne Waffen – Kriegsdienst verweigern«. Der Schulleiter lässt die Schülerin zu sich kommen und verbietet ihr das Tragen dieses Buttons.

Nachdem sie auch in der Folgezeit mit dem Button erscheint, ordnet der Schulleiter drei Stunden Nachsitzen als Erziehungs- und Ordnungsmaßnahme wegen dieses »Fehlverhaltens« an.
- Hätte ein Widerspruch der Schülerin dagegen Erfolg?

9.1 Die Schulpflicht

9.1.1 Grundsätze, Umfang und Gliederung der Schulpflicht

Jeder Schüler ist verpflichtet, den Unterricht und die übrigen verbindlichen Veranstaltungen regelmäßig und ordnungsgemäß zu besuchen.

Diese Pflicht zum Besuch des Unterrichts erstreckt sich nicht nur auf die bloße Teilnahme. Der Schüler ist darüber hinaus auch verpflichtet, im Unterricht mitzuarbeiten, die Hausaufgaben anzufertigen und die Leistungsnachweise zu erbringen.

Verbindliche Veranstaltungen sind neben dem Unterricht z. B. auch Klassenfahrten. Grundsätzlich ist es also auch nicht in das Belieben der Eltern gestellt, ob sie ihre Kinder an einer Klassenfahrt teilnehmen lassen wollen (BVerwG, NJW 1986, 1949). Für die Teilnahme minderjähriger Schüler an mehrtägigen Veranstaltungen ist allerdings das schriftliche Einverständnis der Eltern erforderlich.

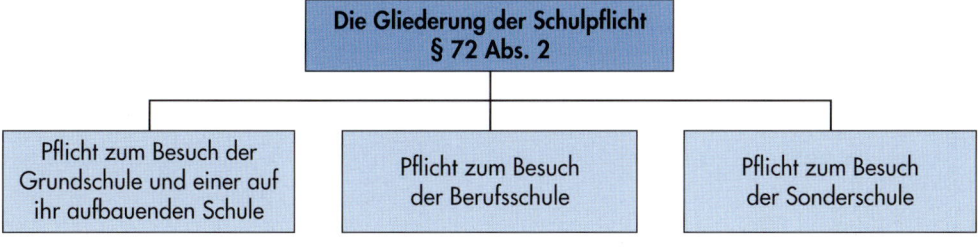

9.1.2 Pflicht zum Besuch der Grundschule und einer auf ihr aufbauenden Schule

▶ Beginn der Schulpflicht (§ 73 SchulG)

Die Schulpflicht beginnt für alle Kinder, die bis zum **30.09.** eines Kalenderjahres das sechste Lebensjahr vollendet haben, mit Beginn des Schuljahres (1.8. des Kalenderjahres, § 26 SchulG).

Kinder, die bis zum **30.06.** des folgenden Kalenderjahres das sechste Lebensjahr vollenden, können von ihren Erziehungsberechtigten zum Schulbesuch angemeldet werden. Sofern diese Anmeldung erfolgt, ist das Kind ebenso schulpflichtig wie solche Kinder, die unter die »Stichtagsregelung« (30.09.) fallen (§ 73 Abs. 1 SchulG).

Sofern ein Kind nach diesen Regeln noch nicht schulpflichtig ist, kann es auf Antrag der Eltern dennoch in die Schule aufgenommen werden, wenn seine körperliche und geistige Entwicklung erwarten lässt, dass es mit Erfolg am Unterricht teilnehmen kann. Im umgekehrten Fall, wenn also ein Kind aufgrund seines Alters schulpflichtig wäre, aber nach seiner geistigen und körperlichen Entwicklung nicht erwartet werden kann, dass es mit Erfolg am Unterricht teilnehmen wird, kann es um ein Jahr vom Schulbesuch zurückgestellt werden. In der Zeit der Zurückstellung besteht die Möglichkeit, eine Grundschulförderklasse zu besuchen. Das Kind wird dort auf den Besuch der Grundschule vorbereitet.

Die Entscheidung über die vorzeitige Einschulung oder die Zurückstellung wird von der Schule getroffen. Entscheidungsgrundlage sind in der Regel ein amtsärztliches Zeugnis sowie das Ergebnis einer »pädagogisch-psychologischen Prüfung«.

▶ Dauer und Beendigung der Schulpflicht (§ 75 SchulG)

Die Pflicht zum Besuch der Grundschule dauert mindestens **vier Jahre** (§ 75 Abs. 1 SchulG). Der Übergang auf eine weiterführende Schule ist erst zulässig, wenn das Ziel der Abschlussklasse der Grundschule erreicht ist.

Nach Abschluss der Grundschule sind alle Schüler verpflichtet, eine auf die Grundschule aufbauende Schule zu besuchen (§ 73 Abs. 2 SchulG). Die Pflicht zum Besuch einer solchen Schule dauert **fünf** Jahre.

Für Kinder, die in dieser Zeit das Ziel der **Hauptschule** nicht erreicht haben, kann die Schule die Schulpflicht um ein Jahr **verlängern**.

Die Schulpflicht kann beendet werden

- nach **zehnjährigem** Schulbesuch durch die Schule. Diese Regelung wird nur dann relevant, wenn ein Schüler trotz insgesamt zehnjährigem Schulbesuch noch nicht fünf Jahre eine auf die Grundschule aufbauende Schule besucht, also die Schulpflicht nach § 75 Abs. 1 SchulG noch nicht erfüllt hat.

  Beispiel: Ein Schüler hat die Klassen 5–7 der Hauptschule besucht. Die Klasse 7 musste er wiederholen. Er hat also insgesamt vier Jahre eine auf die Grundschule aufbauende Schule besucht und seine Schulpflicht nach § 75 Abs. 1 SchulG noch nicht erfüllt. Hat der Schüler in der Grundschule aber die Klassen 2 und 4 wiederholt, hat er insgesamt sechs Jahre die Grundschule besucht. Er kommt in der Summe also auf einen Schulbesuch von 10 Jahren. Die Schule kann deshalb die Schulpflicht nach § 75 Abs. 3 SchulG beenden.

- nach **neunjährigem Schulbesuch** auf Antrag der Erziehungsberechtigten, sofern eine sinnvolle Förderung des Schülers nicht erwartet werden kann (insbesondere dann, wenn kein Abschluss mehr erreicht werden kann). Die Entscheidung trifft die Schulaufsichtsbehörde.

▶ Befreiung von der Schulbesuchspflicht nach § 72 Abs. 1 S. 2 SchulG

Durch die Schulaufsichtsbehörde können ausländische Jugendliche, die mindestens vierzehn Jahre alt sind, von der Schulpflicht befreit werden, sofern wegen der Kürze der verbleibenden Schulzeit eine sinnvolle Förderung nicht mehr zu erwarten ist.

9.1.3 Pflicht zum Besuch der Berufsschule

Die Pflicht zum Besuch der Berufsschule dauert drei Jahre. Sie endet mit dem Ablauf des Schuljahres, in dem der Schulpflichtige das **18. Lebensjahr** vollendet (§ 78 Abs. 1 SchulG), bzw. mit dem Abschluss eines vor der Vollendung des 18. Lebensjahres aufgenommenen Ausbildungsverhältnisses. Hat der Schüler das **Berufsvorbereitungsjahr oder eine andere einjährige berufliche Vollzeitschule** besucht, ist der Schüler von der weiteren Berufsschulpflicht befreit.

Nach § 81 SchulG kann die Berufsschulpflicht vorzeitig beendet werden, z. B. wenn im Hinblick auf das Ausbildungsziel und die Ausbildung der Besuch der Berufsschule nicht sinnvoll erscheint. Die Pflicht zum Berufsschulbesuch ruht, solange z.B. eine berufliche Vollzeitschule, auch eine solche in freier Trägerschaft, besucht wird (§ 80 SchulG).

9.1.4 Pflicht zum Besuch der Sonderschule

Für Beginn und Dauer der Pflicht zum Besuch der Sonderschule gelten die §§ 73, 74, 75, 77 und 78 entsprechend (§ 83 SchulG).

Darüber, ob ein Schüler die Sonderschule zu besuchen hat, sowie über die Frage, welche Sonderschule geeignet ist, entscheidet die Schulaufsichtsbehörde (Staatliches Schulamt). Sie strebt dabei das Einvernehmen mit den Erziehungsberechtigten an. Auch behinderte Kinder sind jedoch an den allgemeinen Schulen zu unterrichten, sofern sie in der Lage sind, dem Bildungsgang dieser Schulen zu folgen. Sie werden dabei von den Sonderschulen unterstützt.

Die Entscheidung des Staatlichen Schulamtes über die Sonderschulbedürftigkeit, die als Verwaltungsakt einzuordnen ist, wird in der Regel auf der Grundlage einer pädagogisch-psychologischen Prüfung getroffen.

Die Pflicht zum Besuch der Sonderschule endet auch, wenn der Schüler

- am allg. Unterricht teilnehmen kann,
- sich als schulunfähig erweist.

9.1.5 Schulpflicht und Schulberechtigung

Die §§ 72 ff. regeln nur, unter welchen Voraussetzungen ein Schüler verpflichtet ist, die Schule zu besuchen. Es ist dort nicht die Frage geregelt, unter welchen Voraussetzungen der Schüler **berechtigt** ist, eine Schule zu besuchen.

Diese Unterscheidung ist deshalb wesentlich, weil Art. 11 der Landesverfassung jedem »jungen Menschen« das Recht auf eine seiner Begabung entsprechende Erziehung und Ausbildung gewährt. Selbst wenn die Schulpflicht nach den Regeln der §§ 72 ff. beendet ist, hat der »junge Mensch« dennoch einen Anspruch auf Teilnahme am Schulunterricht.

> **Beispiel:**
> Hat ein Schüler der Hauptschule die Klasse 8 wiederholt und damit seine Schulpflicht erfüllt, ist er zwar rechtlich nicht mehr verpflichtet, weiterhin die Schule zu besuchen. Eine solche Verpflichtung besteht nur dann, wenn die Schule die Schulpflicht nach § 75 Abs. 2 um ein Jahr verlängert hat.
> Das Recht, weiterhin die Schule zu besuchen, hängt von dieser Entscheidung jedoch nicht ab. Die Schule kann den Schüler deshalb nicht gegen seinen Willen aus der Schule entlassen.

§ 78 Abs. 2, S. 3 SchulG gewährt nicht mehr Berufsschulpflichtigen ein Recht zum Schulbesuch, wenn ein Berufsausbildungsverhältnis oder Umschulungsverhältnis aufgenommen wird.

9.1.6 Ausnahmen von der Schulbesuchspflicht

Ausnahmen von der Schulpflicht kommen nur bei der **Verhinderung** der Teilnahme, der **Befreiung** vom Unterricht oder der **Beurlaubung** in Betracht.

- **Verhinderung der Teilnahme**

  Ist ein Schüler an der Teilnahme am Unterricht z. B. wegen Krankheit verhindert, muss die Entschuldigung unverzüglich erfolgen. Die Entschuldigungspflicht ist **spätestens am zweiten Tag** der Verhinderung mündlich, fernmündlich, elektronisch oder schriftlich zu erfüllen. Im Falle fernmündlicher Verständigung der Schule ist die **schriftliche Mitteilung binnen drei Tagen nachzureichen**.

Beispiel zur Entschuldigungsfrist				
Mo	Di	Mi	Do	Fr
Erster Tag der Verhinderung	Entschuldigung muss im Lauf des Dienstags eingehen			Spätester Eingang der schriftlichen Entschuldigung, falls zuvor eine fernmündliche oder elektronische Entschuldigung erfolgte

  Bei einer Krankheitsdauer von mehr als drei Unterrichtstagen bei Teilzeitschulen bzw. zehn Unterrichtstagen bei Vollzeitschulen kann ein ärztliches Attest verlangt werden. Bei auffallend häufigen Erkrankungen kann die Schule auch auf der Vorlage eines amtsärztlichen Zeugnisses bestehen.

- **Befreiung vom Unterricht in einzelnen Fächern**

  Sofern ein Schüler vom Unterricht in einzelnen Fächern befreit werden will, ist ein rechtzeitiger Antrag erforderlich. Bei gesundheitlichen Gründen, z. B. im Fach Sport, muss auch ein ärztliches Zeugnis vorgelegt werden.

  Über die langfristige Befreiung entscheidet der Schulleiter.

- **Beurlaubung**

  Die Beurlaubung vom Unterricht ist lediglich in besonders begründeten Ausnahmefällen möglich: Eine Beurlaubung von **bis zu zwei Unterrichtstagen** kann der **Klassenlehrer** aussprechen. Ansonsten ist der Schulleiter zuständig. Kein Grund für die Beurlaubung eines Schülers ist die Verlängerung der Schulferien oder günstigere Reiseangebote vor Beginn der Schulferien.

  Im **Einführungsfall 9.2** wäre der Antrag auf Beurlaubung deshalb abzulehnen.

- **Abmeldung vom Religionsunterricht**

  Der Religionsunterricht ist ordentliches Lehrfach. Die Teilnahme am Religionsunterricht ist deshalb von der Schulbesuchspflicht umfasst. Mit Rücksicht auf die im Grundgesetz gewährte Glaubensfreiheit besteht die Möglichkeit, den Schüler vom Religionsunterricht abzumelden. Bis zum Eintritt der Religionsmündigkeit entscheiden darüber die Erziehungsberechtigten. Mit der Vollendung des 14. Lebensjahrs ist der Schüler **religionsmündig** (§ 5 Abs. 1 des Gesetzes über die religiöse Kindererziehung). Mit Vollendung des 12. Lebensjahrs darf er nicht gegen seinen Willen durch die Erziehungsberechtigten vom Religionsunterricht abgemeldet werden.

  Die Abmeldung muss spätestens bis zur zweiten Unterrichtswoche des Schulhalbjahrs schriftlich gegenüber dem Schulleiter erfolgen, für das die Abmeldung wirksam werden soll. Bereits religionsmündige Schüler müssen die Erklärung persönlich abgeben. Zu dem Termin für die Abgabe der persönlichen Erklärung sind die Erziehungsberechtigten zu laden.

Die Abmeldung kann nur aus Glaubens- und Gewissensgründen erfolgen. Mit der Begründung, der Religionslehrer sei »streng und ungerecht«, ist also eine Abmeldung nicht möglich. Eine Gewissensprüfung findet allerdings nicht statt.

Anstelle des Faches Religion hat der Schüler nach der Abmeldung das Fach Ethik zu besuchen, soweit es angeboten wird.

9.1.7 Durchsetzung der Schulpflicht

Erfüllt ein Schüler die Schulbesuchspflicht nicht, sieht das Gesetz verschiedene Möglichkeiten zur Durchsetzung der Schulpflicht vor.

Es gibt einerseits Maßnahmen, die sich gegen den Schüler selbst wenden. Dies sind:

- **Schulzwang nach § 86 Abs. 2 SchulG**
  Der Schüler kann von der Polizei abgeholt und der Schule zugeführt werden. In der Praxis hat diese Lösung eine relativ geringe Bedeutung, weil sie gerade bei Schulschwänzern keine dauerhafte Lösung verspricht. Als Reaktion auf Fälle von Kindesmisshandlungen bzw. -tötungen hat der Gesetzgeber im Januar 2008 geregelt, dass das Amtsgericht auf Antrag der zuständigen Polizeibehörde eine Durchsuchung der Wohnung von Erziehungsberechtigten anordnen kann, wenn diese trotz Aufforderung ihre schulpflichtigen Kinder nicht in der Schule vorstellen (§ 86 Abs. 2 Satz 2 SchulG).

- **Erziehungs- und Ordnungsmaßnahmen nach § 90 SchulG**
  Schulschwänzen ist ein Fehlverhalten, auf das auch mit Erziehungs- und Ordnungsmaßnahmen nach § 90 Schulgesetz reagiert werden kann.

Andererseits gibt es auch solche Maßnahmen, die sich gegen die Erziehungsberechtigten richten, die den Schüler zum Schulbesuch anhalten müssten.

- **Ordnungswidrigkeitenverfahren nach § 92 SchulG**
  Gegen die Eltern kann ein Ordnungswidrigkeitenverfahren nach § 92 SchulG eingeleitet werden. Die »Anzeige« erfolgt hier zwar durch die Schule. Für die Durchführung des Verfahrens ist hingegen nicht die Schule, sondern die untere Verwaltungsbehörde (Landratsamt oder Gemeinde) zuständig. Daneben kann seit Januar 2008 die obere Schulaufsichtsbehörde ein Zwangsgeld festsetzen, wenn die Erziehungsberechtigten ihrer Pflicht, für den Schulbesuch ihrer Kinder zu sorgen, nicht nachkommen (§ 86 Abs. 1 SchulG). Damit soll Fällen von Schulverweigerung, z. B. aus religiösen Gründen, effektiver begegnet werden können.

9.2 Grundrechte des Schülers im Schulverhältnis

9.2.1 Das Schulverhältnis als Rechtsverhältnis

Entgegen einer früher vorherrschenden Auffassung ist die Schule kein rechtsfreier Raum. Der Schüler geht seiner Grundrechte also nicht dadurch verlustig, dass er in das Schulverhältnis eintritt.

Grundrechte können dem Schüler – wie jedem anderen Bürger auch – nicht grenzenlos gewährt werden. Ein geordnetes Zusammenleben wäre bei einem anderen Verständnis der Grundrechte nicht möglich. In besonderer Weise muss diese Überlegung auch für die Schule gelten. Die Schule könnte ihren Bildungs- und Erziehungsauftrag nicht erfüllen, wenn sich der einzelne Schüler beispielsweise allen erzieherischen Einflüssen unter Hinweis auf sein Recht auf freie Entfaltung der Persönlichkeit widersetzen könnte.

Von besonderer Bedeutung sind im Schulverhältnis folgende Grundrechte des Schülers:
- Recht auf freie Entfaltung der Persönlichkeit (Art. 2 Grundgesetz)
- Gleichheit (Art. 3 Grundgesetz)

- Glaubens- und Gewissensfreiheit (Art. 4 Grundgesetz)
- Meinungsfreiheit (Art. 5 Abs. 1 Grundgesetz)
- Recht auf freie Wahl der Ausbildungsstätte (Art. 12 Abs. 1 Grundgesetz)

Wodurch Grundrechte begrenzt werden können, ist unterschiedlich geregelt:

9.2.2 Grundrechte, die durch ein Gesetz eingeschränkt werden können

Teilweise können Grundrechte durch ein einfaches Gesetz eingeschränkt werden.
- Das Recht auf **freie Entfaltung der Persönlichkeit** kann durch jedes verfassungsmäßige Gesetz eingeschränkt werden.
- Die **Meinungsfreiheit** findet ihre Schranken in den Vorschriften der allgemeinen Gesetze, den gesetzlichen Bestimmungen zum Schutz der Jugend und in dem Recht der persönlichen Ehre.

Dadurch werden die Grundrechte aber nicht zur Disposition des Gesetzgebers gestellt. Sie dürfen durch das Gesetz in ihrem Wesensgehalt nicht angetastet werden. Dieser Wesensgehalt ist relativ, d.h. in Abwägung mit den konkurrierenden Werten und Interessen zu ermitteln.

> Beispiel:
> Einem Schüler soll das Tragen eines T-Shirts verboten werden, das für eine »Heavy-Metal«-Musikgruppe wirbt. Die Schule begründet ihre Anordnung damit, dass es Aufgabe der Schule sei, christlich-abendländische Werte zu vermitteln. Die Werbung für Rockgruppen, die eine völlig andere Werthaltung propagierten, u.a. auch den »Satanskult«, sei damit nicht vereinbar.
> § 23 Abs. 2 des Schulgesetzes erlaubt es der Schule, »*die zur Aufrechterhaltung der Ordnung des Schulbetriebes und zur Erfüllung der ihr übertragenen unterrichtlichen und erzieherischen Aufgaben erforderlichen Maßnahmen zu treffen*«.
> Hier ist eine Abwägung zwischen der Beeinträchtigung des Schulbetriebes und des Erziehungsauftrages der Schule einerseits und der Beeinträchtigung des Rechtes des Schülers auf freie Entfaltung der Persönlichkeit vorzunehmen.
> Wie die verschiedenen Abwägungsgesichtspunkte gewichtet werden, ist im konkreten Fall eine Frage der persönlichen Werthaltung. Man kann hier sicherlich unterschiedlicher Auffassung sein.
> Überschritten wäre die Grenze aber dann, wenn eine bestimmte Frisur (z.B. »Zopf bei männlichen Schülern«, Punkerfrisur), Ohrschmuck bei Jungen (»Knopf im Ohr«), lackierte Fingernägel, Turnschuhe oder Ähnliches verboten würden. Möglich wäre hingegen beispielsweise die Anweisung an die Schüler, während des Unterrichts ihre Mützen (z.B. eine Baseballmütze) vom Kopf zu nehmen.

Ein häufiger auftretendes Problem ist, dass Schüler während der Unterrichtszeit an einer Demonstration teilnehmen wollen und sich dafür auf ihren Grundrechtsschutz berufen.

Die Demonstrationsfreiheit (Art. 8. Abs. 1 i.V. m. § 5 Abs. 1 Grundgesetz) gilt grundsätzlich auch für Schüler, konkurriert hier aber mit der gesetzlich geregelten Schulpflicht und dem auch im Grundgesetz verankerten Erziehungs- und Bildungsauftrag der Schule. Auch hier ist wieder eine Abwägung im Einzelfall erforderlich. In der Regel wird man die Schüler jedoch darauf verweisen, dass sie an einer Demonstration außerhalb der Schulzeit teilnehmen können.

> Im **Fall 9.3** hätte der Widerspruch dann Aussicht auf Erfolg, wenn die Anordnung des Schulleiters an die Schülerin, nicht mehr mit dem Button in der Schule zu erscheinen, rechtswidrig gewesen wäre.
> Die Meinungsfreiheit der Schülerin könnte auch hier mit dem Erziehungs- und Bildungsauftrag der Schule kollidieren. Grundsätzlich wird man davon ausgehen müssen, dass dieser Auftrag durch den Button nicht ernsthaft gefährdet wird. Etwas anderes könnte allerdings z. B.

dann gelten, wenn ein Button getragen würde, der sich auf eine Thematik bezieht, wegen der es an der Schule bereits gewaltsame Auseinandersetzungen zwischen Schülergruppen gab.

9.2.3 Grundrechte, die unter keinem Gesetzesvorbehalt stehen

Teilweise ist eine Einschränkung der Grundrechte aber auch nur durch das Grundgesetz selbst möglich.

Beispielsweise steht die Glaubens- und Bekenntnisfreiheit unter keinem ausdrücklichen Vorbehalt. Sie kann daher nur insoweit begrenzt werden, als sie mit anderen gleichfalls im Grundgesetz geschützten Werten kollidiert. Von Bedeutung ist dies beispielsweise, wenn sich muslimische Schülerinnen unter Berufung auf die Bekleidungsvorschriften des Koran weigern, am Sportunterricht teilzunehmen.

Es empfiehlt sich in solchen Fällen zunächst, in einem Gespräch mit den Schülerinnen zu klären, ob ein ernsthafter Glaubenskonflikt vorliegt. Im Sportunterricht müsste es aber zumeist möglich sein, z. B. durch weite Sportkleidung, den Bekleidungsvorschriften des Koran gerecht zu werden. Eine Befreiung vom Sportunterricht ist deshalb in der Regel nicht angezeigt.

Anders beim Schwimmunterricht. Die erforderliche Badebekleidung kann hier einen ernsthaften Glaubenskonflikt auslösen. Ein Antrag auf Befreiung hat dort deshalb zumindest bei Mädchen ab Eintritt in die Pubertät Aussicht auf Erfolg.

Erhebliche Schwierigkeiten bereitet hier aber wieder die Grenzziehung:

Pietisten verlangen die Befreiung von der Geschlechtserziehung, Pazifisten von der Darstellung des Auftrages der Bundeswehr, ja es geht so weit, dass unter Hinweis auf den Glauben auch die vollständige Befreiung von der Schulbesuchspflicht verlangt wird.

Natürlich können die Wertvorstellungen, die in der Schule vermittelt werden, von den Wertvorstellungen und Glaubensüberzeugungen der Erziehungsberechtigten abweichen. Es ist aber auch gerade der Sinn der allgemeinen Schulpflicht, innerhalb einer Gesellschaft einen Grundbestand an gemeinsamen Überzeugungen und Werthaltungen zu vermitteln sowie in der Auseinandersetzung mit anderen Überzeugungen zu einer eigenen Werthaltung zu finden. Dieser Erziehungs- und Bildungsauftrag der Schule ist gleichfalls ein Wert, der durch das Grundgesetz anerkannt und abgesichert ist (Art. 7 Abs. 1 Grundgesetz).

Daran müssen mit Glaubensgründen motivierte Anträge auf Befreiung vom Unterricht – so auch im **Fall 9.1** – ihre Grenzen finden.

Fragen zur Wiederholung und Vertiefung

1. Schüler S. ist Schüler der Hauptschule. Er schwänzt notorisch die Schule. Die Schule beabsichtigt deshalb, ihn nach Vollendung des 16. Lebensjahres mit Ende der Klasse 8 »auszuschulen«.

   S. hat die Grundschule insgesamt 5 Jahre besucht (Wiederholung Klasse 3). In der Hauptschule hat er die Klasse 7 einmal wiederholt.

   Ist das Vorhaben der Schule rechtmäßig?

2. Nennen Sie die Unterschiede zwischen
   – Beurlaubung
   – Freistellung
   – Entschuldigung
   eines Schülers.

   In welchen Fällen ist der Schulleiter zuständig?

3. Wodurch sind die Grundrechte des Schülers im Schulverhältnis eingeschränkt? Nennen Sie Beispiele!

10 Elternrechte

Einführung

Fall 10.1

In der Klassenpflegschaft fordern die Eltern eines Schülers, dass Sie zukünftig unter Ihren Klassenarbeiten den Klassendurchschnitt angeben sollen. Die Eltern sind der Auffassung, dass sie darüber informiert werden müssten, um den Leistungsstand ihres Kindes innerhalb der Klasse einschätzen zu können

- Sie fragen sich, ob Sie dazu rechtlich tatsächlich verpflichtet sind.

Fall 10.2

An Ihrer Schule wird dreimal wöchentlich jeweils in der großen Pause eine Klasse unter der Aufsicht des Klassenlehrers beauftragt, den Schulhof zu reinigen, d. h. zu fegen und Unrat einzusammeln.

Dagegen wenden sich die Eltern eines Schülers mit dem Argument, ihr Sohn sei zum Lernen und nicht zum Putzen in der Schule. Es widerspräche auch völlig ihrem Erziehungskonzept, wenn ihr Sohn den Dreck, den andere verursacht hätten, wegräumen müsste.

- Mit rechtlichem Erfolg?

Fall 10.3

Nehmen Sie an, an Ihrer Schule gründet sich eine Elterninitiative, die sich zum Ziel gesetzt hat, dass die Schüler keine Hausaufgaben mehr über das Wochenende erhalten.

- Auf welche Weise müsste dieses Anliegen durchgesetzt werden?

10.1 Das Erziehungsrecht der Eltern

Pflege und Erziehung der Kinder sind das natürliche Recht der Eltern und die zuvörderst ihnen obliegende Pflicht.
Art. 6 Abs. 2 Grundgesetz

Das Grundgesetz geht davon aus, dass das Erziehungsrecht der Eltern auch ohne ausdrückliche gesetzliche Regelung »naturrechtlich« unwandelbar existiert.

Dieses Recht steht den Eltern zum Wohl der Kinder zu. Art. 6 Abs. 2 des Grundgesetzes betont deshalb die mit diesem Recht korrespondierende Pflichtenstellung.

Die staatliche Gemeinschaft kann in das Erziehungsrecht der Eltern nur insoweit eingreifen, als die Eltern nicht in der Lage sind, das Erziehungsrecht ausreichend wahrzunehmen, oder sie es zum Schaden des Kindes ausüben. In diesen Fällen kann das Familiengericht – bei Gefahr in Verzug auch das Jugendamt – in das Sorgerecht eingreifen und die erforderlichen Maßnahmen treffen.

§ 1666 Abs. 1 BGB

Wird das körperliche, geistige oder seelische Wohl des Kindes durch mißbräuchliche Ausübung der elterlichen Sorge, durch Vernachlässigung des Kindes, durch unverschuldetes Versagen der Eltern oder durch das Verhalten eines Dritten gefährdet, so hat das Vormundschaftsgericht, wenn die Eltern nicht gewillt oder in der Lage sind, die Gefahr abzuwenden, die zur Abwendung der Gefahr erforderlichen Maßnahmen zu treffen.

Werden in der Schule Tatsachen bekannt, die einen Missbrauch des Sorgerechts durch die Eltern befürchten lassen, ist es die Verantwortung der Schule, die zuständigen Stellen, also vor allem das Jugendamt zu informieren.

Versucht der Lehrer selbst, die Hilfe für das Kind zu organisieren, z. B. durch Gespräche mit dem Kind, den Eltern, Beratungsstellen und anderen Helfern, besteht die große Gefahr, dass er bei einer Eskalation der Situation überfordert ist und allein dasteht. Ist dann nämlich eine Intervention erforderlich, kann die nur das Jugendamt mit seinem Apparat, seiner Erfahrung und seinen gesetzlichen Befugnissen bewerkstelligen. Wurde das Jugendamt aber nicht eingebunden, kann rasche Hilfe kaum erwartet werden, zumal das Jugendamt dann nicht bereit sein wird, ein »fremdes« Hilfekonzept fortzuführen.

10.2 Der staatliche Erziehungsauftrag

Mit Eintritt des Kindes in die Schule tritt neben das Erziehungsrecht der Eltern das Erziehungsrecht der Schule (Art. 12 Abs. 2 der Landesverfassung).

Historisch gesehen ist dies so, seitdem die Schule als staatliche Aufgabe angesehen wurde. Damit erst begann ein Kampf um die Inhaltsbestimmung des elterlichen Erziehungsrechtes und seine Abgrenzung gegenüber dem staatlichen Erziehungsauftrag. Hintergrund der Auseinandersetzung war, dass kirchliches und elterliches Erziehungsrecht damals als Einheit gesehen wurden, die eigentliche Abgrenzung also zwischen staatlichem und kirchlichem (katholischem) Erziehungsrecht stattfand.

Die Schule ist nach heutigem Verständnis nicht nur reiner Wissensvermittler, sondern hat durch das Grundgesetz (Art. 7 Abs. 1 Grundgesetz) und das Schulgesetz (§ 55 Schulgesetz) auch einen Erziehungsauftrag übertragen bekommen. Die Schule soll zur Menschlichkeit, Friedensliebe, zur Achtung der Würde und der Überzeugung anderer sowie zur Anerkennung der Wert- und Ordnungsvorstellungen der freiheitlich-demokratischen Grundordnung erziehen (§ 1 Abs. 2 des Schulgesetzes).

> **Entscheidung des Bundesverfassungsgerichtes vom 21.12.1977, BVerfGE, Bd 47, 46**
> ...
> *Der Staat kann daher in der Schule unabhängig von den Eltern eigene Erziehungsziele verfolgen. Der allgemeine Auftrag der Schule zur Bildung und Erziehung ist dem Elternrecht nicht nach-, sondern gleichgeordnet. Weder dem Elternrecht noch dem Erziehungsauftrag des Staates kommt ein absoluter Vorrang zu.*

Dabei hat die Schule das verfassungsmäßige Recht der Eltern, die Erziehung und Bildung ihrer Kinder mitzubestimmen, zu achten (§ 1 Abs. 3 SchulG).

Der Inhalt des staatlichen Erziehungsrechtes ist es vor allem, den Schüler zur Gemeinschaftsfähigkeit zu erziehen, ihm die Grundwerte dieser Gesellschaft zu vermitteln und die dafür erforderlichen Einrichtungen zur Verfügung zu stellen.

> Im **Fall 10.2** ist die Säuberungsaktion von dem Erziehungsauftrag der Schule gedeckt, die Schüler zur Gemeinschaftsfähigkeit zu erziehen. Dazu gehört auch die Bereitschaft, innerhalb einer Gemeinschaft für eigenes, aber auch fremdes Fehlverhalten von Mitgliedern der Gemeinschaft einzustehen.

10.3 Die gemeinsame Erziehungsverantwortung von Schule und Eltern

Die Erziehungsaufträge von Elternhaus und Schule sind einander nicht nach-, sondern gleichgeordnet. Weil das Ziel der Erziehung aber die »eine« Person des Schülers ist, die sich nicht in einen schulischen und häuslichen Bereich teilen lässt, ist eine enge Abstimmung zwischen Schule und Elternhaus erforderlich. Die Erziehung kann nur dann erfolgreich sein, wenn beide in die gleiche Richtung wirken.

10.4 Beteiligungsrechte der Eltern

10.4.1 Gliederung der Elternrechte

Die Organisation des Schulwesens, also z. B. die Gliederung des Schulwesens, die Einrichtung von Schulen, die Einteilung von Klassen, die Einstellung von Lehrkräften ist eine staatliche Aufgabe. Auf der anderen Seite wird auch in diesem primär staatlichen Bereich das Erziehungsrecht der Eltern tangiert, z. B. das Recht der Eltern, über den Bildungsgang ihrer Kinder zu entscheiden.

Den Eltern werden deshalb in der Schule abgestufte Beteiligungsrechte eingeräumt.

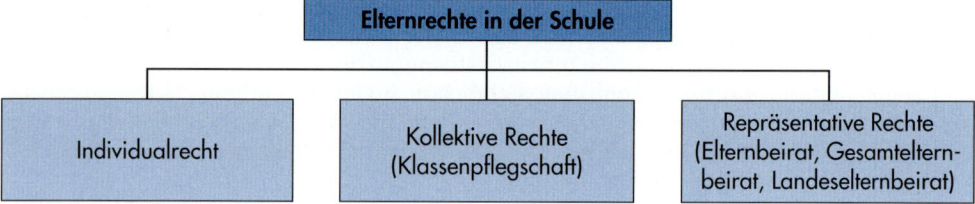

10.4.2 Individualrechte (Rechte, die das eigene Kind betreffen)

Die Eltern haben im Hinblick auf ihre eigenen Kinder Entscheidungs- und Informationsrechte:

▶ **Entscheidungsrechte**

- über den Bildungsgang, den das Kind besuchen soll. Dieses Recht muss aber nach dem Schulgesetz in der Befähigung des Schülers seine Grenzen finden.
- über die Wahlschule, die ihr Kind besuchen soll, also z. B. welches Gymnasium oder welche Realschule.
- über die Teilnahme am Religionsunterricht (§ 100 SchulG).
- über die vorzeitige Aufnahme in die Grundschule (§ 74 Abs. 1 SchulG).

Die Eltern können aber nicht in schulorganisatorische Fragen eingreifen, also beispielsweise die Unterrichtung durch eine ganz bestimmte Lehrkraft oder die Überweisung in eine bestimmte Parallelklasse durchsetzen.

▶ **Informationsrechte**

- Die Eltern haben weiter das Recht, umfassend über die schulische Entwicklung, über das Verhalten wie auch über den Leistungsstand ihres Kindes unterrichtet zu werden, nicht jedoch über den Notenspiegel der Klasse.

    Im **Fall 10.1** besteht also kein rechtlicher Anspruch der Eltern. Gleichwohl ist jedoch ratsam, den Eltern, die den Notenspiegel zu erfahren wünschen, diese Auskunft nicht zu versagen.

    Dies ist jedoch keine reine Bringschuld der Schule.

- Vor der Entscheidung der Schule über Erziehungs- und Ordnungsmaßnahmen gegenüber ihren Kindern sind sie zu beteiligen.

10.4.3 Repräsentative und kollektive Rechte (Mitwirkung über Gremien)

Das Schulgesetz in Baden-Württemberg hat ähnlich wie auch andere Bundesländer **Mitwirkungsgremien** etabliert, in denen die Eltern ihre Rechte durch gewählte Vertreter wahrnehmen können. Ähnlich wie im Staatswesen hat es sich damit für ein repräsentativ demokratisches Modell und gegen ein »urdemokratisches Modell« entschieden. Man spricht hier von **repräsentativen** Rechten.

Die **Klassenpflegschaft** besteht hingegen aus **allen** Eltern und Lehrern der Klasse, nicht aus gewählten Repräsentanten. Die Mitwirkung über die Klassenpflegschaft wird deshalb als **kollektives** Recht der Eltern bezeichnet.

Die Gremien, in denen Eltern ihre Rechte wahrnehmen können, spiegeln den Aufbau der Schule und der Schulverwaltung wider. Die Elterngremien sind auf den verschiedenen Entscheidungsebenen angesiedelt.

- Auf der Ebene der Klasse: die Klassenpflegschaft
- Auf der Ebene der Schule: der Elternbeirat
- Auf der Ebene des Schulträgers: der Gesamtelternbeirat
- Auf der Ebene des Landes: der Landeselternbeirat

Die Aufgaben dieser Gremien ergeben sich aus den Entscheidungen, die auf dieser Ebene getroffen werden.

Während sich die **Klassenpflegschaft** mit der Erziehungs- und Unterrichtsarbeit in der jeweiligen Klasse beschäftigt, befasst sich der **Elternbeirat** mit klassenübergreifenden, schulbezogenen Themen.

Der **Gesamtelternbeirat** ist für alle über den Bereich einer Schule hinausgehenden Angelegenheiten zuständig, beispielsweise die Abstimmung der Schülerbeförderung oder die Festlegung der beweglichen Ferientage.

Der **Landeselternbeirat** befasst sich vor allem mit bildungspolitischen Fragestellungen und berät in diesen Fragen das Ministerium für Kultus, Jugend und Sport.

Ebenen der Elterngremien	
Land	**Landeselternbeirat** **Zusammensetzung** Gewählte Vertreter der Eltern
Schulträger	**Gesamtelternbeirat** **Zusammensetzung** Elternbeiratsvorsitzende und Stellvertreter
Schule	**Elternbeirat** Vorsitz: Elternbeiratsvorsitzender (gewählter Elternvertreter) **Zusammensetzung** Klassenelternvertreter und Stellvertreter
Klasse	**Klassenpflegschaft** Vorsitz: Klassenelternvertreter; stellv. Vors.: Klassenlehrer **Zusammensetzung** Eltern und Lehrer der Klasse

Die Elternvertreter üben ein Ehrenamt aus (§ 55 Abs. 4 SchulG). Sie genießen damit bei der Ausübung ihres Amtes den Schutz der gesetzlichen Unfallversicherung (§ 2 SGB VII). Sie sind gegen das Risiko versichert, durch die Ausübung ihrer Tätigkeit einen **Körperschaden** zu erleiden. Nicht abgedeckt ist hingegen durch die gesetzliche Unfallversicherung das Risiko eines **Sachschadens**. Setzt also beispielsweise ein Elternvertreter zur Wahrnehmung seiner Aufgaben sein privates Kraftfahrzeug ein und erleidet er einen Unfall, so ist der Schaden an seinem Kraftfahrzeug nicht von der gesetzlichen Unfallversicherung abgedeckt.

Im **Fall 10.3** könnte die Elterngruppe in der Schulkonferenz ihr Anliegen der Gesamtlehrerkonferenz nach § 11 Abs. 4 der KonfO zur Beratung und Beschlussfassung vorlegen.

▶ Die Klassenpflegschaft

Als Klassenpflegschaft bezeichnet das Schulgesetz des Landes Baden-Württemberg das, was gemeinhin »Elternabend« genannt wird. Die Klassenpflegschaft ist das für die Elternmitwirkung wichtigste Gremium, weil hier die Unterrichts- und Erziehungsarbeit der konkreten Klasse besprochen wird.

Eltern und Lehrer sollen sich in der Klassenpflegschaft gegenseitig beraten sowie Anregungen und Erfahrungen austauschen. In der Klassenpflegschaft werden z. B. besprochen:

- Entwicklungsstand der Klasse,
- Stundentafel und differenziert angebotene Unterrichtsveranstaltungen (z. B. Arbeitsgemeinschaften),
- Grundsätze für Klassenarbeiten und Hausaufgaben sowie Versetzungsordnungen,
- in der Klasse verwendete Lern- und Arbeitsmittel,
- Schullandheimaufenthalte, Schulausflüge, Wandertage,
- Förderung der Schülermitverantwortung,
- grundsätzliche Beschlüsse der Gesamtlehrerkonferenz, der Schulkonferenz, des Elternbeirats und des Schülerrats.

Die Klassenpflegschaft besteht aus den Eltern der Schüler und den Lehrern der Klasse. Der Schulleiter und der Elternbeiratsvorsitzende sind zur Teilnahme an den Sitzungen berechtigt. Zu geeigneten Tagesordnungspunkten werden auch der Klassensprecher und sein Stellvertreter eingeladen (§ 56 Abs. 3 SchulG).

Sie tritt mindestens einmal im Schulhalbjahr zusammen. Eine Sitzung muss auch dann stattfinden, wenn ein Viertel der Eltern, der Schulleiter oder der Elternbeiratsvorsitzende darum nachsuchen.

Zu den Sitzungen lädt der **Vorsitzende** ein. Dies ist der gewählte Klassenelternvertreter. Stellvertretender Vorsitzender ist der Klassenlehrer (§ 56 Abs. 4 SchulG).

Der Klassenelternvertreter und dessen Stellvertreter werden jeweils für die Dauer eines Schuljahres gewählt. Wahlberechtigt sind nur diejenigen Eltern, denen das Sorgerecht für ein Kind zusteht. Probleme können sich hier z. B. bei geschiedenen Eltern sowie bei nichtehelichen Lebensgemeinschaften ergeben (siehe hierzu auch S. 106).

Der Klassenelternvertreter versieht sein Amt geschäftsführend bis zur Neuwahl der Klassenelternvertreter weiter. Zu der ersten Sitzung eines Schuljahres lädt deshalb der Klassenelternvertreter des letzten Schuljahres ein.

In **neu gebildeten Klassen** lädt der Elternbeiratsvorsitzende ein. Sofern der Elternbeiratsvorsitzende diese Aufgabe nicht wahrnimmt, muss die Einladung durch den Klassenlehrer erfolgen.

Die Sitzungen sind nicht öffentlich.

Immer wieder kommt es vor, dass Eltern in der Klassenpflegschaft das aus ihrer Sicht störende Verhalten einzelner Mitschüler thematisieren wollen. Dies ist jedoch rechtlich problematisch. Die Angelegenheiten einzelner Schüler dürfen nur mit Zustimmung von deren Eltern behandelt werden (§ 55 Abs. 4 SchulG).

▶ Der Elternbeirat

Die Klassenelternvertreter und deren Stellvertreter bilden den Elternbeirat. Der Elternbeirat vertritt die Eltern der Schüler einer Schule, z. B. gegenüber der Schulleitung, dem Schulträger und der Schulverwaltung.

Für die Elternvertreter gibt es anders als für Lehrer **keinen »Dienstweg«**, d. h., der Elternbeirat kann sich beispielsweise mit einer Klage über die mangelhafte Ausstattung der Schule mit Lehrkräften direkt an das Ministerium wenden.

Gleichwohl sollte es dem Gebot einer vertrauensvollen Zusammenarbeit zwischen Elternvertretung und Schulleitung entsprechen, dass sich die Elternvertreter zunächst mit der Schulleitung und den für die Entscheidung zuständigen Instanzen der Schulverwaltung auseinander setzen.

Der Elternbeirat befasst sich mit klassenübergreifenden, die Schule betreffenden Aufgabenstellungen, z. B. mit den örtlichen Schulverhältnissen (Raumsituation, baulicher Zustand des Schulgebäudes). Er versucht, die Anteilnahme der Eltern am Leben und an der Arbeit der Schule zu fördern und sie über die Arbeit der Schule zu informieren.

Vor Entscheidungen, die für das Schulleben von allgemeiner Bedeutung sind, soll der Elternbeirat gehört werden, z. B. bei Regelungen über die Pausenaufsicht.

10.5 Elternrechte bei volljährigen Schülern

Mit dem Eintritt des Schülers in die Volljährigkeit enden das Sorgerecht der Eltern und die sich daraus ergebenden schulischen Rechte der Eltern. Gleichwohl gestattet § 55 Abs. 3 S. 2 SchG der Schule auch personenbezogene Auskünfte oder Mitteilungen, sofern kein gegenteiliger Wille des volljährigen Schülers erkennbar ist. Zulässig sind Auskünfte an die Eltern darüber hinaus auch dann, wenn eine Gefahr für wesentlich überwiegende Rechtsgüter wie Leben, Leib, Freiheit oder Eigentum zu befürchten und die Auskunft oder Mitteilung angemessen ist, die Gefahr abzuwenden oder zu verringern. Ausdrücklich nennt das Schulgesetz in diesem Zusammenhang auch den Fall, dass einem Schüler der Ausschluss aus der Schule angedroht wird oder er die Schule gegen seinen Willen verlassen muss.

Die Eltern haben nach § 55 Abs. 3 S. 1 SchG auch weiterhin das Recht, an der Klassenpflegschaft und den Elterngremien teilzunehmen und mitzuwirken (siehe hierzu auch S. 107).

Fragen zur Wiederholung und Vertiefung

1 In welche Kategorien lassen sich die Elternrechte einteilen?

2 Beschreiben Sie das rechtliche Verhältnis von staatlichem Erziehungsauftrag und dem Erziehungsrecht der Eltern.

3 Stellen Sie sich vor, in einer Klasse, die Sie neu übernehmen, steht die erste Klassenpflegschaftssitzung an:

a) Bis wann müsste die Sitzung spätestens stattfinden?

b) Wer lädt zu der Sitzung ein?

c) Welche Punkte sollten auf der Tagesordnung stehen?

11 Erziehungs- und Ordnungsmaßnahmen (§ 90 SchulG)

Einführung

Fall 11.1

Die Gesamtlehrerkonferenz hat an Ihrer Schule mit Zustimmung der Schulkonferenz folgenden Maßnahmenkatalog beschlossen:

(Auszug)

1. Folgendes Verhalten wird mit einem »blauen Eintrag« sanktioniert:
   - *Essen während des Unterrichts*
   - *Rauchen auf der Toilette*
   - *Beleidigung des Lehrers*
   - *Verunreinigung des Pausenhofes (z. B. Wegwerfen von Büchsen, Kakaobeuteln etc.)*
2. *Für jeweils drei blaue Einträge erhält der Schüler einen roten Eintrag.*
3. *Bei zwei roten Einträgen wird der Schüler für zwei Tage vom Unterricht ausgeschlossen.*
4. *War der Schüler dreimal für jeweils zwei Tage vom Unterricht ausgeschlossen, erfolgt ein Unterrichtsausschluss von vier Wochen Dauer.*
5. *Vergisst der Schüler wiederholt Arbeitsmaterialien oder weigert er sich, am Unterricht teilzunehmen, erhält er die Note Sechs (Ungenügend) erteilt.*

- Halten Sie diesen Maßnahmenkatalog für rechtlich bedenklich?

11.1 Erziehungs- und Ordnungsmaßnahmen als pädagogisches Problem

Wie das Fehlverhalten eines Schülers zu gewichten ist, kann nur mit einer Wertung ermittelt werden. Diese Wertung ist pädagogischer Art.

Sie hängt unter anderem ab von
- den persönlichen Wertmaßstäben,
- den Erfahrungen, die von den betroffenen Lehrkräften bisher gemacht wurden,
- den örtlichen Verhältnissen.

Dies anerkennen auch die Verwaltungsgerichte und akzeptieren deshalb i. d. R. die pädagogische Beurteilung des Fehlverhaltens eines Schülers.

Erziehungs- und Ordnungsmaßnahmen sind zunächst und vor allem ein **pädagogisches, kein juristisches Problem**.

Dies gilt auch noch unter einem anderen Gesichtspunkt: Primäres Anliegen der Lehrkraft wird es sein, Situationen, in denen sie mit Erziehungs- und Ordnungsmaßnahmen reagieren muss, zu verhindern. Auf das Verhalten der Schüler haben z. B. das Lehrerverhalten, die Unterrichtsvorbereitung und -gestaltung einen wesentlichen Einfluss.

Aus einem verwaltungsgerichtlichen Urteil:

»*Die Beurteilung der Person und des Verhaltens des Schülers entzieht sich einer vollständigen Erfassung nach rein rechtlichen Kriterien und bedingt daher sachnotwendig, ähnlich wie bei sonstigen pädagogischen Werturteilen, einen Beurteilungsspielraum der Klassenkonferenz. In diesen Bereich spezifisch-pädagogischer Wertungen und Überlegungen haben die Verwaltungsgerichte nicht korrigierend einzugreifen; sie können nicht anstelle der Lehrerkonferenz eigene pädagogische Erwägungen anstellen, zu denen sie sachgerecht auch nicht in der Lage wären.*«

Gleichwohl ist es für die Lehrkraft wichtig, den rechtlichen Rahmen bei Erziehungs- und Ordnungsmaßnahmen zu kennen. Ist die Schule gezwungen, wegen eines »Formfehlers« die beschlossene Erziehungs- und Ordnungsmaßnahme wieder rückgängig zu machen, läuft der Schüler also triumphierend in der Schule ein, verkehrt sich die Maßnahme in ihr Gegenteil. Die Schule hat ihre Ohnmacht unter Beweis gestellt, und nicht nur bei dem betroffenen Schüler wird der Eindruck zurückbleiben, dass »die doch nichts machen können«.

11.2 Das pädagogische Ermessen bei Erziehungs- und Ordnungsmaßnahmen

Die Ermächtigung zum Erlass von Erziehungs- und Ordnungsmaßnahmen ist in § 90 des Schulgesetzes formuliert. Es ist dort aufgeführt, welche Erziehungs- und Ordnungsmaßnahmen getroffen werden »**können**«.

Das Gesetz bringt mit dieser Formulierung zum Ausdruck, dass bei Erziehungs- und Ordnungsmaßnahmen ein **Ermessen** besteht. Wenn die gesetzlichen Voraussetzungen vorliegen, **kann** eine Erziehungs- und Ordnungsmaßnahme getroffen werden, sie muss aber nicht getroffen werden.

Dieses Ermessen ist, anders als es auf den ersten Blick scheinen mag, nicht nur Berechtigung, sondern auch **Verpflichtung**: Das Ermessen muss auch tatsächlich betätigt werden, damit eine Entscheidung rechtmäßig ist.

Das bedeutet, dass im konkreten Einzelfall

- alle wesentlichen Gesichtspunkte vollständig ermittelt,
- gewichtet und
- gegeneinander abgewogen werden müssen.

Ausgeschlossen wird damit jede schematische Lösung wie z. B. eine feste Stufenabfolge der Sanktionen, weil bei solchen Schemata das Ermessen nicht korrekt betätigt wird. Es muss immer das individuelle Fehlverhalten des einzelnen Schülers in der konkreten Situation betrachtet, gewertet und abgewogen werden.

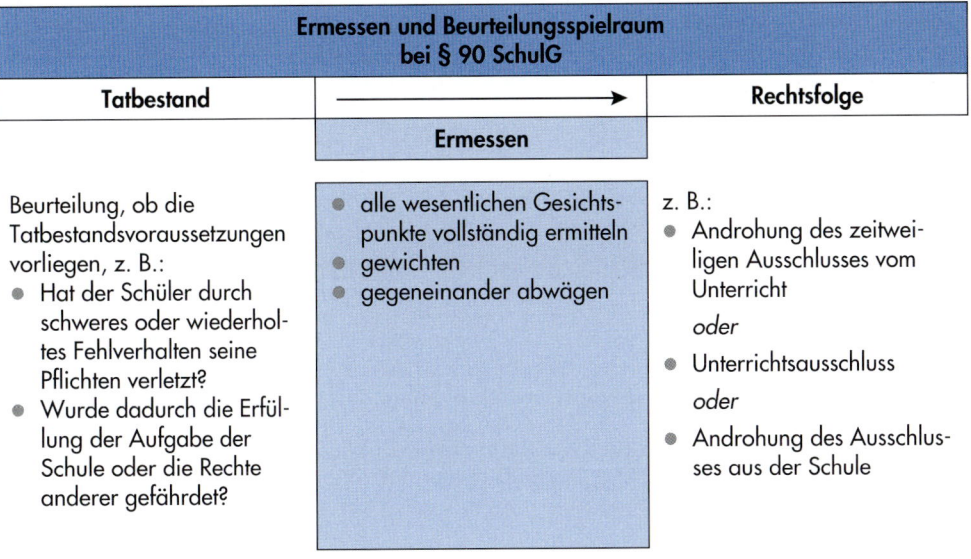

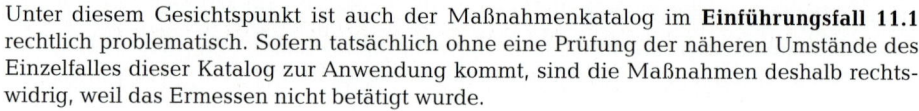

Unter diesem Gesichtspunkt ist auch der Maßnahmenkatalog im **Einführungsfall 11.1** rechtlich problematisch. Sofern tatsächlich ohne eine Prüfung der näheren Umstände des Einzelfalles dieser Katalog zur Anwendung kommt, sind die Maßnahmen deshalb rechtswidrig, weil das Ermessen nicht betätigt wurde.

11.3 Die Erziehungs- und Ordnungsmaßnahme als Verwaltungsakt

11.3.1 Der Gesetzesvorbehalt

Während früher (bis ca. 1970) die Meinung vorherrschte, das Schulverhältnis sei ein »besonderes Gewaltverhältnis«, in dem die Grundrechte nur sehr eingeschränkt gelten, wurde der Rechtsschutz im Schulverhältnis durch mehrere Entscheidungen des Bundesverfassungsgerichtes auch im Schulverhältnis hergestellt.

Dies hat Konsequenzen auch für die Erziehungs- und Ordnungsmaßnahmen:

- Erziehungs- und Ordnungsmaßnahmen dürfen nur erlassen werden, wenn die gesetzlich bestimmten Voraussetzungen vorliegen.
- Es dürfen nur die gesetzlich vorgesehenen Maßnahmen angewandt werden.
- Die Maßnahmen sind gerichtlich überprüfbar.

11.3.2 Die Erziehungs- und Ordnungsmaßnahme als Verwaltungsakt

Die Erziehungs- und Ordnungsmaßnahmen sind als Verwaltungsakte einzuordnen (für das Nachsitzen ist dies allerdings umstritten).

Diese Einordnung ist von Bedeutung, weil der Widerspruch gegen einen Verwaltungsakt ein gesetzlich vorgeschriebenes Verfahren auslöst (dazu S. 28 f.).

Seit einer Gesetzesänderung im Jahr 2003 hat der Widerspruch gegen eine Erziehungs- und Ordnungsmaßnahme allerdings keine **»aufschiebende Wirkung«** mehr. Auch dann, wenn die Erziehungsberechtigten also z. B. Widerspruch gegen einen Unterrichtsausschluss eingelegt haben, darf der Schüler nicht wieder den Unterricht besuchen. Es bleibt für sie nur die Möglichkeit, einen Antrag beim Verwaltungsgericht zu stellen, damit die aufschiebende Wirkung des Widerspruchs angeordnet wird.

11.4 Anknüpfungspunkt: Schulisches Fehlverhalten

Sanktioniert werden kann nach § 90 SchulG grundsätzlich nur **schulisches** Fehlverhalten.

Sofern sich also ein Schüler z. B. in seiner Freizeit eines Ladendiebstahles schuldig gemacht hat, kann die Schule darauf nicht mit einer Maßnahme nach § 90 Schulgesetz reagieren.

Auf **außerschulisches** Fehlverhalten kann nur dann sanktionierend reagiert werden, wenn es unmittelbar erheblich störend in die Schule »hineinwirkt«. So z. B. wenn Schüler in der Mittagspause gemeinsam Drogen konsumieren oder wenn es zu Tätlichkeiten auf dem Schulweg kommt.

11.5 Abgrenzung: Erziehungs- und Ordnungsmaßnahmen, pädagogische Maßnahmen, präventive Maßnahmen

> »Erziehungs- und Ordnungsmaßnahmen kommen nur in Betracht, soweit pädagogische Erziehungsmaßnahmen nicht ausreichen; hierzu gehören auch Vereinbarungen über Verhaltensänderungen des Schülers mit diesem und seinen Erziehungsberechtigten. Bei allen Erziehungs- und Ordnungsmaßnahmen ist der Grundsatz der Verhältnismäßigkeit zu beachten.«
>
> **§ 90 Abs. 2 Schulgesetz**

Das Gesetz geht also davon aus, dass es neben den Erziehungs- und Ordnungsmaßnahmen noch **pädagogische Erziehungsmaßnahmen** gibt, die für den Schüler einen geringeren Eingriff bedeuten und deshalb auch nicht abschließend im Gesetz geregelt werden müssen. Hier hat der Lehrer deshalb bedeutend mehr Freiheiten: Er kann seiner pädagogischen Kreativität freien Lauf lassen und auch Maßnahmen ergreifen, die nirgendwo geregelt sind und die vielleicht auch noch nie zuvor ein Kollege ergriffen hat.

Im Gesetz finden diese Maßnahmen ihre Stütze in **§ 23 Abs. 2 Schulgesetz**. Nach dieser Vorschrift ist die Schule berechtigt, die »zur Aufrechterhaltung der Ordnung des Schulbetriebes und zur Erfüllung der ihr übertragenen unterrichtlichen und erzieherischen Aufgaben erforderlichen Maßnahmen zu treffen.«

Deshalb ist es wesentlich zu unterscheiden, wo die Trennlinie zwischen Erziehungs- und Ordnungsmaßnahmen und den pädagogischen Erziehungsmaßnahmen zu ziehen ist:

Problematisch ist die Grenzziehung z. B. in folgenden Fällen:

- Ein Schüler soll wegen störenden Verhaltens im Unterricht am Nachmittag dem Hausmeister beim Abschleifen von Stühlen helfen.
- Wegen des gleichen Sachverhaltes wird der Schüler innerhalb des Klassenzimmers umgesetzt.

Während das Auferlegen einer Arbeitspflicht einen so schwerwiegenden Eingriff in die Rechte des Schülers darstellt, dass er einer Erziehungs- und Ordnungsmaßnahme gleichkommt (Stichwort: Zwangsarbeit), ist dies im Beispiel des Umsetzens im Klassenzimmer nicht der Fall.

Die Hilfsdienste für den Hausmeister können dem Schüler deshalb nur mit seinem Einverständnis bzw. mit dem Einverständnis der Erziehungsberechtigten auferlegt werden. § 23 Abs. 2 Schulgesetz ist hier keine ausreichende gesetzliche Ermächtigung. Allerdings kann die Schule von Erziehungs- und Ordnungsmaßnahmen absehen, wenn der Schüler durch soziale Dienste Wiedergutmachung leistet. Auch wenn soziale Dienste also nicht einseitig angeordnet werden können sondern einvernehmlich festgelegt werden müssen, kann auf diesem Weg ein gewisser Anreiz für eine solche Vereinbarung geschaffen werden. Anders ist das Umsetzen im Klassenzimmer zu bewerten. Hier handelt es sich nur um eine »pädagogische Erziehungsmaßnahme«, die auch ohne ausdrückliche Nennung der konkreten Maßnahme im Gesetz statthaft ist.

Charakteristisch ist sowohl für die Erziehungs- und Ordnungsmaßnahmen als auch für die pädagogischen Erziehungsmaßnahmen, dass sie auf ein Fehlverhalten des Schülers reagieren, das damit »sanktioniert« werden soll. Man spricht insoweit auch von **»repressiven Maßnahmen«**. Davon zu unterscheiden sind solche Maßnahmen, durch die eine konkrete Störung des Schulbetriebes erst abgewendet werden soll, beispielsweise wenn ein Schüler, von dem gravierende Störungen erwartet werden, nicht mit in das Schullandheim genommen wird.

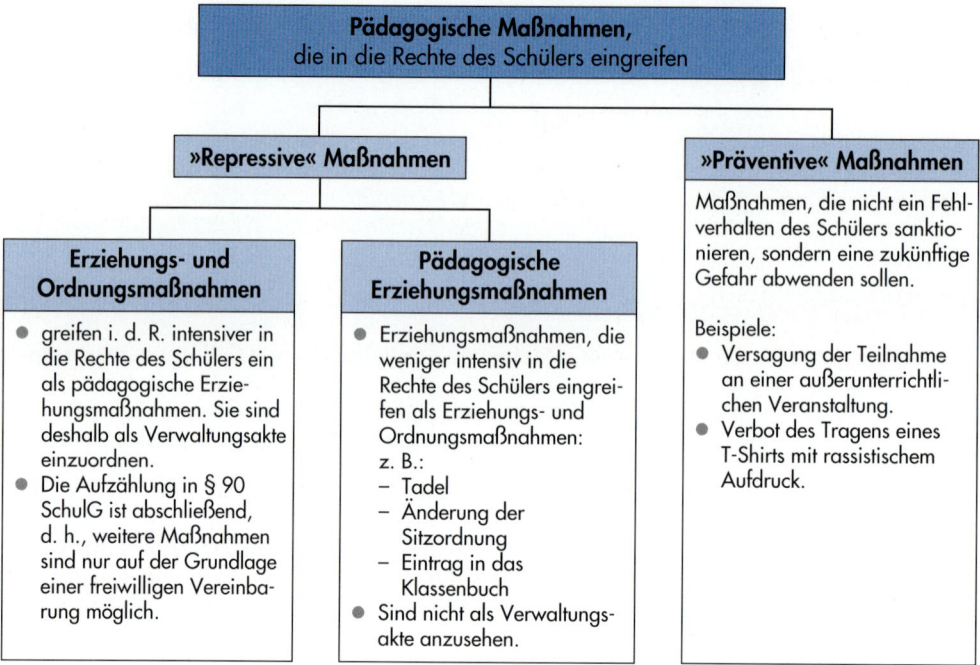

Hier ist die unterschiedliche Zielrichtung zu beachten. Die Maßnahme soll nicht repressiv, sondern **präventiv** wirken. Auch wenn § 90 SchG deshalb formal gesehen nicht anwendbar ist, sollte sich das Verfahren wegen der vergleichbaren Eingriffsintensität an den Regeln des § 90 für den Unterrichtsausschluss orientieren.

11.6 Notensanktionen

Noten dienen nicht der Disziplinierung; sie sollen den Leistungsstand eines Schülers feststellen. Inwiefern auf das Verhalten eines Schülers mit Noten reagiert werden darf, ist in der Notenverordnung abschließend geregelt.

Danach ist bei der Leistungsverweigerung zwingend die Note 6 zu erteilen. Damit soll allerdings nicht ein Fehlverhalten sanktioniert, sondern die Chancengleichheit verwirklicht werden. Ein Schüler, der die Leistung verweigert, darf nicht besser gestellt werden als ein Schüler, der an der Leistungsbewertung teilgenommen und dabei die Note 6 erzielt hat.

Beispiel:
Bei nicht angefertigten Hausaufgaben darf grundsätzlich wegen der damit verbundenen Leistungsverweigerung die Note Sechs erteilt werden. Allerdings nur im Rahmen einer beabsichtigten Bewertung der Hausaufgaben, also wenn der Schüler für eine gut angefertigte Hausaufgabe auch eine entsprechende Note hätte erhalten können.

Unzulässig ist es aber, auf nicht mitgebrachte Materialien, freche Antworten usw. mit einer »Sanktionsnote« zu reagieren.

Auch bei Leistungen, die außerhalb einer förmlichen Überprüfung zu erbringen sind, ist es möglich, auf eine Leistungsverweigerung mit der Note 6 zu reagieren. Allerdings nur dann, wenn es sich wirklich um eine Leistungsbewertung handelt, theoretisch also auch die Chance bestanden hätte, eine positive Bewertung zu erzielen.

11.7 Zuständigkeit, formelle Anforderungen

Die Zuständigkeit und das einzuhaltende Verfahren sind, abhängig von der jeweiligen Erziehungs- und Ordnungsmaßnahme, unterschiedlich ausgestaltet.

Dabei gelten folgende Grundregeln:

Je intensiver eine Erziehungs- und Ordnungsmaßnahme in die Rechte der Schüler eingreift,

- desto höher angebunden ist die Zuständigkeit,
- desto weitergehend sind die Anhörungsrechte,
- desto höher sind auch die inhaltlichen Anforderungen an die Maßnahme.

Der **Klassenlehrer bzw. der unterrichtende Lehrer** können in eigener Zuständigkeit nur Nachsitzen bis zu zwei Unterrichtsstunden anordnen.

Für alle weitergehenden Maßnahmen ist der **Schulleiter** zuständig. Bei einem Ausschluss von bis zu fünf Unterrichtstagen hat der Schulleiter neben dem Schüler auch die Erziehungsberechtigten anzuhören. Bei einem Ausschluss, der darüber hinaus geht (bis zu vier Unterrichtswochen) ist die **Klassenkonferenz** anzuhören. Vor einem Ausschluss aus der Schule wird auf Wunsch der Erziehungsberechtigten die Schulkonferenz beteiligt.

Die eigentliche Entscheidung über die Erziehungs- und Ordnungsmaßnahme treffen jedoch nicht die Klassen- bzw. die Schulkonferenz, sondern der Schulleiter. Die Gremien geben ein Votum ab, das vom Schulleiter bei der Entscheidung über die Erziehungs- und Ordnungsmaßnahme berücksichtigt wird. Diese Beteiligung spielt sich also im »Innenverhältnis« der Schule ab. Nach außen wird die Entscheidung vom Schulleiter getroffen und vertreten.

Als vorläufige Maßnahme kann der Schulleiter einen Schüler im Hinblick auf einen zu erwartenden Unterrichtsausschluss für bis zu fünf Tage vom Unterricht ausschließen, im Hinblick auf einen zu erwartenden Schulausschluss für die Dauer von zwei Wochen. Zuvor ist aber in jedem Fall der Klassenlehrer zu hören. Wichtig ist, dass in diesem Fall auch dem Schüler gegenüber deutlich zum Ausdruck gebracht wird, dass es sich nur um eine vorläufige Maßnahme nach § 90 Abs. 9 SchulG handelt. Wird dies versäumt, hat sich die Schule endgültig auf eine Sanktion festgelegt und kann keine weiteren Maßnahmen ergreifen.

Grundsätzlich kann für das Fehlverhalten des Schülers nur jeweils eine Erziehungs- und Ordnungsmaßnahme verhängt werden. Als Ausnahme von dieser Regel kann das Nachsitzen oder die Überweisung in eine Parallelklasse mit der Androhung des zeitweiligen Ausschlusses vom Unterricht verbunden werden; der zeitweilige Ausschluss vom Unterricht kann mit der Androhung des Ausschlusses von der Schule verbunden werden.

Wird ein Schüler von der Schule ausgeschlossen, kann die neu aufnehmende Schule die Aufnahme von einer Vereinbarung über die Verhaltensänderung des Schülers abhängig machen und eine Probezeit von bis zu sechs Monaten festsetzen, über deren Bestehen der Schulleiter entscheidet.

Das Fehlverhalten eines Schülers hat oft seine Ursachen im außerschulischen, häuslichen Bereich. Ein wiederholter zeitweiliger Ausschluss vom Unterricht soll deshalb dem Jugendamt mitgeteilt werden. Bei einem Schulausschluss ist die Mitteilung sogar zwingend vorgesehen.

Erziehungs- und Ordnungsmaßnahmen (§ 90 SchulG)

Zuständigkeit bei Erziehungs- und Ordnungsmaßnahmen			
Klassenlehrer oder unterrichtender Lehrer § 90 Abs. 1 Nr. 1	**Schulleiter** § 90 Abs. 1 Nr. 2		
• Nachsitzen bis zu zwei Unterrichtsstunden	• Nachsitzen bis zu vier Unterrichtsstunden • Überweisung in eine Parallelklasse desselben Typs innerhalb der Schule • Androhung des zeitweiligen Ausschlusses vom Unterricht • Ausschluss bis zu fünf Unterrichtstagen	• Ausschluss bis zu vier Unterrichtswochen • Androhung des Ausschlusses aus der Schule	• Ausschluss aus der Schule
Anhörung des Schülers	Anhörung des Schülers + Anhörung der Erziehungsberechtigten*	Anhörung des Schülers + Anhörung der Erziehungsberechtigten + Anhörung der Klassenkonferenz	Anhörung des Schülers + Anhörung der Erziehungsberechtigten + Anhörung der Klassenkonferenz + Anhörung der Schulkonferenz, auf Wunsch
Anhörungs- und Beteiligungsrechte			

* Ausnahme: Nachsitzen

11.8 Inhaltliche Anforderungen

Das Gesetz nennt neben den formalen Erfordernissen die jeweiligen inhaltlichen Voraussetzungen für eine Erziehungs- und Ordnungsmaßnahme, die abhängig von der Schwere der Maßnahme sind (s. Tabelle auf der nächsten Seite).

Diese im Gesetz umschriebenen Voraussetzungen sind die sog. Tatbestandsmerkmale des § 90 Schulgesetz. Nur wenn sie erfüllt sind, darf die jeweilige Maßnahme ergriffen werden.

Die Entscheidung, ob diese Merkmale, die jeweils die Schwere eines Fehlverhaltens abstrakt umschreiben, vorliegen oder nicht, erfordert eine pädagogische Wertung.

Beispielsweise wird die Frage, ob ein bestimmtes Fehlverhalten »schwer« war, an einer friedlichen Landschule ganz anders beantwortet als an einer Innenstadtschule. Die Maßstäbe werden hier geprägt durch die konkreten Verhältnisse vor Ort, die Erfahrungen und Wertmaßstäbe der betroffenen Lehrkräfte. Die Verwaltungsgerichte billigen der Schule deshalb bei dieser Einschätzung einen Spielraum bei der Beurteilung zu. Die Maßnahme ist aber gleichwohl uneingeschränkt gerichtlich überprüfbar.

Inhaltliche Anforderungen an die Erziehungs- und Ordnungsmaßnahmen	
Maßnahme	**Voraussetzungen**
Schulausschluss	Einem Mitschüler ist wegen Art und Schwere der Beeinträchtigungen und deren Folgen nicht zumutbar, mit dem Schüler weiter dieselbe Schule zu besuchen, oder einer Lehrkraft, ihn weiter zu unterrichten; Vorrang des Opferschutzes. Im Übrigen, wenn das Verbleiben des Schülers eine **Gefahr für die Erziehung und Unterrichtung, sittliche Entwicklung, Gesundheit oder Sicherheit der Mitschüler** befürchten lassen. z. B. bei Gefahr von erheblichen Straftaten im Schulbereich
↑ ● Androhung des Schulausschlusses ● Unterrichtsausschluss ● Androhung des Unterrichtsausschlusses	Schüler muss durch **schweres** oder **wiederholtes** Fehlverhalten seine Pflichten verletzt und dadurch die Erfüllung der Aufgabe der Schule oder die Rechte anderer gefährdet haben.
↑ ● Überweisen in die Parallelklasse ● Nachsitzen	Pädagogische Erziehungsmaßnahme ist nicht ausreichend.

11.9 Verfahrensablauf, abschließende Entscheidung

Der Bescheid über die Erziehungs- und Ordnungsmaßnahme sollte bei allen über das Nachsitzen hinaus gehenden Maßnahmen schriftlich erfolgen. In diesem Fall ist auch eine schriftliche Begründung erforderlich.

Das Verfahren bis zum Bescheid an den Schüler und seine Erziehungsberechtigten hat folgenden Ablauf:

- Aufgrund des Fehlverhaltens muss der damit konfrontierte Lehrer zunächst überlegen, ob seine eigenen Möglichkeiten, mit pädagogischen Erziehungsmaßnahmen oder Erziehungs- und Ordnungsmaßnahmen zu reagieren, ausreichend sind oder er den Schulleiter informieren soll.
- Der Schulleiter muss nun für den weiteren Verfahrensablauf bedenken, für wie gewichtig er das Fehlverhalten hält:
  - Beabsichtigt er als Erziehungs- und Ordnungsmaßnahme einen Unterrichtsausschluss von mehr als fünf Unterrichtstagen, muss er die Klassenkonferenz einberufen, damit sie ein Votum abgeben kann.
  - Beabsichtigt er einen Schulausschluss, muss er zusätzlich von den Erziehungsberechtigten erfragen, ob sie die Schulkonferenz beteiligen wollen.
  - Bei allen über das Nachsitzen hinaus gehenden Maßnahmen gibt er dem Schüler und den Erziehungsberechtigten Gelegenheit zur Anhörung.
- Der Schulleiter berücksichtigt bei seiner Entscheidung
  - das Ergebnis der Anhörung des Schülers und der Erziehungsberechtigten
  - das Votum der Klassenkonferenz
  - ggf. das Votum der Schulkonferenz

- Die schriftlich begründete Entscheidung wird den Erziehungsberechtigten bekanntgegeben.

Das Muster eines Bescheides nach § 90 SchulG ist oben auf der Seite 26 und 27 abgedruckt.

Verfahrensablauf bei der Verhängung einer Erziehungs- und Ordnungsmaßnahme
(Bei Zuständigkeit des Schulleiters)

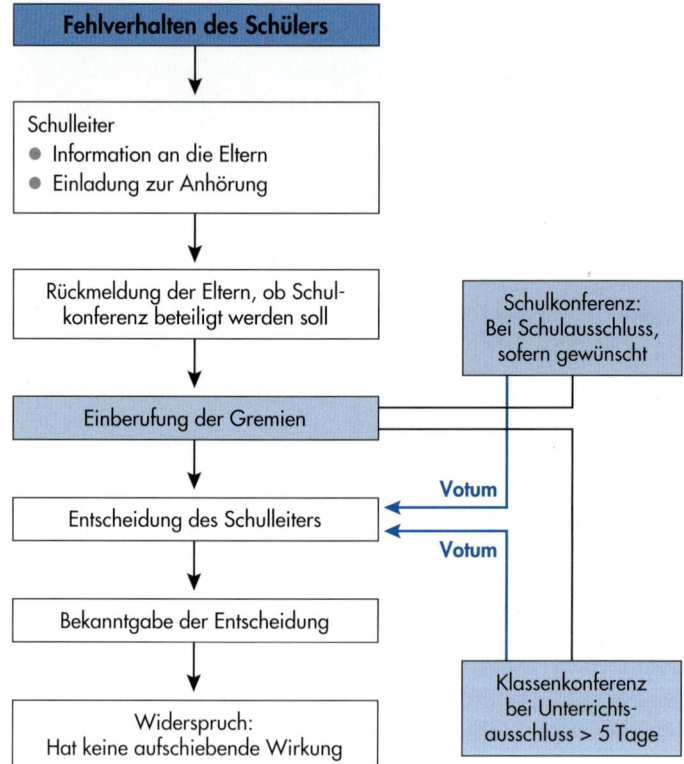

Fragen zur Wiederholung und Vertiefung

1 Wie unterscheiden sich Erziehungs- und Ordnungsmaßnahmen von pädagogischen Erziehungsmaßnahmen?
  Warum ist diese Unterscheidung von Bedeutung?

2 Welchen Spielraum hat die Schule bei der Beurteilung eines schulischen Fehlverhaltens?

3 Welche Erziehungs- und Ordnungsmaßnahmen liegen in der Hand des Klassenlehrers?

4 Skizzieren Sie die Stationen des Verfahrens, das zu einem Unterrichtsausschluss mit der Dauer von vier Wochen führen soll.

12 Aufsichtspflicht

Einführung

Fall 12.1
Die Gesamtlehrerkonferenz beschließt, dass künftig die Pausenaufsicht nur durch den Hausmeister ausgeübt werden soll. Der Schulleiter hat Zweifel, ob dieser Beschluss realisiert werden kann.

Fall 12.2
Ihre volljährigen Schüler fragen Sie, ob sie zu der geplanten Abschlussfahrt der Klasse ihren eigenen Pkw benutzen dürfen. Sie fragen sich, wie Sie dann auf der Hin- und Rückfahrt Ihrer Aufsichtspflicht nachkommen können.

12.1 Rechtliche Grundlagen

Rechtliche Regelungen zur Aufsichtspflicht der Schule findet man nur sehr wenige. Im Schulgesetz ist sie lediglich in **§ 41** angesprochen, wo zu den Aufgaben des Schulleiters die »Aufstellung der Stunden- und Aufsichtspläne« und die »Aufsicht über die Schulanlage und das Schulgebäude« gezählt wird. Dennoch ist es unumstritten, dass »der Schule«, d. h. dem Schulleiter und den Lehrern, hinsichtlich der ihnen anvertrauten Schüler eine Aufsichtspflicht obliegt. Schon zu Anfang dieses Jahrhunderts haben sich Gerichte mit Haftungsfällen wegen einer Verletzung der Aufsichtspflicht befassen müssen – übrigens mit Ergebnissen, die auch heute noch weitgehend Geltung haben.

Die Pflicht der Schule zur Aufsichtsführung lässt sich aus den Vorschriften zu dem elterlichen Sorgerecht herleiten. Nach § 1631 des Bürgerlichen Gesetzbuches (BGB) haben die Eltern u. a. das Recht und die Pflicht, ihre Kinder »zu beaufsichtigen«. § 832 BGB macht die Aufsichtspflichtigen für Schäden haftbar, die von einem Minderjährigen einem Dritten zugefügt werden. Infolge der gesetzlichen Schulpflicht, die der Staat durch den im Grundgesetz festgeschriebenen Erziehungsauftrag auferlegt (vgl. Art. 7 Abs. 1 GG, Art. 14 Abs. 1 der Landesverfassung Baden-Württembergs), wird in das elterliche Erziehungsrecht eingegriffen.

Es besteht deshalb aber auch für die Schule die Verpflichtung, die »Personensorge« (die Verpflichtung, sich der die Person des Kindes betreffenden Angelegenheiten anzunehmen, im Gegensatz zur »Vermögenssorge«, der Besorgung der finanziellen Angelegenheiten) im gleichen Maße zu gewährleisten, wie es den Eltern obliegt. Da die Eltern während der Zeit des Schulbesuchs ihrer Aufsichtspflicht gar nicht nachkommen können, muss auch im Verhältnis zu geschädigten Dritten ein anderer an ihre Stelle treten.

Die Aufsichtspflicht hat also folgende Zielrichtungen:
- Schutz der Gesundheit und körperlichen Unversehrtheit jedes Schülers,
- Schutz des Eigentums der Schüler bzw. ihrer Eltern (z. B. von Kleidungsstücken, Schulsachen, Fahrrädern),
- Schutz Dritter vor schädigenden Handlungen durch Schüler.

Aufsichtspflichtig sind der Schulleiter und alle Lehrer, jedoch mit teilweise unterschiedlichen Inhalten der Pflicht.

Der **Schulleiter** hat – wie sich schon aus § 41 Abs. 1 Satz 3 SchulG ergibt – in erster Linie eine **Organisationspflicht**. Seine Aufgabe ist es z. B., einen **Aufsichtsplan** zu erstellen, aus dem sich ergibt, **von wem, wann und wo** die Aufsicht auszuüben ist. Er muss sicherstellen, dass es keine »aufsichtsfreien« Zeiten und Räume gibt. Er muss ferner hinsichtlich der Aufsichtspersonen die richtige **Auswahl** treffen. So ist z. B. in der Verwaltungsvorschrift über die außerunterrichtlichen Veranstaltungen der Schulen v. 06.10.2002, K. u. U. S. 324 geregelt, dass die an den Veranstaltungen teilnehmenden Lehrer und Begleitpersonen den vorauszusehenden Anforderungen gewachsen sein müssen. Für den Schwimmunterricht eingesetzte Lehrkräfte müssen rettungskundig und fähig sein, erste Hilfe zu leisten.

Der Schulleiter muss ferner darauf achten, dass vom Schulgelände oder vom Schulgebäude keine Gefahren ausgehen. Insoweit nimmt er die dem Schulträger obliegende **Verkehrssicherungspflicht** wahr. Er kann in diesem Zusammenhang dem Hausmeister Weisungen erteilen (ihn z. B. im Winter auffordern, den Schnee auf dem Schulhof zu räumen), ansonsten muss er Mängel dem Schulträger mitteilen und für ihre Beseitigung sorgen (Verwaltungsvorschrift Gesetzliche Schülerunfallversicherung, Unfallverhütung und Gesundheitsschutz für Schülerinnen und Schüler in Schulen vom 13.10.1998, K. u. U. S. 308).

Er wird auf dem Gebiet der Unfallverhütung unterstützt durch einen **Sicherheitsbeauftragten**, der an jeder Schule zu bestellen ist. Lehrkräfte, die als Sicherheitsbeauftragte bestellt werden, erhalten vom Träger der Unfallversicherung eine Ausbildung für ihre Aufgabe (vgl. die o. g. VwV).

Für den **Lehrer** ergibt sich die Pflicht zur Aufsichtsführung aus der unmittelbaren pädagogischen Verantwortung gem. § 38 Abs. 6 SchulG.

Da die Erfüllung der Aufsichtspflicht zu den inneren Schulangelegenheiten gehört, für die das vom Land angestellte Lehrpersonal verantwortlich ist, dürfen andere Personen, z. B. der Hausmeister, nur ergänzend und nicht eigenverantwortlich zur Aufsichtsführung herangezogen werden.

> Im **Fall 12.1** kann die Gesamtlehrerkonferenz zwar nach § 2 Abs. 1 Nr. 9 der Konferenzordnung Empfehlungen für die Aufstellung der Aufsichtspläne geben. Der gefasste Beschluss greift aber in die Befugnisse des Schulleiters nach § 41 Abs. 1 SchulG ein und müsste von diesem beanstandet werden (vgl. § 16 Abs. 2 Konferenzordnung).

12.2 Umfang der Aufsichtspflicht

12.2.1 Örtliche und zeitliche Grenzen der Aufsichtspflicht

Die Aufsichtspflicht bezieht sich zeitlich und örtlich auf den zum Schulbetrieb gehörenden Bereich.

Nicht zum Schulbetrieb gehört somit der **Schulweg**, d. h. der Weg, den die Schüler von zu Hause zur Schule bzw. von dort nach Hause zurücklegen. **Schulbushaltestellen** unterliegen der Aufsicht, wenn sie unmittelbar am Schulgelände liegen und ausschließlich von Schülern genutzt werden. Aber auch sonst hat die Schule die Pflicht, darauf zu achten, dass zur Schule gehörende Schulbushaltestellen möglichst gefahrlos benutzt werden können. Sie muss auf erkennbare Sicherheitsmängel und Gefahrenlagen hinweisen und auf deren Beseitigung hinwirken.

Vom Schulweg zu unterscheiden sind sog. **Unterrichtswege**, d. h. Wege, die der Schüler aus Gründen des Unterrichts zurückzulegen hat. Dazu gehören z. B. Wege vom Schulgebäude zu einem außerhalb gelegenen Sportplatz oder zum Besuch eines Museums im Rahmen des Unterrichts. Sie unterliegen der Aufsicht der Schule. Es kann sich die Frage stellen, ob die Schüler direkt an den Unterrichtsort bestellt oder von dort entlassen werden können, mit der Folge, dass der Weg dorthin Schulweg ist. Das kann z. B. der Fall sein, wenn die Sportstunde die erste oder letzte Stunde ist oder wenn der Unterrichtsort näher zu den Wohnungen der Schüler liegt als das Schulgebäude. Ob dies zulässig ist, entscheidet sich insbesondere nach dem Alter der Schüler, aber auch nach etwa vorhandenen besonderen Gefahren auf dem Weg.

Nach diesen Kriterien ist auch zu entscheiden, ob die Schüler geschlossen im Klassenverband und begleitet durch einen Aufsicht führenden Lehrer den **Unterrichtsweg** zurücklegen müssen. Bei Grundschülern wird das in der Regel erforderlich sein, bei Schülern höherer Klassenstufen kann der Weg nach entsprechenden Hinweisen auf Gefahrenstellen und die erforderlichen Verhaltensweisen sowie entsprechenden Ermahnungen auch ohne unmittelbare Beaufsichtigung durch einen Lehrer zurückgelegt werden.

Die Aufsichtspflicht beginnt und endet nicht mit dem Unterricht, sondern setzt bereits vorher ein, wenn die Schüler am Schulgebäude eintreffen. Dies ist auch sinnvoll, denn zu dieser Zeit »strömen« sehr viele Schüler unterschiedlicher Altersstufen in die Schule, was die Situation besonders gefahrenträchtig macht. Entsprechendes gilt natürlich auch für die Zeit nach Unterrichtsende, wenn die Schüler das Schulgelände verlassen und oft nach der langen Unterrichtszeit ihren Bewegungsdrang »ausleben« wollen. Im Allgemeinen wird die Aufsicht etwa 10 Minuten vor Unterrichtsbeginn aufzunehmen sein bzw. nach Unterrichtsende eingestellt werden können. Anderes kann gelten, wenn sehr viele »Fahrschüler« die Schule besuchen, die infolge der Verkehrsverbindungen eine erhebliche Zeit vor Unterrichtsbeginn eintreffen bzw. sich nach Unterrichtsende noch in der Schule aufhalten müssen oder die zwischen Vormittags- und Nachmittagsunterricht nicht nach Hause gehen können. Für diese Schüler muss die Schule eine Aufsicht organisieren. So ist z. B. ein Raum zur Verfügung zu stellen, in dem die Schüler sich aufhalten können. Dort muss zwar nicht ständig eine Aufsichtsperson anwesend sein, auch können z. B. ältere Schüler oder der Hausmeister mit für Aufsichtsaufgaben herangezogen werden. Es muss aber immer auch eine Lehrkraft erreichbar sein, um bei Notfällen eingreifen zu können.

12.2.2 Aufsicht während des Unterrichts

Um seiner Aufsichtspflicht nachkommen zu können, soll der Lehrer während der Unterrichtsstunde den Raum möglichst nicht verlassen. Ist dies ausnahmsweise doch einmal erforderlich, muss er geeignete Vorsichtsmaßnahmen ergreifen, z. B. den Schülern Anweisungen zu ihrem Verhalten geben, sie mit einer Aufgabe beschäftigen, einzelne Schüler mit in die Verantwortung nehmen.

Oft stellt sich auch die Frage, wie es um die Aufsicht bestellt ist, wenn ein Schüler, der den Unterricht gestört hat, aus dem Raum gewiesen (»vor die Tür gestellt«) wird. Grundsätzlich ist dies eine zulässige und oft auch sinnvolle pädagogische Maßnahme, die geeignet ist, ein Fehlverhalten zu unterbrechen, bevor es sich verfestigt, und dem Schüler Gelegenheit gibt, sich zu beruhigen und u. U. über sein Verhalten nachzudenken. Zu bedenken ist allerdings neben der Aufsichtsproblematik, dass dem Schüler sein Bildungsanspruch verkürzt wird und er auch den Anschluss in der Unterrichtsstunde verliert und u. U. nicht mehr sinnvoll mitarbeiten kann. Im Allgemeinen wird deshalb nur ein kurzzeitiger Ausschluss (ca. 5–10 Minuten) sinnvoll sein. Zudem müssen dem Schüler Verhaltensmaßregeln »mitgegeben« werden, z. B. dass er sich nicht aus der Türnähe entfernen darf. Wichtig ist auch die Person des betreffenden Schülers. Der Lehrer muss sich überlegen, wie sich der Schüler voraussichtlich »draußen« verhalten wird. Ist dort mit weiterem Fehlverhalten zu rechnen (z. B. der Störung anderer Klassen, Beschädigung des Gebäudes, Verlassen des Schulhauses), darf der Schüler nicht ohne Aufsicht gelassen werden. Der Lehrer muss dann andere Maßnahmen ergreifen, z. B. den Schüler zum Schulleiter schicken bzw. bringen.

Eine weitere im Alltag häufig vorkommende Situation ist das **vorzeitige Entlassen** einer Klasse oder einzelner Schüler, z. B. wenn Schüler ihre Klassenarbeit schon fertig gestellt haben, sie ein öffentliches Verkehrsmittel erreichen müssen oder wenn die Klasse gut gearbeitet hat und der vorgesehene Stoff schon durchgenommen ist. Zu bedenken ist hier, dass diese Schüler den Unterricht von Kollegen stören könnten, bei jüngeren Schülern ist auch zu bedenken, dass die Eltern sich auf die üblichen Unterrichtszeiten eingestellt haben und vorzeitig nach Hause kommende Schüler dort möglicherweise nicht versorgt sind. Im Allgemeinen wird immer eine sinnvolle Beschäftigung der Schüler bis zum regulären Unterrichtsschluss möglich sein.

Auch wenn der Lehrer einzelnen Schülern besondere **Aufträge** erteilt, z. B. eine Landkarte aus dem Kartenzimmer zu holen, kann ein Aufsichtsproblem auftreten, z. B. wenn der Schüler durch Unachtsamkeit oder weil er mit der Aufgabe überfordert ist, einen Schaden verursacht. Die Pflicht des Lehrers liegt dabei in erster Linie bei der richtigen **Auswahl**, d. h. der Lehrer muss bedenken, ob der Schüler hinreichend zuverlässig und der Aufgabe gewachsen ist. Hier wie auch sonst oft bei der Aufsichtsführung kann sich ein »Zielkonflikt« auftun zwischen dem Aufsichtserfordernis einerseits und dem Erziehungsauftrag andererseits, der die Schüler ja zunehmend zu selbstständigem Handeln befähigen soll.

12.2.3 Aufsicht bei außerunterrichtlichen Veranstaltungen

Besonders gefordert wird der Lehrer im Allgemeinen bei **außerunterrichtlichen Veranstaltungen**. Handelt es sich um mehrtägige Veranstaltungen, besteht die Aufsichtspflicht grundsätzlich »rund um die Uhr«. Das bedeutet allerdings nicht, dass der Lehrer sich in dieser Zeit keinen Schlaf gönnen dürfte. Er kommt seiner Pflicht vielmehr bereits nach, wenn er den Schülern genaue Verhaltensmaßregeln vorgibt und deren Einhaltung stichprobenartig kontrolliert. Zulässig ist es grundsätzlich auch, den Schülern während dieser Veranstaltungen Zeiten zur freien Verfügung zu geben. Dabei muss allerdings bedacht werden, dass für derartige »Freizeiten« der Schutz der gesetzlichen Schülerunfallversicherung entfällt. Deshalb und wegen des elterlichen Erziehungsrechts muss dies vorab in den Klassenpflegschaften erörtert und das Einverständnis der Eltern eingeholt werden. Der Lehrer kommt dann seiner Aufsichtspflicht ausreichend nach, wenn er sich von den Schülern über ihre Vorhaben informieren lässt, sie auf Gefahrensituationen hinweist und ihnen Verhaltensmaßregeln gibt, z. B. nur in Gruppen zu gehen und zu einem festgesetzten Zeitpunkt zurück zu sein, und wenn er für die Schüler jederzeit erreichbar ist (siehe auch Kap. »Außerunterrichtliche Veranstaltungen«).

12.3 Kriterien der Aufsichtsführung

Wenn man sich die Vielgestaltigkeit des Schulalltags betrachtet, mit Schülern der unterschiedlichsten Altersstufen und Eigenschaften, mit jeweils spezifischen Gefahrensituationen einzelner Fächer (z. B. Chemie, Sport) oder Veranstaltungen (z. B. Auslandsaufenthalt, Bergwanderung, Projekt) und mit unterschiedlichen Aufgaben der einzelnen Lehrkräfte in diesem Zusammenhang, wird rasch klar, dass es keine allgemein gültigen Regelungen geben kann, die alle Konstellationen erfassen. Dies wäre trotz der vordergründigen Sicherheit, die vorgegebene Regeln vorspiegeln, auch nicht sinnvoll, weil solche Regelungen die Lehrkraft in allen Fällen zu ihrer Einhaltung verpflichten würden und dann keine besonderen, dem konkreten Fall möglicherweise besser gerecht werdende Überlegungen möglich wären. Bei einer gerichtlichen Überprüfung eines Schadensfalles könnte schon aus der Nichtbeachtung der Vorschrift ein Vorwurf der fahrlässigen Handlungsweise hergeleitet werden.

Für die Aufsichtsführung sind insbesondere folgende Gesichtspunkte von Bedeutung:

▶ **Alter und Entwicklungsstand des Schülers**

Mit zunehmendem **Alter** sind Kinder immer mehr in der Lage, Gefahrensituationen einschätzen zu können, die Folgen eigener Handlungen zu bedenken und sich an vorgegebene Regeln zu halten. Umgekehrt hat auch die Schule den Auftrag, die Schüler mit zunehmendem Alter immer mehr an eine selbstständige Lebensgestaltung heranzuführen und sie dazu zu befähigen. Daraus ergibt sich, dass die Aufsicht nach dem Voranschreiten in der Schullaufbahn in ihrer Intensität immer weiter zurückgenommen werden kann. Sie wandelt sich von einer unmittelbaren Aufsicht, die die persönliche Anwesenheit erfordert, in eine Aufsicht, die den Schülern Verhaltensmaßregeln vorgibt, deren Einhaltung dann nur noch stichprobenartig kontrolliert wird. Abhängig von Alter und Einsichtsfähigkeit der Schüler kann sich der Lehrer aber nicht darauf verlassen, dass einmal gegebene Anweisungen dauerhaft beachtet werden; vielmehr müssen derartige Anordnungen in Abständen wiederholt werden, und zwar umso häufiger, je jünger die Schüler sind und je größer der Anreiz ist, der von einem Verstoß gegen die Anordnung ausgeht.

Auch volljährige Schüler unterliegen noch einer – allerdings stark reduzierten – Aufsicht. Hier spielt weniger der Gesichtspunkt des Schutzes dieser Schüler selbst, sondern der Schutz Dritter, z. B. anderer Schüler oder des Eigentums des Schulträgers, eine Rolle.

Das Alter kann allerdings nicht alleiniges Kriterium sein. Das zeigt sich schon, wenn man bedenkt, dass gleichaltrige Schüler z. B. ein Gymnasium oder eine Schule für Erziehungshilfe besuchen können. Bedeutsam sind also der **individuelle Entwicklungsstand** und die **Persönlichkeitsmerkmale** jedes Schülers. Der Lehrer muss abschätzen, was er seinen Schülern zutrauen und abverlangen kann, wie sie in bestimmten Situationen reagieren werden.

▶ Gefahrensituation, Vorhersehbarkeit eines möglichen Schadenseintritts

Es liegt auf der Hand, dass sich Umfang und Intensität der Aufsicht daran orientieren müssen, welche Gefahren den Schülern drohen können. Der Sport- oder Chemieunterricht wie auch der fachpraktische Unterricht in einer Werkstatt stellen ganz andere Anforderungen als z. B. ein Deutsch- oder Mathematikunterricht. Ein wichtiges Urteil zur Aufsichtspflicht, das den tödlichen Unfall einer Schülerin bei einem Ausflug zu einem Baggersee betrifft (»Baggersee-Urteil«, Oberlandesgericht Köln, Urteil vom 29.10.1985), formuliert das so: »Wenn die Lehrerin schon mit ihrer Klasse ein ungeeignetes – weil gefährliches – Ausflugsziel aufsuchte, war sie zu erhöhter Sorgfalt verpflichtet.«

▶ Zumutbarkeit

Von dem Aufsichtspflichtigen kann nichts Unmögliches verlangt werden. Bei einer Wanderung mit der Klasse, aber auch bei der Pausenaufsicht kann der Aufsicht Führende nicht an jeder Stelle zugleich sein. Oft können auch Pflichtenkollisionen auftreten, z. B. wenn ein bei einer Wanderung verunglückter Schüler zu einem Arzt gebracht werden muss und die anderen Schüler zurückbleiben.

Es genügt eine Aufsicht, die bei den Schülern niemals das Gefühl aufkommen lässt, sie seien unbeaufsichtigt und könnten machen, was sie wollten. Das kann z. B. gewährleistet werden, indem der Lehrer Stichproben vornimmt und ab und zu seinen Platz wechselt.

Von dem Aufsichtspflichtigen wird erwartet, dass er seine Aufgabe vorausschauend und umsichtig wahrnimmt, d. h. bedenkt, welche Gefahrensituationen auftreten können, und Vorsorge dafür trifft. Bei außerunterrichtlichen Veranstaltungen muss sich der Lehrer z. B. vorab über gesundheitliche Beeinträchtigungen der Schüler informieren. In dem o. g. »Baggersee-Urteil« hat das Gericht verlangt, dass sich die Lehrerin zunächst selbst ein Bild von den Schwimmfähigkeiten der Schüler verschafft.

Schlagwortartig können die Grundsätze der Aufsichtsführung umschrieben werden mit
- vorausschauender Umsichtigkeit,
- ununterbrochener Beständigkeit und
- kontrollierender Nachdrücklichkeit[1].

---

1 So in dem Kommentar zum Schulgesetz für Baden-Württemberg von Holfelder/Bosse

12.4 Aufsichtspflichtige

Aufsichtspflichtig im Sinne der **Verkehrssicherungspflicht** ist zunächst der **Schulträger**, der dafür sorgen muss, dass vom Gebäude und Gelände keine Gefahren ausgehen, aber auch dafür, dass berechtigterweise in die Schule mitgebrachtes Eigentum der Schüler (z. B. Kleidungsstücke) in angemessenem Umfang vor Verlust und Beschädigung geschützt sind (so ein Urteil des Bundesgerichtshofs vom 20.9.1973). Wenn also z. B. Schüler Mäntel etc. nicht mit in das Klassenzimmer nehmen dürfen, muss dafür gesorgt werden, dass die gebotene Ablagemöglichkeit genügenden Schutz bietet. Ähnliches gilt im Übrigen, wenn z. B. der Sportlehrer vor dem Unterricht Uhren, Schmuckstücke oder Brillen in Verwahrung nimmt oder wenn ein Lehrer von Schülern Geld oder Reisedokumente für eine Studienfahrt einsammelt und in Verwahrung nimmt.

Die Gesamtverantwortung an der Schule für eine ordnungsgemäße Aufsichtsführung hat der **Schulleiter**. Er muss dafür sorgen, dass ein Aufsichtsplan vorliegt und dass eine genügende Anzahl an Aufsichtspersonen zur Verfügung steht. So reicht es z. B. bei einem großen und unübersichtlichen Pausengelände nicht aus, nur eine Aufsichtsperson vorzusehen.

Verantwortlich ist weiter der in der Klasse unterrichtende bzw. der zur Aufsicht eingeteilte **Lehrer**.

Darüber hinaus ist natürlich jeder zum Handeln verpflichtet, der eine Gefährdungssituation bemerkt. So kann z. B. ein Lehrer, der in der Pause sieht, wie ein Schüler von anderen verprügelt wird, nicht einfach weitergehen mit der Begründung, er habe heute keine Pausenaufsicht.

Unterstützend können zur Aufsicht z. B. der Hausmeister, ältere Schüler oder auch Studenten oder Eltern als Begleitpersonen bei außerunterrichtlichen Veranstaltungen herangezogen werden. Erforderlich ist aber, dass diese Personen sorgfältig ausgewählt, für ihre Aufgaben angeleitet werden und einer Kontrolle durch eine verantwortliche Lehrkraft unterliegen.

12.5 Gesetzliche Unfallversicherung für Schüler

Seit 1.4.1971 sind alle Schüler in die gesetzliche Schülerunfallversicherung einbezogen. Die Kosten werden vom Land und von den Gemeinden getragen, die Schadensabwicklung erfolgt durch die Unfallkasse Baden-Württemberg. In dieser Unfallversicherung sind im Übrigen auch diejenigen **Lehrer** gegen Arbeitsunfälle versichert, die nicht Beamte sind, sondern in einem privatrechtlichen Angestelltenverhältnis stehen.

Die Einbeziehung der Schüler in die Unfallversicherung hat insofern eine Erleichterung gebracht, als zuvor Leistungen des Staates an einen verletzten Schüler nur erbracht wurden, wenn eine vorsätzliche oder fahrlässige Pflichtverletzung eines Lehrers vorlag (Grundsatz der **Amtshaftung**, dazu siehe Seite 178). Gerichtsurteile aus dieser Zeit haben deshalb oft hinsichtlich der Aufsichtspflicht einen besonders strengen Maßstab angelegt, um dem geschädigten Schüler staatliche Ersatzleistungen zukommen lassen zu können. Die Unfallversicherung erbringt hingegen Leistungen, ohne dass eine schuldhafte Pflichtverletzung als Ursache des Unfalls festgestellt werden muss.

Die Unfallversicherung schützt den **Weg** zur Schule bzw. von der Schule sowie alle **schulischen Veranstaltungen**. Dazu gehört natürlich der Unterricht, aber auch außerunterrichtliche Veranstaltungen, wie z. B. Schullandheimaufenthalte, Studienfahrten oder auch SMV-Veranstaltungen, wenn sie vom Schulleiter als Schulveranstaltungen anerkannt werden oder auf dem Schulgelände stattfinden (vgl. § 14 Abs. 1 SMV-Verordnung).

Nicht geschützt sind sog. »eigenwirtschaftliche Tätigkeiten«, also z. B. Freizeiten bei Schullandheimaufenthalten oder auch Einkäufe in der Stadt während der Mittagspause oder der großen Pause.

Die Schule kann übrigens Schülern ab Klassenstufe 10 generell, jüngeren Schülern mit Einverständnis der Eltern das **Verlassen des Schulgrundstücks** während solcher Pausen erlauben und ist dann nicht mehr aufsichtspflichtig.

Die Versicherung ersetzt grundsätzlich nur Schäden, die mit einem **Körperschaden** in Zusammenhang stehen, also z. B. die Behandlungskosten des Arztes. **Nicht** ersetzt werden **Sachschäden**, z. B. beschädigte Kleidungsstücke. Die Unfallversicherung gewährt auch **kein Schmerzensgeld**. Ein solches kann – außer bei einer vorsätzlichen Schädigung oder der schuldhaften Zufügung eines Schadens auf dem Weg zur oder von der Schule – z. B. auch nicht von dem Mitschüler verlangt werden, der die Verletzung verursacht hat (§ 105 Abs. 1 SGB VII). Denn der Zweck der gesetzlichen Unfallversicherung ist nicht nur, einem verletzten Schüler in einem vereinfachten Verfahren zum Ersatz seines Schadens zu verhelfen, sondern auch, ein von rechtlichen Streitigkeiten ungestörtes Zusammenleben von Lehrern und Schülern zu gewährleisten.

Die Unfallversicherung ist keine **Haftpflichtversicherung**, d. h., sie ersetzt nur die eigenen (Personen-)Schäden des Schülers, nicht Schäden, die er einem Dritten zufügt. Hierfür sowie für die von der Unfallversicherung nicht erfassten »Freizeiten« werden aber an den Schulen preisgünstige Zusatzversicherungen durch die Träger der gesetzlichen Unfallversicherung angeboten (vgl. Verwaltungsvorschrift vom 8.10.1998, K. u. U. S. 310, zuletzt geändert durch VwV vom 12.06.2006, K. u. U. S. 246). Die Schüler und Eltern sind von der Schule rechtzeitig und in geeigneter Weise auf die Zusatzversicherung aufmerksam zu machen. Dies gilt besonders bei Schülern, die im Laufe des Schuljahres an einem Betriebs- oder Sozialpraktikum teilnehmen.

Wurde der Schaden von einem Mitschüler oder einem Lehrer **vorsätzlich oder grob fahrlässig** herbeigeführt, nimmt der Unfallversicherungsträger bei diesem für die an den Geschädigten erbrachten Leistungen **Regress**.

Bei älteren Schülern stellt sich oft die Frage, ob diese mit ihren eigenen Pkws zu einer schulischen Veranstaltung fahren können. Grundsätzlich ist zwar auch wegen des Gemeinschaftserlebnisses eine gemeinsame Fahrt mit dem Bus oder der Bahn vorzuziehen. Dies ist aber bei den volljährigen Schülern oft nicht durchzusetzen, teilweise ist das Ziel mit dem Pkw auch rascher und preisgünstiger zu erreichen. Deshalb ist es möglich festzulegen, dass die Veranstaltung nicht an der Schule, sondern erst am Veranstaltungsort beginnt. Der Weg der Schüler dorthin ist dann Schulweg. Dieser ist unabhängig vom Beförderungsmittel in der Unfallversicherung versichert. Nimmt ein Schüler in seinem Auto Mitschüler mit, ist dies eine sog. »Teilnahme am allgemeinen Verkehr«, d. h., er haftet diesen gegenüber wie gegenüber jedem anderen Verkehrsteilnehmer, also z. B. auch auf Schmerzensgeld.

> Im **Fall 12.2** kann also festgelegt werden, dass die schulische Veranstaltung erst am Veranstaltungsort beginnt. Der Weg dorthin ist dann als Schulweg einzuordnen, der nicht der Aufsichtspflicht unterliegt.

Die **Aufsichtspflicht** des Lehrers beginnt dann erst am Ort der Veranstaltung und bezieht sich nicht auf die Fahrt. Er muss allerdings eingreifen, wenn er eine Gefährdungssituation erkennt, z. B. das Fahrzeug nicht verkehrssicher oder überladen ist oder wenn sich ein Schüler angetrunken ans Steuer setzen will.

Schülerunfälle müssen von der Schule innerhalb von 3 Tagen, nachdem sie davon erfahren hat, mit den dafür vorgesehenen Vordrucken dem Versicherungsträger gemeldet werden.

12.6 Rechtliche Folgen von Aufsichtspflichtverletzungen

Verletzt ein Lehrer seine Aufsichtspflicht, kann er dafür **strafrechtlich** zur Verantwortung gezogen werden, z. B. wegen fahrlässiger Körperverletzung oder Tötung. Darüber entscheidet ein unabhängiges Gericht (i. d. R. das Amtsgericht), die Schulverwaltung als staatliche Behörde hat hier keine Einflussmöglichkeiten und kann nicht Partei ergreifen. Der Lehrer muss auch selbst für seine Verteidigung sorgen, z. B. indem er einen Rechtsanwalt beauftragt. Unter bestimmten Voraussetzungen kann er vom Land eine finanzielle Unterstützung erhalten (VwV zu § 98 LBG a.F., GABl. 2003, S. 502).

Hinsichtlich der **zivilrechtlichen Haftung**, d. h. für finanzielle Schäden, tritt zunächst das Land für den Schaden ein, soweit die gesetzliche Unfallversicherung keine Leistungen erbringt, also z. B. für Sachschäden **(Grundsatz der Amtshaftung, Art. 34 GG, § 839 BGB)**. Das Land kann aber bei dem Lehrer **Regress** nehmen, wenn er vorsätzlich oder grob fahrlässig gehandelt hat.

Außerdem kann ein Lehrer sich noch in einem **Disziplinarverfahren** verantworten müssen, denn bei einem Verstoß gegen die Aufsichtspflicht hat er sich nicht »mit voller Hingabe seinem Beruf gewidmet« und ist auch nicht dem in ihn gesetzten Vertrauen gerecht geworden.

Die Aufzählung dieser möglichen Folgen wirkt bedrohlich, und tatsächlich ist die Aufsichtsproblematik bei Lehrern mit vielen Ängsten besetzt. Obwohl es aber nach der Statistik der gesetzlichen Unfallversicherer zu ca. 1,3 Mio. Schülerunfällen im Jahr kommt, werden nur äußerst selten Lehrkräfte wegen einer Pflichtverletzung in diesem Zusammenhang zur Verantwortung gezogen. Das zeigt zum einen, dass die Lehrer ganz überwiegend ihrer Aufgabe sehr verantwortungsbewusst nachkommen, zum anderen aber auch, dass die Gerichte und Schulaufsichtsbehörden bei ihren Entscheidungen die Schwierigkeiten, vor denen ein Lehrer im Alltag stehen kann, im Auge behalten und insbesondere berücksichtigen, dass dabei oft rasch eine Entscheidung getroffen werden muss. Im Übrigen gilt auch hier wie in anderen Bereichen, dass eine pädagogisch vernünftig begründete Entscheidung im Allgemeinen auch einer juristischen Nachprüfung standhält.

Fragen zur Wiederholung und Vertiefung

1 Wer ist zuständig für die Abwicklung von Schülerunfällen?

2 Welche Aufgaben hat der Sicherheitsbeauftragte an der Schule?

3 Ein Lehrer macht mit einer Abschlussklasse der Realschule eine Studienfahrt. Er möchte, dass eine weibliche Begleitperson mitkommt. Der Schulleiter hält das für überflüssig. Wer hat Recht?

4 Ein Lehrer bleibt mit einer Gruppe von Schülern im Anschluss an einen Schullandheimaufenthalt zurück, um mit ihnen noch eine schwierige Bergtour zu unternehmen. Die übrigen Schüler fahren mit der anderen Begleitperson nach Hause. Bei der Bergwanderung bricht sich ein Schüler beim Abstieg ein Bein. Liegt ein Schülerunfall im Sinne der gesetzlichen Unfallversicherung vor?

13 Außerunterrichtliche Veranstaltungen

Einführung

Fall 13.1

Ein Kollege empfiehlt Ihnen, sich vor Antritt eines Schullandheimaufenthalts folgende Erklärung von den Eltern der Schüler unterschreiben zu lassen: »Handelt unser Sohn/unsere Tochter während des Aufenthalts entgegen den Anweisungen des Lehrers, so ist er/sie für alle daraus entstehenden Folgen selbst verantwortlich.« Sie fragen sich, ob eine solche Erklärung sinnvoll ist.

Fall 13.2

Während eines Schullandheimaufenthalts stellen Sie fest, dass ein 16-jähriger Schüler entgegen einem Verbot mehrere Flaschen Whiskey von zu Hause mitgebracht hat und diese nachts unter seinen Zimmerkollegen »kreisen« lässt. Einem dieser Klassenkameraden wird davon so übel, dass er einen Arzt aufsuchen muss. Ein anderer Schüler hat im betrunkenen Zustand zwei in dem Zimmer stehende Stühle demoliert. Sie überlegen sich, welche Maßnahmen Sie gegen die drei Schüler ergreifen können.

13.1 Allgemeines

Sinn außerunterrichtlicher Veranstaltungen ist es zum einen, den Unterrichtsstoff für die Schüler dadurch zu ergänzen, zu vertiefen und anschaulich zu machen, dass ihnen z. B. praktische Anwendungsmöglichkeiten gezeigt oder Übungsmöglichkeiten geboten werden. Beinahe noch wichtiger ist jedoch, dass derartige Veranstaltungen dem Lehrer Gelegenheit geben, die Schüler mit all ihren Interessen und Fähigkeiten besser kennen zu lernen und die Vertrauensbasis zu ihnen zu festigen. Außerdem haben die Schüler Gelegenheit, Selbstständigkeit und Eigenverantwortung zu entwickeln, und sie können erleben, wie wichtig es ist, sich in einer Gemeinschaft gegenseitig zu helfen und Toleranz zu üben. So kann bei solchen Veranstaltungen im Idealfall ein Zusammengehörigkeitsgefühl zwischen Lehrern und Schülern entstehen, das in den Unterrichtsalltag weiterträgt und die gemeinsame Arbeit erleichtert.

In Baden-Württemberg werden die Grundsätze für die Durchführung außerunterrichtlicher Veranstaltungen in der **Verwaltungsvorschrift vom 06.10.2002, K. u. U. 1995, S. 324** geregelt.

Von den außerunterrichtlichen Veranstaltungen sind **sonstige schulische Veranstaltungen**, wie z. B. Schulfeste, Tage der offenen Tür oder SMV-Veranstaltungen, zu unterscheiden. Während die Teilnahme an diesen Veranstaltungen freiwillig ist, gehören die außerunterrichtlichen Veranstaltungen zu dem schulischen Angebot, das grundsätzlich für die Schüler verpflichtend ist.

Die wichtigsten außerunterrichtlichen Veranstaltungen sind:

- Schullandheimaufenthalte,
- Studienfahrten,
- Wandertage,
- Besuche von Museumsausstellungen, Theateraufführungen und Konzerten,
- Betriebserkundungen,
- Chor-, Orchester- und Sporttage,
- Projekttage.

13.2 Vorbereitung und Planung

Die **Gesamtlehrerkonferenz** berät und beschließt nach § 2 Abs. 1 Nr. 11 der Konferenzordnung die Grundsätze für die Durchführung von außerunterrichtlichen Veranstaltungen. Sie ist dabei an den von der Verwaltungsvorschrift gesetzten Rahmen gebunden. Begrenzt werden die Entscheidungsmöglichkeiten auch dadurch, dass jeder Schule nur ein bestimmter Betrag für solche Veranstaltungen zur Verfügung steht, aus dem z. B. die Reisekosten der begleitenden Lehrkräfte bestritten werden müssen. Ist das Budget ausgeschöpft, können weitere Veranstaltungen nur durchgeführt werden, wenn die Lehrkräfte auf Reisekosten verzichten, wozu jedoch kein Lehrer verpflichtet werden kann. Da außerunterrichtliche Veranstaltungen zum Bildungsauftrag der Schule gehören, kann die Gesamtlehrerkonferenz auch nicht beschließen, dass solche Veranstaltungen überhaupt nicht durchgeführt werden. Gegenstand von Beschlüssen kann aber z. B. sein, welche Art außerunterrichtlicher Veranstaltung auf welcher Klassenstufe in dem Schuljahr durchgeführt werden soll.

Die Beschlüsse der Gesamtlehrerkonferenz zu den Grundsätzen für die Durchführung außerunterrichtlicher Veranstaltungen müssen gem. **§ 47 Abs. 5 Nr. 5 SchulG** in der Schulkonferenz beraten werden und bedürfen ihres Einverständnisses.

Über die Umsetzung dieser Beschlüsse berät und beschließt dann als nächstes die Klassenkonferenz **(§ 4 Abs. 1 Nr. 7 KonfO)**. Danach muss in der **Klassenpflegschaft** eine Aussprache mit den Eltern stattfinden **(§ 56 Abs. 1 Satz 3 Nr. 6 SchulG)**.

Die Verwaltungsvorschrift über außerunterrichtliche Veranstaltungen sieht unter Nr. II/6 der VwV vor, dass für die Teilnahme minderjähriger Schüler an mehrtägigen Veranstaltungen die Eltern schriftlich ihr Einverständnis erklären. Insoweit wird das elterliche Erziehungsrecht von der Schule respektiert. Einzelne Eltern können aber nicht verlangen, dass derartige Veranstaltungen überhaupt unterbleiben, z. B. weil ihr nicht teilnehmendes Kind sonst in eine Außenseiterposition in der Klasse geriete. Die Schule ist jedoch verpflichtet, durch pädagogische Maßnahmen möglichst zu verhindern, dass eine solche Folge eintritt.

Bei der Planung muss berücksichtigt werden, dass sich die Kosten für die Schüler bzw. ihre Eltern in einem vertretbaren Rahmen halten. Die Kosten derartiger Veranstaltungen unterliegen nicht der Schulgeld- oder Lernmittelfreiheit nach §§ 93, 94 SchulG, müssen also von den Schülern bzw. ihren Eltern selbst getragen werden. Allerdings können bei Vorliegen der sonstigen Voraussetzungen, also einer entsprechenden Bedürftigkeit, für diese Kosten Leistungen der Sozialhilfe in Anspruch genommen werden. Auf jeden Fall sollte die Schule aber dafür Sorge tragen, dass alle Schüler der Klasse an der Veranstaltung teilnehmen und kein Schüler aus finanziellen Gründen zu Hause bleiben muss. Wichtig an derartigen Veranstaltungen ist ja nicht der touristische Aspekt, sondern der Nutzen für den Unterricht bzw. das Entstehen eines Gemeinschaftsgefühls, wozu nicht unbedingt eine Fernreise erforderlich ist.

Einzelne Schüler können nach **§ 23 Abs. 2 SchulG** von der Teilnahme ausgeschlossen und für diese Zeit einer anderen Klasse zugewiesen werden, wenn durch ihr bisheriges Verhalten die konkrete Befürchtung besteht, dass sie bei einer Teilnahme den Erfolg der Veranstaltung gefährden könnten. Der Ausschluss darf also keine Bestrafung für sonstiges Fehlverhalten sein (z. B. weil ein Schüler nie seine Hausaufgaben erledigt oder bei einer Klassenarbeit abgeschrieben hat), sondern muss sich auf die besondere Situation der Veranstaltung beziehen. Ein Ausschluss kann z. B. auch in Betracht kommen, wenn ein Schüler an einer Krankheit oder Behinderung leidet, durch die unvorhersehbare Komplikationen auftreten könnten.

Als nächsten Schritt hat der für die Veranstaltung verantwortliche Lehrer, in der Regel der Klassenlehrer, dem Schulleiter das Vorhaben zur Genehmigung vorzulegen (Nr. II/3 VwV). Dazu gehört auch, dass dargestellt wird, welche pädagogische Absicht mit der vorgesehenen Veranstaltung verfolgt wird.

In der Regel ist es nicht erforderlich, dass der Lehrer das vorgesehene Reiseziel vorab aufsucht. Im Einzelfall, z. B. wenn es sich um ein ganz ungewöhnliches Vorhaben handelt, für das bei Kollegen noch keine Erfahrungen vorliegen und auch kein Informationsmaterial erhältlich ist, kann das jedoch anders sein.

Der Schulleiter muss bei seiner Entscheidung prüfen, ob
- die erforderlichen Haushaltsmittel, z. B. für die Reisekosten, vorhanden sind,
- die Maßnahme unter pädagogischen Gesichtspunkten geeignet ist (vgl. Nr. II/4 VwV),
- die teilnehmenden Begleitpersonen den Anforderungen gewachsen sind (vgl. Nr. II/5 VwV).

Wichtig ist insbesondere auch die Frage, wie viele Begleitpersonen teilnehmen sollen. Die VwV regelt, dass bei mehr als 20 Schülern, bei Grundschulen bei jeder Klassengröße, neben dem verantwortlichen Lehrer eine weitere Begleitperson teilnehmen »soll«. Bei mehr als 40 Schülern »kann« eine weitere Begleitperson teilnehmen. Begleitpersonen können neben Lehrern z. B. auch Eltern, Studenten oder sonstige geeignete Personen sein. Diese sind für die Dauer der Veranstaltung in der gesetzlichen Unfallversicherung versichert.

Nach einem Urteil des Bundesarbeitsgerichts gehört die Durchführung derartiger Veranstaltungen zum herkömmlichen Berufsbild eines Lehrers, sodass grundsätzlich jeder Lehrer zur Teilnahme verpflichtet werden kann. Führen teilzeitbeschäftigte Lehrer im Angestelltenverhältnis mit ihren Schülern eine Klassenfahrt (z. B. Studienfahrt, Museumsbesuch) oder sonstige schulische Veranstaltung außerhalb des Schulgeländes und der üblicherweise genutzten Sportstätten (z. B. Teilnahme an einem Schulsportwettkampf) durch, welche mehr als 8 Zeitstunden dauert, werden sie für jeden Tag, der diese Voraussetzung erfüllt, wie Vollbeschäftigte vergütet.

13.3 Durchführung der Veranstaltung

13.3.1 Der Vertragsabschluss

Die Durchführung der Veranstaltung beginnt in der Regel mit dem **Abschluss der erforderlichen Verträge**, z. B. mit dem Reiseveranstalter, dem Busunternehmen, dem Schullandheim. **Vertragspartner** ist dabei auf schulischer Seite das Land Baden-Württemberg, sofern es sich um eine aufgrund der VwV genehmigte Veranstaltung handelt. Der Lehrer sollte bei seinen Vertragsverhandlungen auch deutlich machen, dass er nicht »auf eigene Rechnung« handelt. Im »Innenverhältnis« sind die Eltern bzw. die Schüler aus dem Schulverhältnis heraus zur Kostentragung verpflichtet.

13.3.2 Wahl des Beförderungsmittels

Eine wichtige zu klärende Frage ist, wie die Gruppe zu dem vorgesehenen Ziel gelangt. Grundsätzlich sollten **öffentliche Verkehrsmittel** benutzt oder eine gemeinschaftliche Beförderung, z. B. in einem Bus, vorgenommen werden. Damit können zum einen schon auf der Fahrt gemeinschaftliche Aktivitäten durchgeführt werden, zum andern kommen alle Teilnehmer ausgeruht am Ziel an.

Von volljährigen Schülern wird häufig die Benutzung des eigenen Pkws gewünscht. Dafür spricht, dass man gerade bei abgelegenen Reisezielen mit einem Pkw flexibler ist. In diesem Fall tragen die Schüler selbst das **Haftpflichtrisiko**. Verursacht der Schüler einen Unfall, muss er also für den **Sachschaden** an seinem und dem gegnerischen Kraftfahrzeug selbst aufkommen bzw. seine Versicherung in Anspruch nehmen. Lediglich für den **Körperschaden** der Schüler tritt die Schülerunfallversicherung unabhängig von dem Transportmittel ein.

Eine Aufsichtsproblematik besteht insoweit, als der Lehrer darauf achten muss, dass nicht erkennbar fahruntüchtige Schüler ihren Pkw benutzen.

Wird der **Pkw des Lehrers** benutzt, sind die höheren Reisekostenansprüche zu berücksichtigen.

13.3.3 Die Aufsichtspflicht

Ein großes Problem für Lehrkräfte stellt stets die Frage der Aufsichtspflicht insbesondere bei länger dauernden außerunterrichtlichen Veranstaltungen dar. Das darin liegende vermeintliche Risiko verursacht viele Ängste und hält Lehrkräfte oftmals davon ab, außerunterrichtliche Veranstaltungen durchzuführen.

Für die Art und Weise der Aufsichtsführung gelten zunächst einmal die allgemeinen Grundsätze (siehe Kap. »Aufsichtspflicht«). Zu beachten ist insbesondere, dass die Aufsicht umso sorgfältiger erfolgen muss, je größer die mit dem Vorhaben verbundenen Risiken sind. Geprüft werden muss stets, ob die Schüler nicht gesundheitlich oder von ihren Fertigkeiten her überfordert werden. Bei Wanderungen sollte die Gruppe möglichst zusammengehalten und die Begleitpersonen oder besonders zuverlässige Schüler die Spitze und den Schluss bilden. Jedenfalls sollten aber in nicht zu großen Abständen Kontrollpunkte vorgesehen werden, an denen geprüft wird, ob noch alle Schüler anwesend sind.

Es kann vorgesehen werden, dass Schüler teilweise **Zeit zur eigenen Verfügung** erhalten. Bei minderjährigen Schülern muss dazu allerdings das Einverständnis der Eltern vorliegen. Die Schüler verlieren bei solchen »Freizeiten« den Schutz der Schülerunfallversicherung, können das Risiko aber durch eine preisgünstige Zusatzversicherung abdecken. Zur Aufsichtspflicht des Lehrers gehört es, dass er sich von den Schülern über ihre Vorhaben informieren lässt, ihnen Verhaltensmaßregeln gibt (z. B. die, nur in Kleingruppen zu gehen) und für die Schüler jederzeit erreichbar ist.

Die Aufsicht ist zwar grundsätzlich »rund um die Uhr« zu gewährleisten. Das bedeutet aber nicht, dass die Lehrer während der gesamten Veranstaltung nicht zu Schlaf kommen dürften. Auch eine »Nachtwache« muss allenfalls in besonders gelagerten Fällen organisiert werden. Im Allgemeinen genügt es auch hier, den Schülern genaue Anweisungen zu geben und deren Einhaltung stichprobenartig zu kontrollieren.

Zu beachten ist auch, dass das Verhalten der Lehrkräfte bei derartigen Veranstaltungen stärker unter der Beobachtung der Schüler steht, als dies sonst üblich ist. Sie müssen sich also ihrer Vorbildwirkung besonders bewusst sein. Das gilt z. B. für den Alkoholkonsum. Nach einer Entscheidung des VGH Baden-Württemberg ist es aber auch ein Dienstvergehen, wenn ein verheirateter Lehrer mit einer Lehrerin ein Zimmer teilt, weil dadurch bei den Schülern der Eindruck erweckt werden kann, dass ein derartiges Verhalten nicht ehewidrig sei bzw. der Lehrer die von Art. 6 GG (Schutz von Ehe und Familie) vorgegebenen Wertvorstellungen ignoriere oder infrage stelle.

Die im **Fall 13.1** wiedergegebene Erklärung kann den Lehrer nicht von seiner Aufsichtspflicht entbinden. Diese besteht auch dann fort, wenn ein Schüler gegen Weisungen des Lehrers verstoßen hat.

13.3.4 Reaktion bei Fehlverhalten von Schülern

Wenn ein Schüler sich während einer solchen Veranstaltung danebenbenimmt, stellt sich für den Lehrer die Frage, wie er darauf reagieren soll. Insbesondere muss er auch bedenken, dass sich eine Aufsichtsproblematik ergeben kann, wenn er den Schüler zurückschickt.

Außerdem sind die Vorschriften des § 90 SchulG einzuhalten. Für den Rückkehrtag handelt es sich nämlich um einen eintägigen Unterrichtsausschluss gem. § 90 Abs. 3 Nr. 2 d SchulG, für den der Schulleiter zuständig ist. Dieser muss also auf jeden Fall eingeschaltet werden.

Seine Entscheidung kann dem Schüler telefonisch oder durch den verantwortlichen Lehrer übermittelt werden. Der weitere Ausschluss von der Teilnahme ist eine Maßnahme nach § 23 Abs. 2 SchulG, weil sie präventiv Störungen für den weiteren Verlauf der außerunterrichtlichen Veranstaltung ausschließen soll.

Die Aufsichtsprobleme bei dem Rücktransport können vermieden werden, wenn bereits vor der Veranstaltung das Problem mit den Eltern erörtert und vereinbart wird, dass sie verpflichtet sind, den Schüler bei Vorliegen bestimmter Voraussetzungen abzuholen bzw. für die Abholung zu sorgen. Außerdem sollte festgelegt werden, dass die Eltern jedenfalls die Kosten des Rücktransports zu tragen haben.

> Beim **Fall 13.2** ist zu überlegen, ob die 3 Schüler unterschiedlich behandelt werden müssen. Bei dem »Haupttäter« wäre sicher ein Ausschluss von der weiteren Teilnahme gerechtfertigt, da sein Verhalten die Gesundheit seiner Mitschüler gefährdet hat. Im Allgemeinen könnte er als 16-jähriger auch allein nach Hause geschickt werden, allerdings müsste er zum nächsten öffentlichen Verkehrsmittel gebracht werden und die Eltern müssten darüber informiert werden, wann mit seiner Ankunft zu Hause zu rechnen ist.

Fragen zur Wiederholung und Vertiefung

1 Welche Vorschriften enthalten Regelungen zur Durchführung von außerunterrichtlichen Veranstaltungen?

2 Der Klassenlehrer hat von den Schülern an einem Freitag das Geld für eine Studienfahrt eingesammelt. Er bewahrt es über das Wochenende bei sich zu Hause auf, um es dann am Montag dem Reiseveranstalter zu überweisen. Während der Lehrer am Samstagabend das Kino besucht, wird bei ihm eingebrochen und neben anderem auch das Geld gestohlen. Wie geht es jetzt weiter?

3 Weshalb empfiehlt es sich, dass im Allgemeinen eine männliche und eine weibliche Begleitperson an mehrtägigen Veranstaltungen teilnehmen?

14 Schulbezogenes Jugendrecht

Einführung

Fall 14.1

Die SMV einer Realschule möchte ein Schulfest organisieren. Die Schüler fragen Sie, ob sie die Verträge für die Beschaffung von Speisen und Getränken und das Engagement einer Band selbst abschließen können oder »die Schule« als Vertragspartner auftreten muss.

Fall 14.2

Friseurmeister F. verlangt von seiner 15-jährigen Auszubildenden, dass sie nach dem Berufsschulunterricht sofort in das Friseurgeschäft kommt, um ihm zu helfen. Die Schülerin fragt Sie, ob sie das tatsächlich muss.

14.1 Allgemeine Grundlagen

Der Schulbesuch findet in verschiedenen Entwicklungsstufen eines Menschen statt.

Bei Beginn der Schulpflicht tritt er als **Kind** in die Grundschule ein. Der Begriff »Kind« hat zwei Bedeutungen. Zum einen kennzeichnet es die rechtlichen Beziehungen zu den Eltern, denen bis zur **Volljährigkeit** ihres Kindes das elterliche Sorgerecht zusteht und obliegt. Zum anderen beschreibt die Rechtsordnung die Phase bis zur **Vollendung des 14. Lebensjahrs** mit diesem Begriff. Die nächste Entwicklungsstufe ist die des **Jugendlichen**. Jugendliche sind Personen, die 14, aber noch nicht 18 Jahre alt sind.

Die **Volljährigkeit** tritt mit Vollendung des achtzehnten Lebensjahres ein. Der Eintritt der Volljährigkeit hat in vielerlei Hinsicht Auswirkungen auf die Schule, vgl. z. B. § 78 Abs. 1 Satz 2, § 88 Abs. 1 Satz 2 SchulG. Kinder und Jugendliche werden zur Unterscheidung von den Volljährigen auch als **Minderjährige** bezeichnet, dem Volljährigen entspricht der oft verwendete Begriff des **Erwachsenen**.

Diesen Entwicklungsstufen entsprechend kann ein Mensch in unterschiedlichem Umfang im Rechtsleben für seine Handlungen verantwortlich gemacht werden.

1. Rechtsfähigkeit

Die Rechtsfähigkeit eines Menschen beginnt mit der »Vollendung der Geburt« (§ 1 BGB).

Rechtsfähigkeit bedeutet, dass der Betreffende Träger von Rechten und Pflichten sein kann. Zum Beispiel ist er unterhaltsberechtigt und auch erbfähig, kann also aufgrund gesetzlicher Erbfolge oder eines Testaments Erbe sein (nach § 1923 Abs. 2 BGB ist für die Erbenstellung die Rechtsfähigkeit auf den noch nicht geborenen Mensch [nasciturus] vorverlegt, wenn er später lebend zur Welt kommt).

Rechtsfähig können auch sog. **»juristische Personen«** sein, z. B. in das Vereinsregister beim Amtsgericht eingetragene Vereine (»e.V.«) oder sog. Körperschaften. Die Schule selbst ist nicht rechtsfähig (vgl. § 23 Abs. 1 Satz 1 SchulG), sie kann also als solche z. B. keine Verträge abschließen oder auch nicht als Erbe eingesetzt werden.

Im Fall **14.1.** könnte also »die Schule« nicht als Vertragspartner auftreten. Denkbar wäre, dass der sächliche Schulträger (Gemeinde, Landkreis) oder das Land, vertreten durch einen Repräsentanten der Schule, die Verträge schließt.

2. Grundrechtsfähigkeit

Auch Kindern und Jugendlichen stehen grundsätzlich die im Grundgesetz verankerten Grundrechte zu. So haben sie als Schüler Anspruch auf Achtung ihrer Menschenwürde

(Art. 1 Abs. 1 GG), auf Gleichbehandlung (Art. 3 GG) und auf Achtung ihrer Glaubens- und Bekenntnisfreiheit (Art. 4 GG).

Von der Grundrechtsfähigkeit ist die **Grundrechtsmündigkeit** zu unterscheiden. Diese Fähigkeit, Grundrechte selbstständig – also auch ohne oder gegen den Willen der Erziehungsberechtigten – geltend machen zu können, hängt von dem Grad der geistigen Urteils- und Entscheidungsfähigkeit ab, der im Hinblick auf die verschiedenen Grundrechte unterschiedlich entwickelt sein kann.

Voraussetzung dafür, dass der Minderjährige sich auf die Grundrechte der Meinungsfreiheit (Art. 5 GG) oder Versammlungsfreiheit (Art. 8 GG) berufen kann, ist beispielsweise seine Einsichtsfähigkeit für den jeweiligen Themenkreis. Soweit gesetzliche Regelungen eines Bereichs vorliegen, der für ein Grundrecht Bedeutung hat, können diese einen Anhaltspunkt bieten. So tritt nach § 5 des Gesetzes über die religiöse Kindererziehung (RKEG) vom 15.7.1921 die **Religionsmündigkeit**, d.h. die Befugnis, eine eigene Entscheidung über die Zugehörigkeit zu einem religiösen Bekenntnis treffen zu können, mit Vollendung des 14. Lebensjahres ein (vgl. § 100 Abs. 1 Satz 2 SchulG).

Diese Altersgrenze kann allgemein für die Grundrechtsmündigkeit bezüglich des Grundrechts der Religionsfreiheit herangezogen werden.

3. Geschäftsfähigkeit

Als Geschäftsfähigkeit bezeichnet man die Fähigkeit, Rechtsgeschäfte (z.B. Abschluss eines Kaufvertrags, eines Ausbildungsvertrags) selbstständig voll wirksam vornehmen zu können.

Bis zur **Vollendung des 7. Lebensjahrs** liegt **Geschäftsunfähigkeit** vor, d.h. ein Vertrag mit einem 6-jährigen ist **nichtig**.

Vom 7. Lebensjahr bis zum 18. Lebensjahr (Eintritt der Volljährigkeit) ist eine **beschränkte Geschäftsfähigkeit** gegeben. In diesem Zeitraum sind Rechtsgeschäfte wirksam, falls der gesetzliche Vertreter (das sind in der Regel die Eltern) ihnen zustimmt oder wenn der Minderjährige seine vertraglich geschuldete Leistung mit Mitteln bewirkt, die ihm vom gesetzlichen Vertreter oder einem Dritten zu diesem Zweck oder zur freien Verfügung überlassen worden sind (§ 110 BGB, sog. »Taschengeldparagraph«).

> Im Fall **14.1** bedürfen Beschlüsse der SMV mit finanziellen Auswirkungen der Zustimmung des Verbindungslehrers, wenn die Schülervertreter nicht voll geschäftsfähig sind (§ 20 Abs. 3 der SMV-Verordnung vom 8.6.1976, K. u. U. S. 1169). Mit der Bezahlung werden die abgeschlossenen Verträge wirksam.
>
> Die SMV selbst ist nicht rechtsfähig und kann deshalb nicht Partner eines Vertrages sein.

4. Deliktsfähigkeit

Bis zum 7. Lebensjahr ist ein Kind für einen Schaden, den es einem anderen zufügt (z.B. eine Körperverletzung oder eine Sachbeschädigung), nicht verantwortlich.

Vom vollendeten 7. bis zum 18. Lebensjahr ist eine Verantwortlichkeit nur gegeben, wenn der Betreffende die geistige Reife besitzt, das Unrecht seiner Handlungsweise gegenüber den Mitmenschen und die Verpflichtung, für die Folgen seines Handelns selbst einstehen zu müssen, zu erkennen. Eine weitere Haftungs-Privilegierung des Minderjährigen gilt im Straßenverkehr. Wer das siebente, aber nicht das zehnte Lebensjahr vollendet hat, ist für den Schaden, den er bei einem Unfall mit einem Kraftfahrzeug oder einer Schienenbahn einem anderen zufügt, nicht verantwortlich. Dies gilt dann nicht, wenn er die Verletzung vorsätzlich herbeigeführt hat. Nach § 832 BGB haften die Aufsichtspflichtigen (in der Regel die Eltern) für von Minderjährigen verursachte Schäden, es sei denn, sie sind ihrer Aufsichtspflicht nachgekommen oder der Schaden wäre auch bei ordnungsgemäßer Aufsicht entstanden.

Lehrer sind zwar auch aufsichtspflichtig, die Haftung richtet sich für diese aber nach den Grundsätzen der Amtshaftung gem. § 839 BGB.

> **Beispiel:**
>
> Zerkratzt ein 6-jähriger Schüler den auf dem Schulparkplatz abgestellten Pkw eines Lehrers, kann Ersatz nicht erlangt werden, da der Schüler nicht verantwortlich ist und die Eltern durch den Schulbesuch ihre Aufsichtspflicht gar nicht erfüllen konnten. Bei einem 14-Jährigen dürfte die Einsichtsfähigkeit in der Regel gegeben sein. Hier empfiehlt es sich, den Schaden geltend zu machen, auch wenn der Schüler derzeit mittellos ist, denn die Vollstreckung kann auch noch später erfolgen, wenn der (dann ehemalige) Schüler eigenes Einkommen oder Vermögen hat.
>
> Ähnlich verhält es sich bei dem in der Praxis bedeutsamen Problem der Beschädigung von entliehenen Schulbüchern. Gibt ein Schüler das von ihm entliehene Schulbuch nicht in ordnungsgemäßem Zustand zurück, so haftet er im Rahmen des § 828 BGB selbst. Eine **Haftung der Eltern** für den Schaden setzt voraus, dass sie ihre Aufsichtspflicht verletzt haben. Das ist schwer nachweisbar, denn der Schüler kann das Buch ja auch in der Schule beschädigt haben. Hier hat aber die Schule, nicht die Eltern die Aufsichtspflicht.

5. Schuldfähigkeit

Die strafrechtliche Verantwortlichkeit für Handlungen, die nach dem Strafgesetzbuch strafbar sind, beginnt erst mit Vollendung des 14. Lebensjahres. Bis zur Vollendung des 18. Lebensjahres erfolgt eine Ahndung von Straftaten nach dem **Jugendgerichtsgesetz, JGG**. Dies gilt auch bis zum 21. Lebensjahr, wenn der »**Heranwachsende**« nach seiner Persönlichkeitsentwicklung bei Tatbegehung noch einem Jugendlichen gleichstand.

Durch die besonderen Verfahrensregelungen soll besser als nach den allgemeinen Vorschriften auf die Besonderheiten Jugendlicher eingegangen werden können. Außerdem steht bei den Strafmaßrahmen der Erziehungsgedanke stärker im Vordergrund. So können z. B. Weisungen bezüglich der Lebensführung des Jugendlichen erteilt werden, etwa eine Ausbildungs- oder Arbeitsstelle anzunehmen, Arbeitsleistungen für gemeinnützige Einrichtungen zu erbringen, den Verkehr mit bestimmten Personen zu unterlassen usw.

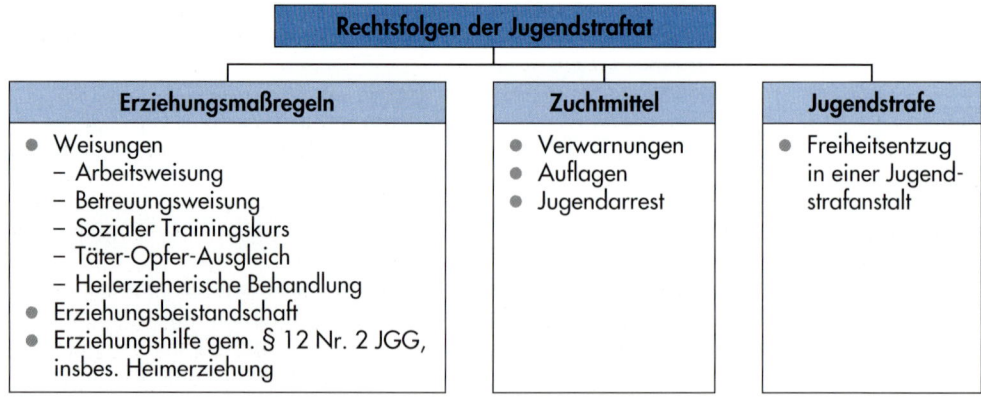

Die oben dargestellte abgestufte Heranführung von Minderjährigen an die volle Verantwortlichkeit für ihre Handlungen hat ihren Ursprung in der aus ihrer Unreife folgenden besonderen Schutzbedürftigkeit. Während dort der Gedanke im Vordergrund steht, die Minderjährigen vor den Folgen eigenen Handelns zu schützen, geht es bei den nun darzustellenden Vorschriften darum, besondere Gefahren, die für die Entwicklung des Kindes und Jugendlichen als schädlich angesehen werden, von diesen fernzuhalten.

14.2 Schutzvorschriften

14.2.1 Schutz durch das Strafrecht

Eine ganze Anzahl von Strafvorschriften trägt der besonderen Schutzbedürftigkeit von Kindern und Jugendlichen Rechnung:

Sexuelle Handlungen an Kindern unter 14 Jahren sind generell strafbar **(§ 176 StGB)**.

Eine Reihe von Vorschriften schützen den Minderjährigen in besonderen Abhängigkeitsverhältnissen, wie z. B. auch dem Schulverhältnis. Das Gesetz bezeichnet den Minderjährigen in solchen Verhältnissen als so genannten **»Schutzbefohlenen«**.

- **§ 174 StGB** (sexueller Missbrauch von Schutzbefohlenen) stellt die Vornahme sexueller Handlungen an Personen, die jemandem zur Erziehung oder Ausbildung anvertraut worden sind, was z. B. für den Lehrer gilt, unter Strafe.
- Hat der Schutzbefohlene das **16. Lebensjahr** vollendet, ist aber noch nicht 18 Jahre alt, werden sexuelle Handlungen nur dann bestraft, wenn sie unter Ausnutzung des Abhängigkeitsverhältnisses vorgenommen wurden.
- Auch die **Misshandlung** Schutzbefohlener steht unter besonderer Strafe **(§ 223b StGB)**.

Mit Strafe bedroht ist auch die Weitergabe gewaltverherrlichender **(§ 131 Abs. 1 Nr. 3 StGB)** oder pornografischer **(§ 184 Abs. 1 Nr. 1 StGB)** Schriften an Minderjährige.

Sofern eine Handlung nicht mit Strafe nach dem Strafgesetzbuch bedroht ist, kann daraus nicht der Schluss gezogen werden, dass das Verhalten auch disziplinarrechtlich sanktionslos bleibt. Der Umstand, dass die Gesellschaft bei einem bestimmten Verhalten darauf verzichtet, ihre »schärfste Waffe«, das Strafrecht, einzusetzen, bedeutet nicht, dass es in jeder Hinsicht billigenswert ist. Hat beispielsweise ein Lehrer sexuelle Kontakte zu einer siebzehn Jahre alten Schülerin, ist dieses Verhalten möglicherweise nach den oben genannten Grundsätzen nicht strafbar. Gleichwohl hätte der Lehrer mit disziplinarrechtlichen Konsequenzen zu rechnen.

14.2.2 Schutz in der Öffentlichkeit

Durch das im Jahr 2003 neu in Kraft getretene **Jugendschutzgesetz** (JuSchG) wurden die bisher in dem »Gesetz zum Schutze der Jugend in der Öffentlichkeit« (JÖSchG) und dem »Gesetz über die Verbreitung jugendgefährdender Schriften und Medieninhalte« (GjSM) enthaltenen Regelungen zusammengeführt und die vorher zwischen Bund und Ländern zersplitterten Zuständigkeiten auf dem Gebiet des Jugendschutzes vereinheitlicht. Nach dem Amoklauf an einer Schule in Erfurt sind insbesondere schärfere Regelungen für Videofilme und Computerspiele mit gewaltverherrlichenden Elementen als notwendig erachtet worden. So ist künftig wie schon bisher für Filme und Videos auch für Computerspiele eine Alterskennzeichnung vorgesehen und die Möglichkeiten, jugendgefährdende Angebote »aus dem Verkehr zu ziehen«, wurden erweitert. Das Gesetz enthält zudem strengere Regelungen beim Tabakkauf. So wird die gewerbliche Abgabe von Tabakwaren an Kinder und Jugendliche unter sechzehn Jahren verboten. Zigarettenautomaten müssen so ausgerüstet sein, dass die Bedienung durch Kinder oder Jugendliche unter sechzehn Jahren ausgeschlossen wird. Zudem wird ein Verbot für Tabak- und Alkoholwerbung in Kinos vor 18 Uhr festgelegt.

Die Vorschriften des Gesetzes sind insbesondere bei außerunterrichtlichen Veranstaltungen und schulischen Veranstaltungen der SMV von Bedeutung.

Möchte z.B. ein Lehrer mit seinen Schülern im Rahmen einer außerunterrichtlichen Veranstaltung eine Gaststätte, eine Diskothek oder ein Kino besuchen, ist er dafür verantwortlich, dass die Bestimmungen des JuSchG eingehalten werden. Das Gesetz stellt teilweise darauf ab, dass bestimmte Einrichtungen, z. B. Gaststätten oder Diskotheken, von dem Jugendlichen in Begleitung einer **personensorgeberechtigten oder erziehungsbeauftragten Person** besucht werden können. In diesem Zusammenhang ist von Bedeutung, dass nach § 1 Abs.1 Nr. 4 JuSchG **erziehungsbeauftragte Person** jede Person über 18 Jahren ist, soweit sie ein Kind oder eine jugendliche Person im Rahmen der Ausbildung betreut, also z. B. auch ein Lehrer.

Folgende Altersgrenzen sind vom Gesetz gezogen:

	Jugendschutzgesetz		
	bis 14 Jahre	**14–16 Jahre**	**16–18 Jahre**
Aufenthalt in Gaststätten, § 4	• erlaubt in Begleitung eines Erziehungsberechtigten • erlaubt bei Veranstaltung eines Trägers der Jugendhilfe (z. B. Verein, kirchliche Organisation, vgl. §§ 1, 3, 8 LKJHG) • erlaubt auf Reisen • erlaubt zur Einnahme einer Mahlzeit oder eines Getränks	• erlaubt in Begleitung eines Erziehungsberechtigten • erlaubt bei Veranstaltung eines Trägers der Jugendhilfe (z. B. Verein, kirchliche Organisation, vgl. §§ 1, 3, 8 LKJHG) • erlaubt auf Reisen • erlaubt zur Einnahme einer Mahlzeit oder eines Getränks	• erlaubt ohne Begleitung eines Erziehungsberechtigten bis 24 Uhr
Alkoholische Getränke, § 9	• in der Öffentlichkeit weder Abgabe noch Gestattung des Verzehrs von Branntwein oder branntweinhaltigen Getränken zulässig* • Abgabe und Verzehr anderer alkoholischer Getränke (z. B. Bier, Wein) nur in Begleitung eines Personensorgeberechtigten (i.d.R. Eltern)	• in der Öffentlichkeit weder Abgabe noch Gestattung des Verzehrs von Branntwein oder branntweinhaltigen Getränken zulässig* • Abgabe und Verzehr anderer alkoholischer Getränke (z. B. Bier, Wein) nur in Begleitung eines Personensorgeberechtigten (i.d.R. Eltern)	• in der Öffentlichkeit weder Abgabe noch Gestattung des Verzehrs von Branntwein oder branntweinhaltigen Getränken zulässig* • Abgabe und Gestattung des Verzehrs anderer alkoholischer Getränke (z. B. Bier, Wein) zulässig
Öffentliche Tanzveranstaltungen, § 5 (z. B. Diskotheken)	• erlaubt in Begleitung eines Erziehungsberechtigten • erlaubt bei Veranstaltung eines Trägers der Jugendhilfe, bei künstlerischer Betätigung und zur Brauchtumspflege bis 22 Uhr	• erlaubt in Begleitung eines Erziehungsberechtigten • erlaubt bei Veranstaltung eines Trägers der Jugendhilfe, bei künstlerischer Betätigung und zur Brauchtumspflege bis 24 Uhr	• Anwesenheit ohne Begleitung eines Erziehungsberechtigten bis 24 Uhr zulässig
Öffentliche Filmveranstaltungen, Videotheken, §§ 11, 12	• Freigabe durch oberste Landesbehörde für diese Altersgruppe • erlaubt ohne Begleitung eines Erziehungsberechtigten bei Vorführungsende bis 20 Uhr	• Freigabe durch oberste Landesbehörde für diese Altersgruppe • erlaubt ohne Begleitung eines Erziehungsberechtigten bei Vorführungsende bis 22 Uhr	• Freigabe durch oberste Landesbehörde für diese Altersgruppe • erlaubt ohne Begleitung eines Erziehungsberechtigten bei Vorführungsende bis 24 Uhr
Spielhallen, Glücksspiele, Unterhaltungsspielgeräte, § 6–13	• Anwesenheit in vorwiegend dem Spielbetrieb dienenden Räumen nicht zulässig • Teilnahme an Spielen mit Gewinnmöglichkeit von Waren von geringem Wert auf Volksfesten etc. zulässig • Spielen an elektronischen Bildschirmgeräten nur in Begleitung von Erziehungsberechtigten oder mit für die Altersstufe freigegebenen Programmen oder mit gekennzeichneten Informations-, Instruktions- oder Lehrprogrammen zulässig	• Anwesenheit in vorwiegend dem Spielbetrieb dienenden Räumen nicht zulässig • Teilnahme an Spielen mit Gewinnmöglichkeit von Waren von geringem Wert auf Volksfesten etc. zulässig • Spielen an elektronischen Bildschirmgeräten nur in Begleitung von Erziehungsberechtigten oder mit für die Altersstufe freigegebenen Programmen oder mit gekennzeichneten Informations-, Instruktions- oder Lehrprogrammen zulässig	• Anwesenheit in vorwiegend dem Spielbetrieb dienenden Räumen nicht zulässig • Teilnahme an Spielen mit Gewinnmöglichkeit von Waren von geringem Wert auf Volksfesten etc. zulässig • Spielen an elektronischen Bildschirm-Unterhaltungsspielgeräten zulässig
Rauchen in der Öffentlichkeit, § 10	• darf nicht gestattet werden	• darf nicht gestattet werden	• darf nicht gestattet werden

*Gilt auch für sog. »Alkopops«, d.h. alkoholhaltige Süßgetränke, § 9 Abs. 4 JuSchG

Möchte die Schule selbst eine der im JuSchG geregelten Veranstaltungen durchführen, z. B. eine Disko veranstalten oder einen Film vorführen, kommt es entscheidend darauf an, ob die Veranstaltung **öffentlich** durchgeführt wird. Nichtöffentlich ist die Veranstaltung dann, wenn sie nur für einen festen Teilnehmerkreis, z. B. nur für die Schüler der Schule, zugänglich ist. Haben hingegen auch »Schulfremde« Zutritt zu der Veranstaltung, ist sie im Sinne des JuSchG öffentlich, sodass die gesetzlichen Beschränkungen für öffentliche Veranstaltungen einzuhalten sind.

Die Schutzbestimmungen des Gesetzes gelten nicht für **verheiratete** Jugendliche.

Das JuSchG betrifft nicht Vorgänge in der **Privatsphäre** des Kindes oder Jugendlichen. Sofern Eltern z. B. zu Hause ihren minderjährigen Kindern den Genuss von Alkohol oder das Anschauen eines »Pornofilms« gestatten, wird dies von dem JuSchG nicht erfasst.

Ein Eingriff in das durch Art. 6 Abs. 2 GG geschützte **elterliche Erziehungsrecht** ist nur durch eine gerichtliche Entscheidung möglich, wenn das körperliche, geistige oder seelische Wohl eines Kindes durch eine missbräuchliche Ausübung des elterlichen Sorgerechts oder durch Vernachlässigung gefährdet wird. Das Gesetz hat aber mittelbare Wirkungen in den familiären Bereich, indem es den Eltern eine Orientierungshilfe und Stütze für ihre Entscheidungen bietet.

Das JuSchG richtet sich in erster Linie an die betreffenden Veranstalter bzw. Gewerbetreibenden. Handeln diese den Vorschriften dieses Gesetzes zuwider, kann dies als Ordnungswidrigkeit mit einer Geldbuße bis zu 50 000 € geahndet werden.

Zum Schutz von Kindern und Jugendlichen vor einer sittlichen Gefährdung soll eine »Bundesprüfstelle für jugendgefährdende Medien« dafür sorgen, dass Medien, die geeignet sind, die Entwicklung von Kindern oder Jugendlichen oder ihre Erziehung zu einer eigenverantwortlichen und gemeinschaftsfähigen Persönlichkeit zu gefährden (insbesondere unsittliche, verrohend wirkende, zu Gewalttätigkeit, Verbrechen oder Rassenhass anreizende Medien) Kindern und Jugendlichen nicht zugänglich sind. Dazu werden die entsprechenden Medien in eine Liste aufgenommen. Nach Aufnahme in die Liste dürfen die Schriften etc. Kindern und Jugendlichen nicht angeboten, überlassen oder zugänglich gemacht werden. Die öffentliche Werbung für derartige Gegenstände und ihre Verbreitung außerhalb von Geschäftsräumen (z. B. in Kiosken oder im Versandhandel) ist nicht zulässig. Eine Schrift etc. darf nicht allein wegen ihres politischen oder weltanschaulichen Inhalts in die Liste aufgenommen werden, ebenso wenig wenn sie der Kunst oder Wissenschaft dient.

Nach § 2 Abs.1 des am 1.8.2007 in Kraft getretenen Landesnichtraucherschutzgesetzes besteht ein generelles Rauchverbot für Schulgebäude, -gelände und -veranstaltungen. § 2 Abs. 2 ermöglicht es jedoch der Gesamtlehrerkonferenz, mit Zustimmung der Schulkonferenz und nach Anhörung von Elternbeirat und SMV jeweils für ein Schuljahr für volljährige Schüler ab Klasse 11 bzw. entsprechende berufliche Schulen und dort unterrichtende Lehrkräfte im Außenbereich des Schulgeländes eine Raucherzone einzurichten, wenn dadurch der Nichtraucherschutz nicht beeinträchtigt wird.

14.2.3 Schutz am Arbeits- bzw. Ausbildungsplatz

Das **Gesetz zum Schutze der arbeitenden Jugend, Jugendarbeitsschutzgesetz, JArbSchG** bezweckt den Schutz von Kindern und Jugendlichen vor den mit einer Beschäftigung verbundenen Gefahren. Es gilt für die Beschäftigung in der Berufsausbildung und als Arbeitnehmer, nicht aber für geringfügige Hilfeleistungen, die gelegentlich aus Gefälligkeit erbracht werden, oder für die Mithilfe im Familienhaushalt.

Kind im Sinne dieses Gesetzes sind Personen, die noch nicht 15 Jahre alt sind. Als Jugendliche bezeichnet es solche Personen, die 15, aber noch nicht 18 Jahre alt sind. Auf Jugendliche, die der Vollzeitschulpflicht (vgl. §§ 75, 78a SchulG) unterliegen, finden die für Kinder geltenden Vorschriften Anwendung. Sie dürfen jedoch während der Sommerferien für maximal vier Wochen beschäftigt werden.

- Die Beschäftigung von Kindern ist nur zugelassen, wenn sie über 13 Jahre alt sind, die Personensorgeberechtigten (also in der Regel die Eltern) einwilligen und die Arbeit leicht sowie für Kinder geeignet ist. Die Teilnahme am Unterricht darf durch die Tätigkeit nicht beeinträchtigt werden. Auch darf die Beschäftigung nur für maximal 2 Stunden am Tag erfolgen. Eine leichte Tätigkeit in diesem Sinne ist z. B. das Austragen von Zeitungen oder Werbematerial.
- In landwirtschaftlichen Familienbetrieben dürfen Kinder bis zu drei Stunden täglich mithelfen, nicht jedoch vor oder während des Schulunterrichts.
- Kinder, die nicht mehr der Vollzeitschulpflicht unterliegen, dürfen im Rahmen eines Berufsausbildungsverhältnisses oder ansonsten mit leichten und geeigneten Tätigkeiten bis zu sieben Stunden täglich und 35 Stunden wöchentlich beschäftigt werden.

Jugendliche dürfen nicht mit gefährlichen Arbeiten beschäftigt werden. Verboten sind also beispielsweise Tätigkeiten, bei denen sie mit gefährlichen Chemikalien umgehen müssen, außergewöhnlicher Hitze, schädlichem Lärm oder sittlichen Gefahren ausgesetzt sind.

Der **Arbeitgeber** muss Jugendliche für die Teilnahme am Berufsschulunterricht freistellen (**§ 9 JArbSchG, § 15 BBiG**). Er darf sie vor einem vor 9 Uhr beginnenden Unterricht nicht beschäftigen. Der Arbeitgeber darf den Jugendlichen ferner einmal in der Woche an einem Berufsschultag mit mehr als 5 Stunden nicht mehr im Betrieb beschäftigen.

Außerdem besteht ein Freistellungsanspruch für die Teilnahme an Prüfungen und dem einer schriftlichen Abschlussprüfung unmittelbar vorangehenden Arbeitstag.

> Im Fall **14.2** muss die Auszubildende an einem Tag in der Woche bei einem Berufsschulunterricht von mehr als 5 Unterrichtsstunden nicht mehr in das Friseurgeschäft zurück. Die Vorschrift soll die Jugendlichen vor einer Überforderung schützen, insbesondere ihnen aber auch ermöglichen, den Unterricht nachzuarbeiten und Hausaufgaben zu erledigen.

Der **Urlaub** soll Berufsschülern während der Schulferien gewährt werden. Wird Urlaub außerhalb von Ferienzeiten gewährt, muss die Berufsschule in dieser Zeit dennoch besucht werden, für jeden Berufsschultag innerhalb des Urlaubs ist dann ein weiterer Urlaubstag zu gewähren.

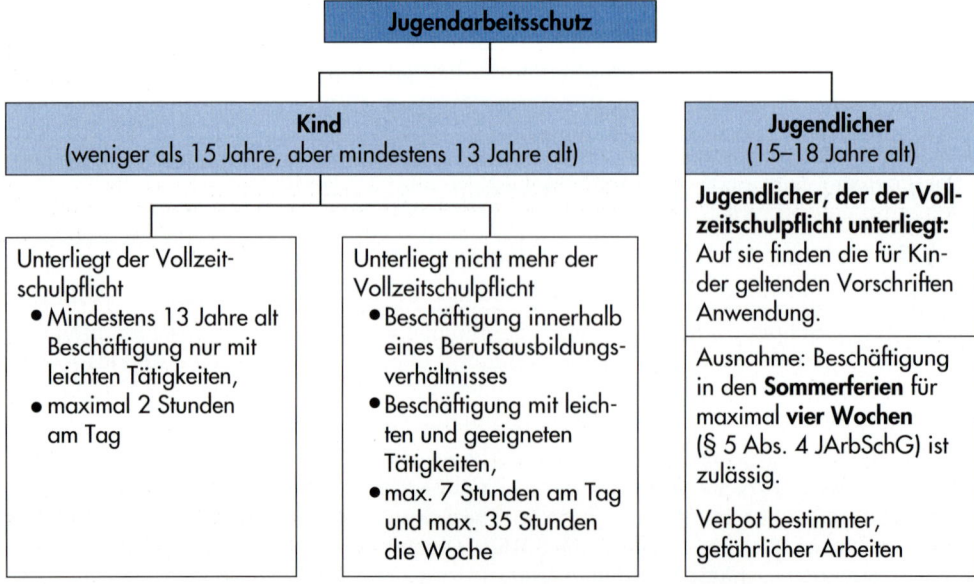

14.2.4 Kooperation und Information

Am 1.1.2012 ist das »Gesetz zur Kooperation und Information im Kinderschutz« (KKG) in Kraft getreten. Es formuliert in § 4 auch Anforderungen an Lehrkräfte. Sofern sie gewichtige Anhaltspunkte einer Kindeswohlgefährdung (z. B. Schulschwänzen, Wunden, Hygiene- oder Ernährungsmängel, permanente Übermüdung) wahrnehmen müsse sie diese mit dem Schüler und seinen Erziehungsberechtigten erörtern oder – wenn der wirksame Schutz durch das Einbeziehen der Eltern gefährdet würde – das Jugendamt informieren.

Zur Erfüllung dieser Verpflichtung hat jede Lehrkraft einen Anspruch darauf, von einer in Fragen des Kinderschutzes erfahrenen Fachkraft des Trägers der öffentlichen Jugendhilfe (dem Landkreis oder der kreisfreien Stadt) beraten zu werden. Dieser darf er die dazu erforderlichen Daten pseudonymisiert (dabei werden der Name oder andere Identifikationsmerkmale durch Kennzeichen ersetzt) übermitteln. Keine Berechtigung gibt die Vorschrift zur Erhebung von Daten über den Schüler bei Dritten, z. B. Nachbarn, Ärzten, Trainern in Vereinen, denn es geht lediglich um das Feststellen von »Anhaltspunkten«, nicht um eine Klärung der Annahme des Vorliegens einer Kindeswohlgefährdung.

14.3   Elterliches Sorgerecht

Die Pflege und Erziehung der Kinder sind »das natürliche Recht der Eltern und die zuvörderst ihnen obliegende Pflicht« (Art. 6 Abs. 2 Satz 1 GG). Diese Vorschrift bestimmt aber auch, dass »über ihre Betätigung die staatliche Gemeinschaft (wacht)«, d. h., es ist eine staatliche Aufgabe, darauf zu achten, dass die Eltern ihren Pflichten auch nachkommen.

Kinder dürfen gegen den Willen ihrer Eltern nur »auf Grund eines Gesetzes von der Familie getrennt werden, wenn die Erziehungsberechtigten versagen oder wenn die Kinder aus anderen Gründen zu verwahrlosen drohen« (Art. 6 Abs. 3 GG). So sieht z. B. § 84 Abs. 3 SchulG für den Fall der erforderlichen Heimunterbringung eines Sonderschulpflichtigen vor, dass bei fehlender Zustimmung der Erziehungsberechtigten das Vormundschaftsgericht die Entscheidung trifft und insoweit die elterliche Entscheidung ersetzt. Eine Heimunterbringung ist z. B. oft bei blinden, gehörlosen oder körperbehinderten Schülern erforderlich, aber auch bei dem Besuch einer Schule für Erziehungshilfe.

Das Rechtsverhältnis zwischen einem Kind und seinen Eltern wird in erster Linie im Bürgerlichen Gesetzbuch (BGB) geregelt. Danach teilt ein minderjähriges Kind den **Wohnsitz** seiner Eltern bzw. des Elternteils, dem das Sorgerecht zusteht. Ein Minderjähriger kann nur dann gegen den Willen der Eltern seinen Wohnsitz verändern, wenn er verheiratet ist oder war.

Das eheliche Kind führt den **Ehenamen** seiner Eltern bzw. den von beiden Eltern durch gemeinsame Erklärung bestimmten Namen des Vaters oder der Mutter. Bei alleinigem Sorgerecht eines Elternteils bekommt das Kind den von dem sorgeberechtigten Elternteil zum Zeitpunkt der Geburt des Kindes geführten Namen.

Da das minderjährige Kind in seiner Geschäftsfähigkeit (s. o.) beschränkt ist, muss es in allen Rechtshandlungen von seinen Eltern **vertreten** werden. So ist z. B. vor der Durchführung einer ärztlichen Behandlung (z. B. einer Operation) in der Regel die Einwilligung der Eltern einzuholen, ebenso bei der Erhebung personenbezogener Daten von Schülern für wissenschaftliche Untersuchungen (vgl. Nr. 4 der Verwaltungsvorschrift über Werbung, Wettbewerbe und Erhebungen in Schulen vom 21.09.2002, K. u. U. S.309). Ist ein noch nicht volljähriger Schüler mit einer Entscheidung der Schule, z. B. einer Nichtversetzung oder einem Schulausschluss nach § 90 SchulG, nicht einverstanden, muss er sich bei Einlegung eines Rechtsmittels (Widerspruch, Klage) ebenfalls von seinen Eltern vertreten lassen.

Das **elterliche Sorgerecht** umfasst die Sorge für das Vermögen und die Person des Kindes. Grundsätzlich steht das Sorgerecht beiden Elternteilen gemeinsam zu. Bei Meinungsverschiedenheiten müssen sie versuchen, sich zu einigen. Ist dies nicht möglich, kann in einer Angelegenheit, deren Regelung für das Kind von erheblicher Bedeutung ist, auf Antrag eines Elternteils das Vormundschaftsgericht die Entscheidungsbefugnis einem Elternteil übertragen. Bei Erklärungen gegenüber der Schule, die rechtlich bedeutsam sind (z. B. An- oder Abmeldung eines Kindes, Einlegung eines Widerspruchs gegen eine schulische Entscheidung) muss grundsätzlich die Erklärung beider Elternteile vorliegen. Im Regelfall, d. h., wenn keine Anhaltspunkte für eine andere Fallgestaltung vorliegen, kann die Schule aber davon ausgehen, dass ein Elternteil den anderen bei der Erklärung mit vertritt, also mit dessen Wissen und Wollen handelt.

Die Eltern können auf das Sorgerecht nicht **verzichten**, aber die Ausübung Dritten überlassen (z. B. der Schule für die Dauer einer außerunterrichtlichen Veranstaltung, den Großeltern bei längerer Abwesenheit der Eltern, vgl. § 1 Abs. 1 Elternbeiratsverordnung).

Zur »Personensorge« gehört die Pflicht, das Kind zu **beaufsichtigen**. Da die Eltern während des Schulbesuchs diese Pflicht nicht wahrnehmen können, hat die Schule die Aufsichtspflicht über die ihr anvertrauten Schüler (s. Kap. »Aufsichtspflicht« Seite 86).

Die Eltern haben auch das Recht zu entscheiden, mit wem das Kind **Umgang** haben soll. Allerdings besteht ein Umgangsrecht zwischen dem Kind und einem nicht sorgeberechtigten Elternteil.

Das elterliche Sorgerecht umfasst auch die Entscheidung, welchen **Bildungsweg** ein Kind einschlagen soll (§ 88 Abs. 1 Satz 1 SchulG). Da von dieser Entscheidung aber auch Dritte berührt werden können (z. B. die Mitschüler), kann der Staat durch Aufnahmevoraussetzungen sicherstellen, dass nur solche Schüler einen Bildungsgang besuchen können, die dafür geeignet erscheinen (§ 88 Abs. 2 SchulG). Wenn Eltern bei Angelegenheiten der Ausbildung und des Berufs offensichtlich keine Rücksicht auf die Eignung und Neigung des Kindes nehmen, kann eine Entscheidung des Vormundschaftsgerichts herbeigeführt werden.

Das **Vormundschaftsgericht** entscheidet auch über die erforderlichen Maßnahmen, wenn die Eltern ihr Sorgerecht missbrauchen oder das Kind vernachlässigen und dadurch das Wohl des Kindes gefährdet wird. In diesem Zusammenhang kann das Gericht auch entscheiden, dass das Kind von der Familie getrennt wird, wenn keine andere Möglichkeit zur Abwendung der Gefahr für das Kind gegeben ist. Als Reaktion auf Fälle von Kindesmisshandlungen bzw. -tötungen hat der Gesetzgeber im Januar 2008 vorgeschrieben, dass die Schule das Jugendamt unterrichten »soll«, wenn gewichtige Anhaltspunkte für eine Gefährdung oder Beeinträchtigung des Kindeswohls vorliegen. »In der Regel« werden die Eltern zuvor dazu gehört. Nehmen die Erziehungsberechtigten eine Einladung der Schule zu einem Gespräch nicht wahr und stellt die Klassenkonferenz gewichtige Anhaltspunkte für eine Gefährdung des Kindeswohls fest, kann die Einladung zu einem weiteren Gespräch mit dem Hinweis verbunden werden, dass bei Nichtbefolgen das Jugendamt informiert wird (§ 85 Abs. 3 und 4 SchulG).

In den Land- und Stadtkreisen sowie in einigen größeren Städten sind **Jugendämter** eingerichtet, die u. a. den Personensorgeberechtigten und den Kindern und Jugendlichen Beratung und andere Hilfeleistungen gewähren können. Kinder und Jugendliche haben das Recht, sich in allen Angelegenheiten der Erziehung und Entwicklung an das Jugendamt zu wenden, das die Beratung erforderlichenfalls auch ohne eine Information der Eltern durchführen kann. Auf Antrag des Kindes oder Jugendlichen oder bei einer Gefahrensituation kann es das Kind oder den Jugendlichen in seine Obhut nehmen und das Vormundschaftsgericht anrufen. Erfährt z. B. ein Lehrer, dass ein Kind von seinen Eltern misshandelt oder sexuell missbraucht wird, ist eine Information des Jugendamts angebracht bzw. kann ein Jugendlicher über diese Möglichkeit beraten werden.

Wird im Zusammenhang mit einer Scheidung das **Sorgerecht einem Elternteil** übertragen, hat der andere Elternteil keine Ansprüche mehr gegenüber der Schule, z. B. auf Informationen über das Kind oder auf Teilnahme an Klassenpflegschaften oder sonstigen schulischen Veranstaltungen (vgl. § 1 Abs. 1 und § 2 ElternbeiratsVO). Gegen den Willen des sorgeberechtigten Elternteils darf die Schule einem nicht Sorgeberechtigten keine Auskünfte geben. Sind die Eltern nicht verheiratet, können sie ein gemeinsames Sorgerecht durch Abgabe einer Sorgerechtserklärung (§§ 1626 b–1626 e BGB) erwerben. Die Sorgeerklärung ist vor der Urkundsperson eines Jugendamtes oder vor einem Notar möglich. Beim Jugendamt des Geburtsortes des Kindes wird ein **Register über abgegebene Sorgeerklärungen geführt**. Das gemeinsame Sorgerecht setzt bisher das Einverständnis der Mutter voraus. Geplant ist aber eine gesetzliche Neuregelung (2012), wonach das Familiengericht auf Antrag des Vaters die elterliche Sorge beiden Eltern gemeinsam überträgt, sofern dies nicht dem Kindeswohl widerspricht. Ansonsten kann der nicht sorgeberechtigte Elternteil zwar mit Einverständnis des anderen Elternteils in die Sprechstunde des Lehrers gehen und Informationen über den Schüler einholen. Jedoch kann er nicht zum Elternvertreter gewählt werden.

Bei geschiedenen Eltern geht das Gesetz von einer grundsätzlich fortbestehenden gemeinsamen Sorge aus. Für Entscheidungen in Angelegenheiten von erheblicher Bedeutung, wozu z. B. auch die schulische und berufliche Ausbildung gehören, ist das gegenseitige Einvernehmen der Eltern erforderlich.

Mit der **Volljährigkeit** nimmt der Schüler alle Rechte und Pflichten aus dem Schulverhältnis selbst wahr. So ist er jetzt selbst bei Fernbleiben vom Unterricht entschuldigungspflichtig (§ 2 Abs. 1 Satz 2 Schulbesuchsverordnung). Ohne Einwilligung des Schülers haben die Eltern jetzt kein Auskunftsrecht gegenüber der Schule über den Leistungsstand des Schülers. Solange der Schüler aber gegenüber der Schule nichts Gegenteiliges erklärt, kann sie vom Vorliegen einer solchen Einwilligung ausgehen. Unter bestimmten Voraussetzungen sieht 55 Abs. 3 allerdings vor, dass sich die Schule zum Schutz wesentlich überwiegender Rechtsgüter auch über den entgegenstehenden Willen des volljährigen Schülers hinwegsetzen darf. Dies gilt, wenn durch die Auskunft oder Mitteilung eine Gefahr für Leben, Leib, Freiheit oder Eigentum abgewendet werden soll. Ausdrücklich geregelt ist auch die Information der Eltern volljähriger Schüler für den Fall, dass der Ausschluss aus der Schule angedroht wurde oder ein Schüler die Schule gegen seinen Willen verlassen muss. Die über das Sorgerecht hinausgehende Elternverantwortung, die sich z. B. auch in der fortdauernden Unterhaltspflicht äußert, rechtfertigt es, den Eltern auch volljähriger Schüler eine Mitwirkung an der Arbeit der Schule zuzubilligen. So sieht § 55 Abs. 3 SchulG i.V. § 1 Abs. 2 Elternbeiratsverordnung vor, dass die Elternrechte in Klassenpflegschaft und Elternvertretungen weiterhin wahrgenommen werden können. An Schularten, die von vornherein nur von volljährigen Schülern besucht werden, ist keine Klassenpflegschaft und Elternvertretung vorgesehen (§ 59 Abs. 2 SchulG).

> **Fragen zur Wiederholung und Vertiefung**
>
> 1 Was versteht man unter Rechtsfähigkeit, was unter Geschäftsfähigkeit?
>
> 2 Darf ein 17-jähriger Schüler bei einer Studienfahrt nach London in einem Pub ein Glas Whiskey trinken?
>
> 3 Ein 15-jähriger Schüler wird zum Klassensprecher gewählt. Seine Eltern wollen nicht, dass er diese Aufgabe wahrnimmt, weil das nur vom Lernen ablenke. Was können sie tun?
>
> 4 Sie erfahren, dass ein volljähriger Schüler ein Drogenproblem hat. Sie fragen sich, ob Sie die Eltern informieren dürfen (vgl. Verwaltungsvorschrift v. 2.11.1983, K. u. U. S. 705).

15 Leistungsfeststellung und Prüfungen

Einführung

Fall 15.1
Ein erfahrener Kollege rät Ihnen, im Lauf des Schuljahres mehrere Vokabelarbeiten schreiben zu lassen und deren Ergebnisse als Note für die mündlichen Leistungen anzusetzen. Sie fragen sich, ob dies ein guter Rat ist.

Fall 15.2
Zwei Schüler geben nahezu wortgleiche Aufsätze ab. Der eine der beiden ist in Deutsch der Klassenbeste, der andere Schüler muss noch die Note »ausreichend« erreichen, um versetzt werden zu können. Sie fragen sich, was Sie mit den beiden Klassenarbeiten anfangen sollen.

15.1 Funktionen der Notengebung

Die Feststellung und Bewertung der Schülerleistungen und die Abnahme von Prüfungen ist ein wesentlicher Bestandteil der Arbeit eines Lehrers. Schulzeugnisse haben einen erheblichen Einfluss auf den schulischen und beruflichen Werdegang eines Menschen und man kann mit Fug und Recht davon sprechen, dass hier Lebenschancen verteilt werden. Umso wichtiger ist es, dass in diesem Bereich ein Höchstmaß an Sorgfalt angewandt wird. Die Schüler achten sehr darauf, dass eine gerechte Bewertung vorgenommen wird und die Beurteilungskriterien transparent und nachvollziehbar sind. Durch Versäumnisse in diesem Bereich kann ein Lehrer bei seinen Schülern viel Vertrauen verspielen.

Die Notengebung hat folgende Funktionen:

▶ Berechtigungs-, Zuteilungs- und Selektionsfunktion

Mit der Zuordnung zu Noten einer Skala (in der Schule üblicherweise 6-stufig) werden individuelle Leistungen eines Schülers in Gegenüberstellung zu anderen von ihm erbrachten Leistungen und zu Leistungen anderer Schüler (intraindividuell und interindividuell) vergleichbar gemacht. Die Noten sind maßgebend für den Zugang zu weiterführenden Bildungseinrichtungen und können Grundlage von Auswahlentscheidungen beim Zugang zum Beruf sein.

▶ Sozialisierungsfunktion

Mit dem Schuleintritt lernen die Kinder neue Leistungsnormen kennen, die sich an den Resultaten ihrer Handlungen orientieren und nicht an Absichten, Verhaltensweisen oder Sympathien. Sie erleben die Bewertungen als durch ihre Leistungen selbst verursacht und nicht von anderen abhängig. Im Verlauf der Schulzeit haben die Schulnoten großen Einfluss auf die Entwicklung des Leistungsselbstbildes und des Selbstwertgefühles.

▶ Rückmeldefunktion

Der Schüler bekommt Auskunft über den Stand seiner Lernbemühungen, der Lehrer erhält Informationen über die Qualität und den Erfolg seines Unterrichts.

▶ Informationsfunktion

Gegenüber den Eltern kommt die Schule durch die Noten und (Zwischen-)Zeugnisse ihrer Informationspflicht über den Leistungsstand der Kinder nach, die sich aus dem gemeinsamen Erziehungsauftrag von Schule und Elternhaus ergibt. Die Eltern sind dann zunächst gefordert, sich gegebenenfalls um weitere Informationen zu bemühen. Die Schule muss nur dann weitere warnende Hinweise geben, wenn sich überraschende Abweichungen vom bisherigen Leistungsbild ergeben, z. B. ein plötzlicher Leistungsabfall eines Schülers.

➤ Anreiz- und Disziplinierungsfunktion

Die Aussicht auf die Bewertung der Leistungen soll den Schüler veranlassen, sich mit dem Lernstoff auseinander zu setzen. Die erteilten Noten sollen zu verstärkten Bemühungen motivieren. Diese sog. extrinsische Motivation ist allerdings aus pädagogischer Sicht keine besonders nachhaltige Motivation. Vorzuziehen ist der Anreiz über den Lernstoff selbst oder das Streben nach Leistungsverbesserung an sich (sog. intrinsische Motivation). Keinesfalls darf über die Notengebung schlechtes Verhalten eines Schülers »bestraft« werden. Schüler durchschauen derartige Versuche schnell und bewerten die Abweichung von objektiven Kriterien als Verstoß gegen den Grundsatz der Bewertungsgerechtigkeit.

Alle diese Grundsätze sind in **§ 1** der **Verordnung des Kultusministeriums über die Notenbildung vom 5.5.1983, K. u. U. S. 449, NotenVO**, enthalten.

15.2 Der Beurteilungsspielraum bei der Notengebung

Der Lehrer hat bei der Leistungsbewertung einen **Beurteilungsspielraum**, was bedeutet, dass seine Bewertungen nur eingeschränkt durch Schulleiter, Schulaufsicht und Gerichte überprüft werden können. Dieses »Bewertungsvorrecht« wird hauptsächlich damit gerechtfertigt, dass Noten ein Ergebnis komplexer Erwägungen sind und die Prüfer bei ihrem wertenden Urteil von Einschätzungen und Erfahrungen ausgehen, die sie bei vergleichbaren Prüfungen entwickelt haben und allgemein anwenden. Ein Eingriff in dieses Bezugssystem durch Dritte in einzelnen Fällen würde gegen den Grundsatz der Chancengleichheit aller Prüflinge verstoßen. Dieser »Vertrauensvorschuss« wird wegen der besonderen Sachkunde eingeräumt, die Prüfer mitbringen müssen. Ein weiterer Grund der eingeschränkten Überprüfbarkeit ist die Tatsache, dass sich Bewertungen auf eine Vielzahl über einen bestimmten Zeitraum gewonnener Eindrücke stützen, die im Nachhinein für Dritte nicht mehr reproduzierbar sind. Dies wird besonders deutlich bei der Bewertung mündlicher Leistungen oder auch bei mündlichen Prüfungen.

Nach **§ 41 Abs. 2 Satz 2 SchulG** ist der **Schulleiter** verantwortlich für die Einhaltung der **für die Notengebung allgemein geltenden Grundsätze**. Diese Formulierung umschreibt ganz allgemein die Überprüfbarkeit von Leistungsbewertungen. Nach folgenden Kriterien ist eine Kontrolle möglich:

- Ist das **Überprüfungsverfahren** ordnungsgemäß durchgeführt worden? Hier wird beispielsweise geprüft, ob die Vorschriften der NotenVO beachtet worden sind.
- Ist der Prüfer von **richtigen Tatsachen** ausgegangen? Fehlerhaft ist es z. B., wenn der Lehrer einen Teil der Lösungen eines Schülers übersehen und deshalb bei der Bewertung nicht berücksichtigt hat.
- Sind **allgemein anerkannte Bewertungsgrundsätze** beachtet worden? Zum Beispiel muss die Gewichtung der einzelnen Leistungselemente sachgerecht erfolgen, die Umrechnung von Punkten in Noten muss sich an nachvollziehbaren Kriterien orientieren.
- Hat sich der Prüfer von **sachfremden Erwägungen** leiten lassen? Sachfremd ist es z. B., wenn bei der Leistungsbewertung berücksichtigt wird, wie sich der Schüler im Unterricht verhält, etwa unaufmerksam oder faul ist.
- Nach der neueren Rechtsprechung des Bundesverfassungsgerichts ist auch die **fachliche Richtigkeit** einer Schülerlösung und die entsprechende Bewertung des Prüfers kontrollierbar. Eine unter fachlichen Gesichtspunkten vertretbare Lösung darf danach nicht als

falsch bewertet werden, auch wenn der Prüfer sie nach seinen wissenschaftlichen Erkenntnissen für falsch hält. Dem Beurteilungsspielraum steht somit ein »Antwortspielraum« des Prüflings bzw. Schülers gegenüber.

Zu den nur eingeschränkt überprüfbaren **prüfungsspezifischen** (d. h. aus den besonderen Bedingungen von Prüfungen sich ergebenden) **Wertungen** gehört die Entscheidung darüber,

- welche Kenntnisse verlangt werden und mit welchem Gewicht ein Fehler zu werten ist,
- die Einschätzung der Schwierigkeit der gestellten Aufgabe,
- die Gewichtung verschiedener Aufgaben untereinander,
- die Beurteilung, ob und in welchem Maß der Prüfling seine Antworten und Begründungen sorgfältig aufbereitet und überzeugend dargelegt hat,
- die Bewertung der Art der Darstellung,
- die Bildung des Vergleichsrahmens und insbesondere die Benotungsfragen.

Anders als ein Gericht können Schulleiter und Schulaufsicht die Notengebung nicht nur unter rechtlichen Gesichtspunkten überprüfen. Sie haben nicht nur die Rechts-, sondern auch die Fachaufsicht. Faktisch sind dieser Überprüfung jedoch dadurch Grenzen gesetzt, dass für Schulleiter und Schulaufsicht die Überprüfungssituation nur begrenzt rekonstruierbar und auch der bestehende Vergleichsrahmen zu wahren ist (VGH BW, Beschluss vom 27.01.1988, 4 S 1133/86). Kommt die Lehrkraft einer entsprechenden Weisung des Schulleiters nicht nach, hat er ein sog. **»Selbsteintrittsrecht«**, d. h. er kann an Stelle der Lehrkraft die Noten selbst festsetzen.

Etwas anders verhält es sich jedoch bei Gremienentscheidungen, z. B. wenn die Klassenkonferenz darüber entscheidet, ob sie mit ²/₃-Mehrheit einen Schüler ausnahmsweise versetzt. Hier können Schulleiter und Schulaufsicht nur dann einschreiten, wenn einer der o. g. rechtlichen Fehler vorliegt (VGH BW, Beschluss vom 28.9.1992, 9 S 2187/92).

15.3 Rechtsgrundlage für die Leistungsfeststellung und -bewertung

15.3.1 Verbindliche Vorgaben durch Verordnungen und Konferenzbeschlüsse

Grundlage der Notengebung ist die **Verordnung des Kultusministeriums über die Notenbildung vom 5.5.1983 (K. u. U. S. 449)**. Sie ist in der Folgezeit in einzelnen Punkten geändert worden, die jeweils aktuelle Fassung finden Sie in der Ausgabe B des Amtsblatts »Kultus und Unterricht« (»gelbe Ordner«).

In den **»Vorbemerkungen«** und in § 1 der Verordnung (NotenVO) werden zunächst allgemeine Grundsätze der Leistungsbewertung und der Zusammenarbeit zwischen Schule und Elternhaus dargestellt.

Die Gesamtlehrerkonferenz (GLK) kann innerhalb des Rahmens der Verordnung mit Zustimmung der Schulkonferenz ergänzende Regelungen treffen (§ 2 NotenVO, § 2 Abs. 1 Nr. 4 KonfO). Die Konferenz darf jedoch den durch die Verordnung vorgegebenen Rahmen nicht überschreiten. So dürfen z. B. die in § 9 NotenVO bestimmten Mindest- bzw. Höchstzahlen für Klassenarbeiten nicht unter- bzw. überschritten werden.

Die GLK kann aber z. B. eine Höchstzahl der in den Kernfächern zu schreibenden Klassenarbeiten (vgl. § 9 NotenVO) festlegen. Soweit jedoch die NotenVO eine Entscheidung ausdrücklich dem unterrichtenden Lehrer zugewiesen hat, kann die GLK keine verbindliche Festlegung treffen. Insoweit kann sie lediglich Empfehlungen abgeben, z. B. hinsichtlich der Gewichtung der einzelnen Leistungen (§ 7 Abs. 1 Satz 3 NotenVO), der Ansetzung eines Nachschreibtermins (§ 8 Abs. 4 NotenVO), des Notenabzugs bei einer Täuschungshandlung (§ 8 Abs. 6 Satz 1 NotenVO).

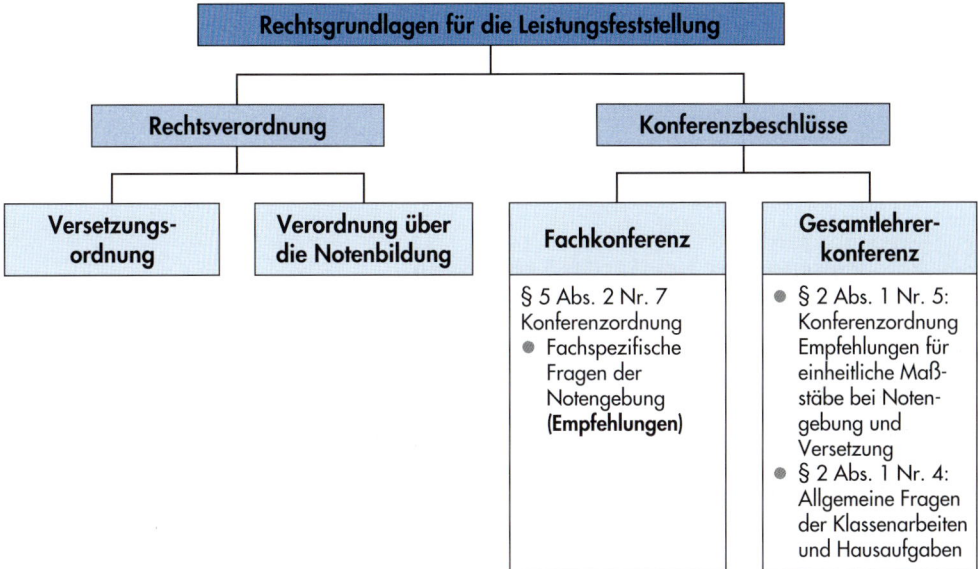

15.3.2 Allgemeine Grundsätze

Das Zeugnis am Ende eines Schuljahres muss sich grundsätzlich auf die während des **ganzen Schuljahres** erbrachten Leistungen beziehen (§ 3 Abs. 1 NotenVO). Damit sollen die Schüler zu einer kontinuierlichen Arbeit geführt und »Saisonarbeiter« unter den Schülern zu einer Verhaltensänderung gebracht werden. Über **§ 7 Abs. 2** NotenVO (Notenbildung als pädagogisch fachliche Gesamtwertung) hat der Lehrer die Möglichkeit, dadurch für einzelne Schüler entstehende Härten auszugleichen, z. B. wenn ein Schüler infolge häufiger Krankheit in einem Halbjahr schlechtere Leistungen gezeigt hat.

Die Aufteilung in 6 **Notenstufen** und die Bedeutung der einzelnen Noten (**§ 5** NotenVO) geht zurück auf das sog. »Hamburger Abkommen« von 1964, eine Vereinbarung der Bundesländer (dazu bereits oben Seite 21).

Die Notendefinitionen (§ 5 Abs. 2 NotenVO) orientieren sich daran, inwieweit die Leistungen des Schülers den **»Anforderungen«** entsprechen. Maßgeblich ist, in welchem Umfang ein Schüler das erreicht hat, was nach den Lehrplänen auf einer bestimmten Klassenstufe bzw. zu einem bestimmten Unterrichtsabschnitt erlernt worden sein soll (vgl. § 5 Abs. 3 NotenVO). Die Notengebung orientiert sich also z. B. nicht an dem individuellen Leistungsfortschritt des Schülers oder an seinem Leistungsstand im Verhältnis zu seinen Mitschülern.

Zu den Anforderungen gehört auch die **Art der Darstellung**. Sie kann also bei der Notengebung berücksichtigt werden. Mit welchem Gewicht dies geschieht, hängt insbesondere von dem jeweiligen Fach und den in diesem verfolgten Lernzielen ab.

§ 7 Abs. 2 der NotenVO stellt klar, dass die Notenbildung keine rein mathematische Angelegenheit ist und sich nicht auf die arithmetische Berechnung eines Durchschnitts beschränken darf.

Sie ist eine **pädagogisch-fachliche Gesamtbewertung**.

Der Lehrer kann deshalb von der errechneten Note abweichen, wenn er zu der Auffassung kommt – und diese begründen kann –, dass der Leistungsstand eines Schülers, gemessen an den Anforderungen, ein anderer ist, als es in der errechneten Note zum Ausdruck kommt. Das kann z. B. dann der Fall sein, wenn das Notenbild eines Schülers eine stark an- oder absteigende Tendenz aufweist oder wenn der Durchschnitt durch eine »Ausreißernote« verzerrt wird. Der Lehrer muss dabei allerdings bedenken, ob seine Entscheidung im Hinblick auf das Gleichbehandlungsgebot auch Auswirkungen auf die Benotung anderer Schüler haben muss und ob er seine Note auch gegenüber kritischen Nachfragen nachvollziehbar begründen kann. Keinesfalls darf er den Eindruck einer »willkürlichen« Notengebung entstehen lassen.

15.4 Transparenz bei der Notengebung

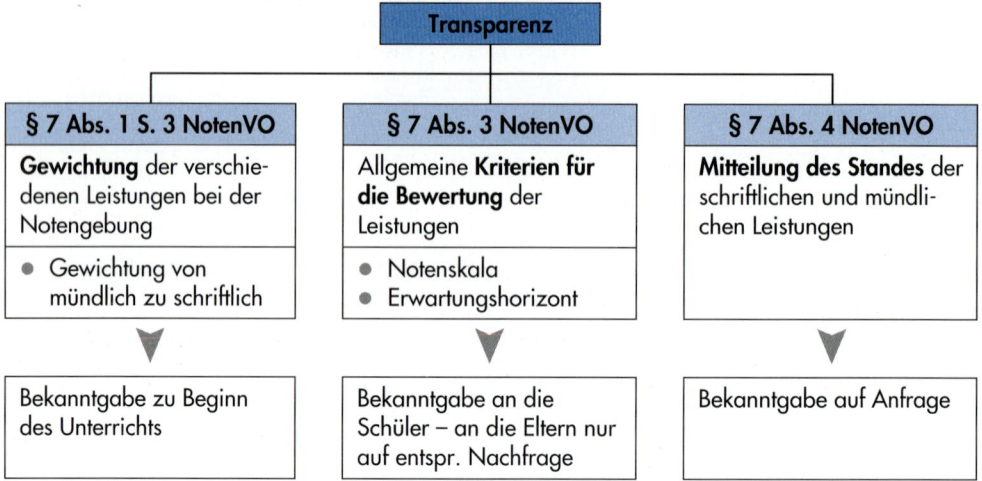

§ 7 Abs. 1 Satz 3 NotenVO ist neben **Abs. 3** und **Abs. 4** eine Regelung der **Transparenz** der Leistungsbewertung. Danach muss der Lehrer zum Beginn seines Unterrichts mitteilen, wie er **in der Regel** die verschiedenen Leistungen **gewichten** wird. Die Gewichtung ist eine ureigene Entscheidung des Lehrers, solange sie sachgerecht erfolgt. Dabei muss dem jeweiligen Fach und den mit ihm verfolgten Lernzielen Rechnung getragen werden.

So haben mündliche Leistungen bei einer Fremdsprache sicher ein anderes Gewicht als im Mathematikunterricht. Auch spielt eine Rolle, wie viele schriftliche Leistungsmessungen vorliegen (vgl. § 9 Abs. 4 NotenVO). »**In der Regel**« bedeutet, dass bei Vorliegen besonderer Umstände von der Gewichtung abgewichen werden kann. So kann z. B. bei einem Schüler, der längere Zeit krank war und viele Klassenarbeiten versäumt hat, eine andere Gewichtung angebracht sein, oder etwa auch bei einem Schüler mit einem Sprachfehler.

Der Lehrer hat weiter die Verpflichtung, den Schülern und, wenn sie dies wünschen, auch den Eltern sowie bei Berufsschülern den Ausbildern seine **Bewertungskriterien** darzulegen.

Der Lehrer muss den Schülern jederzeit Auskunft über den Stand ihrer mündlichen oder praktischen Leistungen geben können. Schon von daher ist es erforderlich, sich regelmäßig Aufzeichnungen zu machen. Bei »besonderen Prüfungen«, die nicht nur in die allgemeine mündliche oder praktische Note eingehen, sondern gesondert bewertet werden, z. B. wenn ein Schüler ein Referat hält oder gezielt abgefragt wird, muss der Lehrer die Note von sich aus bekannt geben.

15.5 Notenskala

Bei der **Umrechnung des Bewertungssystems** (z. B. Punkt- oder Fehlerzahlen) **in Notenstufen** hat der Lehrer einen Entscheidungsfreiraum, soweit nicht ein bestimmtes Umrechnungssystem vorgegeben ist, wie dies bei zentralen Prüfungen häufig der Fall ist. Die Umrechnung muss nicht in der Weise **linear** erfolgen, dass jeder Notenstufe eine gleich große Punktspanne zugeordnet ist. Es ist rechtlich einwandfrei, wenn die Note »ausreichend« voraussetzt, dass mindestens die Hälfte der möglichen Punkte erzielt werden. Ansonsten muss eine sachlich gerechtfertigte Verteilung der zur Verfügung stehenden Punkte auf die Noten erfolgen. Das kann auch in der Weise geschehen, dass unter Anwendung der gaußschen Normalverteilungskurve Punktzahlen **degressiv** den Notenstufen zugeordnet werden, wobei die Punktspannen immer geringer werden, je besser die Note wird.

Um den Schülern zu ermöglichen, ihre Arbeitsbemühungen einteilen zu können, sollte bereits bei der Aufgabenstellung der Klassenarbeit die je Aufgabe erreichbare Punktzahl angegeben werden.

15.6 Leistungsarten und ihre Bewertung

Alle vom Schüler im Unterricht erbrachten Leistungen sind zur Bewertung heranzuziehen (§ 7 Abs. 1 NotenVO). Es ist deshalb z. B. unzulässig, bei jedem Schüler die schlechteste Arbeit »wegfallen« zu lassen oder eine Leistungsart, z. B. die mündliche Leistung, überhaupt nicht zu bewerten.

Schriftliche Leistungen sind gem. **Satz 2** Klassenarbeiten und Wiederholungsarbeiten (vgl. **§ 8 Abs. 1 u. 2** NotenVO), aber auch Vokabeltests oder Hausaufgaben (vgl. **§ 10** NotenVO) können hier herangezogen werden.

Aus der Vorschrift ergibt sich weiter, dass auf jeden Fall auch **mündliche Leistungen** zu bewerten sind. Sinn der Regelung ist, dass unterschiedliche Befähigungen von Schülern zur Geltung kommen sollen, um so ein möglichst umfassendes Bild des Leistungsvermögens eines Schülers zu bekommen und ihm somit auch besser gerecht werden zu können. Aus diesem Zweck der Vorschrift ergibt sich bereits, dass es nicht richtig wäre, z. B. schriftliche Vokabeltests heranzuziehen oder Fragen schriftlich beantworten zu lassen. Das bedeutet allerdings nicht, dass für die mündliche Note überhaupt nichts Schriftliches verlangt werden dürfte. Es ist selbstverständlich zulässig, z. B. Schüler im Zusammenhang mit einer mündlichen Befragung etwas an die Tafel schreiben oder zeichnen zu lassen.

> Im **Fall 15.1** wäre es nicht zulässig, die Ergebnisse der Vokabelarbeiten als Note für die mündlichen Leistungen zugrunde zu legen.

15.7 Schriftliche Leistungen

15.7.1 Klassenarbeiten und schriftliche Wiederholungsarbeiten

Die wichtigsten Formen der schriftlichen Leistung sind **Klassenarbeiten** und **schriftliche Wiederholungsarbeiten** (§ 8 NotenVO).

- **Klassenarbeiten** sollen in der Regel nach Phasen der Erarbeitung, Vertiefung, Übung und Anwendung geschrieben werden.

- **Schriftliche Wiederholungsarbeiten** dürfen nur den Unterrichtsstoff der letzten Unterrichtsstunden (natürlich einschließlich des dafür erforderlichen Basiswissens) oder den Gegenstand einer Hausaufgabe umfassen und »in der Regel« nicht länger als 20 Minuten dauern. Sie müssen nicht angekündigt werden. Über die Ergebnisse dieser Arbeiten oder auch mündlicher Abfragen können nicht erledigte Hausaufgaben sich bei der Notenbildung niederschlagen.

- Seit 1.8.2002 kann in den beruflichen Schulen eine der in der Verordnung vorgesehenen Klassenarbeiten nach Entscheidung des Fachlehrers durch eine gleichwertige Leistungsfeststellung (z.B. schriftliche Hausarbeit, Referat, Projekt, Präsentation) ersetzt werden. In den beruflichen Gymnasien, Hauptschulen, Realschulen und Gymnasien bleibt die Zahl der vorgeschriebenen Klassenarbeiten von den gleichwertigen Leistungsfeststellungen jedoch unberührt.

In den Klassen 7 der Hauptschule, 7 und 9 der Realschule und des Gymnasiums der Normalform und in den entsprechenden Klassen des Gymnasiums der Aufbauform werden jeweils schriftliche Arbeiten angefertigt, bei denen die Aufgaben und die Bewertungsmaßstäbe vom Landesinstitut für Schulentwicklung landeseinheitlich vorgegeben sind (Vergleichsarbeiten). In der ersten Jahrgangsstufe des Gymnasiums finden erstmals im Schuljahr 2011/2012 Vergleichsarbeiten statt. Sie werden nicht benotet.

Auch für die Grundschule sind im zweiten Schulhalbjahr der Klasse 3 zentrale Arbeiten vorgesehen. Diese sog. »Diagnosearbeiten« werden aber bei der Notenbildung nicht berücksichtigt.

15.7.2 Schutzvorschriften

- Klassenarbeiten und schriftliche Wiederholungsarbeiten **sind gleichmäßig** auf das **ganze** Schuljahr zu verteilen. Dies ist eine zwingend zu beachtende Vorschrift, deren Einhaltung bei Einlegung eines Rechtsmittels überprüft werden kann. Sinn der Regelung ist zum einen, eine Überforderung der Schüler durch eine »Zusammenballung« von Klassenarbeiten zu bestimmten Zeiten zu vermeiden, zum andern aber auch der pädagogische Zweck einer regelmäßigen Erfolgskontrolle (vgl. Abs. 1 Satz 2) und der Gewöhnung der Schüler an das Erfordernis einer kontinuierlichen Arbeit. Wichtig ist also eine vorausschauende Planung bereits zu Beginn des Schuljahres.

- An einem **Tag** »soll« **nicht mehr als eine Klassenarbeit** geschrieben werden. Aus gewichtigen Gründen sind hiervon Ausnahmen möglich. Die Regelung setzt ebenfalls eine sorgfältige Planung und vor allem eine intensive Zusammenarbeit und Abstimmung mit den anderen in der Klasse unterrichtenden Lehrern voraus.

- Vor der Rückgabe und Besprechung einer schriftlichen Arbeit oder am Tag der Rückgabe darf im gleichen Fach **keine neue schriftliche Arbeit** angesetzt werden. Die Vorschrift ist zwingend, eine Ausnahme kommt allenfalls bei Nachschreibearbeiten in Betracht. Sinn der Regelung ist es, dem Schüler vor einer erneuten Leistungserhebung eine Rückmeldung über seinen Leistungsstand zu geben und ihm damit zu ermöglichen, vorhandene Lücken zu schließen und gemachte Fehler künftig zu vermeiden. Durch die Vorschrift wird der Lehrer »gezwungen«, Korrektur und Rückgabe von Klassenarbeiten zügig vorzunehmen und nicht »auf die lange Bank zu schieben«, weil bei einem zu großen Abstand zwischen Anfertigung der Arbeit und ihrer Rückgabe bei den Schülern der Bezug zu der Arbeit nachlässt und die Motivation für die Besprechung verloren geht.

- An Grund- und Sonderschulen dürfen nach Sonn- und Feiertagen keine schriftlichen Arbeiten geschrieben werden, die der Lernkontrolle und dem Leistungsnachweis dienen (2 Abs. 4 der VO über die Schülerbeurteilung in Grundschulen und Sonderschulen). Eine entsprechende Regelung für die anderen Schularten existiert nicht mehr.

15.7.3 Aufbewahrung von schriftlichen Leistungen

Die Art und Dauer der Aufbewahrung von Prüfungsunterlagen ist in verschiedenen Prüfungsordnungen geregelt (z. B. § 26 Abs. 3 NGVO). Die Aufbewahrung von **Klassenarbeiten** liegt im **Ermessen** des Fachlehrers, soweit nicht die Gesamtlehrerkonferenz mit Zustimmung der Schulkonferenz eine Regelung trifft (vgl. § 2 Abs. 1 Nr. 4 Konferenzordnung, § 47 Abs. 5 Nr. 2 SchulG). Er kann also entscheiden, ob die Arbeiten nach Rückgabe bei den Schülern verbleiben oder aber ggf. nach Einsichtnahme der Eltern wieder eingesammelt werden. Wählt er die erste Alternative, muss er den Schülern klarmachen, dass sie das Risiko des Verlusts selbst tragen, wenn bei einem späteren Streit um die Notengebung die Bewertung nicht mehr nachvollzogen werden kann oder eine nachträgliche Veränderung der Arbeit durch den Schüler nicht ausgeschlossen werden kann.

Es kann auch vorkommen, dass eine Klassenarbeit vor der Rückgabe beim Lehrer verloren geht, z. B. mit seiner Aktentasche gestohlen wird oder bei einem Brand oder Wasserschaden zerstört wird. In einem solchen Fall bleibt keine andere Möglichkeit, als die Arbeit neu schreiben zu lassen. Keinesfalls können die Noten der Schüler für diese Arbeit fiktiv festgesetzt werden.

15.7.4 Nachträgliche Korrektur von Benotungen

Auch bei sorgfältiger Korrektur von Klassenarbeiten kann es vorkommen, dass der Lehrer in einer Arbeit einen Fehler oder einen positiven Beitrag übersieht oder Arbeiten unterschiedlich bepunktet. Hat er sich zulasten eines Schülers getäuscht, muss er selbstverständlich den Fehler korrigieren und ggf. eine bessere Note erteilen. Wie soll er sich aber verhalten, wenn er einen Fehler übersehen hat und der Schüler eigentlich eine schlechtere Note hätte bekommen müssen? Grundsätzlich kann selbst ein Verwaltungsakt zurückgenommen werden, wenn nachträglich festgestellt wird, dass er fehlerhaft (rechtswidrig) ist. Einer Klassenarbeit, die kein Verwaltungsakt ist, kann aber keine höhere Bestandskraft zukommen. Andererseits sollte berücksichtigt werden, ob es pädagogisch sinnvoll ist, dass ein Schüler, der von dem Recht auf Überprüfung seiner Bewertung Gebrauch macht, mit einer Verschlechterung der Bewertung rechnen muss. Insoweit sollte ihm ein »Vertrauensschutz« eingeräumt werden. Es ist aber juristisch und pädagogisch nicht zu beanstanden, wenn nachträglich entdeckte Fehler mit den vom Schüler begehrten Verbesserungen (z.B. übersehene richtige Lösungen, zu Unrecht vermerkte Fehler) verrechnet werden.

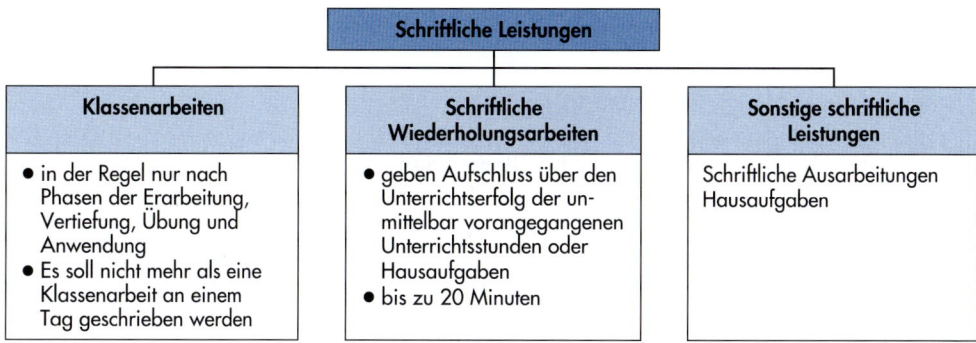

Anzahl der schriftlichen Arbeiten (§ 9 NotenVO)
- Kernfächer: mindestens vier **Klassenarbeiten**
- »Übrige Fächer«: höchstens **vier schriftliche Arbeiten**
- Eine **besondere Regelung** besteht für die Jahrgangsstufen 12 und 13 des Gymnasiums (siehe z. B. § 6 BGVO)

15.8 Die mündliche Note

§ 6 NotenVO regelt die Noten für Verhalten und Mitarbeit. Die **Mitarbeit** unterscheidet sich von den **mündlichen Leistungen** dadurch, dass bei Ersterer der **Arbeitswillen** bewertet wird, während bei Letzteren die **Qualität** der Beiträge ausschlaggebend ist.

Es bleibt jedem Lehrer selbst überlassen, wie er die mündlichen Leistungen ermittelt. Er kann **Einzelprüfungen** vornehmen (vgl. **§ 7 Abs. 4 Satz 2 NotenVO**) oder über die mündlichen Beiträge in einem gewissen Zeitraum eine **Eindrucksnote** bilden.

Die mündliche Note	
Ermittlung	● Einzelprüfung oder ● Eindrucksnote In jedem Fall muss die Note aber nachvollziehbar begründet werden können.
Maßstab	Qualität, nicht nur Quantität der mündlichen Beiträge.
Gewichtung	Abhängig vom jeweiligen Unterrichtsfach. **Grenze**: Die mündliche Note muss sich noch auf die Gesamtnote auswirken können.

Dies darf jedoch nicht so verstanden werden, dass hier der subjektive »Eindruck« maßgeblich sein dürfte. Die Note muss auch bei der **Eindrucksnote** nachvollziehbar begründet werden können (vgl. **§ 7 Abs. 4 Satz 1 NotenVO**). Der Unterschied zur Einzelprüfung besteht nur darin, dass keine punktuelle, sondern eine permanente Leistungsfeststellung erfolgt. Wegen der Begründungspflicht empfiehlt es sich, die Zeiträume nicht zu weit auszudehnen, sondern zumindest in jedem Halbjahr zwei solcher Teilnoten festzuhalten.

Nicht maßgeblich ist die bloße Zahl der Unterrichtsbeiträge eines Schülers. Dieser Aspekt wird von der Note für Mitarbeit erfasst. Der Lehrer muss vielmehr von sich aus Schülern Gelegenheit zu Beiträgen im Unterricht geben. Der Schüler hat dabei jederzeit mit der Ermittlung seiner mündlichen Leistungen in einer dem Lehrer geeignet erscheinenden Weise zu rechnen, kann sich also z. B. nicht darauf berufen, an einem bestimmten Tag nicht mit einer Abfrage gerechnet zu haben. Ein passives Verhalten eines Schülers im Unterricht geht auf sein Risiko; es ist grundsätzlich seine Sache, seine Leistungsbereitschaft durch aktive Teilnahme am Unterricht unter Beweis zu stellen. Allerdings sollte auch der Lehrer zurückhaltenderen Schülern durch gezieltes Aufrufen Gelegenheit geben, ihre Leistungsfähigkeit unter Beweis zu stellen.

15.9 Säumnis bei Leistungsfeststellungen

Jeder Lehrer entscheidet selbst, ob bei einer **entschuldigt** versäumten schriftlichen Arbeit ein Nachtermin angesetzt wird. Da der Lehrer bei der Notenbildung eine pädagogisch-fachliche Gesamtwertung und keine rein arithmetische Berechnung der erbrachten Leistungen vornimmt (vgl. § 7 Abs. 2 NotenVO), kann nur er beurteilen, ob er den Leistungsstand eines Schülers bereits korrekt einschätzen kann oder nicht. Konferenzbeschlüsse in diesem Bereich haben nur empfehlenden Charakter.

Wird eine Nachschreibearbeit angesetzt, muss es sich um eine »**entsprechende**« **Arbeit** handeln. Eine versäumte Klassenarbeit kann also z. B. nicht durch eine Wiederholungsarbeit ersetzt werden. Grundsätzlich sollte die Nacharbeit auch das gleiche Stoffgebiet umfassen wie die versäumte Arbeit. Wird, wie häufig der Fall, für alle Schüler der Klasse, die unterschiedliche Arbeiten versäumt haben, ein gemeinsamer Nachtermin angesetzt, sollte bei der Aufgabenstellung möglichst das Stoffgebiet jeder Klassenarbeit berücksichtigt werden. Auf jeden Fall müssen neue Aufgaben gestellt werden, da selbst bei einem kurzfristig angesetzten Nachtermin nicht auszuschließen ist, dass der betreffende Schüler von den bei der versäumten Arbeit gestellten Aufgaben Kenntnis erhalten hat und so eine Leistungsverzerrung einträte, die die Chancengleichheit aller Schüler verletzt. Nicht richtig ist es, in einem solchen Fall bei dem Schüler einfach einen strengeren Maßstab anzulegen.

Auch im Übrigen muss darauf geachtet werden, dass bei dem Nachtermin der Schüler vergleichbare Bedingungen wie seine Mitschüler bei der regulären Arbeit vorfindet. So ist es nicht vertretbar, einen Schüler während eines laufenden Unterrichts eine Arbeit schreiben zu lassen.

Von dem Erfordernis der Ankündigung kann bei Nachterminen abgesehen werden, da der Schüler ja durch den ursprünglich angesetzten Termin vorbereitet war.

Bei **unentschuldigtem** Versäumen einer Arbeit – auch einer mündlichen Überprüfung[1] –, **muss** der Lehrer die Note »ungenügend« erteilen (**§ 8 Abs. 5 NotenVO**). Was »unentschuldigt« ist, ergibt sich aus **§ 2 Abs. 1 Satz 4 und 5 und Abs. 2 Schulbesuchsverordnung**. Unentschuldigt ist also auch das nicht rechtzeitig oder nicht in der geforderten Form entschuldigte Versäumnis. Die »Beweislast« für das rechtzeitige Eingehen der Entschuldigung hat grundsätzlich der Schüler. Sie kann sich jedoch umkehren, wenn innerschulisch organisatorische Regelungen über die Behandlung eingehender Entschuldigungen getroffen werden, in die er keinen Einblick hat. Ist jedoch völlig unstrittig, dass der Schüler aus gesundheitlichen Gründen an der Teilnahme gehindert war (er war z. B. wegen eines Unfalls im Krankenhaus), würde es dem Sinn und Zweck des § 8 Abs. 5 NotenVO i.V.m. § 2 der Schulbesuchsverordnung widersprechen, aus der verspäteten Entschuldigung auf eine unentschuldigte Säumnis zu schließen.

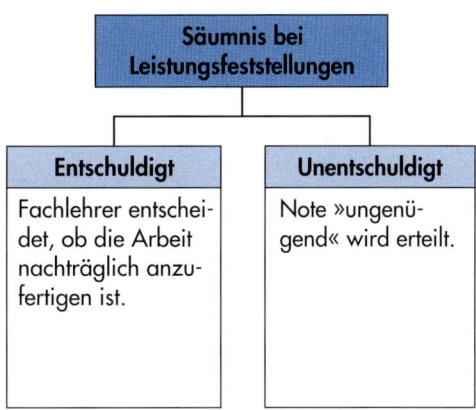

Wichtig ist hier, dass der Lehrer **keinen Spielraum** hat, sondern stets die Note »ungenügend« erteilen muss. Ein Ausgleich von Härten kann über § 7 Abs. 2 NotenVO (Notengebung als pädagogisch-fachliche Gesamtbewertung) erfolgen.

15.10 Täuschung und Täuschungsversuch

Die Notenverordnung gibt dem Lehrer ein abgestuftes Verfahren an die Hand, wie er bei einer **Täuschungshandlung** oder einem **Täuschungsversuch** reagieren kann (§ 8 Abs. 6 NotenVO):

- Er kann die Arbeit wie üblich bewerten, z. B. wenn die Täuschung bereits ganz am Anfang bemerkt wurde und keinen Einfluss mehr haben konnte, etwa der »Spickzettel« frühzeitig abgenommen wurde.
- Er kann einen Notenabzug vornehmen, z. B. wenn sich die Täuschung auf einen Teil der Arbeit hin isolieren lässt und entsprechende Punkte abgezogen werden.
- Er kann die Neuanfertigung einer Arbeit anordnen.

---

[1] § 8 Abs. 7 NotenVO

- Bei **schwerer** oder **wiederholter** Täuschung kann die Arbeit mit »ungenügend« bewertet werden. Eine schwere Täuschung liegt etwa vor, wenn sich ein Schüler vorher eine »Musterlösung« des Lehrers »besorgt« hat, also z. B. ein auf dem Kopierer liegen gelassenes Blatt an sich genommen hat.

Diese Regelung ist Ausdruck des **Grundsatzes der Verhältnismäßigkeit**. Kriterien für die Zuordnung einer Handlungsweise können sein:

- In welchem Umfang hat sich der Schüler unerlaubte Vorteile verschafft und damit die Chancengleichheit verletzt? Stets muss sichergestellt sein, dass mit der Sanktion die unberechtigten Vorteile beseitigt werden.
- In welchem Ausmaß verletzte das Täuschungsmanöver die »Spielregeln des Wettbewerbs«? Hier kann z. B. erschwerend berücksichtigt werden, wenn ein erheblicher technischer oder organisatorischer Aufwand zur Durchführung betrieben wurde oder wenn eine eigene geistige Leistung vollkommen durch den Einsatz des Hilfsmittels ersetzt werden sollte.
- Mit berücksichtigt werden darf auch, dass eine Sanktion eine abschreckende Wirkung für andere haben soll.

Die Täuschung muss dem Schüler **nachgewiesen** werden, ein bloßer Verdacht genügt nicht. Liegt allerdings ein Sachverhalt vor, für den es keine andere Erklärung als eine Täuschung gibt *(Bsp.: der Text des Schülers entspricht wörtlich der Musterlösung oder enthält dort vorkommende Fehler ebenfalls)* kann nach den Grundsätzen des **»Anscheinsbeweises«** von einer Täuschung ausgegangen werden; dem Schüler obliegt es dann, den Nachweis zu erbringen, dass entgegen dem Anschein keine Täuschung vorlag. Behauptet ein Schüler etwa, er habe die Musterlösung »auswendig gelernt«, kann von ihm verlangt werden, dass er die erforderliche Gedächtnisleistung nochmals nachweist.

Manchmal stellt sich die Frage, ob es zulässig ist, für die gesamte Klasse oder eine bestimmte Gruppe von Schülern die Arbeit wiederholen zu lassen, wenn anzunehmen ist, dass mehrere Schüler von dem unerlaubten Hilfsmittel Gebrauch gemacht haben, z. B. wenn auf der Toilette eine Lösungsskizze deponiert war. Das ist jedoch nur zulässig, wenn für den gesamten Personenkreis der Nachweis der Täuschung hinreichend erbracht werden kann.

Sanktioniert werden kann nur der Schüler, der **seine** Leistung durch die Täuschung verfälscht hat. Bei dem Schüler, der z. B. einen Mitschüler hat abschreiben lassen, sind nur Erziehungs- und Ordnungsmaßnahmen als Reaktion möglich, es sei denn, Prüfungsordnungen sehen auch für die »Beihilfe« Sanktionen vor.

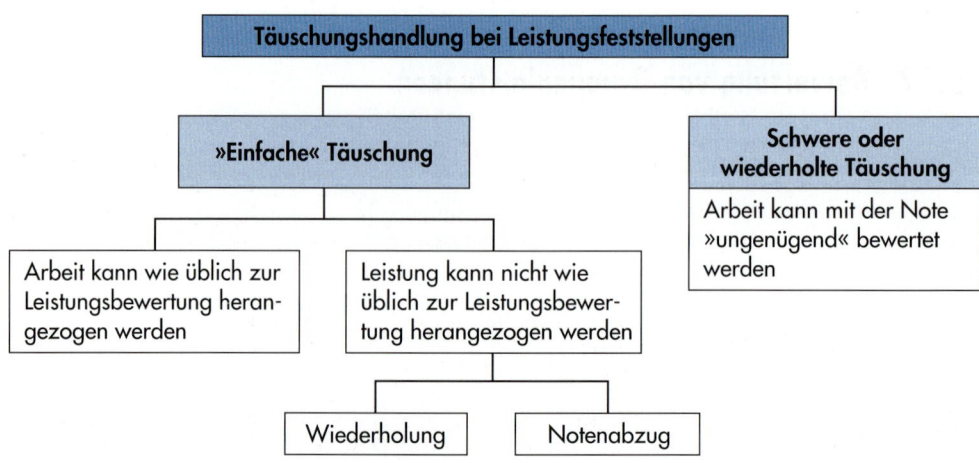

Wie eine Täuschungshandlung kann auch die **nicht rechtzeitige** Abgabe einer Arbeit behandelt werden. Der Lehrer hat hier ebenfalls abgestufte Sanktionsmöglichkeiten, es sei denn, eine Prüfungsordnung sieht eine spezielle Regelung vor.

> Im **Fall 15.2** sollte der Lehrer z. B. durch eine mündliche Abfrage überprüfen, ob die Leistungssteigerung des Schülers tatsächlich vorliegt oder auf einer Täuschungshandlung beruht. Sofern sich nicht sicher beweisen lässt, wer von wem abgeschrieben hat, ist eine Notensanktion nicht möglich, weil nur das Abschreiben, nicht auch das Abschreibenlassen eine Täuschung im Sinne der Notenverordnung darstellt.

Es kommt – leider – auch gelegentlich vor, dass Lehrer Täuschungshandlungen bei Prüfungen unterstützen oder gar selbst initiieren. Sei es aus falsch verstandenem Mitgefühl mit ihren Schülern, sei es, um begangene Fehler bei der Unterrichtsarbeit zu kaschieren. Da es eine wichtige Aufgabe der Schule ist, die Chancengleichheit bei Prüfungen der Schule zu gewährleisten, beeinträchtigt ein Fehlverhalten das Vertrauen in die Schule allgemein und den betreffenden Lehrer ganz erheblich. Schwerwiegende Disziplinarmaßnahmen bis zur Entfernung aus dem Dienst sind deshalb regelmäßig die Konsequenz für eine solche Dienstpflichtverletzung.

15.11 Hausaufgaben als Teil der Gesamtleistung

Die Notenverordnung enthält auch Regelungen zu den Hausaufgaben (§ 10 NotenVO).

Wichtig ist der Grundsatz, dass diese so zu stellen sind, dass die Schüler sie ohne fremde Hilfe erledigen können **(Abs. 2)**. Die Eltern sollen nicht zu »Hilfslehrern« gemacht werden. Auch sollen Schüler, die zu Hause keine Hilfe bekommen können, nicht gegenüber anderen Schülern benachteiligt werden. Zu den Aufgaben des Lehrers gehört es, die Erledigung der Hausaufgaben in angemessener Art und Weise zu kontrollieren.

Die Gesamtlehrerkonferenz kann mit Zustimmung der Schulkonferenz hier bestimmte Vorgaben machen, insbesondere zum **zeitlichen Umfang** der Hausaufgaben sowie zu der Frage, ob **Hausaufgaben über das Wochenende** und über Feiertage gegeben werden dürfen.

Die in der Klasse unterrichtenden Lehrer sollten sich abstimmen, um eine Überlastung der Schüler zu vermeiden und jedes Fach zu seinem Recht kommen zu lassen. Dem **Klassenlehrer** kommt in diesem Zusammenhang eine besondere Verantwortung zu. Er hat für eine zeitliche Abstimmung der einzelnen Fachlehrer zu sorgen und auf die Einhaltung der bestehenden Regeln zu achten.

An Tagen mit verpflichtendem Nachmittagsunterricht darf es in den Klassen 5 bis 10 keine schriftlichen Hausaufgaben von diesem auf den nächsten Tag geben (§ 10 Abs. 3 NVO).

15.12 Bewertung von Gruppenleistungen

Neue Unterrichtsformen (z. B. projekt- bzw. handlungsorientierter oder fächerübergreifender Unterricht) erfordern häufig Gruppenarbeiten. Es stellt sich nun die Frage, wie die von einer Gruppe erbrachte Leistung in Noten für die Gruppenmitglieder umgesetzt werden kann. Soll eine »Einheitsnote« vergeben werden, was zur Folge haben könnte, dass auch Schüler, die wenig zu dem Ergebnis beigetragen haben, von der Gruppenleistung profitieren könnten?

Oder sollen die Beiträge, etwa aufgeteilt nach einzelnen Arbeitsbereichen, individuell überprüft und bewertet werden, was negative Auswirkungen auf die Kommunikation und Kooperation in der Gruppe haben könnte?

Ausgehend von dem Zweck der Leistungsfeststellung, nämlich festzustellen, ob ein Schüler ein bestimmtes Ziel erreicht hat und in der Ausbildung fortschreiten kann, müssen die Einzelleistungen deutlich abgrenzbar und zuverlässig bewertbar sein. Diesen Aspekt muss der Lehrer bei der Aufgabenstellung bereits berücksichtigen. Dabei können je nach der Arbeitsaufteilung in der Gruppe durchaus auch unterschiedliche Beiträge einzelner Mitglieder bewertet werden (z. B. »Materialsammlung«, Präsentation des Ergebnisses etc.).

15.13 Versetzungsentscheidungen

15.13.1 Gemeinsame Grundzüge aller Versetzungsordnungen

In allen Schularten wird in **Versetzungsordnungen** geregelt, unter welchen Voraussetzungen ein Schüler seine Schullaufbahn dadurch fortsetzen kann, dass er in die nächsthöhere Klasse aufrückt. Die Zeugnis- und Versetzungsentscheidungen sind die wichtigsten Entscheidungen, für die die **Klassenkonferenz** zuständig ist (§ 4 Abs. 1 Nr. 4 KonfO). Der Konferenz steht für ihre Entscheidungen – die sich allerdings im Rahmen der Versetzungsordnungen halten müssen – ein **Beurteilungsspielraum** zu, in den im Falle eines **Widerspruchs** eines Schülers bzw. seiner Eltern auch das Regierungspräsidium als Widerspruchsbehörde nicht eingreifen darf.

Die Versetzungsordnungen sind für alle Schularten ähnlich aufgebaut, ihre Grundzüge können daher hier gemeinsam dargestellt werden.

- Wichtig ist in den meisten Versetzungsordnungen die Unterscheidung in **Kernfächer** und **maßgebende Fächer**.

- Kernfächer sind in der Regel Deutsch, Mathematik, eine Pflichtfremdsprache und ein die Schulart besonders prägendes Fach. Die Kernfächer sind insoweit besonders herausgehoben, als eine Versetzung meist nicht möglich ist, wenn ein Schüler in einem solchen Fach die Note »ungenügend« erhält. Diese Note wird nach § 5 Abs. 2 Nr. 6 NotenVO erteilt, wenn die Grundkenntnisse so lückenhaft sind, dass die Mängel in absehbarer Zeit nicht behoben werden können. Hat ein Schüler in einem besonders wichtigen Fach derartige Lücken, kann nicht erwartet werden, dass er den Anforderungen der nächsthöheren Klasse gewachsen sein wird, was stets Voraussetzung für eine Versetzung ist (vgl. z. B. § 1 Abs. 1 und Abs. 2 Nr. 3 RealschulVersO). Der Notendurchschnitt aller Kernfächer darf nicht schlechter als 4,0 sein.

- Maßgebende Fächer sind alle anderen in der **Stundentafel** ausgewiesenen Fächer. Der Notendurchschnitt dieser Fächer darf nicht schlechter als 4,0 sein. Die Note »mangelhaft« in nur einem Fach steht einer Versetzung nicht entgegen. Werden mehrere Fächer – hier unterscheiden sich die Versetzungsordnungen bezüglich der Höchstzahl, z. T. sind es zwei, z. T. drei Fächer – mit der Note »mangelhaft« bewertet, ist eine Versetzung möglich, wenn ein **»sinnvoller Ausgleich«** gegeben ist, d. h. die schlechten Leistungen in diesen Fächern durch bessere Leistungen in anderen Fächern kompensiert werden. Auch hier gelten für Kernfächer strengere Anforderungen, sie können nur mit der Note »gut« ausgeglichen werden, während bei den anderen Fächern ein Ausgleich auch möglich ist, wenn der Schüler in zwei anderen Fächern die Note »befriedigend« hat.

Die Versetzungsordnung der Hauptschule kennt die Differenzierung zwischen Kernfächern und maßgebenen Fächern nicht. Ein sinnvoller Ausgleich ist nur dann erforderlich, wenn mehr als ein Fach mit der Note ungenügend oder mehr als zwei Fächer mit der Note mangelhaft bewertet wurden. Für die weiteren Fächer oder Fächerverbünde ist dann ein sinnvoller Ausgleich erforderlich. Ausgeglichen werden können

- Die Note »ungenügend« durch die Note »sehr gut« in einem anderen maßgebenden Fach oder Fächerverbund oder durch die Note »gut« in zwei anderen maßgebenden Fächern oder Fächerverbünden
- Die Note »mangelhaft« durch mindestens die Note »gut« in einem anderen maßgebenden Fach oder Fächerverbund.

Besonderheiten gelten auch in der Grundschule

- Von der Klasse 1 nach Klasse 2 der Grundschule rückt der Schüler ohne Versetzungsentscheidung auf.
- Für die Versetzung von **Klasse 2 nach Klasse 3** dürfen die Leistungen des Schülers in den Fächer Deutsch und Mathematik nicht mit der Note »ungenügend« und nicht mehr als einem dieser Fächer mit mangelhaft bewertet sein. **Er muss also mindestens in einem dieser Fächer die Note ausreichend erreicht haben.**
- Eine Versetzung von **Klasse 3 nach Klasse 4** der Grundschule wird ausgesprochen, wenn der Schüler in den Fächern Deutsch und Mathematik sowie im Fächerverbund Mensch, Natur und Kultur **zweimal mindestens »ausreichend«** und **einmal mindestens »mangelhaft«** erreicht hat.

Eine gewisse Sonderrolle spielen die Fächer Sport, Bildende Kunst und Musik. Von diesen Fächern ist nur das mit der besten Note für die Versetzung maßgebend, wenn sonst die Versetzung nicht möglich wäre (vgl. z. B. § 2 Abs. 1 Satz 2 RealschulVersO).

Fast alle Versetzungsordnungen enthalten Regelungen, die eine unbegrenzte **Zahl von Wiederholungen einer Klasse** ausschließen (anders in der Grundschule und der Hauptschule). Im Allgemeinen darf eine Klasse nur zweimal durchlaufen werden, ebenso dürfen nicht zwei aufeinander folgende Klassen wiederholt werden. Wird ein Schüler aus einer wiederholten Klasse wiederum nicht versetzt, muss er die Schule verlassen. Gleiches gilt auch für schulische Prüfungen: Wer zweimal eine Prüfung nicht bestanden hat, muss die Schule verlassen.

15.13.2 Nichtversetzung als besondere Härte

- Alle Versetzungsordnungen enthalten Regelungen für Fälle, bei denen aufgrund besonderer Umstände eine Nichtversetzung für den Schüler eine besondere Härte darstellen würde. Diese Regelungen sind in den Versetzungsordnungen meistens unter den Paragraphen **1 Abs. 3** und **3** zu finden.
- Nach § 1 Abs. 3 kann die Klassenkonferenz mit $^2/_3$-**Mehrheit** die Versetzung beschließen, wenn sie zu der Auffassung gelangt, dass die Leistungen des Schülers nur vorübergehend nicht für die Versetzung ausreichen und er nach einer Übergangszeit den Anforderungen der nächsthöheren Klasse voraussichtlich gewachsen sein wird. Die Klassenkonferenz muss stets prüfen, ob ein solcher Fall vorliegt. Hat sie sich darüber gar keine Gedanken gemacht, muss im Falle eines Widerspruchs die Nichtversetzungsentscheidung aufgehoben und eine erneute Beratung angesetzt werden. Hat sie aber eine Entscheidung getroffen und vertretbar begründet, kann die Widerspruchsbehörde nicht einfach eine andere Entscheidung treffen, sondern muss den Beurteilungsspielraum der Konferenz respektieren. Gründe für eine solche **ausnahmsweise Versetzung** können z. B. sein, dass ein Schüler aufgrund von Vorkommnissen in seinem privaten Bereich (Todesfall naher Angehöriger, Scheidung der Eltern) eine schwierige Lebensphase zu durchlaufen hatte oder starke Leistungsschwankungen vorliegen.
- Nach § 3 kann die Versetzung bis zum Ende des nächsten Schul**halb**jahres **ausgesetzt** werden, wenn die Klassenkonferenz sich noch kein genaues Bild über den Leistungsstand eines Schülers machen kann. Voraussetzung ist, dass die Leistungen des Schülers **abge-**

sunken sind, **weil** er im **2. Schulhalbjahr** aus von ihm nicht zu vertretenden Umständen (z. B. Wohnortwechsel der Eltern, aber nicht bei einem Schulausschluss nach § 90 SchulG) die **Schule wechseln** musste **oder wegen Krankheit länger als acht Wochen** den Unterricht nicht besuchen konnte **oder** durch andere **besonders schwer wiegende** von ihm nicht zu vertretende Gründe in seinem Leistungsvermögen erheblich beeinträchtigt war. Die Klassenkonferenz muss bei Anwendung dieser Vorschrift spätestens zum Ende des nächsten Schulhalbjahres nochmals zusammentreten und dann eine endgültige Entscheidung treffen. Bis dahin besucht der Schüler die nächsthöhere Klasse.

- Die Versetzungsordnungen von Realschule und Gymnasium enthalten seit dem 1.8.2004 Regelungen, wonach nicht versetzte Schüler für etwa vier Wochen die nächsthöhere Klasse auf Probe besuchen können, wenn die Klassenkonferenz der Meinung ist, dass die Mängel in den mit nicht ausreichend bewerteten Fächern in dieser Zeit behoben werden können. Gegen Ende dieser Probezeit werden die Schüler in den mit nicht ausreichend bewerteten Fächern schriftlich und mündlich über die Unterrichtsinhalte der Probezeit und des vorangegangenen Schuljahres geprüft. Das Ergebnis ersetzt in dem entsprechenden Fach die Note des vorangegangenen Jahreszeugnisses. Erfüllt der Schüler damit die Anforderungen für eine Versetzung, gilt die ausgesprochene Nichtversetzung rückwirkend als nicht getroffen.

15.13.3 Die freiwillige Wiederholung

Ein Schüler, der versetzt worden ist, kann zu Beginn eines Halbjahres entscheiden, ob er die Klasse, aus der er versetzt worden ist, **freiwillig wiederholen** möchte. Ein Grund dafür kann sein, dass er infolge von Krankheitsversäumnissen einen großen Teil des Unterrichtsstoffes nicht mitbekommen hat und durch die Wiederholung die Grundlagen festigen möchte. In Abschlussklassen kann er das Interesse haben, bei einer Wiederholung bessere Anmeldenoten zu erreichen. Die freiwillige Wiederholung wird so behandelt wie eine Wiederholung aufgrund einer Nichtversetzung. Mit der Entscheidung, eine Klasse freiwillig zu wiederholen, sind deshalb für den Schüler erhebliche Risiken verbunden: Kann der Schüler aus der freiwillig wiederholten Klasse aufgrund seiner Noten nicht in die nächsthöhere Klasse versetzt werden, muss er z. B. nach der VersO der Realschule und des Gymnasiums die Schule verlassen.

In der Klasse 4 der Grundschule ist eine freiwillige Wiederholung nur in besonderen Ausnahmefällen möglich. Durch diese Regelung soll verhindert werden, dass der Schüler durch eine Wiederholung die Empfehlung für eine Schulart erhält, deren Anforderungen er nicht gewachsen ist.

15.13.4 Die Nichtversetzung als Verwaltungsakt

Die Entscheidung über die Versetzung ist ein **Verwaltungsakt**. Wird ein Schüler nicht versetzt, kann er dagegen **Widerspruch einlegen**. Dann muss zunächst die Klassenkonferenz entscheiden, ob sie dem Widerspruch **abhelfen**, also ihre Entscheidung ändern will oder ob sie bei ihrer ursprünglichen Entscheidung bleibt. Im letzteren Fall muss dann das Regierungspräsidium über den Widerspruch entscheiden. Hat der Schüler zu Unrecht Widerspruch erhoben, hält also das Regierungspräsidium die Entscheidung der Klassenkonferenz für richtig, wird der Widerspruch zurückgewiesen und der Schüler muss eine **Widerspruchsgebühr** bezahlen. Obwohl ein Widerspruch grundsätzlich **aufschiebende Wirkung** hat, bedeutet das nicht, dass der Schüler bis zur Entscheidung über den Widerspruch die nächsthöhere Klasse besuchen dürfte, denn dann würde er durch den Widerspruch eine Rechtsstellung erhalten, die er bisher noch nicht hatte. Einen vorläufigen Besuch der nächsthöheren Klasse kann er nur durch einen **Antrag auf einstweilige Anordnung** beim Verwaltungsgericht erreichen. Dessen Entscheidung richtet sich in erster Linie danach, ob nach Auffassung des Gerichts der Widerspruch bzw. eine evtl. Klage erfolgreich sein wird. Müsste ein Schüler wegen mehrmaliger Nichtversetzung die Schule verlassen, hat die aufschiebende Wirkung des Widerspruchs zur Folge, dass der Schüler zunächst noch einmal die zuletzt besuchte Klassenstufe besuchen darf.

Versetzungsentscheidung
Voraussetzungen für die Versetzung:
• Durchschnitt der Noten in den maßgeblichen Fächern mindestens 4,0 • Durchschnitt der Noten in den Kernfächern mindestens 4,0 • Leistung in keinem Kernfach »ungenügend«
• Maximal einmal die Note Fünf in einem maßgeblichen Fach. Ein sinnvoller Ausgleich ist erst erforderlich, wenn zweimal die Note Fünf in einem maßgeblichen Fach vorliegt. Dann allerdings ist für jede dieser Fünfen ein Ausgleich erforderlich.

Sinnvoller Ausgleich

Kernfach		Nicht Kernfach	
Note	Ausgleich	Note	Ausgleich
»ungenügend«	• Kann nicht ausgeglichen werden	»ungenügend«	• »Sehr gut« in einem anderen maßgeblichen Fach • 2 mal »gut« in einem maßgeblichen Fach
»mangelhaft«	• »gut« in einem Kernfach	»mangelhaft«	• »gut« in einem anderen maßgeblichen Fach • 2 mal »befriedigend« in einem anderen maßgeblichen Fach

In der Regel kann zweimal die Note fünf, in einzelnen Versetzungsordnungen dreimal die Note fünf in einem maßgeblichen Fach ausgeglichen werden.

15.14 Die Multilaterale Versetzungsordnung

15.14.1 Grundstruktur der Multilateralen Versetzungsordnung

Eine Sonderform der Versetzungsordnungen stellt die **Multilaterale Versetzungsordnung (MVO)** dar (Verordnung vom 12. Dezember 2010). Sie regelt den Übergang von Schülern zwischen Hauptschule, Werkrealschule, Realschule und allgemein bildendem Gymnasium und soll die Durchlässigkeit zwischen den Schularten gewährleisten. Die MVO regelt insgesamt fast 60 Fälle des Überwechselns zwischen den verschiedenen Schularten. Es können hier deshalb nur die Grundstrukturen erläutert werden.

Der Wechsel ist grundsätzlich sowohl zum Schul**halb**jahres- als auch zum Schul**jahres**ende möglich.

- Von der Realschule und dem Gymnasium in die Hauptschule kann nicht nur zu diesen festen Terminen, sondern auch **während des laufenden Schuljahres** gewechselt werden.
- Ein Wechsel zum Schul**halb**jahr ist nicht möglich
  – **von** den **Abschlussklassen** der Hauptschule (Klasse 9) und der Realschule (Klasse 10) ausgehend in eine höhere Schulart (z. B. von der Hauptschule in die Realschule),

- **in** die Abschlussklassen der Haupt- und Werkrealschule (Klassen 9 und 10) und der Realschule (Klasse 10).
- **von** der Klasse 5 der Haupt- und Realschule in eine höhere Schulart.

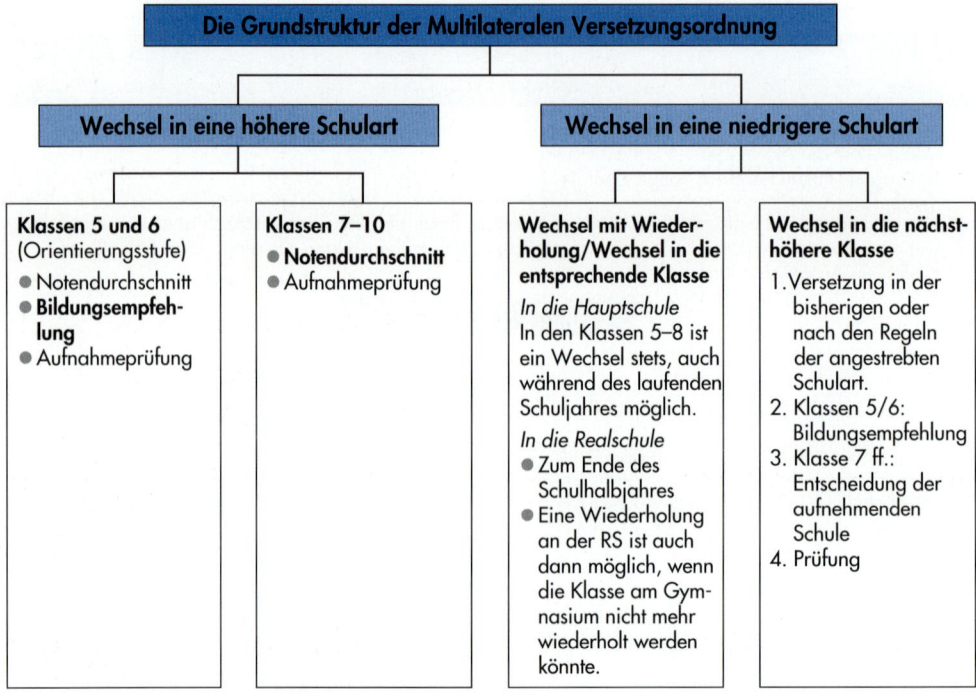

15.14.2 Wechsel in eine »höhere« Schulart

Für den Wechsel in eine höhere Schulart, also z. B. für den Wechsel von der Hauptschule in die Realschule oder das Gymnasium oder den Wechsel von der Realschule in das Gymnasium, sieht die MVO **abhängig von der Klassenstufe** ein unterschiedliches Verfahren vor.

▶ **Klassen 5 und 6**

Die Klassen 5 und 6 werden als »**Orientierungsstufe**« bezeichnet, weil in diesen Klassen die Bildungspläne der verschiedenen Schularten aufeinander abgestimmt sind, sodass ein Wechsel leichter möglich ist als in höheren Klassenstufen.

In der MVO findet dies seinen Ausdruck darin, dass der Schüler aufgrund einer **Bildungsempfehlung der Klassenkonferenz** seiner Schule in die höhere Schulart wechseln kann. Diese Bildungsempfehlung setzt bestimmte Noten voraus, wobei das Erreichen dieser Noten keinen Anspruch des Schülers darauf begründet, dass die Bildungsempfehlung tatsächlich auch ausgesprochen wird.

Sieht die Klassenkonferenz z. B. Probleme im Lern- und Arbeitsverhalten des Schülers, kann sie die Bildungsempfehlung selbst dann versagen, wenn der von der MVO geforderte Notendurchschnitt erreicht wurde. Sie ist dann aber in der **Begründungspflicht**, d. h., sie muss im Einzelnen darlegen können, weshalb die Bildungsempfehlung trotz des erreichten Notendurchschnittes nicht erteilt wurde.

Wird die gewünschte Bildungsempfehlung nicht erteilt, kann sich der Schüler einer **Aufnahmeprüfung** unterziehen, die in den Klassen 5 und 6 an zentral gelegenen Schulen abgenommen wird.

Ein Wechsel ist zum Ende des Schulhalbjahres der Klasse 6 in die entsprechende, zum Schuljahresende in die nächsthöhere Klasse möglich.

> **Voraussetzungen für den Übertritt in eine höhere Schulart in den Klassen 5 und 6**
>
> **Hauptschule, Werkrealschule ➔ Realschule**
> - Von den Fächern Deutsch, Mathematik, Pflichtfremdsprache müssen zwei mindestens mit der Note »gut«, das dritte mindestens mit der Note »befriedigend« bewertet sein.
> - In den für die Versetzung maßgeblichen Fächern muss ein Durchschnitt von mindestens 3,0 erreicht werden.
> - Sind die Notenvoraussetzungen nicht erreicht: Bildungsempfehlung mit Zweidrittelmehrheit für die Aufnahme auf Probe bei entsprechendem Lern- und Arbeitsverhalten und Leistung.
>
> **Hauptschule, Werkrealschule ➔ Gymnasium**
> - In den Fächern Deutsch, Mathematik und in der Pflichtfremdsprache mindestens die Note »gut« sowie in allen für die Versetzung maßgebenden Fächern mindestens den Durchschnitt von 2,5.
> - Sind die Notenvoraussetzungen nicht erreicht: Bildungsempfehlung mit Zweidrittelmehrheit für die Aufnahme auf Probe bei entsprechendem Lern- und Arbeitsverhalten und Leistung.
>
> **Realschule ➔ Gymnasium**
> - Die Fächer Deutsch, Mathematik sowie die Pflichtfremdsprache müssen mindestens mit »befriedigend« bewertet sein.
> - In den für die Versetzung maßgeblichen Fächern muss ein Durchschnitt von mindestens 3,0 erreicht werden.
> - Sind die Notenvoraussetzungen nicht erreicht: Bildungsempfehlung mit Zweidrittelmehrheit für die Aufnahme auf Probe bei entsprechendem Lern- und Arbeitsverhalten und Leistung.

Neben dem Wechsel aufgrund der erreichten Noten bzw. der Bildungsempfehlung besteht die Möglichkeit, die Eignung für den Besuch der gewünschten Schulart durch eine Aufnahmeprüfung nachzuweisen. Um den Prüfungsaufwand zu reduzieren, wird grundsätzlich nur noch schriftlich geprüft. Nur auf Wunsch der Eltern findet auch eine mündliche Prüfung statt.

▶ Klassen 7–10

Nach dem Abschluss der Orientierungsstufe ist der Wechsel nicht mehr aufgrund einer Bildungsempfehlung möglich. An ihre Stelle tritt eine höhere Notenschwelle.

> **Voraussetzungen für den Übertritt in eine höhere Schulart in den Klassen 7–10**
>
> **Hauptschule, Werkrealschule ➔ Realschule**
> - Deutsch, Mathematik und Fremdsprache müssen mindestens mit der Note »gut« bewertet sein.
> - In allen für die Versetzung maßgeblichen Fächern muss ein Notendurchschnitt von mindestens 3,0 vorliegen.
>
> **Hauptschule, Werkrealschule ➔ Gymnasium**
> - Ein Wechsel kann nur noch auf der Grundlage einer Aufnahmeprüfung erfolgen.
>
> **Realschule ➔ Gymnasium**
> - Von den Fächern Deutsch, Mathematik und Pflichtfremdsprache müssen zwei mindestens mit der Note »gut«, das dritte mindestens mit der Note »befriedigend« bewertet sein.
> - Im Wahlpflichtunterricht in jeder Fremdsprache, die am aufnehmenden Gymnasium ein für die Versetzung maßgebliches Fach ist, muss die Note »befriedigend« erreicht werden.

Ist diese Notenschwelle erreicht, hat der Schüler einen Rechtsanspruch darauf, in die höhere Schulart überzuwechseln.

Erreicht ein Schüler den erforderlichen Notendurchschnitt nicht, hat er die Möglichkeit, an einer **Aufnahmeprüfung** teilzunehmen.

Ein Wechsel ist nicht möglich zum Ende des ersten Schul**halb**jahres
- der Klasse 9 der Hauptschule in die Realschule,
- der Klasse 10 der Realschule in das Gymnasium.

Neben dem Wechsel aufgrund der erreichten Noten bzw. der Bildungsempfehlung besteht die Möglichkeit, die Eignung für den Besuch der gewünschten Schulart durch eine Aufnahmeprüfung nachzuweisen. Um den Prüfungsaufwand zu reduzieren, wird grundsätzlich nur noch schriftlich geprüft. Nur auf Wunsch der Eltern findet auch eine mündliche Prüfung statt.

15.14.3 Wechsel in eine niedrigere Schulart

(Wechsel vom Gymnasium in die Realschule, Wechsel von dem Gymnasium oder der Realschule in die Hauptschule)

▶ **Wechsel in die nächsthöhere Klasse**

Die MVO stellt im Einzelnen die Voraussetzungen auf, unter denen ein Schüler in die entsprechende oder nächsthöhere Klasse der »niedrigeren« Schulart wechseln kann. Dabei nimmt die MVO darauf Rücksicht, dass der in die niedrigere Schulart wechselnde Schüler grundsätzlich an den Anforderungen dieser Schulart zu messen ist. Wenn er also beispielsweise an einem Fach gescheitert ist, das auf der Zielschulart gar nicht versetzungsrelevant ist, soll das seine weitere schulische Entwicklung nicht verzögern.

Beispiel:
- Ein Schüler der Klasse 7 des Gymnasiums, der nach Klasse 8 versetzt wurde, kann zum Schuljahresende in die Klasse 8 der Realschule wechseln.
- Er kann aber auch nach dem ersten Schulhalbjahr der Klasse 8 des Gymnasiums in die Klasse 8 der Realschule überwechseln, wenn die Leistungen in der Halbjahresinformation für eine Versetzung ausreichen würden.

In den Klassen 5 und 6 kann die bisher besuchte Schule zudem eine entsprechende Bildungsempfehlung aussprechen. Danach, d.h. ab der Klasse 7, entscheidet die aufnehmende nach Beratung mit der abgebenden Schule.

Schließlich ist der Wechsel auch aufgrund einer Aufnahmeprüfung möglich.

▶ **Übergang in die entsprechende Klasse/Übergang mit Wiederholung**

Auch mit Wiederholung der Klasse kann nicht beliebig in eine niedrigere Schulart gewechselt werden. Dies ist für die Beratung der Schülerinnen und Schüler von besonderer Bedeutung. Die Regeln der MVO bestimmen, ob ein Schüler
- vom Gymnasium auf die Realschule wechseln kann oder auf die Hauptschule/Werkrealschule überwechseln muss.

Beispiel:
Ein Schüler der Klasse 9 der Realschule hat diese Klasse bereits wiederholt und wird wiederum nicht versetzt. Er kann die Klasse an der Hauptschule nur dann wiederholen, wenn die aufnehmende Haupt- bzw. Werkrealschule zustimmt (§ 12 Abs. 5 MVO i. V. m. § 6 Abs. 1 Nr. 1 der VersO Realschule). Stattdessen hätte der Schüler aber die Möglichkeit gehabt, an der Schulfremdenprüfung der Hauptschule teilzunehmen (§ 14 Abs. 2 Nr. 4 der Hauptschulabschlussprüfungsordnung).

---

1 Ausnahmen: Wechsel in die Klasse 9 der Hauptschule und Klasse 10 der Realschule

- die Schullaufbahn an den allgemeinen Schulen überhaupt fortsetzen kann, d.h. ein Wechsel an die Hauptschule/ Werkrealschule möglich bleibt.

Die Problematik ergibt sich daraus, dass

- der Wechsel in die Abschlussklassen der Zielschulart besonders geregelt und begrenzt ist.
- die Versetzungsordnung der Realschule Regeln vorsieht, die mögliche Klassenwiederholungen begrenzen.

Wechsel an die Hauptschule bzw. Werkrealschule (vom Gymnasium oder der Realschule)

Beim Wechsel auf eine Hauptschule oder Werkrealschule ergeben sich Besonderheiten, weil die Versetzungsordnung der Haupt- und Werkrealschule keine Regel vorsieht, dass bei mehrmaliger Nichtversetzung die Schulart zu verlassen ist. Dennoch ist der Wechsel aus einer »höheren Schulart« auch in die Haupt- oder Werkrealschule nicht unbegrenzt möglich.

> **Beispiel:**
> Ein Schüler hat die Klasse 8 der Realschule wiederholt und wird wiederum nicht versetzt. Er kann auf die Hauptschule wechseln und die Klasse 8 dort erneut besuchen.

Während für die Klassen 5 bis 7 in der MVO verschiedene Möglichkeiten des Wechsels aufgezeigt werden (§ 9 S.1.MVO i.V.m. § 10 Abs. 1 bis 4 und § 11 S. 1 i.V.m. § 12 Abs. 1-4), sind diese Wege ab der Klasse 8 teilweise versperrt.

- Ein Schüler der Klasse 8, der nicht in die nächsthöhere Klasse der Werkrealschule oder Hauptschule überwechseln kann, wird in die Klasse der Werkrealschule oder Hauptschule aufgenommen, die der bisher besuchten entspricht (§§ 10 Abs. 6 S. 1, 12 Abs. 6 S. 1 MVO).
- Der Wechsel eines Schülers der Klasse 9 des Gymnasiums oder der Realschule in die Klasse 9 der Werkrealschule oder Hauptschule setzt hingegen das Einvernehmen mit der aufnehmenden Schule voraus. Die Hauptschule kann einen Schüler also auch in die Klasse 9 aufnehmen, muss das aber nicht.

Wechsel vom Gymnasium an die Realschule

Auch für den Wechsel vom Gymnasium auf die Realschule bietet die MVO in den Klassen 5 bis 8 verschiedene Möglichkeiten (§ 7 i.V.m. § 8 Abs. 1 bis 5 MVO), wohingegen er in der Klassenstufe 9 und 10 an engere Voraussetzungen gebunden ist:

- In Klassenstufe 9 ist der Wechsel möglich, wenn die Anforderungen der Versetzungsordnung Gymnasien erfüllt sind.
- Ein Wechsel in die Klasse 10 ist nur unter den Voraussetzungen des § 8 Abs. 5 MVO möglich, also wenn die Klasse auch am Gymnasium wiederholt werden könnte.

> **Beispiel:**
> Ein Gymnasiast hat am Gymnasium einmal die Klasse 8 besucht. Wechselt er an die Realschule, wiederholt dort die Klasse 8 und wird er wiederum nicht versetzt, muss er die Realschule verlassen (§ 6 Abs. 1. Nr. 1 VersO Realschule). Die Wiederholung beim Wechsel der Schularten gilt als Nichtversetzung nach der Versetzungsordnung der Realschule (**§ 7 S. 3 MVO**).

Wer die Klasse 9 oder 10 am Gymnasium nicht besteht und nach der Versetzungsordnung Gymnasien die Klasse nicht mehr wiederholen kann, kann nicht mehr auf die Realschule wechseln!

Daraus ergibt sich für die Beratung des Schülers: Er muss »rechtzeitig«, d.h. bis zur Klasse 8 die Schulart wechseln, weil ihm sonst eventuell nur die Möglichkeit bleibt, an der Schulfremdenprüfung teilzunehmen, um auf diesem Weg noch einen Abschluss zu erlangen.

Der Übergang vom Gymnasium in die nächstniedrigere Klasse der Realschule zum Schulhalbjahr oder in die entsprechende Klasse zum Schuljahresende gilt als Nichtversetzung nach der Realschulversetzungsordnung. Jedoch werden Nichtversetzungen nach der Versetzungsordnung Gymnasien im Rahmen der Regelung für die mehrmalige Nichtversetzung nach § 6 der Realschulversetzungsordnung nicht berücksichtigt (§ 8 Abs. 6 S. 2 MVO).

15.15 Prüfungsrecht

15.15.1 Prüfungsbedingungen

Speziell für die Durchführung von Prüfungen sind durch gesetzliche Regelungen und die Rechtsprechung der Gerichte Grundsätze entwickelt worden, die bei schulischen Prüfungen beachtet werden müssen, teilweise aber auch für die sonstige Arbeit von Lehrern bei Leistungsüberprüfungen bedeutsam sind.

Wer einen bestimmten Ausbildungsweg beschreitet, muss sich grundsätzlich darauf verlassen können, dass die sein Verhalten bestimmenden Prüfungsbedingungen nicht oder jedenfalls nicht so sehr zu seinem Nachteil geändert werden, dass er sich darauf nicht mehr in zumutbarer Weise einstellen kann. Will der Gesetzgeber **Änderungen** vornehmen, z. B. die Voraussetzungen für das Bestehen der Prüfung verschärfen oder den Prüfungsstoff ändern, muss er – je nach dem Gewicht der Änderung – Übergangsregelungen vorsehen, oder u. U. die Neuregelung erst für neu in den Ausbildungsgang eintretende Schüler wirksam werden lassen. Entscheidend ist, inwieweit unter Beachtung des Grundsatzes der Chancengleichheit einem Prüfling zugemutet werden kann, sich auf die veränderten Bedingungen noch einzustellen. Dies wird eher der Fall sein, wenn es sich um reine Verfahrensvorschriften handelt, zu deren Erfüllung der Prüfling keine eigenen Leistungen erbringen muss.

15.15.2 Information über das Prüfungsverfahren

Jeder Prüfling hat einen Anspruch darauf, über alle wesentlichen Modalitäten der Prüfung in einer Weise informiert zu werden, die ihm eine Kenntnisnahme unter zumutbaren Bedingungen ermöglicht. Dies gilt insbesondere hinsichtlich der Ermittlung des Prüfungsergebnisses (z. B. welche Fächer schriftlich oder mündlich geprüft werden, wie Anmeldenoten und Prüfungsleistungen gewichtet werden) sowie von Anmeldefristen und der Bekanntgabe von Prüfungsergebnissen. Hierbei müssen alle Prüflinge in der Lage sein, zu gleicher Zeit davon Kenntnis nehmen zu können. In welcher Form die Information erfolgt, hängt davon ab, was für derartige Fälle an der Schule üblich ist und deshalb den Prüflingen bekannt sein muss.

Der Prüfling hat dann auch eine **Mitwirkungspflicht**, sich in zumutbarer Weise darum zu kümmern, welche Fristen und Termine für ihn gelten, und sich darum zu bemühen, zu erfahren, ob an dem üblichen Ort in der üblichen Weise zu einer bestimmten Zeit fällige Informationen vorliegen. Die nicht oder nicht rechtzeitig oder falsch eingeholte Information (z. B. ein Prüfling notiert sich einen falschen Prüfungstermin) ist grundsätzlich kein »wichtiger Grund« für die Nichtteilnahme an der Prüfung.

15.15.3 Prüfungsstoff

Der in der Prüfung abgefragte Stoff muss dem entsprechen, was nach den einschlägigen Regelungen (Lehrplänen etc.) zu dem betreffenden Zeitpunkt gelehrt worden sein müsste.

Insbesondere bei zentral gestellten Prüfungsaufgaben kann sich die Frage stellen, wie zu verfahren ist, wenn z. B. ein Lehrer im Unterricht den verbindlichen Stoff nicht vollständig durchgenommen hat. Da sich die Bewertung von Prüfungsleistungen an den Anforderungen orientiert, können die Leistungen der Schüler nicht besser bewertet werden, als sie objektiv sind. Nur wenn alle Prüflinge von dem Fehler betroffen sind, kann es in Betracht kommen, die Prüfungsteile bei der Bewertung unberücksichtigt zu lassen, die den nicht behandelten Stoff betreffen.

Ansonsten können die Prüflinge lediglich einen Schadensersatzanspruch (Amtshaftungsanspruch) geltend machen.

15.15.4 Prüfer

Prüfer kann nur sein, wer nach seiner fachlichen Qualifikation in der Lage ist, den Wert einer erbrachten Prüfungsleistung eigenverantwortlich zu beurteilen und zu ermitteln, ob der Prüfling die durch die Prüfung festzustellenden Fähigkeiten besitzt. Dabei muss er nicht unbedingt die gleiche, zumindest jedoch eine gleichwertige Prüfung selbst abgelegt haben. Ein Lehrer, der fachfremden Unterricht ordnungsgemäß erteilt, ist in der Regel auch befähigt, die Leistungen der Schüler in diesem Fach zu bewerten.

Ein Prüfling hat grundsätzlich keinen Anspruch darauf, von einem bestimmten Prüfer geprüft zu werden. Wenn allerdings die Prüfung grundsätzlich von dem Lehrer abgenommen wird, der auch unterrichtet hat, darf nur aus einem sachlichen Grund davon abgewichen werden, z. B. weil der Lehrer am Prüfungstag krank oder zwischenzeitlich an eine andere Schule versetzt worden ist.

Der Prüfer ist von der Prüfung ausgeschlossen, wenn er in einer engen persönlichen Beziehung zu dem Prüfling steht (vgl. § 52 LBG, § 20 Landesverwaltungsverfahrensgesetz, LVwVfG) oder wenn der Prüfling begründet eine **Voreingenommenheit** des Prüfers ihm gegenüber geltend macht (§ 21 LVwVfG).

Dies ist objektiv, wenn auch aus dem Gesichtswinkel eines Prüflings zu beurteilen. Es ist zu fragen, ob ein »verständiger Prüfling« in der Situation annehmen kann, dass der Prüfer ihm gegenüber nicht die erforderliche Distanz und Objektivität aufbringen wird. Das ist z. B. noch nicht der Fall, wenn der Prüfer sich zuvor kritisch über die Leistungsfähigkeit des Prüflings oder skeptisch über dessen Prüfungsaussichten geäußert hat, sondern erst dann, wenn in den Äußerungen zum Ausdruck gekommen ist, dass der Prüfer bereits festgelegt ist und der Prüfling deshalb befürchten muss, er werde die erbrachten Leistungen nicht mehr objektiv zur Kenntnis nehmen.

Der Grundsatz der **Anonymität** bei schriftlichen Prüfungen gilt nur, wenn eine Prüfungsordnung das ausdrücklich vorsieht. Ebenfalls nur bei einer entsprechenden Regelung muss eine **Zweitkorrektur** erfolgen, wobei der Zweitkorrektor die Bemerkungen und Bewertungen des anderen Prüfers zur Kenntnis bekommen kann, wenn nicht eine Vorschrift ausdrücklich eine »voneinander unabhängige« Bewertung vorsieht.

Der Prüfer muss die Leistungen selbst zur Kenntnis nehmen und bewerten. Der Zweitkorrektor darf also z. B. nicht die Bewertungen des Erstkorrektors unbesehen übernehmen. Bei mündlichen Prüfungen müssen die Prüfer ständig anwesend sein und dürfen sich nicht mit prüfungsfremden Angelegenheiten befassen. Aus diesem Grund hat es das Bundesverfassungsgericht z. B. für unzulässig erklärt, dass in Zweifelsfällen das Prüfungsamt Noten festsetzt, wenn kein Vertreter des Amts selbst an der betreffenden Prüfung teilgenommen hat.

15.15.5 Prüfungsverfahren

Das Prüfungsverfahren ist insbesondere von dem Erfordernis geprägt, die Chancengleichheit aller Prüflinge zu gewährleisten. Alle Maßnahmen bei Abwicklung einer Prüfung sind daran zu messen. Folgende Gesichtspunkte sind dabei hauptsächlich von Bedeutung:

▶ Äußere Prüfungsbedingungen

Es muss sichergestellt sein, dass alle Prüflinge nicht durch äußere Einwirkungen unzumutbar gestört werden. Normale »Belästigungen« muss der Prüfling verkraften, z. B. übliche witterungsmäßige Schwankungen oder »betriebsbedingte« Störungen, etwa, dass ein Mitprüfling zur Toilette geht, kurz mit dem Aufsichtführenden spricht oder das Läuten der Schulglocke. Ungewöhnliche äußere Einwirkungen, die die Konzentration beeinträchtigen können, sind möglichst von vornherein zu vermeiden bzw. sogleich zu beheben. Dazu gehören etwa Lärm, übergroße Hitze oder Kälte, anhaltende Unruhe im Prüfungsraum, aber auch Unklarheiten der Prüfungsaufgaben. Die Prüfungsbehörde ist in solchen Fällen verpflichtet, Ausgleichsmaßnahmen zu treffen, z. B. eine **Schreibzeitverlängerung** zu gewähren. Welche Maßnahme angemessen ist, kann dabei nur im Einzelfall und nicht nach einem starren Schema beurteilt werden. In der Regel wird sich die Verlängerung an der Dauer der Störung orientieren. Es ist aber im Fall eines Rechtsstreits gerichtlich voll überprüfbar, ob angesichts der Dauer und Intensität der Störung der Ausgleich gelungen ist.

Es muss sichergestellt sein, dass allen Prüflingen die gleichen **Hilfsmittel** zur Verfügung stehen. Wird es den Prüflingen gestattet, eigene Hilfsmittel (Taschenrechner, Wörterbücher, Gesetzestexte) zu verwenden, muss z. B. durch Kontrollen sichergestellt werden, dass diese den von der Schule zur Verfügung gestellten entsprechen.

Da es Ziel eines Prüfungsverfahrens ist, die wahren Leistungen eines Prüflings nachzuweisen, sind alle Verfahrensweisen unzulässig, die diesem Ziel entgegenwirken. Deshalb ist eine **Aufsicht** erforderlich, die verhindert, dass der »ehrlich« arbeitende Prüfling gegenüber anderen benachteiligt wird.

Informationen über das Prüfungsgeschehen müssen allen Prüflingen gleichmäßig zugänglich gemacht werden. Die Prüfungsbehörde ist z. B. verpflichtet sicherzustellen, dass die Aufgaben nicht einzelnen Prüflingen früher als anderen bekannt werden.

▶ Prüfungserleichterungen

Behinderungen, die nicht die grundsätzliche Befähigung eines Prüflings, sondern nur deren Nachweis erschweren und in dem angestrebten Beruf bzw. der weiteren Ausbildung durch Hilfsmittel ausgeglichen werden können, müssen durch die Gewährung besonderer Prüfungsbedingungen berücksichtigt werden. So kann z. B. bei Schreib- oder Sehbehinderungen eine Schreibzeitverlängerung gewährt werden. Eine ausdrückliche Regelung dieses Grundsatzes findet sich unter Nr. 2.3 der VwV des Kultusministeriums »Kinder und Jugendliche mit Behinderungen und besonderem Förderbedarf« vom 22.8.2008 (K.u.U. 2008, S.149, 150 f.) sowie unter Nr. 3.2 ff. der sog. Schwerbehinderten-Fürsorge-VwV vom 27.1.2005.

▶ Gebot der Fairness und Sachlichkeit

Hierbei handelt es sich um Grundpflichten eines Prüfers, die den einwandfreien Prüfungsverlauf und die sachgerechte Bewertung gewährleisten sollen.

Gegen das Fairnessgebot verstößt es z. B., wenn in einer mündlichen Prüfung ein Prüfer sich über bestimmte Merkmale des Prüflings, etwa einen Sprachfehler, lustig macht oder Antworten spöttisch, höhnisch oder verärgert kommentiert. Zulässig ist allerdings, schlechte Leistungen in sachlichem Ton vorzuhalten oder auch den Prüfling zu weniger langatmigen Ausführungen anzuhalten. Die Abgrenzung kann im Einzelfall schwierig sein; maßgeblich ist letztlich, ob durch das Verhalten die Prüfungsatmosphäre beeinträchtigt und der Prüfling dadurch verwirrt oder verunsichert worden ist, sodass eine Verfälschung des Leistungsbildes angenommen werden muss.

Zur Sachlichkeit bei der Bewertung der Prüfungsleistungen gehört, dass die Ausführungen des Prüflings unbefangen zur Kenntnis genommen werden und der Prüfer auf dessen Gedankengänge eingeht und sich um ihr richtiges Verständnis bemüht. Überzogene aggressive Korrekturbemerkungen, mit denen der Prüfer seiner Verärgerung über schlechte Leistungen freien Lauf lässt, zeigen, dass er die Gelassenheit und emotionale Distanz verloren hat, die für eine gerechte Beurteilung erforderlich sind.

15.15.6 Nichtteilnahme, Rücktritt

Alle Prüfungsordnungen sehen vor, dass ein Rücktritt von der Prüfung oder von einem Prüfungsteil grundsätzlich das Nichtbestehen der gesamten Prüfung zur Folge hat. Nur bei Vorliegen eines »**wichtigen Grundes**« gilt die Prüfung als nicht unternommen, d. h., der Schüler kann an einer Nachprüfung teilnehmen. Der Schüler muss den Grund »unverzüglich«, also »ohne schuldhaftes Zögern«, d. h. so schnell, wie es ihm möglich und zumutbar ist, der Schule mitteilen. Ob ein vorgebrachter Grund »wichtig« in diesem Sinne ist, entscheidet der jeweilige Prüfungsvorsitzende. Als »wichtiger Grund« wird stets Krankheit anerkannt. Der Prüfungsvorsitzende kann verlangen, dass zum Nachweis ein ärztliches oder amtsärztliches Attest vorgelegt wird.

Der Prüfling muss den »wichtigen Grund« **vor** der Prüfung geltend machen, wenn er sein Vorliegen zu diesem Zeitpunkt bereits gekannt hat oder zumindest hätte kennen müssen. Er kann ihn nicht etwa erst dann vorbringen, wenn er erkannt hat, dass die Prüfung nicht so verlaufen ist, wie er es sich vorgestellt hatte. Fühlt sich ein Prüfling krank, muss er unverzüglich eine Klärung z. B. durch einen Arztbesuch vornehmen.

Der Grundsatz der Chancengleichheit spielt hier unter zwei Aspekten eine Rolle: einerseits wäre ein Prüfling benachteiligt, wenn er infolge einer Beeinträchtigung nicht seine volle Leistungsfähigkeit unter Beweis stellen kann, aber dennoch geprüft würde. Andererseits soll kein Prüfling die Möglichkeit haben, sich ohne Grund eine zusätzliche Prüfungschance zu verschaffen. Deshalb ist für die Frage des Vorliegens eines wichtigen Grundes ein strenger Maßstab anzulegen, insbesondere bei einer nachträglichen Erklärung des Rücktritts von der Prüfung. Diese kann z. B. zulässig sein, wenn der Prüfling ohne Verschulden die Wirkung von ihm eingenommener Medikamente nicht gekannt hat oder wenn die Beschwerden erst während der Prüfung selbst auftreten und er zunächst auf ein baldiges Abklingen vertraut hat. Im letzteren Fall muss der Prüfling allerdings unverzüglich nach der Prüfung eine Klärung herbeiführen, z. B. einen Arzt aufsuchen, und den Rücktritt erklären.

Bei der Vorlage eines ärztlichen Attests genügt nicht der bloße Hinweis, der Prüfling sei prüfungsunfähig. Dies festzustellen ist nämlich Aufgabe der Prüfungsbehörde, nicht des Arztes. Dieser verschafft ihr lediglich die Grundlagen für ihre Entscheidung. Das Attest muss also die Art der gesundheitlichen Beeinträchtigungen beschreiben und darstellen, welche Behinderung in der Prüfung sich daraus ergibt.

Kein wichtiger Grund liegt vor, wenn die Beeinträchtigung auf **persönlichkeitsbedingte generelle Einschränkungen** der Leistungsfähigkeit zurückgeht, z. B. konstitutionelle Leistungsschwächen, chronische Erkrankungen oder persönliche Dispositionen, da diese im Gegensatz zu akuten Leistungsminderungen gerade das »normale« Leistungsbild eines Prüflings prägen.

Kann der Prüfling das Vorliegen des wichtigen Grundes bzw. seine rechtzeitige Geltendmachung nicht nachweisen, geht das zu seinen Lasten, denn er trägt die Beweislast.

15.15.7 Täuschungshandlungen

Alle Prüfungsordnungen enthalten Regelungen darüber, wie vorzugehen ist, wenn ein Prüfling versucht, das Prüfungsergebnis durch unerlaubte Mittel zu beeinflussen. Diese Regelungen müssen den Prüflingen vor Beginn der Prüfung **bekannt gegeben** werden.

Entsteht während des Verlaufs einer Prüfung der Verdacht einer Täuschungshandlung, muss der Aufsicht führende Lehrer den Sachverhalt protokollieren und den Prüfungsvorsitzenden – meist der Schulleiter oder eine von der Schulaufsichtsbehörde bestimmte Person – informieren. Bis zu dessen Entscheidung kann der Prüfling die Prüfung vorläufig fortsetzen.

Wird erst **nachträglich** bekannt, dass eine Täuschung begangen wurde, kann dies im Allgemeinen nur innerhalb von zwei Jahren seit Ausstellung des Zeugnisses noch geltend gemacht und das Zeugnis zurückgenommen werden. Nach Ablauf dieser Zeit sollen insbesondere Dritte – z. B. Arbeitgeber oder Universitäten – auf die Richtigkeit des Zeugnisses vertrauen können.

15.15.8 Rechtsschutz

Bei der großen Bedeutung, die Prüfungen und den mit ihnen vergebenen Berechtigungen insbesondere in Deutschland zukommt, müssen Prüflinge die Möglichkeit haben, gegen sie belastende Prüfungsentscheidungen Rechtsschutz in Anspruch zu nehmen. Dies ergibt sich schon aus **Art. 19 Abs. 4 GG**, wonach jedem, der durch die »öffentliche Gewalt« (also staatliche Einrichtungen wie z. B. Schulen) in seinen Rechten verletzt wird, der »Rechtsweg«, also der Weg zu den Gerichten, hier insbesondere den **Verwaltungsgerichten**, offen steht.

Durch Prüfungsentscheidungen kann das Grundrecht des **Art. 12 Abs. 1 GG**, Beruf und Ausbildungsstätte frei wählen zu dürfen, berührt werden. Die Rechtsschutzmöglichkeiten müssen so ausgestaltet sein, dass sie für den Prüfling »effektiv« sind, d. h. ihm wirklich die Chance geben, die Entscheidungen überprüfen zu lassen.

Dieser Rechtsschutz ist bei Prüfungen bereits durch den **Beurteilungsspielraum bei prüfungsspezifischen Bewertungen** (s. o.) eingeschränkt, der den Prüfern eingeräumt wird. Umso wichtiger ist es dann aber, andere Schutzmechanismen vorzusehen, die dem Prüfling zu seinem Recht verhelfen. Das kann im Einzelfall für die Schule oder den prüfenden Lehrer zu zusätzlichen Belastungen führen, z. B. wenn ein Prüfungsausschuss nochmals zusammentreten oder der Lehrer seine Bewertung begründen muss. Bei seiner möglichen Verärgerung über derartige »bürokratische Hemmnisse« sollte er aber immer bedenken, dass er selbst auch einmal »Geprüfter« sein kann, z. B. bei Lehramtsprüfungen oder dienstlichen Beurteilungen, und dann möglicherweise froh ist, derartige rechtliche Garantien in Anspruch nehmen zu können.

Für den Rechtsschutz bei Prüfungen ist insbesondere Folgendes zu beachten:

▶ Begründungspflicht

Jeder Prüfling hat einen Anspruch darauf, dass der Prüfer ihm gegenüber begründet, wie er zu seiner Bewertung gekommen ist. Der Umfang der erforderlichen Begründung kann je nach Fach oder Art *(schriftlich/mündlich)* der Prüfung unterschiedlich sein. Häufig wird es genügen, wenn durch die Korrekturanmerkungen und eine Umrechnungstabelle die Note ermittelt werden kann, z. B. wenn eine bestimmte Fehlerzahl einer Note zugeordnet ist. In anderen Fällen, insbesondere etwa bei der Bewertung eines Aufsatzes im Fach Deutsch, sind ausführlichere Erläuterungen erforderlich. Bei **mündlichen Prüfungen** erhält der Prüfling im Allgemeinen schon durch den Prüfungsverlauf und die Reaktionen der Prüfer eine gewisse Rückmeldung, sodass hier nur dann eine zusätzliche Begründung gegeben werden muss, wenn der Prüfling es verlangt. Die Begründung muss auf jeden Fall so konkret sein, dass der Prüfling erkennen kann, ob und ggf. welche Einwendungen er dagegen vorbringen kann.

▶ Anspruch auf Überdenken

Der Prüfling kann erwarten, dass der Prüfer seine Bewertung noch einmal »überdenkt«, falls er Einwendungen gegen die Prüfung vorbringt. Allerdings muss der Prüfling seine Einwände möglichst konkret vortragen. Allgemeine Bemerkungen wie *»meine Leistungen wurden zu schlecht bewertet«* genügen nicht.

▶ Protokollierung

Insbesondere bei mündlichen Prüfungen muss der wesentliche Prüfungsablauf in einem Protokoll festgehalten werden. Dazu gehören z. B. die Angabe der Prüfer, des Prüfungsorts und der Prüfungszeit bzw. -dauer, des Prüfungsinhalts und des Prüfungsergebnisses sowie eventueller besonderer Vorkommnisse *(z. B. Störungen oder Unterbrechungen)*.

Ein »Wortprotokoll« von Frage und Antwort wird nicht verlangt, weil auch dieses den Prüfungsverlauf nicht vollständig wiedergeben würde *(z. B. ob eine Frage rasch oder zögernd beantwortet wurde)* und gegenüber dem eventuellen Vorteil der Nachteil der störenden Auswirkungen auf das Prüfungsgespräch gewichtiger ist. Gewährleistet muss allerdings sein, dass der Prüfling den Prüfungsverlauf auf andere Weise unter Beweis stellen kann, z. B. durch Benennung von Zeugen. Dies ist in der Regel der Fall durch die Bildung einer Prüfungskommission aus mehreren Personen, möglich wäre aber auch die Zulassung von Zuhörern.

▶ Akteneinsicht

Der Prüfling hat einen Anspruch darauf, dass er **nach Abschluss** der Prüfung in sämtliche Prüfungsunterlagen Einsicht nehmen darf. Er darf die Unterlagen ansehen und sich Notizen dazu machen. **Kopien** der Unterlagen können auf eigene Kosten angefertigt werden (VwV vom 02.08.2005, Ziff. 6, K. u. U. 2005, S. 142, 148). Da die Rechtsmittelfrist bei Prüfungsentscheidungen im Allgemeinen ein Jahr ab Bekanntgabe des Ergebnisses beträgt, müssen die Unterlagen mindestens für diese Zeit aufbewahrt werden. Einzelne Prüfungsordnungen sehen eine längere Aufbewahrungsfrist vor.

▶ Rügepflicht

Von dem Prüfling wird erwartet, dass er auf von ihm erkannte Mängel des Prüfungsverfahrens so bald wie möglich hinweist. Wie bereits bei der Prüfungsunfähigkeit dargestellt (s. o.), darf er damit grundsätzlich nicht warten, bis er das Prüfungsergebnis erfahren hat. Er soll nicht darauf spekulieren können, dass der Fehler für ihn möglicherweise positive Auswirkungen haben kann *(weil z. B. der »falsche« Prüfer als der »mildere« gilt)*. Zu fragen ist allerdings immer, ob dem Prüfling in der konkreten Situation ein Hinweis zugemutet werden konnte. So ist z. B. bei mündlichen Prüfungen eine sofortige Rüge nicht zu erwarten, weil sich der Prüfling voll auf das Prüfungsgeschehen konzentrieren muss und nicht abwägen kann, ob ein Fehler vorliegt und welche Auswirkungen dieser haben kann. Die Rüge des Fehlers ist dann allerdings alsbald nachzuholen.

▶ Ursächlichkeit des Fehlers

Ein Prüfungsfehler kann nur dann zur Aufhebung oder Abänderung der Prüfungsentscheidung führen, wenn er für diese möglicherweise ursächlich war, d. h., wenn nicht ausgeschlossen werden kann, dass ohne den Fehler ein anderes Prüfungsergebnis herausgekommen wäre.

▶ **Anspruch auf Neubewertung bzw. Prüfungswiederholung**

Wird ein Prüfungsfehler festgestellt, kann es folgende Lösungsmöglichkeiten geben:

- Gibt es bei Vermeidung des Fehlers nur eine mögliche Bewertung, kann diese von der Widerspruchsbehörde oder dem Gericht festgesetzt werden.
- Im Allgemeinen wird jedoch nicht nur eine Entscheidung möglich sein. Dann muss die Angelegenheit an den Prüfer zurückgegeben werden mit dem Auftrag, die Arbeit unter Vermeidung des festgestellten Fehlers neu zu bewerten. Aus Gründen der Chancengleichheit muss die Neubewertung grundsätzlich durch denselben Prüfer wie die Erstbewertung erfolgen. Man geht davon aus, dass der Prüfer ausreichend innere Unabhängigkeit besitzt, um sich nicht von einer Verärgerung über die Aufhebung seiner ursprünglichen Entscheidung zulasten des Prüflings beeinflussen zu lassen. Nur in Ausnahmefällen kann man von einer Befangenheit ausgehen mit der Folge, dass ein Dritter die Neubewertung vornehmen muss.
- Ist eine bloße Neubewertung zur Beseitigung des Fehlers nicht ausreichend, z. B. wenn ein befangener Prüfer mitgewirkt hat oder wenn bei Prüfungsbeeinträchtigungen kein Zeitausgleich gewährt wurde, muss die Prüfung neu angesetzt werden. Der Prüfling muss die dadurch für ihn entstehende Belastung hinnehmen, denn im Hinblick auf die Chancengleichheit der Prüflinge und weil durch die Prüfung festgestellt werden soll, ob bestimmte Anforderungen tatsächlich erfüllt sind, ist es nicht möglich, fiktiv eine bestimmte Leistung zu unterstellen und eine entsprechende Note zu vergeben. Der Prüfling hat allerdings die Möglichkeit, einen ihm entstandenen finanziellen Schaden *(z. B. weil er erst mit zeitlicher Verzögerung einen Beruf aufnehmen oder eine Ausbildung fortsetzen kann)* geltend zu machen, wenn eine schuldhafte Pflichtverletzung eines an der Prüfung Beteiligten vorlag (Amtshaftungsanspruch).

15.15.9 Sonderfall: Prüfung für Schulfremde

Schulische Prüfungen können nach den meisten Prüfungsordnungen auch von Personen abgelegt werden, die diese Schule nicht besucht haben. Die Prüfung kann jedoch nicht früher abgelegt werden, als sie mit Schulbesuch hätte abgelegt werden können. Voraussetzung für die Zulassung ist, dass die Aufnahmevoraussetzungen für die betreffende Schulart erfüllt werden, die Prüfung noch nicht absolviert *(also keine Möglichkeit der Verbesserung eines Prüfungsergebnisses)* bzw. nicht bereits zweimal nicht bestanden wurde und eine ordnungsgemäße Vorbereitung auf die Prüfung nachgewiesen wird. Erforderlich ist ferner in der Regel ein Wohnsitz in Baden-Württemberg.

Fragen zur Wiederholung und Vertiefung

1 Weshalb wird dem Lehrer und Prüfer ein Beurteilungsspielraum zugestanden?

2 Welche Handlungsmöglichkeiten haben Sie, wenn ein Schüler bei einer Klassenarbeit getäuscht hat?

3 Welche Versetzungsentscheidungen regelt die »Multilaterale Versetzungsordnung«?

4 Welche Folgen kann es haben, wenn in einem Schuljahr nicht die erforderliche Anzahl an Klassenarbeiten geschrieben wird?

5 Welche Vorstellungen haben Sie dazu, wie Gruppenleistungen bewertet werden könnten?

Teil 2: Beamtenrecht

1 Das Recht des öffentlichen Dienstes in der Diskussion

Einführung

> **Fall 1.1**
>
> Lehrer B. ist an einer Grund- und Hauptschule im Beamtenverhältnis auf Lebenszeit tätig. Lehrer A. unterrichtet an der gleichen Schule – er ist jedoch im Arbeitnehmerverhältnis beschäftigt.
>
> Beide begleiten gemeinsam eine Klasse 6 in das Schullandheim. Eines Abends verlassen sie nach einem letzten Kontrollgang um 21.45 Uhr das Schullandheim, um in einer nahe gelegenen Kneipe noch ein paar Bier zu trinken.
>
> Während dieses Zeitraumes kommt es zwischen zwei Schülern der Klasse zu einer heftigen Auseinandersetzung, in deren Verlauf einer der Schüler zwei Schneidezähne verliert.
>
> Erst um 0.45 Uhr kehren A. und B. angetrunken zurück in das Schullandheim und werden von den aufgebrachten Schülern empfangen.
>
> Wegen dieses Verhaltens der Lehrkräfte beschweren sich zahlreiche Erziehungsberechtigte der Schüler dieser Klasse beim Regierungspräsidium. A. und B. erhalten daraufhin die Aufforderung, zu einem Gespräch auf dem Regierungspräsidium zu erscheinen.
>
> - Mit welchen Maßnahmen wird das Regierungspräsidium gegenüber A. und B. reagieren?
> - Werden sich die Maßnahmen wegen des unterschiedlichen Status (Beamter/Arbeitnehmer, Tarifbeschäftigter) unterscheiden?

1.1 Der öffentliche Dienst

Zum öffentlichen Dienst gehören all diejenigen, die im Dienst einer juristischen Person des öffentlichen Rechts stehen. Solche »juristischen Personen des öffentlichen Rechts« sind der Bund, die Länder, die Landkreise, die Kommunen, aber auch Anstalten und Körperschaften des öffentlichen Rechts wie z. B. die Landesrundfunkanstalten.

Im öffentlichen Dienst sind ganz unterschiedliche Personengruppen beschäftigt.

Es gibt Personen, die auf der Grundlage eines **Arbeitsvertrages** im öffentlichen Dienst tätig sind. Neben diesen so genannten »**privatrechtlichen Rechtsverhältnissen**« gibt es Personen, die in einem **öffentlich-rechtlichen Rechtsverhältnis** beschäftigt sind. Dies sind die Beamten, Soldaten und Richter. Die Rechtsverhältnisse dieser Personengruppen sind in jeweils eigenen Gesetzen geregelt, die mit Rücksicht auf die wahrzunehmende Tätigkeit unterschiedlich ausgestaltet sind. Beispielsweise muss dem Richter größere Freiheit in seiner Tätigkeit eingeräumt werden, um die Unabhängigkeit der Rechtsprechung zu gewährleisten. Umgekehrt müssen Soldaten besonderen Bindungen unterliegen.

```
┌─────────────────────────────────────────────────────┐
│  Grundstruktur der Rechtsverhältnisse im öffentlichen Dienst  │
└─────────────────────────────────────────────────────┘
```

Öffentlich-rechtliches Rechtsverhältnis

Beamte:
Ihre Rechtsverhältnisse sind geregelt durch
Grundgesetz,
Beamtenstatusgesetz,
Landesbeamtengesetz,
Beamtenversorgungsgesetz,
Landesbesoldungsgesetz.
Richter:
Grundgesetz,
Landesrichtergesetz.
Soldaten:
Soldatengesetz.

Privatrechtliches Rechtsverhältnis

Tarifbeschäftigte:
Rechtsverhältnisse geregelt durch
Arbeitsvertrag,
Tarifvertrag (TVL),
Bürgerliches Gesetzbuch,
Kündigungsschutzgesetz.

1.2 Gründe für das Berufsbeamtentum

1.2.1 Historische und gesellschaftliche Betrachtung

Seitdem es Staaten gibt, sind Menschen mit der Bewältigung staatlicher Aufgaben betraut. Dabei hat sich freilich das Verständnis davon, was zu diesen staatlichen Aufgaben gehört, im Lauf der Jahrhunderte stark gewandelt.

So wurden im alten Ägypten Schreiber eingesetzt, um nach der alljährlichen Überflutung der Felder durch den Nil die Felder neu zuzuweisen und die Ernteerträge zu verteilen. Mit dem Entstehen der Geldwirtschaft im Hochmittelalter wurde auch das Finanzwesen zur staatlichen Aufgabe. Im 17. bis 19. Jahrhundert bildete sich eine zentrale Staatsgewalt heraus. Der Staat übernahm immer mehr Aufgaben.

Zu jeder Zeit mühte sich die Staatsgewalt, diejenigen, die für den Staat Aufgaben wahrnehmen, in besonderer Weise an sich zu binden. Im Mittelalter war dies das **Lehensverhältnis**. Das erste nach heutigem Verständnis »moderne« Beamtenrecht war in dem Preußischen Allgemeinen Landrecht von 1794 geregelt. Dort sind bereits die wesentlichen Strukturprinzipien des heutigen Beamtenrechts, wie z. B. das Laufbahnrecht, der Schutz vor willkürlicher Beendigung des Beamtenverhältnisses sowie das Lebenszeitprinzip angelegt.

Überall, wo Macht ausgeübt wird, besteht die Tendenz, dass auf diejenigen Menschen Einfluss genommen wird, die Macht ausüben; beispielsweise dadurch, dass einer Interessengruppe Wohlgesinnte in verantwortungsvolle Positionen gehievt oder umgekehrt Missliebige aus diesen Machtpositionen gedrängt werden. Aber auch dadurch, dass auf Einzelentscheidungen durch Drohungen oder Bestechung Einfluss genommen wird.

Jedes Staatswesen ist darauf angewiesen, dass solche Einflüsse, so gut es geht, ausgeschlossen werden. Diesem Ziel dient die formale Ausgestaltung des Berufsbeamtentums. In das Beamtenverhältnis kann nur berufen werden, wer über eine gewisse formale Qualifikation verfügt. Der Beamte kann erst nach bestimmten Bewährungszeiten befördert werden, er kann nur in einem sehr strengen formalen Verfahren aus dem Dienst entfernt oder gegen seinen Willen in den Ruhestand versetzt werden.

Die Alimentation soll so ausgestaltet sein, dass er seinen Lebensunterhalt ohne weitere Zuwendungen von Dritten bestreiten kann. Dies soll ihn von fremden finanziellen Zuwendungen unabhängig und damit unbestechlich machen.

Es liegt auf der Hand, dass diese formalen Prinzipien in einem gewissen Spannungsverhältnis zur effizienten und leistungsorientierten Ausgestaltung des öffentlichen Dienstes stehen. Bei allen Überlegungen, diese Prinzipien bedenkenlos über Bord zu werfen, sollte man sich aber andererseits ihres Wertes besinnen.

1.2.2 Grundlegende Unterschiede zwischen der Rechtsstellung von Beamten und Tarifbeschäftigten

Oben wurde unter 1.1 darauf hingewiesen, dass im öffentlichen Dienst verschiedene Personengruppen beschäftigt sind, deren Rechtsverhältnisse unterschiedlichen Grundprinzipien unterliegen. Im Schuldienst des Landes Baden-Württemberg ist die überwiegende Anzahl der Lehrkräfte im Beamtenverhältnis tätig. Nur in Ausnahmefällen werden Lehrkräfte als Tarifbeschäftigte eingestellt.

Grundlage für die Tätigkeit des Beschäftigten ist ein Vertrag. Der Inhalt dieses Vertrages ist theoretisch zwischen den Parteien, der Lehrkraft und dem Land Baden-Württemberg als Arbeitgeber frei aushandelbar. Eingeschränkt ist dieser Grundsatz freilich dadurch, dass die Arbeitsverträge im Regelfall in den Anwendungsbereich des Tarifvertrages für den öffentlichen Dienst der Länder (TV-L) fallen. Der Inhalt dieses Tarifvertrages wird zwischen den Tarifvertragsparteien, also den Arbeitgebern des öffentlichen Dienstes und den Gewerkschaften, ausgehandelt. Die Gewerkschaften haben die Möglichkeit, ihre Forderungen mit den Mitteln eines Streiks durchzusetzen, die Arbeitgeber können mit einer Aussperrung der Arbeitnehmer reagieren.

Demgegenüber werden die Rechtsverhältnisse der Beamten nicht ausgehandelt, sondern können einseitig durch Gesetz festgelegt werden. Der Beamte kann sich dagegen nicht mit einem Streik wehren, denn ein solcher Streik würde sich letztlich gegen den Landes- bzw. Bundesgesetzgeber, ein demokratisch legitimiertes Gremium, richten.

In das Beschäftigtenverhältnis können auch solche Personen eingestellt werden, mit denen aufgrund der formalen Ausgestaltung des Beamtenrechts kein Beamtenverhältnis begründet werden könnte, beispielsweise, weil ihnen die Laufbahnbefähigung fehlt oder sie die gesundheitlichen Voraussetzungen für die Übernahme in das Beamtenverhältnis nicht erfüllen.

Für den Arbeitsvertrag gelten die Grundregeln des Zivilrechts über das Zustandekommen und die Beendigung von Vertragsbeziehungen: Der Vertrag kommt durch zwei übereinstimmende Willenserklärungen zustande. Er endet durch die Kündigung des Arbeitnehmers oder des Arbeitgebers. Grenzen sind dem Kündigungsrecht des Arbeitgebers vor allem durch das **Kündigungsschutzgesetz** gesetzt. Die Kündigung eines Arbeitsverhältnisses, das bereits über sechs Monate besteht, ist danach nur möglich, wenn die Kündigung »sozial gerechtfertigt« ist. Es muss ein Grund in der **Person** (z. B. besonders häufige Erkrankung), im **Verhalten** (z. B. Diebstahl von Schuleigentum) oder im **Betrieb** (z. B. Personalabbau) vorliegen. Voraussetzung dafür, dass eine verhaltensbedingte Kündigung ausgesprochen werden kann, ist in der Regel, dass zuvor eine **Abmahnung** ausgesprochen wurde. Mit der Abmahnung teilt der Arbeitgeber dem Arbeitnehmer mit, dass er gegen seine arbeitsvertraglichen Pflichten verstoßen hat und im Wiederholungsfall mit einer Kündigung seines Arbeitsverhältnisses zu rechnen hat. Für Angestellte im öffentlichen Dienst regelt zudem der TvL, dass sie nach einer Beschäftigungszeit von 15 Jahren und nach Vollendung des 40. Lebensjahres »unkündbar« sind. Ihnen kann dann nur noch »außerordentlich« unter ganz besonderen Voraussetzungen gekündigt werden.

Beschäftigte unterliegen der Versicherungspflicht in der Krankenversicherung, Rentenversicherung, Arbeitslosenversicherung und der Unfallversicherung. Das Land muss für sie regelmäßig Beiträge zur gesetzlichen Rentenversicherung abführen (Deutsche Rentenversicherung Bund), hat dafür aber nach einer »Verrentung« selbst keine Rentenleistungen aufzubringen. Im Gegensatz dazu werden für das Ruhegehalt der Beamten während der aktiven Zeit keine regelmäßigen Leistungen abgeführt. Die Versorgungslast muss deshalb aus dem Steueraufkommen getragen werden.

Weitere Einzelheiten sind in der nachfolgenden Tabelle zusammengefasst:

	Rechtsverhältnisse der Beamten und Tarifbeschäftigten Grundlegende Unterschiede	
	Beamter	**Tarifbeschäftigter**
Begründung des Rechtsverhältnisses	durch Ernennung	durch Abschluss eines Arbeitsvertrages
Voraussetzungen für die Begründung des Rechtsverhältnisses	Sachliche und persönliche Voraussetzungen nach den §§ 3 und 7 Beamtenstatusgesetz (BeamtStG) z. B. gesundheitliche Eignung, deutsche Staatsangehörigkeit bzw. EU-Staatsangehörigkeit Bindung an das Laufbahnrecht: Bestimmte Vorbildung ist erforderlich.	Die Einstellung in das Angestelltenverhältnis ist auch dann möglich, wenn die formalen Voraussetzungen für die Berufung in ein Beamtenverhältnis nicht vorliegen, z. B. wegen fehlender gesundheitlicher Eignung.
Rechtsgrundlagen	Grundgesetz, Landesverfassung, Beamtenstatusgesetz, Landesbeamtengesetz (LBG), Landeslaufbahnverordnung, Beamtenversorgungsgesetz	Tarifvertrag, Arbeitsvertrag, Schutzgesetze wie z. B. Kündigungsschutzgesetz
Reaktion auf Fehlverhalten	Missbilligung, Disziplinarverfahren	Abmahnung, Kündigung
Altersversorgung	Ruhegehalt (Pension)	Rente, ergänzt durch Leistungen der VBL (Versorgungsanstalt des Bundes und der Länder
Regelung der Vergütung	durch Besoldungsgesetz	durch Tarifvertrag
Beendigung des Rechtsverhältnisses	durch • Tod, • Entlassung (§ 21 Nr. 1 BeamtStG), • Verlust der Beamtenrechte (§ 21 Nr. 2 BeamtStG), • Entfernung aus dem Dienst nach disziplinarrechtlichen Vorschriften (§ 21 Nr. 3 BeamtStG), • Eintritt in den Ruhestand (§ 21 Nr. 4 BeamtStG)	durch • Tod, • Kündigung, • Aufhebungsvertrag, • Erreichen der gesetzlichen Altersgrenze, • Rente wegen verminderter Erwerbsfähigkeit

Im **Fall 1.1** müssten A. und B. also mit unterschiedlichen Sanktionen auf die Verletzung der Aufsichtspflicht rechnen.

B. hat als Beamter schuldhaft seine Beamtenpflichten verletzt. Voraussichtlich würde das Regierungspräsidium deshalb ein Disziplinarverfahren einleiten.

Mit einem Disziplinarverfahren kann nur auf das Fehlverhalten eines Beamten reagiert werden. Bei dem Fehlverhalten eines Angestellten ist ein solches förmliches Verfahren nicht vorgesehen. Die einschneidendste der möglichen Sanktionen wäre hier die Kündigung des Arbeitsverhältnisses. Sofern sich A. solche Pflichtverletzungen bisher noch nicht hat zu Schulden kommen lassen, scheidet eine Kündigung jedoch aus. Das Regierungspräsidium wird aber eine »Abmahnung« aussprechen. Mit der Abmahnung wird der Verstoß gegen Pflichten aus dem Arbeitsvertrag gerügt und für den Wiederholungsfall die Kündigung angedroht.

1.3 Die Kosten des öffentlichen Dienstes

Von den rund 260 000 Bediensteten des Landes Baden-Württemberg sind 118 000 im Geschäftsbereich des Ministeriums für Kultus, Jugend und Sport tätig.

Die Personalausgaben, die durch den öffentlichen Dienst verursacht werden, verbrauchen in den alten Ländern 54 % der Steuereinnahmen. In den neuen Ländern beträgt der Anteil sogar 83 %. Über 40 % der Ausgaben des Landes Baden-Württemberg entfallen damit auf Personalausgaben: insgesamt 12,8 Milliarden Euro.

Diese Zahlen machen eines deutlich: Der finanzielle Spielraum des Landes wird wesentlich durch seine Personalausgaben bestimmt.

Betrachtet man weiter die prognostizierte Entwicklung des »Versorgungsaufwandes« für die Beamtenpensionen, wird der Handlungsdruck deutlich, der in diesem Bereich besteht.

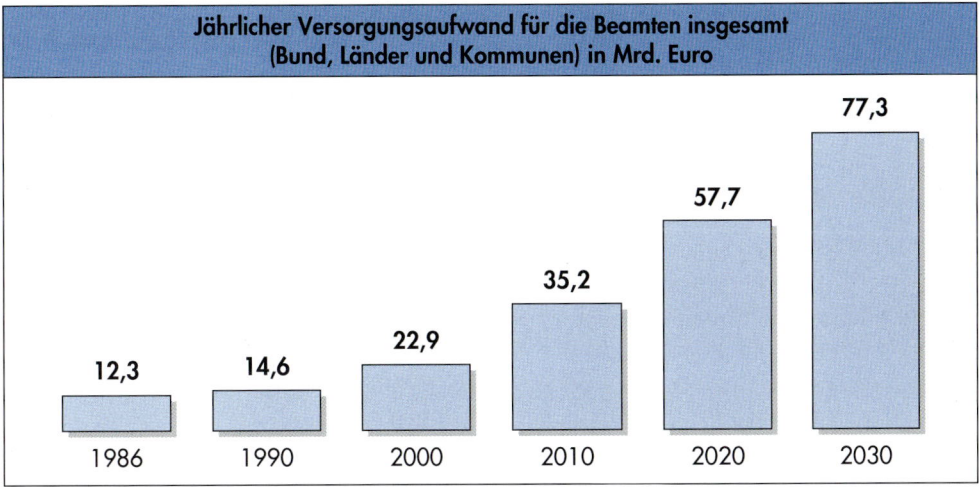

In der öffentlichen Diskussion wird der Kostenfaktor oftmals als Argument für eine Reduzierung des Anteiles der **Beamten** im öffentlichen Dienst angeführt. Als Vergleichsgröße für einen rationalen Kostenvergleich bietet sich das **Lebenseinkommen** an. Verglichen wird die Summe der Bezüge des Beamten im aktiven Dienst und im Ruhestand mit der Summe der Lohnzahlungen und der Beiträge an die Sozialversicherung beim Angestellten.

Für den **Tarifbeschäftigten** hat das Land nach dem Ausscheiden aus dem aktiven Dienst keine Zahlungen mehr zu leisten, weil er die Rente von der Rentenversicherung erhält. Dafür hat das Land während der aktiven Dienstzeit höhere Ausgaben, weil es die Arbeitgeberbeiträge zu der Rentenversicherung abführen und höhere Bezüge zahlen muss.

Je nach Interessenstandpunkt fallen die Vergleichsberechnungen unterschiedlich aus. Während die Angestelltengewerkschaften vorrechnen, dass Angestellte günstiger seien, gelangen die Berechnungen des Beamtenbundes zum gegenteiligen Ergebnis.

Eines machen die Vergleichsberechnungen aber jedenfalls deutlich: Der Kostenunterschied ist weit weniger gravierend als gemeinhin angenommen wird. Eine Reform des öffentlichen Dienstes muss deshalb weniger bei der Frage ansetzen, ob eine Tätigkeit im Beamten- oder im Angestelltenverhältnis wahrgenommen werden soll.

Im Zentrum müssten andere Fragestellungen stehen:
- Wie viel Dienstleistung für den Bürger kann sich der Staat leisten? Können staatliche Aufgaben abgebaut werden?
- Wie können diese Aufgaben noch effizienter erledigt werden?

1.4 Absicherung des Berufsbeamtentums durch das Grundgesetz

Das Tätigkeitsfeld der Beamten ist durch das Grundgesetz abgesichert. Dort ist in Art. 33 Abs. 4 ein so genannter »**Funktionsvorbehalt**« formuliert: Die Ausübung **hoheitlicher Befugnisse** als ständige Aufgabe ist danach in der Regel Angehörigen des öffentlichen Dienstes zu übertragen, die in einem »öffentlich-rechtlichen Dienst- und Treueverhältnis« stehen. In einem solchen »öffentlich-rechtlichen Dienst- und Treueverhältnis« stehen nach dem Verständnis des Grundgesetzes nur die Beamten, nicht auch die Angestellten.

Solche hoheitlichen Tätigkeiten können also als ständige Aufgabe Angestellten nicht übertragen werden.

Fragt sich also, welche der öffentlichen Aufgaben hoheitlich in dem Sinne sind, dass sie nur Beamten übertragen werden können. Unzweifelhaft ist das dann der Fall, wenn der Staat auf gesetzlicher Grundlage einseitig, sozusagen im Verhältnis der Über- und Unterordnung, in die Rechtssphäre des Bürgers eingreifen kann, z. B. wenn ein Polizeibeamter jemanden in Gewahrsam nimmt oder wenn der Abriss eines Gebäudes verfügt wird.

Für den Tätigkeitsbereich der Lehrkräfte ist es nicht ganz eindeutig, ob er insgesamt als hoheitlich einzuordnen ist. Einerseits werden den Lehrkräften eindeutig hoheitliche Befugnisse eingeräumt, beispielsweise im Bereich der Erziehungs- und Ordnungsmaßnahmen. Darüber hinaus ist die Schule eine »staatliche Pflichtveranstaltung«, die in die Freiheit des einzelnen Schülers und das Erziehungsrecht der Eltern eingreift.

Andererseits ist der Kernbereich der unterrichtlichen Tätigkeit nicht hoheitlicher Art (so auch das Bundesverfassungsgericht, Entsch. v. 19.09.2007, 2 BvF 3/02).

Auch die Frage, wie dieses öffentliche Dienst- und Treueverhältnis, also das Beamtenverhältnis, **auszugestalten** ist, wird im Grundgesetz geregelt.

Es ist dort in Art. 33 Abs. 5 formuliert: »*Das Recht des öffentlichen Dienstes ist unter Berücksichtigung der* hergebrachten Grundsätze des Berufsbeamtentums *zu regeln.*« Was dies bedeutet, ist nur historisch zu verstehen. Die Väter des Grundgesetzes hatten das Leitbild des Beamten vor Augen, so wie es geschichtlich gewachsen war. Das Grundgesetz geht mit seiner Formulierung in Art. 33 Abs. 5 davon aus, dass die Abschaffung der fundamentalsten Grundprinzipien einer Abschaffung des Beamtentums gleichkäme.

Das Leitbild, das erhalten werden soll, ist das des unbestechlichen, fachkundigen Beamten, der seine Tätigkeit unabhängig von äußerem Druck ausüben kann und seine volle Arbeitskraft und Person in die Beamtentätigkeit einbringt.

Die Unbestechlichkeit soll gesichert werden durch
- eine ausreichende Lebenssicherung **(Alimentation) und**
- den Anspruch auf eine Vollzeittätigkeit, die anderweitige Abhängigkeiten z. B. von anderen Arbeitgebern verhindert.

Die Fachkunde soll gesichert werden durch das

- **Laufbahnprinzip.**
  Jede Laufbahn (z. B. die des Lehrers an einer Grund- und Hauptschule) hat als Eingangsvoraussetzung eine bestimmte Vorbildung. Der Beamte darf erst nach einer Probezeit, d. h. nach einer Zeit der Bewährung in der Praxis, in ein Beamtenverhältnis auf Lebenszeit berufen werden. Eine Beförderung ist erst nach bestimmten Zeiten im Dienst möglich.
- **Leistungsprinzip.**
  Einstellungen und Beförderungen sind nur nach den Prinzipien der **Eignung, Befähigung und fachlichen Leistung** möglich. Deshalb sind Lehramtsbewerber grundsätzlich nach der Leistungsziffer einzustellen. Beförderungen erfolgen nicht nach Lebens- oder Dienstalter, sondern primär nach den Ergebnissen der dienstlichen Beurteilung.

Die Unabhängigkeit soll gewährleistet werden durch

- **Anspruch auf amtsangemessene Beschäftigung.**
  Der Beamte hat einen Anspruch darauf, entsprechend seinem Amt eingesetzt zu werden. Ein Lehrer kann also z. B. nicht dadurch »kaltgestellt« werden, dass ihm eine andere Tätigkeit, z. B. als Registrator in einer Behörde, zugewiesen wird.
- **Absicherung der Rechtsstellung.**
  Die zwangsweise Beendigung des Beamtenverhältnisses ist nur in einem förmlichen Verfahren möglich.
- **Lebenszeitprinzip.**
  Der Regelfall des Beamtenverhältnisses ist das Beamtenverhältnis auf Lebenszeit. Auf Zeit können Beamte nur insoweit ernannt werden, als dies in Ausnahmefällen ausdrücklich gesetzlich zugelassen ist.
- **Hauptberufliche Bindung.**
  Der Beamte bringt seine volle Arbeitskraft in seine Beamtentätigkeit ein und erhält dafür einen standesgemäßen Lebensunterhalt. Daraus ergeben sich verschiedene Konsequenzen:
  – Die Möglichkeiten, neben dem Beamtenverhältnis einer Nebentätigkeit nachzugehen, sind begrenzt.
  – Der Beamte kann gegen seinen Willen nicht zu einer Teilzeitbeschäftigung gezwungen werden (sog. Zwangsteilzeit).
- **Treuepflicht des Beamten und Fürsorgepflicht des Dienstherrn.**
  (Dazu ausführlich unten, Kapitel 7.)

Die Funktionsfähigkeit hoheitlicher Tätigkeiten soll gesichert werden durch das

- **Streikverbot.**

> **Fragen zur Wiederholung und Vertiefung**
>
> 1 Sollen Lehrer Beamte sein? Begründen Sie Ihre Auffassung in Auseinandersetzung mit
>   – der unterschiedlichen Rechtsstellung von Beamten und Angestellten,
>   – den Vorgaben des Grundgesetzes sowie
>   – Kostengesichtspunkten.
> 2 Was sollte mit der Aufnahme der hergebrachten Grundsätze des Berufsbeamtentums in das Grundgesetz erreicht werden?
> 3 Nennen Sie einige besonders bedeutsame hergebrachte Grundsätze des Berufsbeamtentums.

2 Rechtsquellen und Gesetzgebungszuständigkeit

Einführung

Fall 2.1

Das Land Baden-Württemberg möchte die Personalkosten des Landes dadurch verringern, dass es die Eingangsbesoldung der Lehrer an Grund- und Hauptschulen von A 12 nach A 9 absenkt.
- Kann das Land dieses Vorhaben verwirklichen?

2.1 Gesetzgebungszuständigkeit

Die Gesetzgebungszuständigkeit im Bereich des Beamtenrechtes ist zwischen dem Bundesgesetzgeber und dem Landesgesetzgeber aufgeteilt:

Für die eigenen **Beamten des Bundes**, z. B. im auswärtigen Dienst und im Bereich der Landesverteidigung, steht die Gesetzgebungszuständigkeit dem Bundesgesetzgeber zu.

Für die **Landesbeamten** – und das ist mit Abstand die Mehrzahl der Beamten – ist die Gesetzgebungszuständigkeit komplizierter: Durch die Föderalismusreform wurden im Jahr 2006 die Gesetzgebungszuständigkeiten auch für den Bereich des Beamtenrechts neu geordnet (Art. 74 Abs. 1 Nr. 27 GG). Bisher hatten die Länder ihre Landesbeamtengesetze an den Vorgaben des Beamtenrechtsrahmengesetzes auszurichten. Nun gilt eine »konkurrierende Gesetzgebungszuständigkeit«: Der Bund hat die Kompetenz zur Regelung der Statusrechte und -pflichten der Angehörigen des öffentlichen Dienstes der Länder mit Ausnahme der Laufbahnen, Besoldung und Versorgung. Auf diesem Hintergrund erlässt der Bund im Rahmen seiner Zuständigkeit ein »Beamtenstatusgesetz«. Alle übrigen Gesetzgebungszuständigkeiten, insbesondere auch die Besoldung, liegen nun im Zuständigkeitsbereich der Länder. Mit dem »Dienstrechtsreformgesetz« vom 9.11.2010 (GBl. 2010, S. 793), das zum 1.1.2011 in Kraft getreten ist (allerdings auch in vielen Bereichen Übergangsregelungen vorsieht), hat das Land von seiner Gesetzgebungszuständigkeit Gebrauch gemacht.

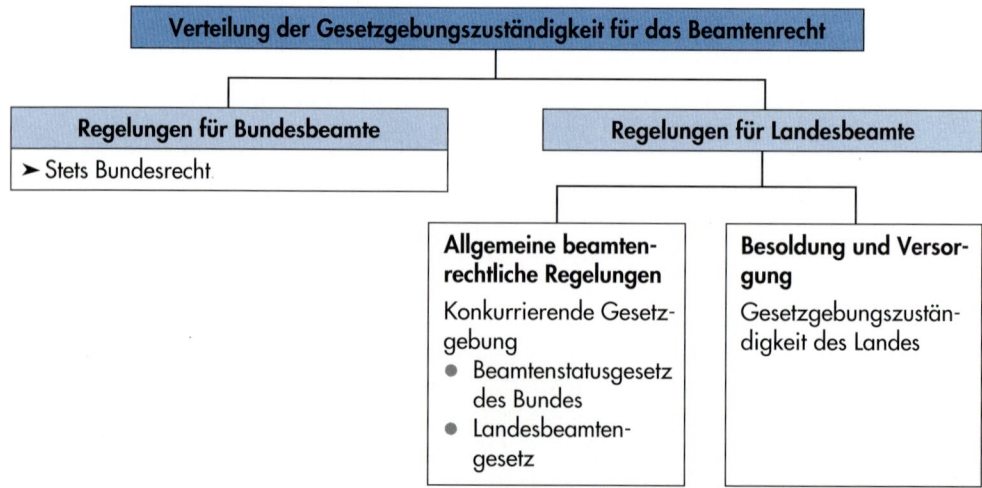

Durch eine Änderung des § 67 Bundesbesoldungsgesetz im Jahr 2003 steht es nun im Ermessen des Bundes und der Länder, ob und in welcher Höhe sie jährliche Sonderzahlungen (Urlaubs- und Weihnachtsgeld) an ihre Beamten gewähren. Die Sonderzahlungen sind nur der Höhe nach begrenzt.

Im **Fall 2.1** ließe sich das Vorhaben des Landes seit der Föderalismusreform im Jahr 2006 verwirklichen. Die Gesetzgebungszuständigkeit für die Besoldung liegt nun beim Land.

2.2 Verwaltungsvorschriften und Verordnungen

Im öffentlichen Dienst sind Beamte in vielfältigen Bereichen beschäftigt: In Verwaltungstätigkeiten, als Arzt auf dem Gesundheitsamt, als Psychologe in einer Beratungsstelle wie auch im Lehramt an einer Schule.

Das Landesbeamtengesetz kann unmöglich die Besonderheiten all dieser Berufsgruppen im Gesetz selbst regeln. Das Gesetz würde sonst zu unübersichtlich. Einzelheiten sind deshalb in Verwaltungsvorschriften und Verordnungen geregelt. Gerade im Schulbereich ergibt sich die Notwendigkeit einer Sonderregelung besonders häufig. Beispielsweise machen hier die Besonderheiten bei Urlaub (Lehrkräfte haben Ferien) und Arbeitszeit (die Arbeitszeit erschöpft sich nicht in der Unterrichtsverpflichtung) besondere Regelungen erforderlich.

Fragen zur Wiederholung und Vertiefung

1 Welche Bedeutung hat eine Änderung des Beamtenstatusgesetzes für einen Beamten des Landes Baden-Württemberg?

2 Welche Einflussmöglichkeiten hat der Bund auf die Ausgestaltung der Rechtsverhältnisse der Beamten im Land Baden-Württemberg?

3 Welche Änderungen brachte die »Föderalismusreform« für den gesetzgeberischen Gestaltungsspielraum des Landes Baden-Württemberg auf dem Gebiet des Beamtenrechts?

3 Grundprinzipien des Beamtenrechts

Einführung

Fall 3.1

Realschullehrer R. hat sich erfolgreich um die Stelle des Realschulkonrektors einer Realschule beworben. Während der gemütlichen Feier anlässlich der Ernennung zum Konrektor wird R. versehentlich die Urkunde nicht überreicht. R. ist zunächst der Auffassung, dass der feierliche Händedruck des Präsidenten genügen müsste und ihm das Regierungspräsidium die Urkunde schon noch übersenden werde.

Erst nach einem halben Jahr meldet sich R., weil er die höheren Bezüge immer noch nicht erhalten hat.

- Welche Folgen hat die unterbliebene Aushändigung der Urkunde? Wird R. die höheren Bezüge für das vergangene halbe Jahr nachgezahlt erhalten?

3.1 Formenstrenge

Kennzeichnend für das Beamtenrecht ist eine starke Formalisierung.

Für einige besonders wichtige Maßnahmen, die für die Rechtsstellung des Beamten von Bedeutung sind, sieht das Landesbeamtengesetz einen Formalakt, die sog. **Ernennung**, vor. Die Maßnahmen, für die dieser **Formalakt** erforderlich ist, sind in § 8 des Beamtenstatusgesetzes abschließend aufgeführt:

Ernennungen nach § 8 Beamtenstatusgesetz	
Maßnahme	Erläuterung
1. Einstellung	Erste Berufung in das Beamtenverhältnis.
2. Umwandlung	Beispiel: Umwandlung von einem Beamtenverhältnis auf Probe in ein Beamtenverhältnis auf Lebenszeit.
3. Verleihung eines anderen Amtes mit anderem Grundgehalt	Beförderung, z. B. vom Studienrat zum Oberstudienrat.
4. Aufstieg	Wechsel der Laufbahngruppe, beispielsweise vom gehobenen in den höheren Dienst.

Formalisiert ist die Ernennung in der Weise, dass sie nur
- durch die **Übergabe** einer Ernennungsurkunde wirksam wird,
- die einen bestimmten, im Gesetz festgelegten **Wortlaut** haben muss,
- nicht auf einen **zurückliegenden Zeitpunkt** ausgesprochen werden kann.

Wird also, wie im **Fall 3.1**, bei einer beabsichtigten Ernennung versäumt, die Urkunde zu übergeben, oder hat die Urkunde nicht den vorgeschriebenen Wortlaut, so liegt keine wirksame Ernennung vor.

Im Falle einer Einstellung ist dann also noch kein Beamtenverhältnis begründet. **Rückwirkend** kann die Ernennung später, wenn der Fehler entdeckt wird, nicht mehr zu dem beabsichtigten Zeitpunkt vorgenommen werden. Die Ernennung wird erst mit dem Tage der Aushändigung der Ernennungsurkunde wirksam. Eine Ernennung auf einen zurückliegenden Zeitpunkt ist unwirksam und insoweit unzulässig (§ 8 Abs. 4 BeamtStG), so auch im Ausgangsfall. Es ist lediglich möglich, R. mit Rückwirkung von maximal drei Monaten in die **Planstelle** eines Realschulkonrektors einzuweisen, ihm also ab diesem Zeitpunkt die Bezüge eines Realschulkonrektors zu gewähren.

3.2 Treue und Fürsorge

Mit dem Gedanken der Fürsorge ließen sich Ansprüche gegen das Land theoretisch grenzenlos begründen. Nehmen wir ein Beispiel: Die Eltern eines Schülers verbreiten am Schulort, der Lehrer L. beende regelmäßig seinen Unterricht verfrüht und würde Schüler körperlich züchtigen. L. möchte deshalb straf- und zivilrechtlich (mit einer Verleumdungsklage) gegen die Eltern vorgehen. Natürlich wäre es hier fürsorglich, wenn das Land ihm zu diesem Zweck einen Anwalt bezahlen würde, der seine Interessen wahrnimmt.

Es wäre z. B. auch fürsorglich, älteren Lehrkräften eine höhere Ermäßigung des Regelstundenmaßes zu gewähren.

Grenzen müssen hier aber schon deshalb gesetzt werden, weil mit den Fürsorgeleistungen das Geld des Steuerzahlers ausgegeben wird, dem es schwer verständlich zu machen wäre, wenn die Beamten gegenüber anderen Arbeitnehmern zu sehr privilegiert würden.

Der Fürsorgeanspruch wurde deshalb durch einzelne Leistungsgesetze konkretisiert und auch begrenzt. Aus dem Grundsatz der Fürsorge selbst lassen sich keine unmittelbaren Ansprüche auf finanzielle Leistungen ableiten.

3.3 Alimentation

Anders als im Rechtsverhältnis des Angestellten erhält der Beamte die Bezüge **nicht als Gegenleistung** für seine **Dienste**. Das Beamtenverhältnis beruht nicht auf einem Vertrag, der nach dem Prinzip von **Leistung und Gegenleistung** funktioniert.

Der Beamte hat vielmehr seine volle Arbeitskraft zur Verfügung zu stellen und wird deshalb entsprechend seinem Amt besoldet und versorgt.

Die Bedeutung dieses Unterschiedes wird in der Praxis deutlich: Auch im Falle einer langen krankheitsbedingten Dienstunfähigkeit behält der Beamte seinen Anspruch auf Besoldung und Versorgung, weil die Alimentation nicht die Gegenleistung für seine Arbeit ist. Anders ist die Rechtslage bei dem Angestellten. Dort gilt der Grundsatz: ohne Arbeit – kein Geld. Im Krankheitsfall erhält der Angestellte sein Arbeitsentgelt deshalb nur insoweit weiterbezahlt, als ihm das Entgeltfortzahlungsgesetz und der TvL einen Anspruch darauf einräumen.

Bleibt der Beamte jedoch schuldhaft unerlaubt dem Dienst fern, so verliert er kraft der ausdrücklichen gesetzlichen Bestimmung in § 11 BesGBW den Anspruch auf seine Bezüge.

> **Fragen zur Wiederholung und Vertiefung**
> 1 Welches ist der Grund für die Formenstrenge im Beamtenrecht?
> 2 Lässt sich aus der Fürsorgepflicht ein Anspruch auf Übernahme der Anwaltskosten herleiten, wenn ein Beamter auf einer Dienstfahrt in einen Unfall verwickelt wird?
> 3 Kann die Bestellung eines Realschullehrers zum Lehrbeauftragten am Seminar auch rückwirkend erfolgen, wenn er diese Tätigkeit bereits wahrgenommen hat?

4 Der Dienstherr des Lehrers und seine Organe/Zuständigkeiten im Bereich des Beamtenrechts

Einführung

Fall 4.1

Eine Ihrer Kolleginnen beabsichtigt für einen Zeitraum von 4 Wochen außerhalb der Schulferien einen Kuraufenthalt. Sie ist sich unsicher, ob sie dafür eine Genehmigung benötigt und wer gegebenenfalls für diese Genehmigung **zuständig** ist.

- Wie ist die Rechtslage?

4.1 Zuständigkeiten im Beamtenrecht

Die Lehrkräfte an öffentlichen Schulen sind Bedienstete des Landes (§ 38 Abs. 1 SchulG). Das Beamtenrecht spricht davon, dass das Land der »**Dienstherr**« ist.

Im Landesbeamtengesetz sind zahlreiche Maßnahmen geregelt, die das Rechtsverhältnis eines Beamten betreffen und für die abhängig von dem Gewicht der Maßnahme unterschiedliche Zuständigkeiten ausgebracht sind. So muss z. B. geregelt werden, wer für Abordnungen, Versetzungen, Beförderungen, Einstellungen, dienstliche Beurteilungen, Beurlaubungen zuständig ist.

Das Landesbeamtengesetz regelt die Rechtsverhältnisse aller Landesbeamten, die in verschiedenen Geschäftsbereichen organisiert sind. Es konnte deshalb nicht die Zuständigkeiten jeweils einer ganz bestimmten Funktion (Person) innerhalb eines bestimmten Geschäftsbereiches zuschreiben.

> **Beispiel:**
>
> **Zuständigkeit für die Erteilung einer Aussagegenehmigung**
>
> Die Erteilung einer Aussagegenehmigung konnte im Landesbeamtengesetz nicht in die Zuständigkeit des Schulleiters gelegt werden, weil z. B. für die Verwaltungsbeamten des Regierungspräsidiums eine andere Zuständigkeit besteht. Das Landesbeamtengesetz verwendet deshalb in den Zuständigkeitsregelungen **abstrakte Funktionsbezeichnungen**. In speziellen Verordnungen ist dann geregelt, wer diese Funktion für eine bestimmte Beamtengruppe, beispielsweise für die Lehrkräfte des gehobenen oder höheren Dienstes, ausübt.

In der Beamtenrechtszuständigkeitsverordnung ist beispielsweise geregelt, wer die Funktion des Dienstvorgesetzten für die Lehrer wahrnimmt. Diese Zuständigkeiten sind aber durch zahlreiche Gesetze und Verordnungen auf andere Personen übertragen.

Wichtige Vorschriften zur Regelung von Zuständigkeiten sind:
- **Ernennungsgesetz**
  (Regelungen zur Zuständigkeit bei Ernennungen und Versetzungen)
- **Beamtenrechtszuständigkeitsverordnung**
  (Regelung der Frage, wer Dienstvorgesetzter ist)

- **Verwaltungsvorschrift »Freistellungen von längerer Dauer, Zuständigkeiten und Pflichten bei Dienst- und Arbeitsunfähigkeit im Bereich der Schulen«**
  (Aufteilung der Zuständigkeit für Beurlaubungen zwischen Schulleiter, unterer und oberer Schulaufsichtsbehörde)

Mit dem Dienstrechtsreformgesetz wird eine allgemeine Zuständigkeit des Dienstvorgesetzten begründet. Diese Zuständigkeit wird zukünftig durch eine Rechtsverordnung delegiert werden.

> Im **Fall 4.1.** muss sich die Kollegin für den Zeitraum des Kuraufenthaltes nach § 30 AzUVO **beurlauben** lassen. Im Normalfall ist nämlich davon auszugehen, dass während eines Kuraufenthaltes Dienstfähigkeit besteht.
>
> Für Beurlaubungen ist grundsätzlich der Dienstvorgesetzte zuständig (§ 6 BeamtZuVO). Diese Befugnis wurde jedoch für Beurlaubungen nach § 30 AzUVO (Kuren) auf den Schulleiter als den Vorgesetzten übertragen. Der Schulleiter wird jedoch darauf bestehen müssen, dass zumindest ein erheblicher Anteil des Kuraufenthaltes in die Schulferien gelegt wird, um einen Unterrichtsausfall zu vermeiden.

4.2 Begriffsbestimmungen: Oberste Dienstbehörde, Dienstvorgesetzter, Vorgesetzter

Funktionsbezeichnungen, die im Landesbeamtengesetz eine wesentliche Rolle spielen, sind:
- Oberste Dienstbehörde,
- Dienstvorgesetzter,
- Vorgesetzter.

Das Landesbeamtengesetz definiert diese Funktionen zunächst abstrakt in § 3:

- **Oberste Dienstbehörde** des Beamten ist die oberste Behörde seines Dienstherrn, in deren Dienstbereich er ein Amt bekleidet. Diese Aufgabe nimmt das Ministerium wahr (§ 5 Abs. 1 Nr. 2 Landesverwaltungsgesetz).

- **Dienstvorgesetzter** ist nach der Definition des Landesbeamtengesetzes, wer für die beamtenrechtlichen Entscheidungen über die persönlichen Angelegenheiten der ihm nachgeordneten Beamten zuständig ist. Diese Definition gibt Anlass zu Missverständnissen: Welches sind die **»persönlichen Angelegenheiten«** des Beamten und was hat der Dienstvorgesetzte damit zu tun? »Persönliche Angelegenheiten« ist hier als Gegenbegriff zu den Angelegenheiten des laufenden Dienstbetriebes zu sehen. Weisungen, wie der Beamte sein Amt wahrzunehmen hat, betreffen ihn nicht als Person, sondern lediglich als Amtswalter. Demgegenüber stehen solche Maßnahmen, die nicht die Amtsausübung betreffen, wie z. B. die Erteilung einer Aussagegenehmigung oder die Ankündigung einer beabsichtigten Versetzung in den Ruhestand. Dies sind die persönlichen Angelegenheiten, die in die Zuständigkeit des Dienstvorgesetzten fallen.

  Der **Regierungspräsident** ist Dienstvorgesetzter aller Lehrkräfte im Beamtenverhältnis, die in seinem Regierungsbezirk tätig sind. Er ist also z. B. auch Dienstvorgesetzter der Anwärter, Referendare und Schulleiter.

- **Vorgesetzter** ist, wer einem Beamten für seine dienstliche Tätigkeit Anordnungen erteilen kann. Wer im Einzelfall Vorgesetzter eines Beamten ist, ergibt sich aus dessen Stellung innerhalb des Schulsystems. Der Schulleiter ist weisungsberechtigt gegenüber den Lehrern seiner Schule.
  Gleiches gilt auch für den stellvertretenden Schulleiter, soweit ihm Aufgaben zur eigenständigen Erledigung übertragen wurden. Auch die Fachleiter zur Koordinierung schulfachlicher Aufgaben (Gymnasien, berufliche Schulen) sowie die Fachleiter am Seminar sind in ihrem Zuständigkeitsbereich weisungsbefugt und damit Vorgesetzte.

4.3 Vorgesetzter/Dienstvorgesetzter der Anwärter und Referendare

Die Stellung des **Anwärters** bzw. des **Referendars** innerhalb der Schulhierarchie ist in den einschlägigen Prüfungsordnungen geregelt:

- Vorgesetzter der Anwärter und Referendare ist der Leiter des Seminars. Aber auch die Fachbereichsleiter, Lehrbeauftragten, der Schulleiter und der Mentor sind in ihren Bereichen weisungsberechtigt, haben also die rechtliche Stellung eines Vorgesetzten. In Zweifelsfällen entscheidet der Seminarleiter.
- Dienstvorgesetzter der Anwärter und Referendare ist der Regierungspräsident.

Fragen zur Wiederholung und Vertiefung

1 Beschreiben Sie den Unterschied zwischen den Aufgaben des Vorgesetzten und denen des Dienstvorgesetzten.

2 Welches sind die Vorgesetzten eines Anwärters/Referendars?

3 Welches sind die »persönlichen Angelegenheiten« eines Beamten, für die der Dienstvorgesetzte zuständig ist?

5 Das Laufbahnrecht

Einführung

Fall 5.1

L. ist Lehrer z. A. an einer Grund- und Hauptschule. Er wurde mit Wirkung vom 1.8.2004 in das Beamtenverhältnis auf Probe berufen.

Bereits in der ersten dienstlichen Beurteilung, die zum Ablauf des Monats April 2005 vorgelegt wurde, konnten die Leistungen des L. nur mit der Note »ausreichend« bewertet werden.

Erst am 1.7.2007 wird die Personalakte des L. dem zuständigen Juristen beim Regierungspräsidium Stuttgart vorgelegt. In der Akte enthalten ist eine weitere dienstliche Beurteilung über den L., die gleichfalls mit der Note »ausreichend« schließt. In dieser Beurteilung ist weiter ausgeführt:

»In letzter Zeit gelang es L. immer weniger, einen Ordnungsrahmen in der von ihm zu unterrichtenden Klasse 7 zu schaffen. Auf Fehlverhalten von Schülern reagierte er nicht mit der erforderlichen Nachdrücklichkeit. Sein freundliches und kameradschaftliches Wesen wird von den Schülern jedoch geschätzt.

L. ist auf seinen Unterricht gründlich vorbereitet. Sein Unterricht ist jedoch immer noch zu lehrerzentriert und dozierend. Neue Unterrichtsformen werden kaum eingesetzt.«

- Welche Entscheidung wird der Jurist treffen?

5.1 Grundgedanken des Laufbahnrechtes

Das Laufbahnprinzip gehört zu den hergebrachten Grundsätzen des Berufsbeamtentums.

Es soll sicherstellen, dass der Staat über gut ausgebildetes, in der Praxis bewährtes und für das konkrete Amt qualifiziertes Personal verfügt.

Dieses Ziel soll mit den folgenden Prinzipien erreicht werden:

- Jede Laufbahn setzt eine bestimmte **Vorbildung** voraus.

Kurt Kolossa (ehem. Kölner Stadtdirektor) in der Zeitung »DIE WOCHE« am 20.1.94

»Das Laufbahnrecht ist ein Bollwerk gegen Beutemacher: Ein Fraktionsmächtiger kann ein Würstchen auf einen städtischen Vorstandssessel hieven; den Genossen Kassierer aus dem Ortsverein des Ministers zum Inspektor im Finanzamt machen, das schafft er nicht. Das verhindert das Beamtenrecht.«

- Es ist i. d. R. eine praktische Einführung in Form des **Vorbereitungsdienstes** zu leisten. Das Dienstrechtsreformgesetz erweitert jedoch die Möglichkeiten des Zugangs zu einer Laufbahn. Nicht nur über den Vorbereitungsdienst, sondern auch über eine laufbahnqualifizierende Zusatzausbildung oder eine mindestens dreijährige, der Vorbildung entsprechende Berufstätigkeit, die die Eignung zur selbstständigen Wahrnehmung eines Amts der angestrebten Laufbahn vermittelt, wird der Laufbahnzugang möglich.
- Der Beamte muss sich in einer **Probezeit** bewähren.
- Beförderungen dürfen nur nach bestimmten Mindestfristen vorgenommen werden. Beförderungsämter dürfen nicht übersprungen werden. Ausnahmen von diesem Grundsatz werden durch das Dienstrechtsreformgesetz für den Fall zugelassen, dass ein besonderes dienstliches Bedürfnis vorliegt und dem höheren Amt vergleichbare Tätigkeiten bereits wahrgenommen wurden.
- Zwischen den Laufbahnen einer Fachrichtung kann im Wege des Aufstieges gewechselt werden.

5.2 Gliederung in Laufbahngruppen und Laufbahnen

Der berufliche Werdegang eines Beamten kann sich grundsätzlich nur innerhalb der vorgesehenen Laufbahngruppen und Laufbahnen entwickeln. Der Zugang zu den einzelnen Laufbahnen hängt von der Vorbildung ab. Die Gliederung in drei Laufbahngruppen entspricht der Gliederung des Bildungssystems in der Bundesrepublik.

Der Hauptschulabschluss eröffnet zusammen mit bestimmten zusätzlichen Qualifikationen den Zugang zu der Laufbahngruppe des mittleren Dienstes, ebenso der Realschulabschluss. Der Zugang zum gehobenen Dienst setzt bei den Laufbahnen der Lehrkräfte für die wissenschaftlichen Fächer (gemeint als Unterscheidung zum sog. fachpraktischen Unterricht) den Abschluss einer Fachhochschule oder einer Pädagogischen Hochschule voraus. Für den höheren Dienst wird i.d.R. der Abschluss eines Diplom-, Staatsprüfungs- oder Master-Studiengangs an einer Universität vorausgesetzt.

Innerhalb dieser **Laufbahngruppen** gibt es wiederum unterschiedliche **Fachrichtungen**, die verschiedene **Laufbahnen** eröffnen. So ist beispielsweise in der Laufbahngruppe des gehobenen Dienstes der Verwaltungsbeamte des nichttechnischen Verwaltungsdienstes genauso wie der Grund- und Hauptschul- oder der Realschullehrer tätig.

Die Laufbahnen der Lehrer	
Laufbahngruppe	**Laufbahn**
Mittlerer Dienst[1]	In den Laufbahngruppen des einfachen und des mittleren Dienstes sind keine Lehrkräfte beschäftigt.
Gehobener Dienst	Lehrer an ● Grund- und Hauptschulen ● Realschulen ● Sonderschulen ● Gewerbe-, Handels-, Hauswirtschaftsschulrat ● Gymnasialrat ● Technischer Lehrer ● Fachlehrer
Höherer Dienst	● Studienrat, Oberstudienrat, Studiendirektor, Oberstudiendirektor ● Beamter im Schulaufsichtsdienst (Schulrat, Schulamtsdirektor, Regierungsschuldirektor)

Obwohl also beispielsweise innerhalb der **Laufbahngruppe** des gehobenen Dienstes sowohl Grund- und Hauptschullehrer als auch Realschullehrer tätig sind, gehören sie unterschiedlichen **Laufbahnen** an.

Nach § 16 Abs. 3 LBG können Bewerber in das Beamtenverhältnis übernommen werden, die diese Voraussetzungen nicht erfüllen, wenn »besondere dienstliche Gründe« – also z.B. ein Mangel an Laufbahnbewerbern – dafür vorliegen. Sie müssen dazu allerdings bei ihrer bisherigen beruflichen Tätigkeit über mindestens 4 Jahre überdurchschnittlich erfolgreich einschlägige Erfahrungen gesammelt haben und besondere Fortbildungsbereitschaft nachweisen. Außerdem muss der Erwerb der Laufbahnbefähigung eine besondere Härte darstellen.

---

[1] Die Zuordnung der Fachlehrkräfte zu der Laufbahngruppe des gehobenen Dienstes ist deshalb nicht unumstritten, weil sie gemessen an den Bildungsvoraussetzungen dem mittleren Dienst zuzuordnen wären.

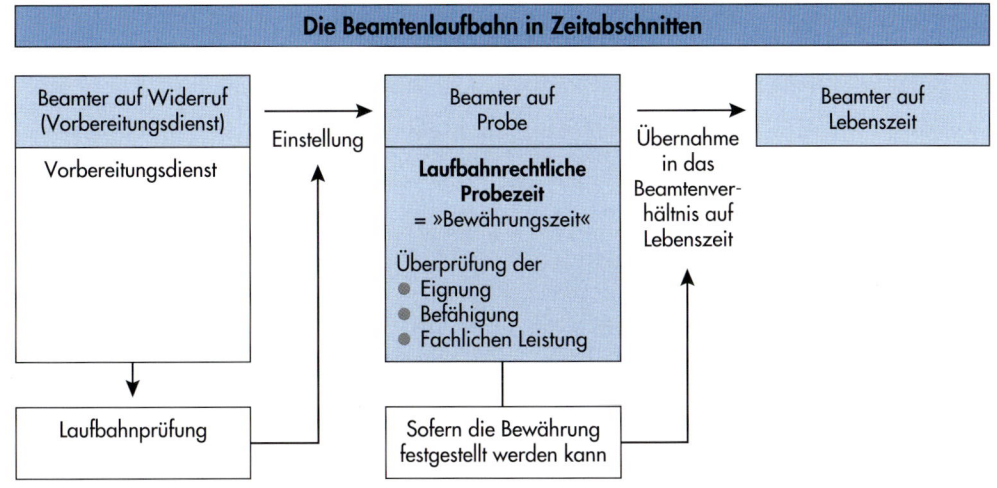

5.3 Entwicklung des Beamtenstatus

Der berufliche Werdegang innerhalb der Laufbahnen ist im Einzelnen geregelt.

Der Beamte wird zunächst in einem **Vorbereitungsdienst** auf seine Tätigkeit vorbereitet. Diese Zeit wird in der Laufbahngruppe des höheren Dienstes auch als Referendariat bezeichnet. Hier bekommt der Beamte die notwendigen theoretischen und praktischen Kenntnisse vermittelt.

Sofern der Beamte im Anschluss daran eine Einstellung im Beamtenverhältnis findet, muss seine Übernahme zunächst im **Beamtenverhältnis auf Probe** erfolgen. Während der Probezeit soll sich der Beamte auch in der Praxis seines Amtes bewähren.

Erst nach erfolgreicher Ableistung der Probezeit kann der Beamte in das **Beamtenverhältnis auf Lebenszeit** berufen werden und hat die Möglichkeit, befördert zu werden.

Die Probezeit dauert in allen Laufbahnen grundsätzlich 3 Jahre (§ 19 Abs. 1 LBG).

Der Beamte kann frühestens mit Ablauf der laufbahnrechtlichen Probezeit zum Beamten auf Lebenszeit ernannt werden. Andererseits erfolgt mit Ablauf der laufbahnrechtlichen Probezeit noch nicht zwingend die Übernahme in das Beamtenverhältnis auf Lebenszeit, etwa weil der Beamte weitere Voraussetzungen für die Übernahme in das Beamtenverhältnis auf Lebenszeit noch nicht erfüllt oder eine entsprechende Planstelle nicht vorhanden ist.

Die Probezeit kann wegen besonders guter Leistungen abgekürzt werden. Bei einer **weit überdurchschnittlichen Bewährung** in der Probezeit um ein Jahr. Bei einer Laufbahnprüfung mit hervorragendem Ergebnis ebenfalls um ein Jahr. In der Summe also um zwei Jahre. Dienstzeiten in der gleichen Laufbahn im **Arbeitnehmerverhältnis** können auf die Probezeit angerechnet werden. Einer Lehrkraft, die zunächst, z. B. aus Stellengründen, nur im Arbeitnehmerverhältnis übernommen werden kann, entstehen deshalb für den weiteren beamtenrechtlichen Werdegang keine Nachteile.

Darüber hinaus werden solche Zeiten, die früher zu einer vorzeitigen Anstellung führten (Wehr-/Zivildienst, Kindererziehungszeiten), nun auf die Probezeit angerechnet.

Die **Bewährung** eines Beamten kann nur in der laufbahnrechtlichen Probezeit überprüft werden.

Daraus ergeben sich folgende Konsequenzen:

1. Erkenntnisse, die erst nach Ablauf der laufbahnrechtlichen Probezeit gewonnen werden, können für die Beurteilung der Bewährung nicht herangezogen werden.

2. Sofern sich der Beamte nicht bewährt hat, kann er aus dem Beamtenverhältnis entlassen oder die Probezeit kann verlängert werden. Diese Verfügungen können jedoch nur innerhalb der laufbahnrechtlichen Probezeit bzw. einer angemessenen Bedenkzeit danach ausgesprochen werden.

Das Ende der laufbahnrechtlichen Probezeit ist damit eine ganz wesentliche Weichenstellung: Entscheidungen, die zu diesem Zeitpunkt versäumt werden, können nicht mehr nachgeholt werden.

Wird innerhalb

- der laufbahnrechtlichen Probezeit bzw.
- einer Bedenkzeit im Anschluss daran

keine Maßnahme getroffen, die die Bewährung infrage stellt, darf der Beamte darauf **vertrauen**, dass er sich bewährt hat. Das BVerwG leitet diese Erkenntnis aus der **Fürsorgepflicht** ab: Der Beamte darf nicht unangemessen lange über sein beamtenrechtliches Schicksal im Unklaren gelassen werden. Nach Ablauf der laufbahnrechtlichen Probezeit und der Bedenkzeit ist eine Entlassung oder Verlängerung der Probezeit nicht mehr möglich.

Wesentliche Erkenntnisgrundlage für die Frage, ob sich ein Beamter bewährt hat, ist die **dienstliche Beurteilung**.

Beamte auf Probe werden das erste Mal neun Monate nach der Einstellung beurteilt. Die abschließende dienstliche Beurteilung erfolgt innerhalb der letzten drei Monate der Probezeit.

Eine feste Notenschwelle, bis zu der die Übernahme in das Beamtenverhältnis auf Lebenszeit erfolgen muss, kann nicht angegeben werden. Theoretisch kann ein Beamter auch dann entlassen werden, wenn die Leistungen mit »entspricht noch den Anforderungen« bewertet werden, denn der Beamte muss nach der Beurteilung auch für Beförderungsämter geeignet erscheinen, um in das Beamtenverhältnis auf Lebenszeit übernommen werden zu können.

Darüber, ob die Übernahme in das Beamtenverhältnis erfolgen kann oder eine Verlängerung der Probezeit oder gar eine Entlassung zu erfolgen hat, entscheidet das Regierungspräsidium als die zuständige Ernennungsbehörde.

In der Probezeit soll aber nicht nur die **fachliche**, sondern auch die **gesundheitliche** und die **charakterliche** Eignung überprüft werden.

Die **gesundheitliche Eignung** wird auf der Grundlage eines amtsärztlichen Zeugnisses festgestellt. Sie kann nach der Rspr. des BVerwG bereits dann nicht festgestellt werden, wenn »die Möglichkeit zukünftiger Erkrankungen oder des Eintritts dauernder Dienstunfähigkeit nicht mit einem hohen Grad an Wahrscheinlichkeit ausgeschlossen werden kann«.

Für Schwerbehinderte genügt eine entsprechende Prognose für die nächsten fünf Jahre.

Die **charakterliche Eignung** kann z. B. durch ein Dienstvergehen infrage gestellt werden, auch wenn dieses Dienstvergehen eine Entlassung nach § 23 Abs. 3 Nr. 2 BeamtStG nicht rechtfertigen würde.

> **Beispiel** aus der Rechtsprechung des Verwaltungsgerichtshofes Baden-Württemberg:
> Übernachtet ein verheirateter Lehrer mit einer anderweitig verheirateten Lehrerin im Schullandheim in einem Zimmer, wird dadurch die charakterliche Eignung infrage gestellt.

Die Begriffe Eignung, Befähigung und fachliche Leistung sind in ihrer umgangssprachlichen Bedeutung kaum trennscharf zu unterscheiden. Im beamtenrechtlichen Sinn besteht der grundlegende Unterschied zwischen dem Begriff der **Befähigung** und der **fachlichen Leistung** darin, dass die fachliche Leistung darauf abstellt, welche Leistungen ein Beamter in der Vergangenheit tatsächlich erbracht hat. Bewertet wird das Arbeitsergebnis nach Qualität und Quantität. Die Befähigung stellt demgegenüber darauf ab, was der Beamte zu leisten in der Lage wäre. Es werden hier die Kenntnisse und Fertigkeiten bewertet. In der dienstlichen Beurteilung erfolgt diese Bewertung in einem Befähigungsraster. Für die verschiedenen Befähigungsmerkmale, z. B. Fachkenntnisse, Auffassungsgabe, Urteilsvermögen, mündliche Ausdrucksfähigkeit, ist jeweils ein Ausprägungsgrad anzugeben (schwach, normal, stärker, besonders stark ausgeprägt).

Das Merkmal der **Eignung** schließlich fasst weitere persönliche Anforderungen zusammen: Es setzt sich zusammen aus den Teilelementen

- gesundheitliche Eignung und
- charakterliche Eignung.

> Im **Fall 5.1** hat der Jurist darüber zu entscheiden, ob L. in das Beamtenverhältnis auf Lebenszeit zu übernehmen ist, ob eine Verlängerung der Probezeit erfolgen sollte oder gar eine Entlassung aus dem Beamtenverhältnis auszusprechen ist.
>
> Die vorliegenden dienstlichen Beurteilungen stellen die Bewährung innerhalb der Probezeit infrage. Wenn auch die Leistungen mit der Note »ausreichend« bewertet wurden, ist dadurch eine Entlassung nicht ausgeschlossen. Zum einen ist die Entscheidung über die Bewährung in der Probezeit vom Dienstvorgesetzten, also dem Regierungspräsidenten, zu treffen und er kann aufgrund der Ausführungen in der dienstlichen Beurteilung durchaus zu der Einschätzung gelangen, dass die Leistungen des L. nicht ausreichen. Zum andern müssen die Leistungen innerhalb der Probezeit auch erwarten lassen, dass der Beamte nicht nur für das Eingangsamt, sondern auch für Beförderungsämter geeignet ist. Von dieser Eignung könnte aber auf der Grundlage der vorliegenden dienstlichen Beurteilung nicht ausgegangen werden.
>
> Grundsätzlich müsste also überlegt werden, ob eine positive Prognose zu stellen ist, sodass eine Verlängerung der Probezeit verfügt werden kann, oder aber eine Entlassung auszusprechen ist.
>
> Beide Entscheidungen können aber hier aus einem anderen Grund nicht getroffen werden: Die Probezeit dauert in der Laufbahn des gehobenen Dienstes zwei Jahre und sechs Monate. Die Probezeit war also schon lange abgelaufen, als der zuständige Jurist die Entscheidung zu treffen hatte. L genießt wegen der abgelaufenen Probezeit Vertrauensschutz: Nachdem er zum Ablauf der Probezeit keine anders lautende Nachricht erhielt, durfte er von seiner Bewährung in der Probezeit ausgehen.
>
> L. muss deshalb in das Beamtenverhältnis auf Lebenszeit übernommen werden.

Auch Führungspositionen, wie z. B. das Amt des **Schulleiters**, werden zunächst im Beamtenverhältnis auf Probe übertragen. Durch diese Probezeit soll festgestellt werden, ob der Beamte den zusätzlichen Anforderungen, die die Führungsposition an ihn stellt, gewachsen ist. Diese Probezeit dauert in der Regel zwei Jahre. Sie unterscheidet sich von der oben dargestellten laufbahnrechtlichen Probezeit auch dadurch, dass das bisherige Beamtenverhältnis des Funktionsstellenbewerbers, in der Regel wird dies ein Beamtenverhältnis auf Lebenszeit sein, erhalten bleibt und **parallel** dazu die **Führungsposition im Beamtenverhältnis auf Probe** übertragen wird. Mit Ablauf der Probezeit endet das Beamtenverhältnis auf Probe, ohne dass es dazu einer gesonderten Verfügung bedarf, kraft Gesetzes. Hat der Beamte sich in der Führungsposition bewährt, muss das Beamtenverhältnis auf Probe deshalb rechtzeitig in ein Beamtenverhältnis auf Lebenszeit umgewandelt werden. Ansonsten fällt der Beamte mit dem Ablauf der Probezeit wieder in seine ursprüngliche Position zurück.

```
┌─────────────────────────────────────────────────┐
│  Entscheidung am Ende der laufbahnrechtlichen Probezeit, │
│  falls die Bewährung nicht festgestellt werden kann │
└─────────────────────────────────────────────────┘
```

Verlängerung der Probezeit, § 19 Abs. 6 LBG

Eine Verlängerung der Probezeit wird dann ausgesprochen, wenn zu erwarten ist, dass sich der Beamte innerhalb der verlängerten Probezeit noch bewähren wird, also eine **positive Prognose** zu stellen ist. Die Probezeit kann auf höchstens fünf Jahre verlängert werden.

Entlassung aus dem Beamtenverhältnis auf Probe

Steht fest, dass sich der Beamte endgültig nicht bewährt hat, so ist die Entlassung die zwingende Folge. Ein Ermessen besteht insoweit nicht.

Die Landeslaufbahnverordnung wurde durch das Dienstrechtsreformgesetz aufgehoben. Die Probezeit kann auf höchstens fünf Jahre verlängert werden.

Fragen zur Wiederholung und Vertiefung

1. Mit welchen Argumenten wird das Laufbahnprinzip wohl kritisiert?
2. Kann das Kultusministerium einen erfahrenen Manager zum Regierungsschuldirektor im Regierungspräsidium ernennen?
3. Wodurch unterscheiden sich Laufbahnen und Laufbahngruppen?
4. Ordnen Sie Ihr Amt einer Laufbahngruppe und Laufbahn zu!
5. Unter welchen Gesichtspunkten wird die Bewährung in der Probezeit geprüft?
6. Welche Entscheidungen sind denkbar, wenn sich ein Beamter in der Probezeit nicht bewährt hat?
7. Wer trifft die Entscheidung darüber, ob sich ein Beamter in der Probezeit bewährt hat?
8. In welchen Fällen fallen die Anstellung und die Übernahme in das Beamtenverhältnis auf Lebenszeit zeitlich auseinander?

6 Begründung und Beendigung des Beamtenverhältnisses

Einführung

Fall 6.1

Lehrerin L. ist Beamtin auf Probe. Nach einer längeren Krankheitsphase stellt der zuständige Amtsarzt fest, dass sie aufgrund eines psychischen Leidens dauernd unfähig ist, ihre Dienstpflichten als Lehrerin zu erfüllen.

L. beantragt daraufhin gegenüber dem Regierungspräsidium, sie in den Ruhestand zu versetzen. Zur Begründung trägt sie vor, ihre psychische Verfassung sei ausschließlich auf den konflikthaften Umgang mit den Schülern zurückzuführen.

- Wie wird das Regierungspräsidium über den Antrag entscheiden?

6.1 Die Einstellung in das Beamtenverhältnis und ihre Voraussetzungen

In dem Kapitel Laufbahnrecht wurde dargestellt, welche Anforderungen an die Vorbildung zu stellen sind. In den meisten Fällen wird jedoch die Anzahl der Bewerber mit der erforderlichen Vorbildung weit größer sein als die Anzahl der freien Stellen im Schulbereich. Die Auswahlentscheidung bei der Einstellung wird nach den Kriterien Eignung, Befähigung und fachliche Leistung vorgenommen. Als objektive Vergleichsgröße stehen hier die Ergebnisse der Staatsexamina zur Verfügung, aus denen eine Leistungsziffer errechnet wird.

Ausnahmen von diesen Auswahlgrundsätzen sind nur in den ganz engen Grenzen möglich, in denen das »Sozialstaatsprinzip« dies rechtfertigt. Hier ist Raum, so genannte »Härtefälle« zu berücksichtigen. Darüber hinaus können Einstellungen in Mangelfächern bevorzugt vorgenommen werden, ferner können bis zu 10% der besetzbaren Stellen für Bewerber mit Zusatzqualifikationen verwendet werden. Im Rahmen des schulbezogenen Stellenausschreibungsverfahrens sind für die Auswahl die in der Ausschreibung genannten besonderen Anforderungen bedeutsam.

Die Landeshaushaltsordnung (LHO) sieht aus finanziellen Gründen auch eine Höchstaltersgrenze für die Berufung in das Beamtenverhältnis vor. Hat der Bewerber das 42. Lebensjahr vollendet, ist eine Einstellung in das Beamtenverhältnis nur noch möglich, wenn ein eindeutiger Mangel an geeigneten jüngeren Bewerbern vorliegt und seine Übernahme unter Berücksichtigung der entstehenden Versorgungslasten einen erheblichen Vorteil für das Land bedeutet. Diese Altersgrenze kann sich aber erhöhen, wenn der Bewerber Betreuungs- und Pflegezeiten für Kinder unter 18 Jahren oder für nach ärztlichem Gutachten pflegebedürftige sonstige Angehörige vorzuweisen hat. Durch jeden Betreuungs- oder Pflegefall erhöht sich die Altersgrenze um zwei Jahre. Nach Vollendung des 45. Lebensjahres ist in jedem Einzelfall die Einwilligung des Finanzministeriums erforderlich, sofern die Altersgrenze überschritten wurde. Erhöht sich die Altersgrenze für eine Bewerberin z.B. durch die Betreuung von vier Kindern auf das 50. Lebensjahr, kann sie auch mit 49 Jahren noch ohne Zustimmung des Finanzministeriums eingestellt werden. Dahinter steht der Gedanke, dass die beamtenrechtliche Versorgung nur dann gerechtfertigt erscheint, wenn eine gewisse Mindestdienstzeit zu erwarten ist.

Wer beispielsweise nach der Ableistung des Vorbereitungsdienstes erst nach Vollendung des 45. Lebensjahres zur Einstellung heransteht, kann im Regelfall nur noch als Tarifbeschäftigter eingestellt werden.

Weiter stellt das Landesbeamtengesetz für die Einstellung folgende Voraussetzungen auf:
- Bis vor wenigen Jahren konnten nur Deutsche im Sinne des Grundgesetzes in das Beamtenverhältnis berufen werden. Zwischenzeitlich hat die europäische Einigung auch hier zu einer Öffnung geführt. In das Beamtenverhältnis können nun auch Staatsangehörige eines anderen Mitgliedsstaates der Europäischen Union oder eines anderen Vertragsstaates des Abkommens über den Europäischen Wirtschaftsraum berufen werden. Darüber hinaus können auch Angehörige eines Drittstaates, dem Deutschland und die Europäische Union vertraglich einen entsprechenden Anspruch auf Anerkennung von Berufsqualifikationen eingeräumt haben, in das Beamtenverhältnis übernommen werden. Dies betrifft vor allem Schweizer Staatsangehörige.
- Der Bewerber muss die Gewähr dafür bieten, dass er jederzeit für die freiheitlich-demokratische Grundordnung im Sinne des Grundgesetzes eintritt (siehe dazu S. 160).
- Er muss schließlich auf der Grundlage eines amtsärztlichen Zeugnisses gesundheitlich geeignet erscheinen.

6.2 Die Beendigung des Beamtenverhältnisses

Als eines der grundlegenden Prinzipien des Beamtenrechts wurde bereits der Schutz vor willkürlicher Beendigung des Beamtenverhältnisses geschildert. Es soll so verhindert werden, dass auf die Entscheidungen eines Beamten Einfluss genommen werden kann.

Der Beamte kann nicht wegen einer unpopulären Entscheidung aus dem Dienst entfernt werden. Die Beendigung des Beamtenverhältnisses ist nur in den gesetzlich genannten Fällen und stets nur in einem formalisierten Verfahren möglich.

- Aufgrund eines schwerwiegenden Dienstvergehens kann das Beamtenverhältnis nur in einem **Disziplinarverfahren** beendet werden. Voraussetzung dafür ist, dass der Dienstherr durch ein schweres Dienstvergehen das Vertrauen in die pflichtgemäße Amtsführung endgültig verloren hat (§ 31 Landesdisziplinargesetz). Seit dem Inkrafttreten des Landesdisziplinargesetzes im Jahr 2008 gibt es die Unterscheidung zwischen förmlichem und nicht förmlichem Disziplinarverfahren nicht mehr, d.h. die Disziplinarbehörde ist für den Ausspruch aller Disziplinarmaßnahmen einschließlich der Entfernung aus dem Dienst zuständig. Der betroffene Beamte kann die Disziplinarmaßnahme durch die Disziplinarkammer des Verwaltungsgerichts überprüfen lassen.
- Soll ein Beamter gegen seinen Willen in den Ruhestand versetzt werden, hat er die Möglichkeit, die Zurruhesetzung in einem Widerspruchsverfahren und anschließend in einem Klageverfahren von dem zuständigen Verwaltungsgericht überprüfen zu lassen.

Die Gründe, die zu einer Beendigung des Beamtenverhältnisses führen können, sind in § 21 BeamtStG aufgeführt (s. Tabelle auf der nächsten Seite)

> Im **Fall 6.1** wird das Regierungspräsidium eine Entlassung nach § 23 Abs. 1 Nr. 3 BeamtStG vornehmen. Eine Versetzung in den Ruhestand ist bei Probezeitbeamten nur in den Ausnahmefällen des § 28 BeamtStG möglich. Zwar kann ein Beamter auf Probe tatsächlich in den Ruhestand versetzt werden, wenn er sich die Krankheit, die zur Dienstunfähigkeit führt, bei der Ausübung des Dienstes zugezogen hat. Im vorliegenden Fall ist aber nicht anzunehmen, dass die Krankheit ihre wesentliche Ursache tatsächlich im Dienst hat. Die alltägliche dienstliche Belastung kann innerhalb der Probezeit nur dann zur Dienstunfähigkeit führen, wenn eine entsprechende Vorerkrankung vorliegt.

Für den **Beamten auf Widerruf** sieht § 23 Abs. 4 BeamtStG schlicht vor: »*Beamtinnen auf Widerruf und Beamte auf Widerruf können jederzeit entlassen werden. Die Gelegenheit zur Beendigung des Vorbereitungsdienstes und zur Ablegung der Prüfung soll gegeben werden.*«

Während der erste Satz suggeriert, der Beamte auf Widerruf könnte praktisch grundlos entlassen werden, erweckt der zweite Satz den Eindruck, als könne der Beamte auf Widerruf im Vorbereitungsdienst überhaupt nicht entlassen werden.

Beendigungsgründe für das Beamtenverhältnis nach § 21 BeamtStG	
Entlassung, §§ 20, 23 BeamtStG	• **Entlassung kraft Gesetzes**, z. B. wenn der Beamte weder die deutsche Staatsangehörigkeit noch die Staatsangehörigkeit eines anderen EU-Mitgliedsstaates mehr hat. • **Entlassung ohne Antrag**, z. B. wenn der Beamte dienstunfähig wird, aber noch nicht die Voraussetzungen für eine Versetzung in den Ruhestand erfüllt (fünf Jahre Dienstzeit). • **Entlassung auf Antrag**: Dieser Antrag wird häufig gestellt, wenn die Höchstbeurlaubungsdauer ausgeschöpft ist, aber der Dienst z. B. aus persönlichen Gründen nicht wieder aufgenommen werden kann.
Verlust der Beamtenrechte, § 24 BeamtStG	Verurteilung zu einer Freiheitsstrafe von mind. 1 Jahr wegen einer vorsätzlichen Straftat. Verurteilung wegen einer vorsätzlichen Tat, die nach den Vorschriften über Friedensverrat, Hochverrat und Gefährdung des demokratischen Rechtsstaates, Landesverrat und Gefährdung der äußeren Sicherheit oder, soweit sich die Tat auf eine Diensthandlung im Hauptamt bezieht, Bestechlichkeit, strafbar ist, zu einer Freiheitsstrafe von mindestens sechs Monaten.
Entfernung aus dem Dienst im Disziplinarverfahren nach § 31 LDG	Der Beamte auf Lebenszeit kann aus dem Beamtenverhältnis entfernt werden, wenn er durch ein schweres Dienstvergehen das Vertrauen des Dienstherrn oder der Allgemeinheit in die pflichtgemäße Amtsführung endgültig verloren hat. Der Beamte auf Probe kann bereits entlassen werden, wenn er ein Dienstvergehen begangen hat, das bei einem Beamten auf Lebenszeit mindestens die Kürzung der Bezüge (§ 29 LDG, § 23 Abs. 3 Nr. 1 BeamtStG) zur Folge hätte.
Eintritt in den Ruhestand	Versetzung in den Ruhestand • mit Erreichen der Altersgrenze: Bei Lehrkräften mit Ablauf des Schuljahres, in dem sie das 64. Lebensjahr vollenden. Mit der Dienstrechtsreform wird diese Altersgrenze schrittweise um zwei Jahre angehoben. • Auf Antrag können Lehrkräfte mit Ablauf des 63. Lebensjahres in den Ruhestand treten. Auch hier kann die Zurruhesetzung aus schulorganisatorischen Gründen erst zum Schuljahresende erfolgen. • Wegen Dienstunfähigkeit – von Amts wegen – auf Antrag Vor einer Zurruhesetzung ist zu prüfen, ob eine anderweitige zumutbare Tätigkeit ausgeübt werden kann (siehe auch S. 180, Nr. 8.1). Kann ein Lehrer noch zumindest im Umfang der Hälfte seines Deputats unterrichten, muss er dies tun, erhält aber Bezüge in Höhe des bis dahin erworbenen Ruhegehaltsanspruchs, wenn dieser höher ist als die Teilzeitvergütung (**»begrenzte Dienstfähigkeit«**). Darüber hinaus wird unter bestimmten Voraussetzungen ein Zuschlag nach der „Dienstbezügezuschlagsverordnung" von mindestens 220 € gewährt.

Tatsächlich kann der Beamte auf Widerruf im Vorbereitungsdienst dann entlassen werden, wenn keine Aussicht besteht, dass er den Vorbereitungsdienst erfolgreich absolvieren wird. Wann davon auszugehen ist, ist in den jeweiligen Prüfungsordnungen konkretisiert.

Die Entlassung kann ähnlich wie die Kündigung eines Angestellten nur unter Einhaltung bestimmter **Fristen** erfolgen (s. nebenstehende Tabelle, die maßgeblich ist, sofern das Beamtenverhältnis mindestens ein Jahr bestanden hat).

Termine zu Entlassung aus dem Beamtenverhältnis	
Ende des Kalendervierteljahres	Spätester Zeitpunkt für die Erklärung der Entlassung
31.03. …	17.02.
30.06. …	19.05.
30.09. …	19.08.
31.12. …	19.11.

Soll beispielsweise ein Probezeitbeamter zum Ende der Probezeit aus dem Beamtenverhältnis entlassen werden, ist eine Frist von sechs Wochen zum Ende des Kalendervierteljahres einzuhalten. Konkret bedeutet dies:

Wird eine Entlassung am 20.2. ausgesprochen, kann sie frühestens zum 30.6. wirksam werden.

Mit der Wirksamkeit der **Entlassungsverfügung** enden grundsätzlich alle Rechte und Pflichten.

- In gewissem Umfang wirkt das Beamtenverhältnis jedoch nach:
Der entlassene Beamte ist immer noch zur Verschwiegenheit verpflichtet (§ 37 Abs. 1 BeamtStG) und hat das Recht auf Einsicht in seine Personalakte (§ 87 Abs. 1 S. 1 LBG).

- Bei ihrer Entlassung erwerben Beamte nach einer Dienstzeit von mindestens fünf Jahren einen Anspruch auf Altersgeld (§ 85 LBesGBW). Sie können aber darauf verzichten und stattdessen eine Nachversicherung in der gesetzlichen Rentenversicherung wählen, die stets vorzunehmen ist, wenn keine 5 Jahre Dienstzeit erreicht wurden.

- Nach mindestens einjähriger Beschäftigungszeit enthalten nicht auf eigenen Antrag entlassene Beamte ein Übergangsgeld (§ 64 LBesGBW).

Fragen zur Wiederholung und Vertiefung

1 Häufig wird gefordert, die Entscheidung über die Einstellung einer Lehrkraft solle dem einzelnen Schulleiter überlassen werden, der am besten darüber entscheiden könne, wer in das Kollegium und zu dem Profil seiner Schule passt.

Welche rechtlichen Gesichtspunkte sprechen gegen ein solches Vorhaben?

2 Aus welchen Gründen kann ein Beamtenverhältnis beendet werden?

3 Kann ein Beamter wegen häufiger Krankheitsfehlzeiten aus dem Beamtenverhältnis entlassen werden?

Unterscheiden Sie dabei zwischen dem Beamtenverhältnis auf Lebenszeit, dem Beamtenverhältnis auf Probe und dem Beamtenverhältnis auf Widerruf!

Wie wäre die Lage bei einem Tarifbeschäftigten?

7 Pflichten und Rechte des Beamten

Einführung

Fall 7.1

Einer Ihrer Schüler fragt Sie, ob Sie ihm privat Nachhilfeunterricht erteilen würden. Sie sagen zu. Ein Kollege, dem Sie davon erzählen, fragt besorgt, ob das auch rechtens ist.

Fall 7.2

Sie wollen eine Rauferei zwischen zwei Schülern schlichten. Dabei tritt Ihnen einer der beiden mit dem Fuß heftig gegen das Schienbein. Aus Schmerz und Zorn geben Sie diesem dafür eine kräftige Ohrfeige. Der Schüler schreit danach sofort laut auf. Bei einer anschließenden ärztlichen Untersuchung zeigt sich, dass sein Trommelfell geplatzt ist. Erschrocken fragen Sie sich, welche Folgen das für Sie haben kann, aber auch das immer noch schmerzende Schienbein macht Ihnen Sorgen.

7.1 Der Sonderstatus des Beamten

Der **Sonderstatus** des Beamten kommt bereits in der Bezeichnung des Beamtenverhältnisses als **Dienst- und Treueverhältnis (§ 3 BeamtStG)** zum Ausdruck. Er ist geprägt von den **hergebrachten Grundsätzen des Berufsbeamtentums**, wie insbesondere dem **Lebenszeitprinzip**, dem **Alimentationsprinzip** und der **Fürsorgepflicht**. Daraus ergeben sich eine Vielzahl von Rechten und Pflichten, die über die in einem privatrechtlichen Arbeitsverhältnis bestehenden Rechte und Pflichten hinausgehen. Während ein solches Arbeitsverhältnis einen **Austausch von Leistung und Gegenleistung** beinhaltet, besteht zwischen dem Beamten und seinem **Dienstherrn** eine engere Bindung, die die gesamte Person des Beamten erfasst. Die Pflichten des Beamten sind dabei nicht Selbstzweck, sondern Mittel zum Zweck der Erfüllung der dem öffentlichen Dienst übertragenen Aufgaben. Aus den Einschränkungen, denen sich ein Beamter mit dem Eintritt in das Beamtenverhältnis unterwirft, erwachsen ihm auch zusätzliche Rechte. Rechte und Pflichten entsprechen einander und müssen im Zusammenhang gesehen werden. Dies ist auch in der aktuellen Diskussion über die Zukunft des Beamtentums zu bedenken.

In einer Übersicht lassen sich Pflichten und Rechte folgendermaßen darstellen:

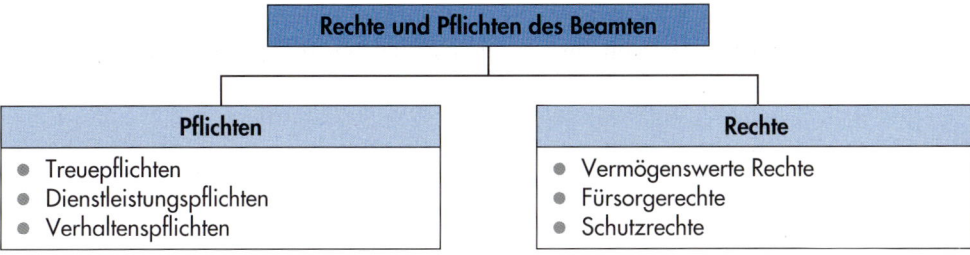

7.2 Pflichten des Beamten

Die Pflichten sind **generalklauselartig**, d. h. allgemein umschrieben und auf Konkretisierung nach der jeweiligen Funktion und Aufgabe des Beamten angelegt, in den §§ 33 ff. BemtStG festgehalten. Sie können sich außerdem aus dazu ergangenen Verordnungen, allgemeinen Dienstanweisungen und besonderen Anordnungen im Einzelfall ergeben.

7.2.1 Dienstleistungspflichten

▶ **Pflicht zum vollen persönlichen Einsatz, § 34 Satz 1 BeamtStG**

Der Beamte schuldet seinem Dienstherrn den vollen Einsatz seiner Arbeitskraft. Dazu gehört zunächst, dass er überhaupt zum Dienst erscheint und nicht **unerlaubt fernbleibt (vgl. § 68 Abs. 1 LBG)**. Er muss den Dienst dort antreten, wo es seine Vorgesetzten anordnen *(Beispiel: Wird ein Lehrer zur Aufsichtsführung bei Bundesjugendspielen eingeteilt, bleibt er dem Dienst unerlaubt fern, wenn er stattdessen den stundenplanmäßigen Unterricht erteilt).*

Die Vorschrift betrifft aber auch die **Qualität** der Dienstleistung, d. h., ein Lehrer muss sich z. B. über neue fachliche und methodisch-didaktische Erkenntnisse auf dem Laufenden halten und diese in seinem Unterricht umsetzen, aber auch geltende Rechtsvorschriften beachten, Korrekturen von Klassenarbeiten in angemessener Zeit vornehmen und Verwaltungsaufgaben zuverlässig erledigen. Die **Fortbildungspflicht** verlangt, dass sich ein Lehrer auch neue Inhalte aneignet, die sein studiertes Fach im Lauf der Zeit dazubekommen hat (z. B. *Datenverarbeitungskenntnisse in dem Fach Betriebswirtschaftslehre*).

Ein Lehrer muss erforderlichenfalls auch Unterricht in einem nicht studierten Fach erteilen und sich in dieses einarbeiten. Bei diesem **fachfremden Unterricht** ist allerdings immer die Zumutbarkeit zu prüfen. Ebenso ist das aus dem Bildungsanspruch erwachsende Recht der Schüler auf einen ordnungsgemäßen Unterricht zu berücksichtigen.

Quantitativ wird die Dienstleistungspflicht durch die – vom Dienstherrn i. d. R. durch Rechtsverordnung festgelegten – Arbeitszeitvorschriften begrenzt. Der Beamte ist jedoch verpflichtet, wenn zwingende dienstliche Gründe dies erfordern, bis zu einem gewissen Umfang *(bei Lehrern derzeit 3 Unterrichtsstunden im Kalendermonat)* ohne Vergütung **Mehrarbeit** zu leisten, darüber hinausgehende Mehrarbeit bis 288 Unterrichtsstunden im Kalenderjahr wird durch Dienstbefreiung ausgeglichen oder (bei Lehrkräften im Regelfall) vergütet. Mehrarbeit in diesem Sinne ist nur zusätzlicher Unterricht. Die Teilnahme an Konferenzen, die Pausenaufsicht sind ebenso wie die Teilnahme an außerunterrichtlichen Veranstaltungen Bestandteile seines Deputats.

Um sicherzustellen, dass der Beamte sich voll auf seine dienstlichen Aufgaben konzentriert, bedürfen **Nebentätigkeiten** grundsätzlich der Genehmigung durch den Dienstvorgesetzten. Für Lehrkräfte ist der Schulleiter zuständig.

> Im **Fall 7.1** muss also vor Aufnahme des Nachhilfeunterrichts eine Genehmigung beantragt werden. Die Genehmigung wird versagt, wenn durch die Nebentätigkeit die Erfüllung der dienstlichen Pflichten beeinträchtigt würde. Davon wird im Allgemeinen auszugehen sein, wenn die Nebentätigkeit mehr als ein Fünftel der regelmäßigen Arbeitszeit des Beamten übersteigt.

Unentgeltliche Nebentätigkeiten sind weitgehend **genehmigungsfrei**.

Lediglich **anzeigepflichtig** sind hingegen:
- wissenschaftliche, schriftstellerische Tätigkeiten,
- Tätigkeiten zur Wahrung von Berufsinteressen, z. B. in Selbsthilfeeinrichtungen der Beamten.

Diese Nebentätigkeiten bedürfen keiner ausdrücklichen Genehmigung. Sie sind jedoch anzuzeigen und können untersagt werden, wenn durch die Ausübung dienstliche Pflichten verletzt werden.

Nicht anzeigepflichtig sind Nebentätigkeiten, wenn die Vergütungen hierfür insgesamt 1200 Euro im Kalenderjahr nicht übersteigen und die zeitliche Beanspruchung insgesamt ein Fünftel der regelmäßigen wöchentlichen Arbeitszeit nicht überschreitet (§ 63 Abs. 3 LBG).

Als Versagungsgründe zählt das Gesetz unter anderem auf:
- Widerstreit mit den dienstlichen Pflichten,
- Beeinflussung der Unbefangenheit und Unparteilichkeit,
- übermäßige Beanspruchung der Arbeitskraft des Beamten.
  Das Gesetz geht davon aus, dass eine Nebentätigkeit dann die ordnungsgemäße Erfüllung der dienstlichen Pflichten beeinträchtigt, wenn sie mehr als ein Fünftel der regelmäßigen wöchentlichen Arbeitszeit überschreitet.

Die Möglichkeiten, einer Nebentätigkeit nachzugehen, werden für Teilzeitbeschäftigte und Beurlaubte mit der Dienstrechtsreform erweitert. Für sie wird voraussichtlich eine Obergrenze von 12 Stunden/Woche gelten.

Von einem Beamten wird auch erwartet, dass er alle zumutbaren Möglichkeiten zur Erhaltung bzw. Wiederherstellung seiner Dienstfähigkeit nutzt, wobei allerdings sein Grundrecht auf freie Entfaltung der Persönlichkeit (Art. 2 GG) und der Grundsatz der Verhältnismäßigkeit zu beachten sind.

▶ **Gehorsams-, Beratungs- und Unterstützungspflicht (§ 35 BeamtStG)**

Ein Beamter ist grundsätzlich **weisungsgebunden**, d.h. verpflichtet, Anordnungen seiner Vorgesetzten *(z. B. des Schulleiters)* auszuführen.

Bei Lehrkräften müssen diese Anordnungen jedoch die **pädagogische Freiheit (§ 38 Abs. 6 SchulG)** berücksichtigen.

Zur Verwirklichung gerade des erzieherischen Aspektes seines Auftrages benötigt der Lehrer einen Freiraum, in dem er seine »Personalität« einsetzen, seine »geistig-seelischen Kräfte« entfalten kann.

Dieser Freiraum wird dem Lehrer im Interesse der Schüler, nicht in seinem Eigeninteresse eingeräumt.

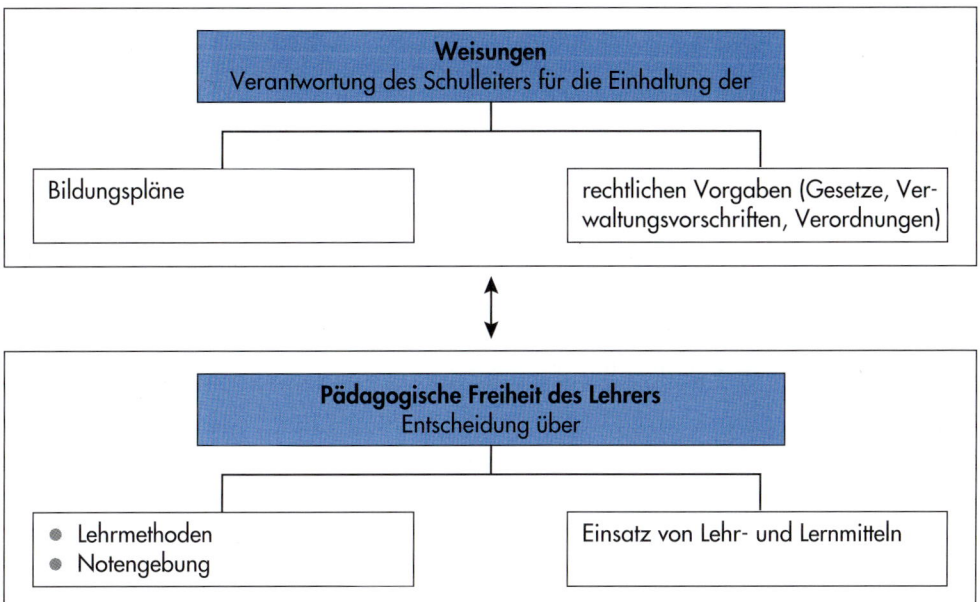

Die Pflicht wird jedoch durch bloße »Befehlsausführung« nicht hinreichend erfüllt. Vielmehr wird auch Eigeninitiative und Kreativität verlangt, d.h., die Vorgesetzten müssen auf mögliche Fehler oder bestehende Bedenken hingewiesen und es müssen ihnen Verbesserungsvorschläge unterbreitet werden.

▶ Pflicht zur rechtmäßigen Amtsausübung (§ 36 Abs. 1 BeamtStG)

Der Beamte muss für seine dienstliche Tätigkeit selbst geradestehen, er darf sich nicht hinter Vorschriften oder Vorgesetzten »verstecken«. Deshalb muss er bei Amtshandlungen *(bei einem Lehrer z. B. die Notengebung oder Versetzungsentscheidungen)* selbst prüfen, ob diese mit der Rechtsordnung (Verfassung, Gesetz, Rechtsverordnung) im Einklang sind.

▶ Pflicht zur Übernahme einer Nebentätigkeit (§ 61 LBG)

Auf Verlangen muss ein Beamter Nebentätigkeiten übernehmen, wenn sie ihn nicht über Gebühr in Anspruch nehmen *(Bsp.: Mitwirkung in Prüfungsausschüssen)*.

Bereits aufgrund der Pflicht zur vollen Hingabe ist der Beamte aber verpflichtet, solche Tätigkeiten zu übernehmen, die zu seinem **Hauptamt** gehören wie beispielsweise die Ausbildung von Lehramtsanwärtern an der Schule.

▶ Residenzpflicht (§ 54 LBG)

Der Beamte muss seinen Wohnsitz so nehmen, dass er seinen Dienstpflichten *(z. B. auch der Teilnahme an Konferenzen oder Elternabenden)* ordnungsgemäß nachkommen kann.

▶ Teilzeitbeschäftigung (§§ 69–74 LBG)

Eine Teilzeitbeschäftigung mit mindestens der Hälfte der regelmäßigen Unterrichtsverpflichtung ist zulässig aus familiären Gründen (zur Betreuung eines unter 18 Jahre alten Kindes oder eines sonstigen pflegebedürftigen Angehörigen), im Übrigen dann, wenn und solange keine dienstlichen Gründe entgegenstehen. Dienstliche Gründe können z. B. sein, dass etwa in einem Mangelfach keine Ersatzkraft eingestellt werden kann oder an Sonderschulen für geistig Behinderte die Schüler keine wechselnden Bezugspersonen haben sollen.

Während eines Erziehungsurlaubs kann Teilzeitbeschäftigung auch mit weniger als der Hälfte, mindestens aber einem Viertel der regelmäßigen Arbeitszeit bewilligt werden. Zur Betreuung von Kindern oder pflegebedürftigen Angehörigen kann ebenfalls unterhälftige Teilzeit mit einem Mindestumfang von 30% bewilligt werden. Die Gesamtdauer dieser unterhälftigen Teilzeit darf zusammen mit Beurlaubungen nach § 72 Abs. 1 und 2 LBG die Höchstdauer von 15 Jahren nicht überschreiten.

Die Teilzeitbeschäftigung ist **zeitlich unbefristet** möglich.

Es ist auch möglich, Teilzeitbeschäftigungszeiten zu einem zusammenhängenden Zeitraum »anzusparen« (sog. Freistellungsjahr oder Sabbatjahr).

Schwerbehinderte haben die Möglichkeit der **Altersteilzeit**.

7.2.2 Treuepflichten

▶ Verfassungstreuepflicht (§ 33 Abs. 1 S. 2 BeamtStG)

Das Berufsbeamtentum hat die Funktion, gegründet auf Sachwissen, fachlicher Leistung und loyaler Pflichterfüllung eine stabile Verwaltung zu sichern und damit einen ausgleichenden Faktor gegenüber den das Staatsleben gestaltenden politischen Kräften darzustellen (so BVerfGE 7, 155, 162). Daraus erwächst für den Beamten die Pflicht, durch sein gesamtes Verhalten für die freiheitlich-demokratische Grundordnung im Sinne des Grundgesetzes einzutreten und sie insbesondere auch in Krisenzeiten zu verteidigen. »Eintreten« erfordert mehr als nur eine formal korrekte Haltung gegenüber Staat und Verfassung, nämlich dass er diesen Staat und seine Verfassung als einen hohen positiven Wert erkennt und anerkennt, für den einzutreten sich lohnt (so BVerfGE 39, 334 ff., 353). Bei einem Lehrer kommt hinzu, dass er seinen Erziehungsauftrag nach § 1 Abs. 2 Satz 2 SchulG nicht glaubhaft erfüllen kann, wenn er nicht selbst erkennbar zu der Verfassungsordnung steht. Das bedeutet nicht, dass er kritiklos allen Erscheinungsformen der Verfassungswirklichkeit gegenüberstehen muss. Die demokratische Staatsform lebt vielmehr gerade von der kritischen Auseinandersetzung und dem Streit um den besseren Weg zu ihrer Weiterentwicklung. Nicht infrage gestellt werden dürfen jedoch die tragenden Prinzipien des demokratischen Rechtsstaates. Dazu gehören insbesondere die Achtung vor den im Grundgesetz konkretisierten Menschenrechten, des Prinzips der Selbstbestimmung des Volkes, der Gewaltenteilung, der Gesetzmäßigkeit der Verwaltung, der Unabhängigkeit der Gerichte, des Mehrparteienprinzips und der Chancengleichheit für alle politischen Parteien mit dem Recht auf verfassungsmäßige Bildung und Ausübung einer Opposition.

Unvereinbar mit der Verfassungstreuepflicht ist insbesondere die Unterstützung einer verfassungsfeindlichen Partei durch Übernahme von Parteiämtern und Kandidaturen bei allgemeinen Wahlen.

Aus dem Charakter des Beamtenverhältnisses als **Dienst- und Treueverhältnis** folgt für Beamte ein **Streikverbot** ebenso wie ein **Verbot streikähnlicher Maßnahmen** (z.B. sog. »Dienst nach Vorschrift«, gezieltes Krankmelden u.Ä.). Da die Arbeitsbedingungen des Beamten, insbesondere auch seine Besoldung, durch den Gesetzgeber geregelt werden, wird die Unzulässigkeit des Beamtenstreiks auch damit begründet, dass sich ein Streik gegen die gewählten Volksvertreter richten würde, die gem. Art. 38 GG Vertreter des ganzen Volkes und nur ihrem Gewissen unterworfen sind. Der Gesetzgeber ist als Ausgleich zu der fehlenden Möglichkeit der eigenen Interessenverfolgung der Beamten gehalten, die Besoldung regelmäßig der Entwicklung der allgemeinen wirtschaftlichen und finanziellen Verhältnisse anzupassen (§ 14 BBesG).

▶ Gemeinwohlorientierung (§ 33 Abs. 1 S. 1, 2 BeamtStG)

Der Beamte hat dem ganzen Volk zu dienen. Er muss seine Aufgaben unparteiisch und gerecht erfüllen und bei seiner Amtsführung auf das Wohl der Allgemeinheit Bedacht nehmen. Für den Lehrer erwächst dadurch z.B. die Verpflichtung, Schüler nicht aus unsachlichen Motiven zu bevorzugen oder zu benachteiligen, aber auch die Pflicht, bei seinen Entscheidungen die Gebote der Wirtschaftlichkeit und Sparsamkeit zu beachten, z.B. bei der Beschaffung von Lernmitteln oder der Anfertigung von Kopien (vgl. § 3 Abs. 1 Lernmittelverordnung, Bekanntmachung vom 27.6.1986 zur Verwendung von Vervielfältigungen im Unterricht, K.u.U. 1986, S. 349).

▶ Leistung des Diensteides (§ 38 BeamtStG)

Durch die Leistung eines Eides oder Gelöbnisses bekräftigt der Beamte in einer feierlichen Form, seine Pflichten erfüllen zu wollen.

▶ Loyalitätspflicht

Die Loyalitätspflicht des Beamten entspricht der **Schutzpflicht** des Dienstherrn gem. **§ 45 BeamtStG**.

Die Loyalität verpflichtet den Beamten, Bedenken gegen die Rechtmäßigkeit von Anordnungen Vorgesetzter geltend zu machen (sog. **Remonstrationspflicht**). Die Vorschrift betrifft nur Bedenken gegen die Rechtmäßigkeit, d.h. den möglichen Verstoß gegen ein Gesetz. Wird lediglich die Zweckmäßigkeit einer Anordnung bezweifelt, greift die Vorschrift nicht, es besteht aber die **Beschwerdemöglichkeit** nach § 117 LBG.

Ist ein Beamter mit der Behandlung einer ihn betreffenden Personalangelegenheit durch die Vorgesetzten nicht einverstanden oder erkennt er Missstände in seinem Arbeitsbereich, darf er sich damit nicht an Außenstehende, z. B. die Presse, wenden, sondern muss die zur Verfügung stehenden Rechtsschutzmöglichkeiten ausschöpfen bzw. dem Dienstherrn durch entsprechende Hinweise die Möglichkeit geben, bestehende Missstände zu beseitigen (sog. **Verbot der Flucht in die Öffentlichkeit**). Bei Beschwerden ist der **Dienstweg** einzuhalten, d. h., die Beschwerde ist grundsätzlich beim unmittelbaren Vorgesetzten einzureichen, von wo sie dann ggf. im behördlichen »Instanzenzug« weitergeleitet wird. Sinn dieser Regelung ist, dass eine Problemlösung so nah wie möglich an dem Entstehungsort des Problems erfolgen soll, aber auch, dass nicht nachträgliche Stellungnahmen eingeholt werden müssen.

7.2.3 Verhaltenspflichten

▶ **Pflicht zu achtungs- und vertrauenswürdigem Verhalten (§ 34 S. 3 BeamtStG)**

Beamte werden in der Regel in Bereichen tätig, in denen Entscheidungen getroffen werden, die in Rechte oder Lebensgestaltungsmöglichkeiten der davon Betroffenen eingreifen *(z. B. durch zwangsweise Durchsetzung von Pflichten, Erteilung oder Versagung von Genehmigungen, Gewährung oder Versagung von Leistungen)*. Derartige Entscheidungen finden nur dann Akzeptanz, wenn den handelnden Personen aufgrund ihres persönlichen Verhaltens Respekt entgegengebracht wird und sie vertrauenswürdig sind. Für Lehrkräfte gilt dies in besonderem Maße, denn bei der Erziehung der Schüler spielt das persönliche Vorbild des Lehrers, insbesondere die Übereinstimmung von Worten und Taten, eine große Rolle. Weil dabei eine »Persönlichkeitsspaltung« nicht möglich ist, muss auch das **außerdienstliche** Verhalten des Beamten den Anforderungen seines Amtes entsprechen. Ein Verhalten außerhalb des Dienstes ist aber nur dann ein Dienstvergehen, wenn es nach den Umständen des Einzelfalls in besonderem Maße geeignet ist, das Vertrauen in einer für ihr Amt bedeutsamen Weise zu beeinträchtigen (§ 47 Abs. 1 S. 2 BeamtStG).

Diese sog. »**Wohlverhaltenspflicht**« stellt eine breite Palette von Anforderungen an einen Beamten, zum Beispiel:

- Er darf nicht gegen Strafgesetze verstoßen, z. B. einen Ladendiebstahl begehen, in fahruntüchtigem Zustand am Straßenverkehr teilnehmen oder Unfallflucht begehen.
- Er muss seine finanziellen Verhältnisse so geordnet halten, dass er seinen Zahlungsverpflichtungen nachkommen kann.
- Er muss sowohl gegenüber Kollegen und Vorgesetzten als auch gegenüber Außenstehenden höflich und hilfsbereit sein.

> Im **Fall 7.1** kann bei Außenstehenden (z. B. den Mitschülern) der Eindruck entstehen, der Lehrer bevorzuge seinen Nachhilfeschüler. Auch kann der Lehrer dadurch, dass der Schüler bzw. dessen Eltern ihn bezahlen, seine Unbefangenheit bei den den Schüler betreffenden Entscheidungen verlieren.

Von einem Lehrer wird erwartet, dass er aufgrund seiner Ausbildung in der Lage ist, auch in schwierigen Situationen mit angemessenen pädagogischen Maßnahmen zu reagieren, insbesondere aber auch die ihm anvertrauten Schüler vor Schäden zu bewahren.

> Im **Fall 7.2** ist der Lehrer diesen Anforderungen nicht gerecht geworden. Er hat außerdem das Verbot körperlicher Züchtigung (§ 90 Abs. 3 Satz 2 SchulG) nicht beachtet und damit gegen die Pflichten des § 34 S. 1, § 35 und § 36 Abs. 1 BeamtStG verstoßen. Sein Handeln ist auch nicht durch das Notwehrrecht gerechtfertigt. In **Notwehr oder Nothilfe** (für einen anderen, z. B. einen Schüler) handelt nur, wer einen noch gegenwärtigen Angriff abwehren will. Ist der Angriff aber bereits abgeschlossen, kann das Handeln nicht mehr durch Notwehr oder Nothilfe gerechtfertigt sein. Auch im Falle eines noch gegenwärtigen Angriffes ist aber nur die **erforderliche** Verteidigungshandlung gerechtfertigt.
> Der Lehrer muss deshalb mit der Einleitung disziplinarrechtlicher Ermittlungen rechnen.

▶ Pflicht zur Uneigennützigkeit (§ 34 S. 2 BeamtStG)

Ein Beamter darf seine dienstlichen Möglichkeiten (z. B. dienstlich erlangte Kenntnisse) nicht zur Verfolgung seiner eigenen Interessen ausnutzen. Er darf auch im Zusammenhang mit seiner Amtsausübung grundsätzlich keine Geschenke annehmen (§ 89 LBG).

Dies gilt uneingeschränkt für solche Geschenke, die einen erheblichen materiellen Wert haben. Eine Ausnahme kann nur bei kleineren Geschenken, die der Üblichkeit entsprechen (z. B. ein Blumenstrauß der Klasse zum Geburtstag), gemacht werden.

Besondere Vorsicht ist in diesem Bereich auch deshalb geboten, weil der Eindruck entstehen kann, dass Amtshandlungen wie z. B. die Notengebung im Zusammenhang mit einem Geschenk stehen und dann auch die Straftatbestände der Vorteilsannahme und Bestechlichkeit in Betracht kommen.

▶ Pflicht zur Unparteilichkeit (§ 52 LBG)

Amtshandlungen, die ihn selbst oder Angehörige betreffen, darf ein Beamter nicht vornehmen. Ein Lehrer darf daher grundsätzlich seine eigenen Kinder nicht unterrichten und bei Konferenzentscheidungen, die sie betreffen, nicht mit abstimmen. Ebenso wenig darf er in Fachkonferenzen mitwirken, wenn über die Beschaffung eines Lehrbuchs entschieden wird, dessen (Mit-)Autor er ist.

Schließlich dürfen nahe Angehörige des Schulleiters nicht an dessen Schule tätig sein.

▶ Pflicht zur Mäßigung und Zurückhaltung bei politischer Betätigung (§ 33 Abs. 2 BeamtStG)

Der Beamte darf sich grundsätzlich politisch betätigen. Er hat sogar nach § 112 Abs. 3 LBG einen Anspruch auf Freistellung zur Ausübung einer Tätigkeit als Gemeinde- oder Kreisrat, ferner nach dem Abgeordnetengesetz Anspruch auf Wahlvorbereitungsurlaub sowie Anspruch auf Freistellung zur Mandatsausübung.

Da das Berufsbeamtentum aber gerade einen ausgleichenden Faktor gegenüber den das Staatsleben gestaltenden politischen Kräften darstellen soll und der Beamte dem ganzen Volk dienen, seine Aufgaben unparteiisch erfüllen und auf das Wohl der Allgemeinheit Bedacht nehmen soll, darf durch seine politischen Aktivitäten nicht der Eindruck entstehen, er komme diesen Verpflichtungen nicht nach. Die Beschränkungen seiner politischen Aktivitäten sind umso stärker, je näher der Bezug zu seiner dienstlichen Tätigkeit ist.

Innerhalb des Dienstes ist jede politische Betätigung unzulässig. So darf z. B. ein Lehrer nicht versuchen, seine Schüler und deren Eltern für eine gemeinsame Aktion zur Einstellung von Lehrern oder zur Verminderung der Arbeitszeit zu gewinnen.

Beispiel:
Lehrer nehmen in einer gemeinsamen Zeitungsanzeige gegen den Bau eines Atomkraftwerkes Stellung. Ihre Meinungsäußerung unterzeichnen sie mit ihrer Amtsbezeichnung (z. B. Studienrat, Lehrer). Mit diesem Verhalten verstoßen die Lehrer gegen das Gebot der Mäßigung bei politischen Meinungsäußerungen, weil sie ihren »Amtsbonus«, d. h. das besondere Vertrauen der Öffentlichkeit gegenüber Amtsträgern, ausnützen.

Auch aus dem jeweiligen Arbeitsbereich des Beamten ergeben sich unterschiedlich starke Einschränkungen bei der Möglichkeit zur politischen Betätigung. So gilt für Lehrer ein strengerer Maßstab als für andere Beamtengruppen, da sie eine Vorbildfunktion haben und sich die ihnen anvertrauten Schüler in einer Entwicklungsphase befinden, in denen sie Einflüssen von außen besonders zugänglich und in ihrer Meinungsbildung noch nicht gefestigt sind. Die Öffentlichkeit stellt daher an die **Neutralität der Lehrkräfte** besonders hohe Anforderungen.

Ein Lehrer darf daher im Dienst nicht für seine Auffassung werben, z. B. durch Tragen einer Meinungsplakette an der Kleidung. Bei der Darstellung politisch kontroverser Themen im

Unterricht muss er alle dazu vertretenen Auffassungen sachlich darstellen, um den Schülern eine eigene Meinungsbildung zu ermöglichen. In diesem Zusammenhang ist es ihm natürlich erlaubt, im Interesse seiner Glaubwürdigkeit bei den Schülern vielleicht sogar geboten, auf Befragen seine Position in diesem Meinungsstreit darzustellen.

Mit dem sog. »Kopftuchurteil« hatte das Bundesverfassungsgericht festgelegt, dass das religiös motivierte Tragen eines Kopftuches nur auf der Grundlage eines Gesetzes verboten werden kann. Als Reaktion hierauf wurde durch eine Änderung des § 38 Schulgesetz ausdrücklich bestimmt, dass Lehrkräfte an öffentlichen Schulen keine politischen, religiösen, weltanschaulichen oder ähnlichen äußeren Bekundungen abgeben dürfen, die geeignet sind, die Neutralität des Landes gegenüber Schülern und Eltern oder den politischen, religiösen oder weltanschaulichen Schulfrieden zu gefährden oder zu stören.

▶ Pflicht zur Amtsverschwiegenheit (§ 37 BeamtStG)

Über Angelegenheiten, die ihm bei seiner Tätigkeit bekannt geworden sind, darf der Beamte mit anderen nur sprechen, wenn es aus einem dienstlichen Anlass erforderlich ist. Das gilt grundsätzlich auch für Gespräche mit Kollegen. Vor einer Aussage bei Polizei, Staatsanwaltschaft oder Gericht über dienstlich bekannt gewordene Angelegenheiten muss eine **Aussagegenehmigung des Dienstvorgesetzten** eingeholt werden, die allerdings in der Regel erteilt wird.

Die Vorschriften des **Datenschutzes** sind ebenfalls einzuhalten.

Ausgangspunkt des heutigen Verständnisses des Schutzes so genannter »personenbezogener Daten« ist das **Volkszählungsurteil** des Bundesverfassungsgerichtes aus dem Jahr 1983. Das Bundesverfassungsgericht hat in diesem Urteil entschieden, dass die Speicherung, Verwendung und Weitergabe personenbezogener Daten unter den Bedingungen der modernen Datenverarbeitung in das allgemeine Persönlichkeitsrecht (Art. 2 Abs. 1 i.V.m. Art. 1 Abs. 1 Grundgesetz) eingreifen. Jeder Bürger darf deshalb grundsätzlich selbst darüber entscheiden, wer welche personenbezogenen Informationen über ihn erhält. Ohne die Zustimmung ist die Weitergabe nur statthaft, soweit ein Gesetz dies im überwiegenden Allgemeininteresse vorsieht. Gesetzliche Grundlagen für die Weitergabe von Daten sind das Bundes- und das Landesdatenschutzgesetz.

Bei der Übermittlung personenbezogener Daten ist zu unterscheiden, ob die Auskunft an eine andere Behörde oder an eine Stelle außerhalb des öffentlichen Bereichs erfolgt.

Grundsätzlich sollen keine personenbezogenen Daten **an Privatpersonen außerhalb des öffentlichen Bereiches** übermittelt werden. Die Weitergabe ist in solchen Fällen nur dann möglich, wenn die Betroffenen ausdrücklich zustimmen. Ob minderjährige Schüler die datenschutzrechtlich erforderlichen Einwilligungen selbst abgeben können, hängt von deren Einsichtsfähigkeit ab. Sie müssen in der Lage sein, die Bedeutung und Tragweite einer solchen Einwilligung zu verstehen. Bei

> **Beispiele aus der Praxis:**
> Nicht statthaft sind z. B.:
> - Die Weitergabe von Schülernamen an eine Sparkasse (z. B. zum Schulsparen) gegen die Zusage einer Spende.
> - Die Weitergabe der Adresse eines Schülers an einen Anwalt, der nach einer Scheidung den nichtsorgeberechtigten Elternteil vertritt.

Schülern ist mit Vollendung des 16. Lebensjahres in der Regel von dieser Einsichtsfähigkeit auszugehen (VwV Datenschutz an öffentlichen Schulen, II, 1.1).

Aber auch **innerhalb des öffentlichen Bereiches** (z. B. gegenüber Schulaufsichtsbehörden, Jugendämtern etc.). kommt die Übermittlung nur insoweit in Betracht, als dies zur Erfüllung der Aufgaben der Schule oder der anfordernden Behörde erforderlich ist.

Zeugnisse, Entschuldigungsschreiben u. Ä. sind so zu versenden oder aufzubewahren, dass Unbefugte keine Einsicht nehmen können.

Für den Schulbereich wurden die Vorschriften des Landesdatenschutzgesetzes in der **Verwaltungsvorschrift »Datenschutz an öffentlichen Schulen« (VwV vom 25. November 2009, K.u.U. 2010, S. 59) geregelt.**

In dieser Vorschrift ist u. a. geregelt, welche Daten von Schülern und Eltern durch die Schule erhoben werden dürfen. Von den Eltern dürfen z. B. nur Name, Vorname, Adresse und Telefonnummer gespeichert werden, also nicht auch der Beruf der Eltern.

Im pädagogischen Ermessen des Lehrers steht es allerdings, ob er bei Rückgabe einer Klassenarbeit die Noten der Schüler vor der Klasse bekannt gibt.

In einer Übersicht lassen sich die **Pflichten** wie folgt systematisieren:

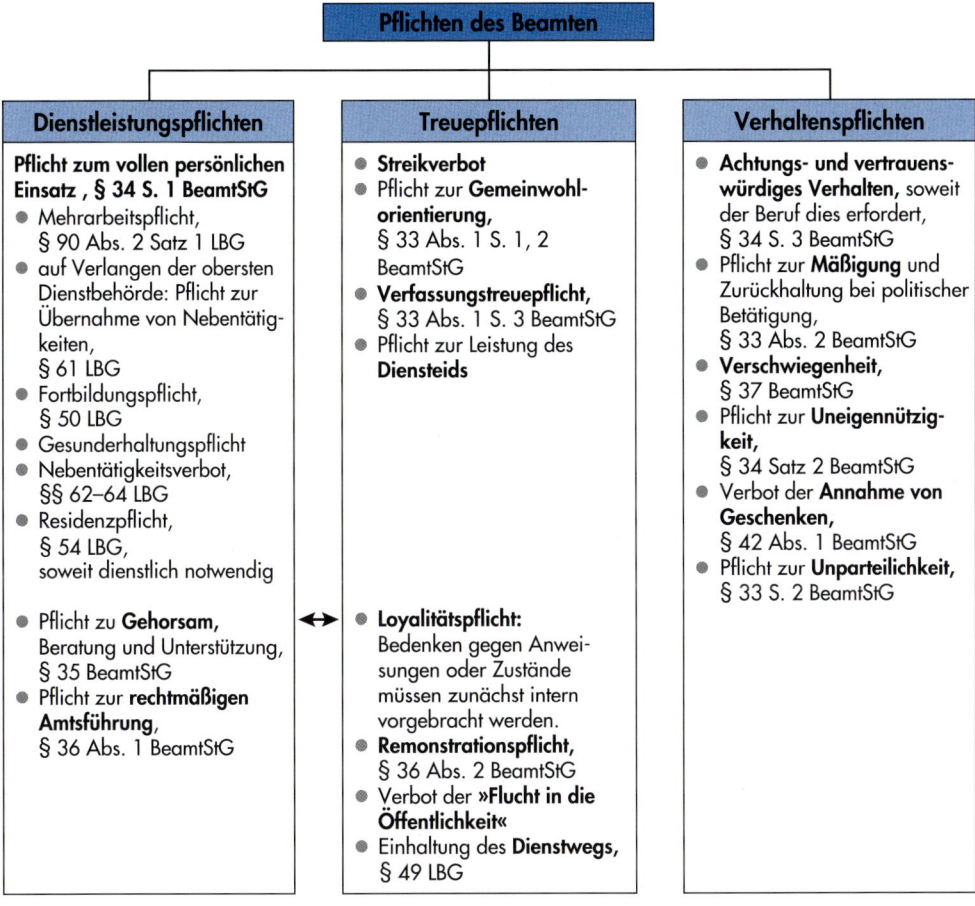

7.3 Rechte des Beamten

7.3.1 Vermögenswerte Rechte

▶ **Besoldung**

Mit der Föderalismusreform im Jahr 2006 ging die Gesetzgebungszuständigkeit für den Bereich der Besoldung auf das Land über. Mit dem Landesbesoldungsgesetz (LBesGBW) und dem Landesbeamtenversorgungsgesetz (LBeamtVGBW) hat das Land seit dem 1.1.2011 davon Gebrauch gemacht.

Die Dienstbezüge eines Beamten setzen sich aus folgenden Komponenten zusammen:
- **Grundgehalt** nach der Einordnung des Amtes in eine Besoldungsgruppe (Beispiel: Studienrat in Besoldungsgruppe A 13) und der sog. »Stufe«, die sich nach den Zeiten mit dienstlicher Erfahrung bestimmt. Die bisherige Koppelung der Dienstaltersstufe an das Lebensalter wurde mit der Dienstrechtsreform zum 01.01.2011 wegen der damit verbundenen »Altersdiskriminierung« beendet. Angerechnet werden können aber neben den echten Dienstzeiten auch andere »berücksichtigungsfähige Zeiten« nach § 32 LBesGBW, wie z.B. Zeiten einer förderlichen Berufserfahrung. Solche »förderlichen Zeiten« können bis zu einer Höchstdauer von 10 Jahren berücksichtigt werden.

  Entsprechen die Leistungen eines Beamten nicht den Mindestanforderungen, kann der Stufenaufstieg gehemmt werden. Der Beamte bleibt also in seiner bisherigen Stufe der Besoldung, bis die Leistungen wieder anforderungsgerecht sind.
- **Familienzuschlag.**
- **Zulagen.**

Die Dienstbezüge werden monatlich im Voraus ausbezahlt. Bei unerlaubtem Fernbleiben vom Dienst (vgl. § 11, LBesGBW) wird der Verlust der Dienstbezüge festgestellt. Zu Unrecht ausbezahlte Bezüge können zurückgefordert werden.

▶ Versorgung

Aufgrund des sog. **Alimentationsprinzips** hat der Dienstherr lebenslang für einen angemessenen Lebensunterhalt des Beamten und seiner Angehörigen zu sorgen. Die im Landesbeamtenversorgungsgesetz geregelte Altersversorgung (die sog. »Pension«) ist im Grunde genommen als Weiterzahlung von Dienstbezügen anzusehen. Dementsprechend muss der Beamte einerseits nicht während seiner aktiven Dienstzeit Beiträge zu seiner Altersversorgung leisten, andererseits unterliegen die Pensionszahlungen **voll der Besteuerung**. Die ungleiche Besteuerung von Renten und Beamtenpensionen wurde durch das »Alterseinkünftegesetz« beseitigt, das einen schrittweisen Übergang zur »nachgelagerten Besteuerung« für alle Alterseinkünfte vorsieht.

Die Höhe der Altersversorgung ergibt sich aus folgenden Komponenten:
- ruhegehaltfähige Dienstbezüge, d.h. das Gehalt des zuletzt ausgeübten Amtes;
- ruhegehaltfähige Dienstzeit.

Das Ruhegehalt steigt mit jedem Jahr der ruhegehaltfähigen Dienstzeit um 1,875 v.H. auf **höchstens 75 v.H.** der ruhegehaltfähigen Dienstbezüge. Nach einer Übergangszeit wird künftig in Anlehnung an entsprechende Änderungen bei der gesetzlichen Rentenversicherung der Ruhegehaltssatz nur noch um 1,79375 v.H. pro Jahr bis zu einem Höchstruhegehaltssatz von 71,75 v.H. steigen. Bei vorzeitiger Versetzung in den Ruhestand wegen Dienstunfähigkeit wird der tatsächlich erreichten ruhegehaltfähigen Dienstzeit die Zeit zwischen dem Zurruhesetzungszeitpunkt und dem 60. Lebensjahr zu zwei Dritteln als sog. Zurechnungszeit hinzugerechnet. Damit wird erreicht, dass Beamte, die bereits in jungen Jahren nach einer kurzen Dienstzeit in den Ruhestand versetzt werden, eine Versorgung erhalten, von der sie leben können.

Mindestvoraussetzung für den Bezug einer Altersversorgung ist allerdings eine Dienstzeit von **5 Jahren**. Beamte auf Probe können nur in Ausnahmefällen in den Ruhestand versetzt werden. Werden sie dienstunfähig, sind sie ansonsten zu entlassen.

▶ Beihilfe

Der Beamte und sein Dienstherr erbringen keine regelmäßigen Leistungen an die gesetzliche Krankenversicherung, wie dies sonst Arbeitgeber und Arbeitnehmer tun. Stattdessen gewährt der Dienstherr anlassbezogen Beihilfeleistungen von im Regelfall **50 v.H.** der dem

Beamten im Krankheitsfall entstandenen beihilfefähigen Aufwendungen. Die Einzelheiten über Voraussetzungen und Höhe der Beihilfeleistungen sind in der **Beihilfeverordnung**, BeihilfeVO, einer Rechtsverordnung, geregelt.

Während einer Beurlaubung ohne Dienstbezüge besteht in der Regel kein Anspruch auf Beihilfe. Der Beamte muss sich in dieser Zeit deshalb zu 100% privat krankenversichern. Anders ist dies nur während des Erziehungsurlaubes.

▶ Dienstunfallfürsorge

Wenn ein Beamter bei Ausübung des Dienstes oder auf dem Weg zum oder vom Dienst infolge eines Unfalles, d.h. einer plötzlichen, äußeren Einwirkung, einen Gesundheitsschaden erleidet, hat er Anspruch auf Dienstunfallfürsorgeleistungen, die im Einzelnen im **Beamtenversorgungsgesetz** geregelt sind. Zum Beispiel werden die unfallbedingten Aufwendungen für den Personenschaden zu 100% vom Dienstherrn getragen. Wird der Beamte infolge des Unfalls dienstunfähig, erhält er ein erhöhtes Ruhegehalt. Geprüft wird dabei aber stets, ob der im Dienst erlittene Unfall wesentliche Ursache des akuten Krankheitsgeschehens war oder ob etwa aufgrund einer **Vorschädigung** die Erkrankung über kurz oder lang ohnehin aufgetreten wäre. Erforderlich ist in der Regel ein akut aufgetretenes Krankheitsgeschehen (»plötzlich«), es sei denn, es liegt eine anerkannte **Berufskrankheit** vor und der Beamte war der Gefahr der Erkrankung in besonderer Weise ausgesetzt (Beispiel: Während eines Schullandheimaufenthalts sind mehrere Schüler unerkannt an Röteln erkrankt, bei deren Betreuung infizierte sich die begleitende Lehrkraft).

Sind im Zusammenhang mit dem Dienstunfall auch **Sachschäden** entstanden, z.B. am Pkw des Beamten, werden auch diese ersetzt.

- Bei Unfällen auf einer Dienstreise oder einem Dienstgang erfolgt die Erstattung der Höhe nach unbegrenzt.
- Bei Unfällen auf dem Weg zwischen dem Wohnort und der Dienststelle (sog. **Wegeunfälle**) ist die Erstattung der Schäden am Kraftfahrzeug jedoch nur bis zu einem Höchstbetrag von 332,34 € möglich. Hat der Beamte die Schadensentstehung mitverschuldet, wird der Erstattungsbetrag zudem anteilig gekürzt.

In jedem Fall müssen **triftige Gründe für die Benutzung des Pkws** vorgelegen haben (z.B. unzureichende Verkehrsverbindungen, Transport von Lehrmitteln).

Nach **§ 80 LBG** kann Sachschadensersatz auch dann gewährt werden, wenn nicht gleichzeitig ein Körperschaden entstanden ist und somit kein Dienstunfall vorliegt. Erforderlich ist aber, dass der Beamte den Gegenstand »mit sich geführt« hat und eine räumliche Beteiligung des Beamten vorgelegen hat. Kein Sachschadensersatz wird daher z.B. gewährt, wenn ein auf dem Schulparkplatz **abgestellter Pkw** beschädigt wird. Eine Ausnahme gilt nur dann, wenn die Benutzung des Fahrzeugs wegen der Durchführung einer Dienstreise erforderlich gewesen ist.

Ansprüche im Zusammenhang mit Unfallereignissen müssen innerhalb von 2 Jahren beim Regierungspräsidium geltend gemacht werden; Sachschäden innerhalb von drei Monaten. Für die erwähnten Parkschäden gilt gar eine **Ausschlussfrist** von nur einem Monat.

Hat ein Dritter den Unfall verschuldet, gehen dem Beamten zustehende Ansprüche insoweit auf den Dienstherrn über, als dieser dem Beamten gegenüber Leistungen erbracht hat (**§ 81 LBG**).

> Im **Fall 7.2** stellt der Tritt gegen das Schienbein einen Dienstunfall dar, der dem Regierungspräsidium gemeldet werden kann. Ist deswegen eine ärztliche Behandlung erforderlich oder tritt gar Dienstunfähigkeit ein, muss der Dienstunfall gemeldet werden, weil dann nach **§ 81 LBG** die Schadensersatzansprüche des Beamten auf den Dienstherrn übergehen, soweit er an den Beamten Leistungen erbracht hat. Ferner kann von Ihnen und von Ihrem Dienstvorgesetzten Strafantrag gegen den Schüler gestellt werden.

▶ Reise- und Umzugskosten

Ansprüche, die auf Ersatz von Auslagen gerichtet sind, die im Zusammenhang mit Dienstreisen oder dienstlich bedingten Umzügen entstanden sind, werden im Landesreisekostengesetz (LRKG) und im Landesumzugskostengesetz (LUKG) geregelt.

Umzugskosten werden dem Beamten bei dienstlich bedingten Versetzungen und Abordnungen auf Antrag erstattet. Ist ein Umzug nicht sofort möglich, wird sog. **Trennungsgeld** als Ausgleich für die Kosten der doppelten Haushaltsführung gewährt.

Der Beamte hat einen Anspruch auf Erstattung der **Reisekosten**, er kann aber darauf verzichten, was z. B. im Zusammenhang mit außerunterrichtlichen Veranstaltungen häufig geschieht. Anspruch auf Leistungen nach dem Landesreisekostengesetz besteht auch dann, wenn eine Lehrkraft nicht nur an der Stammschule tätig wird, sondern darüber hinaus auch noch »auswärtigen Unterricht«, z. B. als Krankheitsstellvertretung an einer anderen Schule, zu leisten hat.

7.3.2 Fürsorgerechte

▶ Allgemeine Fürsorge (§ 45 BeamtStG)

Aus dem allgemeinen Fürsorgeanspruch erwächst für den Dienstherrn z. B. die Verpflichtung, den Beamten bei Ermessensentscheidungen gerecht und wohlwollend und unter gebührender Berücksichtigung seiner Interessen zu behandeln. Aus der Fürsorgepflicht abgeleitet ist z. B. die Praxis, Lehrkräften unter bestimmten Voraussetzungen eine Ermäßigung des Regelstundenmaßes zu gewähren.

- Nach langer, schwerer Krankheit können Lehrkräfte eine Ermäßigung der Unterrichtsverpflichtung für einen vorübergehenden Zeitraum erhalten.
- Schwerbehinderte, also solche Personen, die einen Grad der Behinderung von mindestens 50 % haben, können auch eine längerfristige Ermäßigung der Unterrichtsverpflichtung erhalten. Die Höhe dieser Ermäßigung hängt von dem Grad der Behinderung ab (1–4 Wochenstunden, in besonderen Ausnahmefällen auch höher). Diese Ermäßigung wird allerdings nicht aufgrund der allgemeinen Fürsorgepflicht, sondern aufgrund der besonderen Fürsorge für Schwerbehinderte gewährt.

▶ Urlaub (§ 71 LBG, § 44 BeamtStG)

Beamtete Lehrkräfte haben Anspruch auf **Erholungsurlaub** im selben Umfang wie alle anderen Beamten. Die Gewährung des Urlaubs ist jedoch an die Schulferien gebunden. Durch die Ferien wird der Urlaubsanspruch abgegolten, § 21 Abs. 4 der Arbeitszeit- und Urlaubsverordnung (AzUVO). Ein Lehrer kann daher während Ferienabschnitten zu dienstlichen Tätigkeiten (z. B. Verwaltungsarbeiten an der Schule, Fortbildungsveranstaltungen) herangezogen werden.

In der **AzUVO** und der dazu ergangenen Zuständigkeitsverordnung (KMZuVO) vom 2. Mai 2011 sowie der Verwaltungsvorschriften des Kultusministeriums ist geregelt, inwieweit einer Lehrkraft aus sonstigen Anlässen Urlaub gewährt werden kann und wer jeweils für die Entscheidung darüber zuständig ist.

- Urlaub kann nach § 29 AzUVO auch aus wichtigem persönlichem Anlass gewährt werden. Zur Betreuung eines erkrankten Kindes kann beispielsweise eine Freistellung im Umfang von bis zu 4 Kalendertagen im Kalenderjahr gewährt werden. Mit der Dienstrechtsreform wurde dieser Anspruch deutlich ausgeweitet. Es kommen sieben Arbeitstage im Kalenderjahr für jedes Kind, maximal 18 Arbeitstage im Kalenderjahr, hinzu.
- Urlaub aus sonstigen Gründen nach § 31 AzUVO wird in der Praxis nur in wenigen Ausnahmefällen gewährt, insbesondere dann, wenn die Beurlaubung im öffentlichen Interesse ist:
  Beispiel: Beurlaubung für ein schulisches Aufbaustudium

Nach § 29 Abs. 3 AzUVO ist einem Beamten für eine ehrenamtliche Tätigkeit z. B. als Gemeinderat der für die Ausübung dieser Tätigkeit, etwa der Teilnahme an Sitzungen, erforderliche Urlaub zu gewähren. Dies gilt jedoch nur, soweit eine zeitliche Überschneidung zwischen einer dienstlichen Verpflichtung (z. B. der Unterrichtserteilung) und der Tätigkeit vorliegt. Es besteht kein Anspruch auf Ausgleich der zeitlichen Belastung etwa durch Gewährung einer Deputatsermäßigung.

Sofern kein Beurlaubungsgrund vorliegt, besteht die Möglichkeit, in begrenztem Umfang Unterricht zu verlegen, wenn dies in einem begründeten Ausnahmefall erforderlich ist. Der Schulleiter kann über eine solche Freistellung gegen Vor- oder Nacharbeit im Umfang von bis zu 3 Unterrichtstagen entscheiden.

▶ Amtsbezeichnung (§ 56 LBG)

Die Amtsbezeichnung soll die Bedeutung eines Amtes verdeutlichen und den Inhaber dieses Amtes dahin kennzeichnen, dass er nach Eignung und Leistung befähigt ist, ein solches Amt wahrzunehmen. Der Bürger soll erkennen können, welche Qualifikation und Kompetenz dem Beamten zukommt, dessen Amtsführung und Entscheidungen er sich gegenübersieht.

Funktionsbezeichnungen wie z.B: »Fachleiter zur Koordinierung schulfachlicher Aufgaben« oder »Fachberater« sind keine Amtsbeichnungen.

Das Recht zur Führung der Amtsbezeichnung kann kollidieren mit der Unzulässigkeit, im politischen Meinungsstreit den mit dem Amt in der Öffentlichkeit verbundenen »Vertrauensbonus« gezielt einzusetzen, um der eigenen Meinungsäußerung ein größeres Gewicht zu verleihen. Das ist zum Beispiel der Fall, wenn in einer bildungspolitischen Streitfrage in einer Zeitungsanzeige Stellung bezogen wird.

▶ Frauenförderung

Nach dem **»Gesetz zur Verwirklichung der Chancengleichheit von Frauen und Männern im öffentlichen Dienst des Landes Baden-Württemberg (Chancengleichheitsgesetz – ChancenG)« vom 11.10.2005** sollen unter Wahrung des Vorrangs von Eignung, Befähigung und fachlicher Leistung Frauen beruflich gefördert werden, insbesondere ihre Zugangs- und Aufstiegschancen verbessert und ihr Anteil in Bereichen, in denen sie geringer repräsentiert sind als Männer, deutlich erhöht und bestehende Benachteiligungen beseitigt werden. Außerdem soll z.B. durch familiengerechte Arbeitszeitregelungen auf eine bessere Vereinbarkeit von Beruf und Familie für Frauen und Männer hingewirkt werden.

Beauftragte für Chancengleichheit an Dienststellen (z. B. Schulen) mit mindestens 50 Beschäftigten wachen über die Einhaltung der Vorschriften des Gesetzes. In Dienststellen mit weniger als 50 Beschäftigten wird eine **»Ansprechpartnerin«** für die weiblichen Beschäftigten bestellt. Für Maßnahmen der unteren Schulaufsichtsbehörde, die den Bereich der Lehrkräfte der Grund-, Haupt-, Real- und Sonderschulen betreffen, ist an der jeweiligen Behörde eine Beauftragte für Chancengleichheit zu bestellen. In jedem Regierungspräsidium ist zusätzlich zur Beauftragten für Chancengleichheit eine **»fachliche Beraterin«** aus dem Bereich Schule zu bestellen, die in Abstimmung mit der Beauftragten für Chancengleichheit deren Aufgaben und Rechte wahrnimmt, soweit Maßnahmen der Dienststelle ausschließlich die Schule betreffen.

Die Beauftragte für Chancengleichheit hat u. a. folgende Befugnisse:
- Bei der Stellenbesetzung in Bereichen geringer Repräsentanz von Frauen kann sie an den Vorstellungs- und sonstigen Personalauswahlgesprächen teilnehmen, soweit nicht nur Frauen oder nur Männer die vorgesehenen Voraussetzungen für die Besetzung der Stelle erfüllen.
- Sie ist bei Entscheidungen über jede Einstellung und Beförderung in Bereichen, in denen Frauen geringer repräsentiert sind, frühzeitig zu beteiligen und zu informieren.

- Sie ist an Maßnahmen ihrer Dienststelle, soweit diese Auswirkungen auf die berufliche Situation weiblicher Beschäftigter haben können, frühzeitig zu beteiligen.

Außerdem müssen von personalverwaltenden Dienststellen für ihren Bereich im Abstand von 5 Jahren **Chancengleichheitspläne** erstellt werden, die darstellen, in welchen Bereichen Frauen unterrepräsentiert sind und die festlegen müssen, mit welchen Maßnahmen die geringe Repräsentanz von Frauen abgebaut werden soll.

7.3.3 Schutzrechte

▶ **Grundrechte**

Die im Grundgesetz festgelegten Grundrechte gelten grundsätzlich auch für den Beamten. Sie werden jedoch begrenzt durch den Charakter des Beamtenverhältnisses als Dienst- und Treueverhältnis und die sich aus der Funktion des Berufsbeamtentums ergebenden Erfordernisse. So steht dem Beamten die **Vereinigungsfreiheit**, d.h. das Recht, sich in Gewerkschaften und Berufsverbänden zusammenzuschließen, zu. Er darf seine Interessen jedoch nicht mit den Mitteln des Arbeitskampfes durchzusetzen versuchen.

Die **Meinungsfreiheit** gem. Art. 5 GG wird durch die Pflicht zur Mäßigung und Zurückhaltung bei politischer Betätigung, die Neutralitätspflicht und die Pflicht zur Verfassungstreue begrenzt, wobei aber die einschränkenden Vorschriften so ausgelegt werden müssen, dass das Grundrecht in seinem Wesensgehalt nicht angetastet wird und die Beschränkungen auf das für die Funktionsfähigkeit des konkreten Dienstverhältnisses Unerlässliche begrenzt werden.

Aus dem Grundrecht auf **freie Entfaltung der Persönlichkeit** folgt, dass Nebentätigkeiten eines Beamten nur aus Gründen untersagt werden dürfen, die sich aus den Erfordernissen des Dienstes ergeben, also z. B. nicht aus allgemeinen arbeitsmarktpolitischen Erwägungen.

▶ **Allgemeines Schutzrecht (§ 45 BeamtStG)**

Der Schutz kann z. B. in der Weise gewährt werden, dass der Dienstvorgesetzte Strafantrag stellt, wenn ein Beamter beleidigt oder verletzt worden ist. Daneben bestehen Schutzvorschriften für besondere Personengruppen, so z. B. die Mutterschutzverordnung und die Schwerbehindertenfürsorge-Verwaltungsvorschrift.

▶ **Personalaktenführung (§ 50 BeamtStG, §§ 83–88 LBG)**

Die Führung von Personalakten über die Beamten ist erforderlich, um dem Dienstherrn bei beamtenrechtlichen Entscheidungen einen vollständigen Überblick über alle erforderlichen Daten und den beruflichen Werdegang eines Beamten zu geben.

Die Vorschriften enthalten jedoch zahlreiche dem Schutz des Beamten dienende Vorkehrungen:

- Alle den Beamten betreffenden Vorgänge müssen in der Personalakte geführt werden, d. h., es darf keine »Geheimakten« über einen Beamten geben.
- Der Beamte muss gehört werden, wenn Vorgänge, die ihm nachteilig werden können, in die Personalakten aufgenommen werden sollen; er hat das Recht, sich dazu zu äußern.
- Er hat ein Einsichtsrecht in seine Personalakten. Dritten darf die Einsicht grundsätzlich nur mit seiner Zustimmung gewährt werden.
- Vorgänge über strafgerichtliche Verurteilungen, disziplinarische Maßnahmen oder sonstige Unterlagen, die für den Beamten ungünstig sind oder ihm nachteilig werden können, unterliegen nach Ablauf einer bestimmten Zeit einem **Verwertungsverbot** und müssen auf Antrag des Beamten aus den Personalakten getilgt bzw. entfernt werden. Die Frist beträgt

in der **Regel zwei Jahre**. Bei disziplinarrechtlichen Vorgängen ist die Frist gestuft nach der Schwere der disziplinarrechtlichen Maßnahme, die verhängt wurde.

- Das Persönlichkeitsrecht des Beamten gebietet, die Vertraulichkeit besonders zu gewährleisten und den Kreis der zur Einsicht Berechtigten so eng wie möglich zu begrenzen. Die besonders sensible Daten enthaltende **Beihilfeakte** ist getrennt von den übrigen Personalakten zu führen.

▶ Dienstliche Beurteilung, Dienstzeugnis (§ 51 LBG)

Mittels dienstlicher Beurteilungen sollen Eignung, Befähigung und fachliche Leistungen festgestellt werden, um so die berufliche Entwicklung des Beamten fördern zu können und Personalentscheidungen aufgrund vergleichbarer Entscheidungsgrundlagen zu objektivieren. Sie sind eine wesentliche Grundlage für einen effektiven Personaleinsatz.

Der Beamte hat einen Anspruch auf eine richtige und gerechte dienstliche Beurteilung und nach Beendigung des Beamtenverhältnisses Anspruch auf Erteilung eines Dienstzeugnisses.

Nach den Richtlinien für die dienstliche Beurteilung der Lehrkräfte an öffentlichen Schulen (Verwaltungsvorschrift vom 21.7.2000, K. u. U. 2000, S. 280) gelten folgende Regelungen:

- Lehrkräfte werden grundsätzlich alle 5 Jahre in der Form eines Dienstberichts durch den Schulleiter (vgl. § 41 Abs. 2 Satz 2 SchulG) beurteilt. Ausgenommen davon sind Lehrkräfte, die das 50. Lebensjahr vollendet haben.
- Aus besonderem Anlass (z. B. Beförderung, Beschwerde, Versetzung) werden Beurteilungen durch den Schulleiter erstellt. Dabei werden in einer Leistungsbeurteilung die Arbeitsergebnisse und in einer Befähigungsbeurteilung allgemeine und fachliche Kenntnisse und Fähigkeiten bewertet.
- In der Probezeit werden Lehrkräfte 9 Monate nach der Einstellung und 3 Monate vor Ablauf der Probezeit beurteilt. Bei der 3 Monate vor Ablauf der Probezeit zu erstellenden dienstlichen Beurteilung kann sich die Schulaufsichtsbehörde die Bildung des maßgeblichen Gesamturteils vorbehalten, sofern dafür ein dienstliches Bedürfnis vorliegt. Das ist regelmäßig dann der Fall, wenn die Bewährung in der Probezeit zweifelhaft erscheint. Die Beurteilung erfolgt dann zweistufig. Die erste Stufe erstellt der Schulleiter, die zweite und maßgebliche Stufe die Schulaufsicht.

Bei Bewerbungen um eine Funktionsstelle, z. B. als Schulleiter, werden neben der Erstellung einer dienstlichen Beurteilung als weitere Überprüfungselemente zum Teil eine Unterrichtsanalyse und ein Bewerbergespräch durchgeführt (vgl. Verwaltungsvorschrift vom 5.12.2001, K. u. U. 2002, S. 68).

Alle Beurteilungen müssen dem Beamten **bekannt gegeben** und mit ihm besprochen werden.

Ist er mit der Beurteilung nicht einverstanden, kann er zum einen eine **Stellungnahme** dazu abgeben, die zusammen mit der Beurteilung zu den Personalakten genommen wird (§ 51 Abs. 2 S. 2 LBG), zum anderen einen **Antrag auf Abänderung** der Beurteilung stellen. Wird der Antrag abgelehnt, kann er Widerspruch erheben und gerichtlichen Rechtsschutz in Anspruch nehmen. Dabei ist jedoch zu bedenken, dass dem Beurteiler ein **Beurteilungsspielraum** eingeräumt wird, wie ihn auch der Lehrer bei der Bewertung von Schülerleistungen besitzt *(im Einzelnen siehe dazu die Erläuterungen im Teil 1, Kapitel 15, »Leistungsfeststellung«)*. Die Überprüfung beschränkt sich daher im Wesentlichen darauf, ob von einem unrichtigen Sachverhalt ausgegangen wurde *(z. B. bestimmte Tätigkeiten im Beurteilungszeitraum übersehen wurden)*, sachfremde Gesichtspunkte eine Rolle gespielt haben *(z. B. eine persönliche Abneigung aufgrund vorangegangener Meinungsverschiedenheiten)* oder allgemeine Bewertungsgrundsätze oder Verfahrensvorschriften nicht beachtet wurden.

▶ Beschwerderecht (§ 49 LBG)

Der Beamte hat das Recht, sich mit Anträgen und Beschwerden bis an die oberste Dienstbehörde *(vgl. § 4 Abs. 1 LBG, bei Lehrkräften also das Kultusministerium)* zu wenden. Er muss dabei jedoch grundsätzlich den Dienstweg einhalten, d. h. den Antrag bzw. die Beschwerde bei dem unmittelbaren Vorgesetzten *(dem Schulleiter)* einreichen, der den Vorgang dann, ggf. versehen mit einer Stellungnahme, an die nächsthöhere Behörde *(das Staatliche Schulamt bzw. Regierungspräsidium)* weiterleitet.

Das Dienstwegprinzip beruht auf der Überlegung, dass sich eine höhere Ebene mit einem Problem nur befassen soll, wenn es auf einer niedrigeren Ebene nicht gelöst werden kann, das Übergehen einer Ebene Konflikte auslösen kann und bei einer u. U. erforderlichen Rückgabe zur Stellungnahme eine Zeitverzögerung eintreten würde. Eine Ausnahme von dem Erfordernis zur Einhaltung des Dienstwegs besteht, wenn sich die Beschwerde gegen den unmittelbaren Vorgesetzten richtet (§ 49 Abs. 1 S. 2 LBG).

Beschwerden können unterschieden werden in Sachbeschwerden, die sich gegen eine bestimmte Sachbehandlung richten *(z. B. die Ablehnung eines Antrags)*, und Dienstaufsichtsbeschwerden, die das persönliche Verhalten betreffen *(z. B. sexuelle Belästigung durch einen Vorgesetzten)*. Das Petitionsrecht gem. Art. 17 GG, d. h. die Möglichkeit, sich mit einer Petition an das Parlament zu wenden, steht auch dem Beamten zu. Er muss jedoch zuvor die innerbehördlichen Abhilfemöglichkeiten ausgeschöpft haben.

▶ Klagerecht (§ 54 BeamtStG)

Dem Beamten steht gegen seinen Dienstherrn der Klageweg zu den Verwaltungsgerichten, bei Amtshaftungsklagen zum Landgericht offen. Um dem Dienstherrn aber noch eine interne Klärung und ggf. Abhilfe zu ermöglichen, ist stets vor der Erhebung einer Klage das Vorverfahren durchzuführen, d. h. Widerspruch einzulegen.

Erst auf der Grundlage des Widerspruchsbescheides, der vom Regierungspräsidium erlassen wird, ist eine Klage beim zuständigen Verwaltungsgericht möglich.

▶ Beteiligungsrechte von Gewerkschaften und Berufsverbänden (§ 53 BeamtStG, § 89 LBG)

Vor dem Erlass grundsätzlicher beamtenrechtlicher Regelungen sind die Spitzenorganisationen der beteiligten Gewerkschaften und Berufsverbände zu hören, um deren Argumente bzw. Überlegungen in die Entscheidungen einbeziehen zu können. Die Regelung soll einen gewissen Ausgleich dafür schaffen, dass beamtenrechtliche Angelegenheiten nicht durch freie Vereinbarungen der Tarifvertragsparteien geregelt werden können.

7.3.4 Personalvertretung

Die Beteiligung der Beschäftigten an Entscheidungen auf behördlicher Ebene ist im **Landespersonalvertretungsgesetz, LPVG**, geregelt. Die im öffentlichen Dienst Beschäftigten sollen Möglichkeiten der Mitsprache haben, soweit ihre spezifischen, in dem Beschäftigungsverhältnis angelegten Interessen durch innerdienstliche Maßnahmen berührt werden. Zu bedenken ist dabei jedoch, dass alle Behörden in erster Linie einen Amtsauftrag gegenüber der Allgemeinheit zu erfüllen haben *(bei Schulen in erster Linie die Erfüllung des Bildungs- und Erziehungsanspruchs)* und es ferner das **Demokratieprinzip** gebietet, dass bei allen Entscheidungen, die von Bedeutung für die Erfüllung des Amtsauftrags sind, das Letztentscheidungsrecht eines dem Parlament verantwortlichen Verwaltungsträgers gesichert ist.

Das LPVG trägt dem durch ein abgestuftes System der Beteiligung der Personalvertretung Rechnung. Es unterscheidet die Anhörung, die Mitwirkung und die Mitbestimmung.

Beteiligung der Personalvertretung	
Beteiligungsrecht	**Beispiel**
Anhörung	• fristlose Entlassung/außerordentliche Kündigung
Mitwirkung	• Entlassung von Beamten auf Probe • Erlass einer Disziplinarverfügung • Vorzeitige Versetzung in den Ruhestand • Auswahl von Teilnehmern einer Fortbildungsveranstaltung
Mitbestimmung	• Einstellung • Beförderung • Versetzung, Abordnung (länger als 2 Monate)

Personalvertretungen gibt es auf verschiedenen **Ebenen**. Ihre Zuständigkeit ergibt sich aus der Zuständigkeit der Dienststelle, der sie zugeordnet sind. Beispielsweise entscheidet das Regierungspräsidium über die Einstellung eines Beamten: Es ist in diesem Fall der Bezirkspersonalrat zu beteiligen, der dem Regierungspräsidium zugeordnet ist.

Über die Versetzung eines Grund-, Haupt-, Real- oder Sonderschullehrers innerhalb eines Schulamtsbezirks entscheidet die untere Schulaufsichtsbehörde (Staatliches Schulamt). Zu beteiligen ist der örtliche Personalrat der Lehrer, der ihr zugeordnet ist.

Ebenen der Personalvertretung	
Ebene	**Personalrat**
Kultusministerium	• Hauptpersonalrat
Regierungspräsidium	• Bezirkspersonalrat
Schule/Staatliches Schulamt	• Die Grund-, Haupt-, Real- und Sonderschulen haben keine eigenen Personalräte an der Schule. Für sie ist der örtliche Personalrat bei der unteren Schulaufsichtsbehörde (Staatliches Schulamt) zuständig. • Für die beruflichen Schulen und die Gymnasien gibt es örtliche Personalräte an den jeweiligen Schulen.

Die verschiedenen Arten der Beteiligung unterscheiden sich durch die Ausgestaltung des Verfahrens und durch das Letztentscheidungsrecht, falls es zu keiner Einigung zwischen Personalrat und der Dienststelle kommt.

- **Anhörung**
  Besteht bei einer Maßnahme ein Anhörungsrecht, wird der Personalrat von der beabsichtigten Maßnahme in Kenntnis gesetzt und hat die Möglichkeit, sich zu ihr zu äußern.

- **Mitwirkung**
  Unterliegt eine Maßnahme der Mitwirkung durch den Personalrat, ist zwar nicht die ausdrückliche Zustimmung des Personalrates zu der Maßnahme erforderlich. Stimmt der Personalrat einer Maßnahme nicht zu, kann sie aber für die Dauer des Mitwirkungsverfahrens nicht durchgeführt werden. Kommt eine Einigung zwischen der zuständigen Dienststelle und dem ihr zugeordneten Personalrat nicht zustande, kann das Mitwirkungsverfahren dadurch fortgeführt werden, dass die Angelegenheit der übergeordneten Dienststelle vorgelegt wird. Diese muss dann versuchen, sich mit »ihrem« Personalrat zu einigen. Das Verfahren endet spätestens durch die Entscheidung der »obersten Dienstbehörde« (Ministerium), der das Letztentscheidungsrecht zusteht.

- **Mitbestimmung**

  Die Mitbestimmung ist das stärkste Beteiligungsrecht. Eine Maßnahme, die der Mitbestimmung des Personalrates unterliegt, kann nur mit seiner Zustimmung getroffen werden. Erhebt der Personalrat Einwendungen gegen eine Maßnahme und kommt eine Einigung nicht zustande, ist die Angelegenheit der übergeordneten Dienststelle vorzulegen. Kommt es auch bei den übergeordneten Dienststellen zu keiner Einigung mit dem zugeordneten Personalrat, geht die Angelegenheit letztlich an eine **Einigungsstelle**.
  - Unterliegt die Maßnahme nur der **eingeschränkten Mitbestimmung**, erfolgt die abschließende Entscheidung durch die oberste Dienstbehörde nach Durchführung eines Einigungsverfahrens.
  - Bei der vollen **Mitbestimmung** entscheidet letztlich die paritätisch besetzte Einigungsstelle mit neutralem Vorsitzenden.

Durch das sog. »Evokationsrecht« des Ministeriums, das mit der Dienstrechtsreform eingeführt werden soll, gilt das Letztentscheidungsrecht der Einigungsstelle auch in den Fällen der »uneingeschränkten Mitbestimmung« nur mit Einschränkungen. Das Ministerium kann danach einen Beschluss der Einigungsstelle, der im Einzelfall wegen seiner Auswirkungen auf das Gemeinwesen wesentlicher Bestandteil der Regierungsgewalt ist, ganz oder teilweise aufheben.

Personalratsmitglieder haben einen Anspruch auf Freistellung von ihren dienstlichen Aufgaben, soweit dies zur Ausübung ihrer Tätigkeit erforderlich ist, ferner einen Freistellungsanspruch für die Teilnahme an erforderlichen Schulungsveranstaltungen. Sie dürfen aufgrund ihrer Tätigkeit nicht bevorzugt oder benachteiligt werden. Eine Versetzung oder Abordnung ist gegen ihren Willen nur möglich, wenn besondere Umstände vorliegen und der Personalrat zustimmt.

Zwischen Dienststellenleiter und Personalvertretung sollen regelmäßig Gespräche geführt werden. Die Personalvertretung ist zur Durchführung ihrer Aufgaben rechtzeitig und umfassend zu informieren. Dienststelle und Personalvertretung sollen vertrauensvoll und mit dem ernsten Willen zur Einigung zusammenarbeiten. Außen stehende Stellen dürfen erst angerufen werden, wenn alle Möglichkeiten der dienststelleninternen Bereinigung von Meinungsverschiedenheiten ausgeschöpft sind.

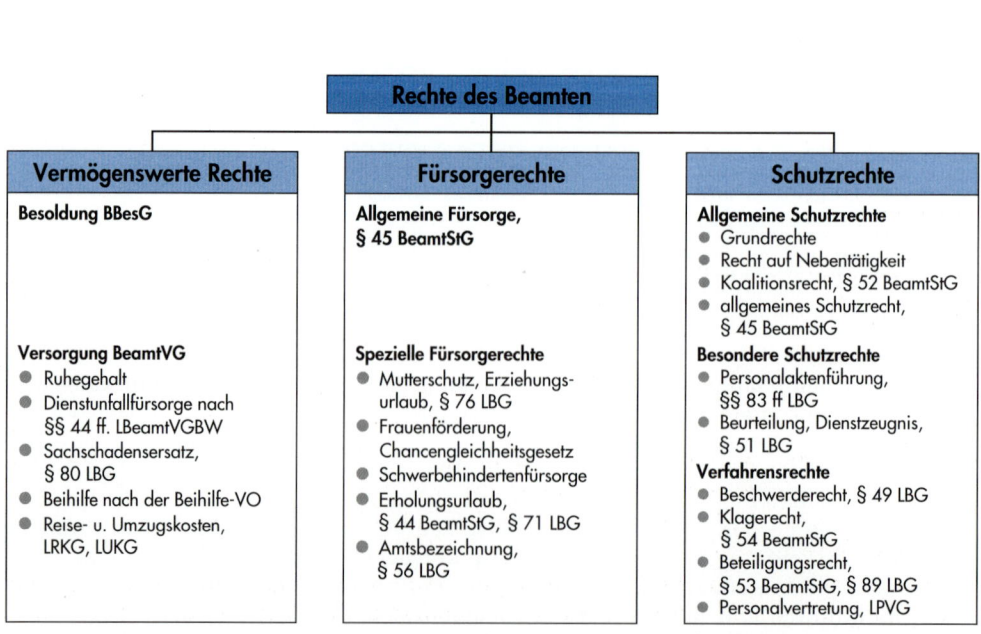

Der Personalrat lädt die Beschäftigten mindestens einmal im Kalenderjahr zu einer Personalversammlung ein. Es dürfen in diesem Ausspracheforum nur die Angelegenheiten behandelt werden, die die Dienststelle und ihre Beschäftigten unmittelbar betreffen. Eine Diskussion allgemein politischer Fragen ist nicht zulässig. Die Personalversammlung kann dem Personalrat Anträge unterbreiten und zu seinen Beschlüssen Stellung nehmen. Eine rechtlich bindende Wirkung haben die Beschlüsse der Personalversammlung jedoch nicht.

7.4 Folgen von Pflichtverletzungen des Beamten und Ansprüche bei Verletzung seiner Rechte

7.4.1 Disziplinarische Folgen

Der Beamte begeht ein **Dienstvergehen**, wenn er schuldhaft, d.h. vorsätzlich oder fahrlässig, seine Pflichten verletzt (**§ 47 Abs. 1 BeamtStG**). Vorsatz ist gegeben, wenn der Beamte bewusst gegen eine seiner Pflichten verstößt, Fahrlässigkeit liegt vor, wenn der Beamte durch Überlegung oder Erkundigung (z.B. bei Vorgesetzten) hätte erkennen können, dass sein Verhalten nicht seinen Pflichten entspricht.

Das **Landesdisziplinargesetz (LDG)** regelt den Ablauf eines Disziplinarverfahrens.

Es beginnt regelmäßig mit **Ermittlungen**, die bei Lehrern vom Regierungspräsidenten eingeleitet werden, wenn er – z.B. durch eine Schüler- oder Elternbeschwerde, einen Bericht des Schulleiters – den Verdacht hat, dass ein Lehrer eine seiner Dienstpflichten schuldhaft verletzt hat. Im Rahmen der Ermittlungen wird der Betroffene selbst gehört, außerdem werden z.B. Zeugen vernommen oder Urkunden (z.B. ein Klassentagebuch) eingesehen. Der Beamte kann sich bei seiner Anhörung von einem Verteidiger (z.B. einem Rechtsanwalt) unterstützen lassen. Er kann sich aber auch dafür entscheiden, keine Angaben zur Sache zu machen. Wenn er aussagt, müssen allerdings seine Angaben der Wahrheit entsprechen, weil er sonst eine weitere Pflichtverletzung begeht.

Am Ende der Ermittlungen können folgende Entscheidungen stehen:

1. Einstellung des Verfahrens
   - weil der Beamte kein Dienstvergehen begangen hat;
   - weil eine Disziplinarmaßnahme nicht erforderlich ist (z.B. weil der Beamte einsieht, sich falsch verhalten zu haben);
2. Erlass einer **Disziplinarverfügung**; mit dieser können folgende Maßnahmen getroffen werden:
   - Kürzung der Bezüge
   - Zurückstufung
   - Entfernung aus dem Beamtenverhältnis
   - Kürzung des Ruhegehalts
   - Aberkennung des Ruhegehalts.

Das LDG sieht bestimmte Voraussetzungen dafür vor, in welchen Fällen die jeweilige Maßnahme verhängt werden darf.

3. Bei leichtem oder mittelschwerem Dienstvergehen und geringem Verschulden des Beamten kann das Verfahren befristet ausgesetzt und dem Beamten bestimmte Auflagen (z.B. zur Wiedergutmachung des Schadens) erteilt werden; nach deren Erfüllung wird das Verfahren endgültig eingestellt.

Während der Dauer eines solchen Verfahrens kann dem Beamten die Ausübung seiner Dienstgeschäfte verboten werden. Wenn eine Entfernung aus dem Dienst zu erwarten ist, wird der Beamte des Dienstes enthoben und ein Teil der monatlichen Bezüge einbehalten.

Das LDG enthält außerdem Regelungen dazu, nach welchem Zeitablauf ein Dienstvergehen nicht mehr verfolgt werden darf (»Verjährung«) sowie ab wann eine Disziplinarmaßnahme bei Personalmaßnahmen nicht mehr berücksichtigt werden darf **(Verwertungsverbot)** und Unterlagen darüber auf Antrag des Beamten vernichtet werden müssen.

7.4.2 Vermögensrechtliche Folgen

§ 48 BeamtStG regelt, wann ein Beamter den durch eine Pflichtverletzung seinem Dienstherrn entstandenen Schaden ersetzen muss bzw. der Dienstherr den Beamten in **Regress** nehmen kann, wenn er nach den Grundsätzen der **Amtshaftung (Art. 34 GG)** einem Dritten (z. B. einem Schüler) den durch eine **Amtspflichtverletzung** entstandenen Schaden ersetzen musste.

Eine solche Schadensersatzpflicht besteht für den Beamten nur, wenn er **vorsätzlich** oder **grob fahrlässig** gehandelt hat. Grobe Fahrlässigkeit ist gegeben, wenn ein objektiv schwerer Verstoß gegen die erforderliche Sorgfalt begangen wurde (z. B. ganz nahe liegende, jedem einleuchtende Sicherheitsmaßnahmen nicht getroffen wurden) und subjektiv das Verhalten besonders schwer vorwerfbar ist (z. B. Handeln aus Rücksichtslosigkeit, Verantwortungslosigkeit, Eigensucht).

Der **Schulträger** kann einen ihm entstandenen Schaden nicht unmittelbar gegenüber einem Lehrer geltend machen. Jedoch ist der Dienstherr ggf. verpflichtet, dies für den Schulträger zu tun (sog. Drittschadensliquidation).

> **Beispiel:**
> Verliert ein Lehrer seinen Schulschlüssel und müssen daraufhin alle Schlösser der Schule ausgewechselt werden, kann der Schulträger den Schaden nur über den Dienstherrn gegenüber dem Beamten geltend machen. Voraussetzung für einen solchen Anspruch ist allerdings, dass dem Beamten Vorsatz oder grobe Fahrlässigkeit zur Last zu legen ist.

Demgegenüber hat der **Träger der gesetzlichen Schülerunfallversicherung** einen unmittelbaren Rückgriffsanspruch.

Bei einer Verletzung der **Fürsorgepflicht** oder einem Verstoß gegen den Grundsatz der **Bestenauslese** durch den Dienstherrn kann ein Beamter Schadensersatzansprüche durch **Leistungsklage** beim Verwaltungsgericht geltend machen. Er muss aber zuvor den Anspruch beim Dienstherrn geltend gemacht haben. Außerdem kann er auch beim Landgericht Ansprüche wegen einer Amtspflichtverletzung (§ 839 BGB, Art. 34 GG) einklagen.

Im **Fall 7.2** kann der Dienstherr bzw. der Träger der Schülerunfallversicherung Regress nehmen für Leistungen, die für die ärztliche Behandlung des Schülers erbracht wurden.

7.4.3 Strafrechtliche Folgen

Eine Verletzung einer Beamtenpflicht kann gleichzeitig gegen ein Strafgesetz verstoßen. Das **Strafgesetzbuch (StGB)** enthält teilweise Tatbestände, die nur von im öffentlichen Dienst Tätigen erfüllt werden können (z. B. Verbot der Bestechlichkeit, Vorteilsannahme, vorsätzliche Körperverletzung im Amt, Bruch der Amtsverschwiegenheit), aber auch die allgemeinen Tatbestände können durch eine Pflichtverletzung erfüllt werden (z. B. fahrlässige Körperverletzung, Betrug, Diebstahl).

Wegen dieser Folgen ist der Beamte nach § 36 Abs. 2 S. 4 BeamtStG nicht verpflichtet, solche Anordnungen zu befolgen, durch die er eine Straftat begehen würde.

Im **Fall 7.2** liegt eine Körperverletzung im Amt vor, die strafrechtlich geahndet werden kann.

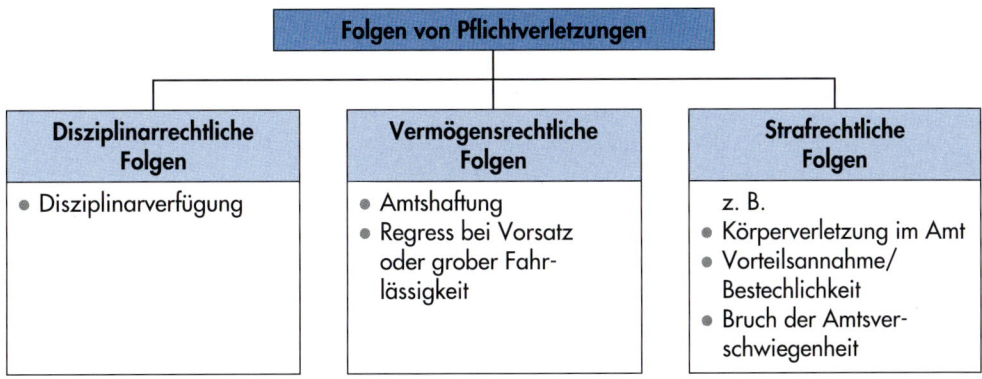

Fragen zur Wiederholung und Vertiefung

1 Inwiefern besteht ein Zusammenhang zwischen den Beamtenpflichten und dem Bildungs- und Erziehungsauftrag der Schule und des Lehrers nach § 1 SchulG? Nennen Sie Beispiele.

2 Definieren Sie die Begriffe Vorsatz – grobe Fahrlässigkeit – Fahrlässigkeit. Wo spielen diese Begriffe eine Rolle?

3 An welchen Grundsätzen orientieren sich die Regelungen zur Besoldung und Versorgung der Beamten?

4 Welche rechtlichen Möglichkeiten haben Sie, wenn Sie sich durch Entscheidungen eines (Dienst-)Vorgesetzten ungerecht behandelt fühlen?

8 Zuweisung neuer Tätigkeiten

Einführung

Fall 8.1

Am Wirtschaftsgymnasium in X-Stadt kommt es zu einem Zerwürfnis zwischen Studienrat S. und dem Schulleiter, Herrn Oberstudiendirektor O., nachdem S. den O. in einer Gesamtlehrerkonferenz beschuldigte, er regiere diese Schule mit Zuckerbrot und Peitsche. Wen O. nicht leiden könne, bekomme einen miserablen Stundenplan und werde ständig nur schikaniert. Er sei eine linke, feige Bazille.

Das Regierungspräsidium beabsichtigt daraufhin, den S. an ein anderes Wirtschaftsgymnasium in der 20 km entfernten Y-Stadt zu versetzen.

S. ist darüber empört. Wer in diesem Laden die Wahrheit sage, werde mundtot gemacht. Er werde sich mit allen Mitteln gegen die Versetzung zur Wehr setzen.

- Was muss S. tun, wenn er sich mit der Versetzungsverfügung nicht abfinden will?
- Hat er Aussicht auf Erfolg?

8.1 Grenzen für die Zuweisung neuer Tätigkeiten

Eine neue Tätigkeit kann dem Beamten nur insoweit zugewiesen werden, als diese Tätigkeit seinem Amt entspricht. Der Beamte darf grundsätzlich nicht unterwertig beschäftigt werden.

Für eine Lehrkraft bedeutet dies, dass sie beispielsweise nicht gegen ihren Willen in das Regierungspräsidium versetzt werden könnte, um dort die Tätigkeit eines Registrators wahrzunehmen.

Das Gesetz sieht Einschränkungen dieses Grundsatzes z. B. für den Fall vor, dass der Beamte in seinem Amt, z. B. als Lehrer, dienstunfähig ist, in einem anderen, möglicherweise auch geringerwertigen Amt aber noch eingesetzt werden könnte und ihm diese Tätigkeit auch zumutbar ist (§ 26 Abs. 2, 3 BeamtStG). Ist also beispielsweise ein Lehrer aus psychischen Gründen nicht mehr in der Lage zu unterrichten, erlaubt es seine Gesundheit aber noch, sachbearbeitende Tätigkeiten in der Verwaltung wahrzunehmen, soll er nicht in den Ruhestand versetzt werden. Er ist in diesem Fall auch verpflichtet, an Maßnahmen zum Erwerb der Befähigung für die neue Laufbahn teilzunehmen.

Weitere Einschränkungen werden unter 8.3 ausgeführt.

8.2 Begriffsbestimmungen: Versetzung, Abordnung, Umsetzung

Die Instrumentarien zur Zuweisung einer neuen Tätigkeit sind die Versetzung, die Abordnung und die Umsetzung.

Durch die **Versetzung** wird dem Beamten **dauerhaft** ein neuer Tätigkeitsort zugewiesen (§ 24 Abs. 1 LBG).

Die **Abordnung** (§ 25 LBG) unterscheidet sich von der Versetzung zunächst dadurch, dass es sich bei ihr um eine **vorläufige** Maßnahme handelt. Dem Beamten wird nur vorübergehend eine Tätigkeit bei einer anderen Behörde zugewiesen. Er **bleibt** in dieser Zeit **seiner bisherigen Schule zugeordnet**. Nach der Abordnungszeit kehrt er deshalb an seine bisherige Schule zurück.

Der Grundsatz der amtsangemessenen Beschäftigung wird für die Abordnung insoweit durchbrochen, als dem Beamten aus dienstlichen Gründen auch ein anderes Amt übertragen werden kann. Beispielsweise kann ein Gymnasiallehrer auch an einer Hauptschule eingesetzt werden. Gegen seinen Willen ist dies jedoch nur für maximal zwei Jahre möglich.

Wird dem Beamten lediglich innerhalb der selben Schule eine andere, seinem Status entsprechende Tätigkeit übertragen, handelt es sich hingegen um eine **Umsetzung**.

Während Abordnung und Versetzung **Verwaltungsakte** sind, fehlt der Umsetzung der Verwaltungsaktcharakter.

Der Widerspruch des Beamten gegen eine Abordnung oder eine Versetzung hat gleichwohl kraft ausdrücklicher gesetzlicher Regelung keine aufschiebende Wirkung. Diese Ausnahme wurde geschaffen, um Versetzungen und Abordnungen zu erleichtern.

Vor einer Versetzung oder Abordnung ist der Beamte anzuhören (§ 28 LVwVfG). Die Versetzung und Abordnung wird bei den Grund-, Haupt-, Real- und Sonderschulen von den Staatlichen Schulämtern verfügt, sofern alte und neue Schule innerhalb des Schulamtsbezirks liegen. Ansonsten ist das Regierungspräsidium zuständig.

8.3 Voraussetzungen von Versetzung und Abordnung

Abordnungen und Versetzungen sind oftmals im Interesse einer gleichmäßigen Unterrichtsversorgung unvermeidlich.

Die Zuweisung einer neuen Tätigkeit kann erfolgen, wenn der Beamte dies **beantragt** oder wenn ein **dienstliches Bedürfnis** hierfür besteht.

Liegen die Voraussetzungen für eine Versetzung vor (Antrag des Beamten oder dienstliches Bedürfnis), hat die entscheidende Behörde noch ihr **Ermessen** zu betätigen, d.h. die persönlichen Belange des Beamten gegen die dienstlichen Notwendigkeiten abzuwägen. Den dienstlichen Interessen ist dabei grundsätzlich der Vorrang einzuräumen, da der Beamte mit einer Versetzung rechnen muss (BVerwG, DÖD 1965,177).

Besteht an einer Schule – gemessen an der Zuweisung auf Grund der Schülerzahlen – ein »Überhang«, an einer anderen Schule jedoch ein Mangel, muss diese Differenz durch eine Personalmaßnahme ausgeglichen werden. Es liegt dann ein **dienstliches Bedürfnis** für eine Versetzung oder Abordnung vor. Ist bei der Versetzung oder Abordnung unter mehreren Lehrkräften eine Lehrkraft für die Personalmaßnahme auszuwählen, müssen sowohl die »dienstliche Herauslösbarkeit« aus der Schule als auch die mit der Maßnahme individuell verbundenen Belastungen gegeneinander abgewogen werden.

Maßgeblich sind vor allem folgende Gesichtspunkte:
- Herauslösbarkeit aus der gegenwärtigen dienstlichen Tätigkeit,
- örtliche Bindung (Eigenheim, schulpflichtige Kinder, Berufstätigkeit des Partners),
- soziale Kriterien (Alter, zukünftiger Fahrweg, Behinderung).

Weiter ist der Personalrat der aufnehmenden Dienststelle gem. § 75 Abs. 1 Nr. 4, 5, 6 LPVG zu beteiligen.

8.4 Länderübergreifende Versetzung

Möchte ein Lehrer aus persönlichen Gründen in ein anderes Bundesland wechseln, stellt dies eine Versetzung zu einem anderen Dienstherrn dar. Dafür ist eine Freigabe durch den bisherigen Dienstherrn und ein Einverständnis des vorgesehenen neuen Dienstherrn notwendig. Seit vielen Jahren erfolgen derartige Versetzungen über ein Tauschverfahren, nach dem jedes Land so viele Bewerber übernimmt, wie es an andere Länder abgibt. Für die Auswahl der Bewerber gelten die Kriterien Bedarf, Eignung, persönliche Härte (insbes. Gesichtspunkt der Familienzusammenführung) und Wartezeit (siehe K. u. U. 2000, S. 10). Durch einen Beschluss der Kultusministerkonferenz vom 10.5.2001 (K. u. U. 2001, S. 285) wurde daneben die Möglichkeit geschaffen, an Bewerbungsverfahren in einem anderen Land teilzunehmen, wenn eine Freigabeerklärung des bisherigen Dienstherrn vorliegt. Freigabeerklärungen sollen möglichst großzügig und in der Regel nicht später als 2 Jahre nach Erstantragsstellung erteilt werden.

Im **Fall 8.1** wäre Voraussetzung für die Versetzung zunächst, dass ein dienstliches Bedürfnis vorliegt. Ein solches Bedürfnis kann hier in den Spannungen zwischen S. und O. gesehen werden, die eine zukünftig gute Zusammenarbeit nicht mehr erwarten lassen.

Der Schulleiter selbst könnte nur auf eine andere freie Schulleiterstelle versetzt werden. Wegen dieser Schwierigkeit muss wohl S. weichen, ohne dass es darauf ankommt, wer von beiden welchen Anteil an dem Konflikt hat. Lediglich dann, wenn das Verschulden ganz eindeutig und ausschließlich auf der Seite des O. zu finden wäre, stünde dies einer Versetzung des S. entgegen.

Liegt ein dienstliches Bedürfnis für die Versetzung vor, hat das Regierungspräsidium die Interessen an einem funktionsfähigen, spannungsfreien Schulbetrieb (dienstliches Bedürfnis) gegen die Interessen des S. an einem Verbleiben an der bisherigen Schule abzuwägen und so sein Ermessen zu betätigen.

Dabei sind sowohl das Gewicht der Beeinträchtigung des Schulfriedens als auch die persönlichen Verhältnisse des S. zu berücksichtigen.

Gelangt das Regierungspräsidium zu der Einschätzung, dass das dienstliche Bedürfnis hier höher zu gewichten ist, wird es nach Beteiligung der zuständigen Personalvertretung die Versetzung verfügen.

Die Versetzung ist ein Verwaltungsakt. S. kann deshalb dagegen Widerspruch einlegen. Dieser Widerspruch hat keine aufschiebende Wirkung (§ 54 Abs. 4 BeamtStG). Er kann jedoch beim zuständigen Verwaltungsgericht beantragen, dass die aufschiebende Wirkung seines Widerspruches hergestellt wird.

Der Versetzung muss er aber zunächst Folge leisten.

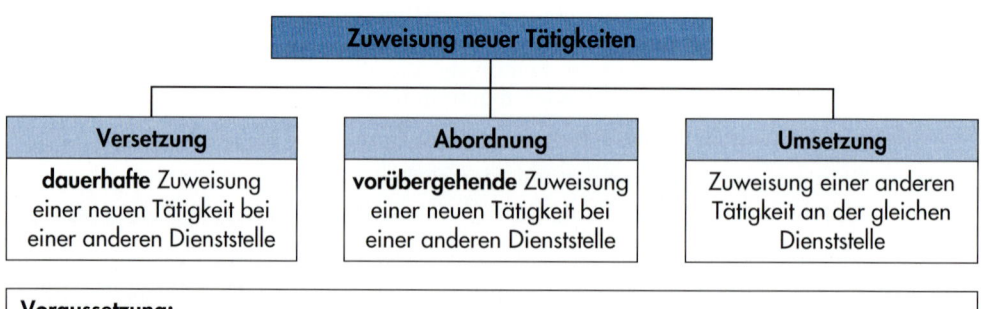

Fragen zur Wiederholung und Vertiefung

1 Wodurch unterscheiden sich Versetzung, Abordnung und Umsetzung?

2 Nehmen Sie an, der Schulleiter einer Realschule gelangt zu der Einschätzung, einer seiner Lehrer sei wegen psychischer Probleme für die Schüler nicht tragbar. Stattdessen plant er ihn wie folgt ein: Assistent der Schulleitung (Verwaltungsaufgaben), Aufbau einer Schülerbücherei und Verwaltung von Sammlungen, Einzelförderung von Schülern.

Kann diese Planung auch gegen den Willen des Lehrers durchgesetzt werden?

3 Welche Bedeutung hat das »Ermessen« bei einer Versetzungsentscheidung?

9 Die Rechtsstellung der Anwärter und Referendare im Vorbereitungsdienst

Einführung

Fall 9.1

Realschullehreranwärterin S. wird während des Vorbereitungsdienstes schwanger. Im Juli wird ihr mitgeteilt, dass man ihr zur bestandenen Prüfung gratuliere und der Vorbereitungsdienst damit beendet sei. Im August meldet sie sich beim Landesamt für Besoldung und Versorgung und mahnt ihre Bezüge für diesen Monat an. Sie habe gehört, dass während einer Schwangerschaft keine Kündigung oder Entlassung ausgesprochen werden dürfe.

- Hat sie Recht?

Fall 9.2

Studienreferendar D. ist EDV-Experte und hat vor seiner Aufnahme in den Vorbereitungsdienst eine Software-Firma betrieben. Er möchte diese auch während des Vorbereitungsdienstes weiterführen, da er angesichts der ungewissen Einstellungschancen in den Schuldienst sich ein weiteres berufliches Standbein erhalten möchte.

- Darf er das?

9.1 Allgemeines

Der Vorbereitungsdienst gehört zu der **Laufbahn** eines Beamten. Die rechtlichen Grundlagen für die Ausgestaltung des Vorbereitungsdienstes sind daher im **Landesbeamtengesetz (LBG)** geregelt (§§ 16 Abs. 1 Nr. 1, 17 LBG).

In vielen Fällen – z. B. auch bei dem Vorbereitungsdienst für Lehrämter – ist die Ableistung des Vorbereitungsdienstes und sein Abschluss mit einer Prüfung auch Voraussetzung für eine Tätigkeit außerhalb des öffentlichen Dienstes, z. B. an einer Privatschule. Die Voraussetzungen für die Zulassung müssen dem Rechnung tragen (vgl. Art. 12 GG). Die vorhandenen Ausbildungsmöglichkeiten müssen vollständig ausgeschöpft werden. Die Zulassung darf sich nicht etwa an dem zu erwartenden Ersatzbedarf für den öffentlichen Schuldienst orientieren. Können aus Kapazitätsgründen nicht alle Bewerber sofort aufgenommen werden, muss gewährleistet sein, dass Bewerber auch über eine Wartezeit noch zum Zuge kommen können (§ 17 Abs. 3 LBG).

Erfüllt ein Bewerber nicht die strengen Voraussetzungen für die Übernahme in das **Beamtenverhältnis auf Widerruf**, z. B. weil die Verfassungstreue nicht gewährleistet ist, muss ihm, wenn er bestimmte Mindestvoraussetzungen erfüllt, Gelegenheit gegeben werden, die Ausbildung in einem besonderen **öffentlich-rechtlichen Ausbildungsverhältnis** zu absolvieren. Das Landesbeamtengesetz ermöglicht seit einer Gesetzesänderung im Jahr 1998 auch, dass die Ausbildung **generell**, d. h. nicht nur in den genannten Ausnahmefällen, in einem öffentlich-rechtlichen Ausbildungsverhältnis außerhalb des Beamtenverhältnisses erfolgt.

9.2 Ablauf und Beendigung des Vorbereitungsdienstes

Die Ausbildung ist im Wesentlichen in zwei Abschnitte unterteilt.

- Im **ersten Abschnitt** wird in die Unterrichts- und Erziehungstätigkeit eingeführt. An der Schule hospitiert der Referendar bzw. Anwärter im Unterricht anderer Lehrer und erteilt selbst Unterricht, jedoch nur unter Anleitung (i. d. R. durch den betreuenden Lehrer).

- Im **zweiten Abschnitt** soll die Lehrfähigkeit weiterentwickelt werden. Der Referendar/Anwärter unterrichtet jetzt überwiegend selbstständig. In diesem Abschnitt liegt dann auch die Prüfung.

Sind die Fähigkeiten nach dem 1. Ausbildungsabschnitt noch nicht so weit entwickelt, dass eine selbstständige Unterrichtstätigkeit verantwortet werden kann, wird der Vorbereitungsdienst **verlängert**. Bei einer längeren Unterbrechung durch Krankheit oder eine Schwangerschaft erfolgt ebenfalls eine Verlängerung. Hat der Referendar/Anwärter die Verlängerung der Ausbildung **zu vertreten**, was im Allgemeinen bei einer Verlängerung infolge unzureichender Leistungen der Fall sein wird, kann der **Anwärtergrundbetrag** um bis zu 15 % gekürzt werden.

Der Vorbereitungsdienst und das Beamtenverhältnis **enden kraft Gesetzes** mit Ablauf des Tages, an dem dem Referendar bzw. Anwärter das Bestehen bzw. wiederholte Nichtbestehen der Prüfung mitgeteilt wird.

> Im **Fall 9.1** hat die Kollegin also nicht Recht, denn es handelt sich nicht um eine vorzeitige Beendigung eines Rechtsverhältnisses wie bei einer Kündigung, sondern um die von vornherein feststehende Beendigung eines für einen bestimmten Zweck begründeten Rechtsverhältnisses.

Darüber hinaus kann der Referendar/Anwärter vorzeitig **entlassen** werden, wenn er auch nach einmaliger Verlängerung des ersten Ausbildungsabschnitts nicht mit selbstständigem Unterricht beauftragt werden kann. Gleiches gilt bei einer erforderlichen Verlängerung infolge Krankheit um mehr als zwei Unterrichtshalbjahre oder bei einem sonstigen wichtigen Grund, wenn der Referendar/Anwärter z. B. für den Lehrerberuf so ungeeignet ist, dass sein weiterer Einsatz im Unterricht im Hinblick auf den Bildungsanspruch der Schüler nicht verantwortet werden kann (weil er etwa im Physik- oder Chemieunterricht bei Versuchen selbst einfachste Sicherheitsvorkehrungen nicht beachtet und dadurch Schüler gefährdet).

9.3 Rechte und Pflichten

Es gelten grundsätzlich die für jedes Beamtenverhältnis anwendbaren Regelungen, jedoch modifiziert durch den von vornherein befristeten Zweck des Beamtenverhältnisses und die Erfordernisse der Ausbildung. So ist z. B. eine längerfristige **Beurlaubung** nicht möglich, weil der Vorbereitungsdienst nur dem Abschluss der Ausbildung dient und diese zügig und an einem Stück erfolgen soll. Da die Ausbildung und ihr erfolgreicher Abschluss im Vordergrund stehen sollen, können **Nebentätigkeiten** allenfalls in einem geringen Umfang genehmigt werden, wenn dadurch der Ausbildungszweck nicht gefährdet wird. Außerdem können bei Überschreitung bestimmter Einkommensgrenzen derartige Einkünfte auf die Anwärterbezüge angerechnet werden (§ 83 LBesGBW).

Anwärtern, die bei dringendem Bedarf über die im Rahmen der Ausbildung geforderten Unterrichtsstunden hinaus selbstständigen Unterricht erteilen, kann nach § 82 LBesGBW für bis zu 24 Unterrichtsstunden im Kalendermonat eine Vergütung gewährt werden. Dies gilt allerdings nur für die Anwärterinnen und Anwärter auf ein wissenschaftliches Lehramt an Realschulen sowie Studienreferendarinnen und Studienreferendare an beruflichen Schulen und Gymnasien (§ 1 Unterrichtsvergütungsverordnung – UVergVO).

> Im **Fall 9.2** kann die Weiterführung der Firma nicht genehmigt werden, da neben dem reinen Tätigkeitsumfang die mit der Führung eines Unternehmens verbundene Verantwortung gedanklich zu sehr von der Ausbildung ablenken könnte.

Der Referendar/Anwärter ist verpflichtet, regelmäßig seinen Pflichten an der Schule nachzukommen und an den Seminarveranstaltungen teilzunehmen. Versäumt er z. B. unerlaubt, d. h. ohne einen Grund wie z. B. Krankheit, eine Seminarveranstaltung, **verliert** er für diesen Zeitraum seinen Anspruch auf **Anwärterbezüge**.

Für Fahrten zwischen der Schule und dem Seminar können bis zu 50% der Auslagen als **Reisekosten** erstattet werden. Diese Ansprüche müssen innerhalb **eines Jahres** geltend gemacht werden

Im Krankheitsfall bestehen Ansprüche auf **Beihilfe**. Die Aufwendungen des Beamten werden grundsätzlich zu 50% erstattet, soweit sie beihilfefähig sind. Beihilfefähige Aufwendungen für den Ehegatten werden zu 70%, für Kinder zu 80% erstattet. Für jedes Kalenderjahr muss jedoch ein bestimmter Betrag hiervon vom Beamten selbst getragen werden. Die Höhe dieser sog. »Kostendämpfungspauschale« hängt bei Referendaren von der späteren Eingangsbesoldungsgruppe ab und beträgt zwischen 90 € (Eingangsbesoldungsgruppe A 10 bis A 12) und 120 € (Eingangsbesoldungsgruppe A 13).

9.4 Die Prüfung

Prüfungsbehörde ist das **Landeslehrerprüfungsamt**. Es ist für alle die Prüfung betreffenden Angelegenheiten zuständig. Bei ihm werden die Prüfungsakten geführt und es entscheidet über Widersprüche gegen Prüfungsentscheidungen. Für die Lehramtsprüfung gelten grundsätzlich dieselben Regelungen wie für schulische Prüfungen *(siehe Teil 1, Kap. 15: Leistungsfeststellung und Prüfungen)*.

Die wesentlichsten Prüfungselemente sind **Lehrproben** und **mündliche Prüfungen**. Zum Prüfungsergebnis trägt auch die Beurteilung des Schulleiters der Ausbildungsschule bei.

Der Referendar hat einen Anspruch darauf, dass Prüfungsbewertungen ihm gegenüber **begründet** werden, jedoch erfolgt diese Begründung nur auf einen entsprechenden Wunsch. Sofern der Prüfling damit einverstanden ist und es organisatorisch möglich ist, können andere Anwärter als Zuhörer bei der Prüfung zugelassen werden.

Die Prüfungsakten können innerhalb eines Jahres nach Abschluss der Prüfung **eingesehen** werden.

Die mündlichen Prüfungen sind grundsätzlich **Einzelprüfungen**.

Ist die Prüfung nicht bestanden, kann sie **einmal wiederholt** werden. Es sind grundsätzlich nur die Prüfungsbestandteile zu wiederholen, in denen die Note »ausreichend« nicht erreicht worden ist. Ist der Prüfling einem Prüfungsteil unerlaubt ferngeblieben oder hat er einen Täuschungsversuch begangen, muss die gesamte Prüfung wiederholt werden. Mit dem Bestehen der Prüfung wird die **Befähigung für die Laufbahn** erworben.

Fragen zur Wiederholung und Vertiefung

1 Anwärterin Streng ist vom Deutschen Turnerbund als Kampfrichterin für die Turn-Europameisterschaften vorgesehen. Dazu will sie für 5 Tage vom Vorbereitungsdienst beurlaubt werden. Der Schulleiter ihrer Ausbildungsschule ist dagegen, weil dann der von ihr zu erteilende Unterricht ausfallen müsste. Der Seminarleiter meint, man solle hier nicht so kleinlich sein, es sei für die sehr fleißige Anwärterin eine einmalige Chance, außerdem könnte diese Tätigkeit auch positive Auswirkungen auf den Unterricht haben.
Wer ist für die Beurlaubung zuständig und wie wird voraussichtlich entschieden?

2 Studienrat Listig erzählt in einer geselligen Runde gut gelaunt, dass er vor fünf Jahren nicht in den Schuldienst eingestellt worden wäre, wenn er nicht aufgrund einer mit »sehr gut« bewerteten schriftlichen Arbeit eine so gute Gesamtnote erreicht hätte. Das sei nur möglich gewesen, weil er eine bei einem früheren Prüfungsdurchgang vorgelegte Arbeit einer Bekannten, die seinerzeit ebenfalls mit »sehr gut« bewertet worden war, als eigene Arbeit abgegeben habe. Sie hören das Gespräch mit und fragen sich, ob ein auf diese Weise erreichtes Prüfungsergebnis Bestand haben kann und was aus dem Beamtenverhältnis des Listig wird, wenn die Täuschung bekannt wird.

Teil 3: Urheberrecht in der Schule

1 Der Schutz des geistigen Eigentums

Einführung

Fall 1

An dem Gymnasium WStadt wurden für die Unterrichtsarbeit mehrere interaktive Whiteboards angeschafft. Mit einem Beamer werden Lehrinhalte projiziert, an der »digitalen Tafel« weiterbearbeitet und abgespeichert.

Für die Arbeit mit dem Whiteboard in einer Unterrichtseinheit im Fach Biologie scannt Lehrerin L.
- aus dem eingeführten Unterrichtswerk fünf von insgesamt 220 Seiten ein,
- aus dem Bildband »Das Wildleben in den Nationalpark Kenias« 10 von insgesamt 175 Seiten.

Ist dieses Vorgehen rechtmäßig?

Fall 2

In der letzten Stunde vor den Sommerferien möchte Studienrat S. seine Klasse mit „Videos" unterhalten. Er überlegt sich folgende Möglichkeiten:
- Die Projektion von »Youtube Videos« mit einem Beamer. Die Daten werden über einen Online-Zugang im Klassenzimmer übermittelt.
- Die Vorführung einer privat erworbenen DVD, auf deren Hülle »nur für den Heimgebrauch« aufgedruckt ist.

Wie sind diese Pläne rechtlich zu beurteilen?

Fall 3

Beim jährlichen Schulfest, zu dem die Schülerinnen und Schüler der Schule, deren Eltern sowie Verwandte eingeladen sind, spielt die Schülerband ein breites Repertoire von Evergreens bis zu aktuellen Hits. Es wird kein Eintrittsgeld erhoben. Die Bewirtung erfolgt durch die Schülerinnen und Schüler.

Muss für diesen Auftritt bei der Gema eine Lizenzgebühr entrichtet werden?

Das Werk des Urhebers ist als sein **»geistiges Eigentum«** umfassend geschützt. Er kann als Rechteinhaber darüber bestimmen, wer zu welchen Konditionen sein Werk nutzen darf. Er hat damit eine Art »Monopolstellung«, die zu seinen Lebzeiten und bis **70 Jahre** nach seinem Tod auch seinen Erben erhalten bleibt. Er darf darüber bestimmen, ob das Werk überhaupt veröffentlicht wird, ob es vervielfältigt oder aufgeführt wird.

Das Gesetz zählt diese Rechte im Einzelnen auf. Bei der Prüfung, ob die Nutzung eines Werkes zulässig ist, muss zunächst genau betrachtet werden, um welche Art der Verwertung es geht, denn die Verwertungsrechte haben eine unterschiedliche Reichweite. So wird dem Urheber z. B. das Recht der öffentlichen Wiedergabe eingeräumt. Erfolgt die Wiedergabe also im Klassenzimmer und deshalb nicht öffentlich, greift diese Verwertung grundsätzlich nicht in die Rechte des Urhebers ein. Sein Einverständnis ist nicht erforderlich.

Die Kehrseite dieses umfassenden Schutzes ist, dass die Verbreitung von Wissen in der Gesellschaft behindert wird. Man darf sich dieser Inhalte nur dann bedienen, wenn entweder der Urheber zustimmt oder eine sogenannte **Schranke** des Urheberrechts eingreift.

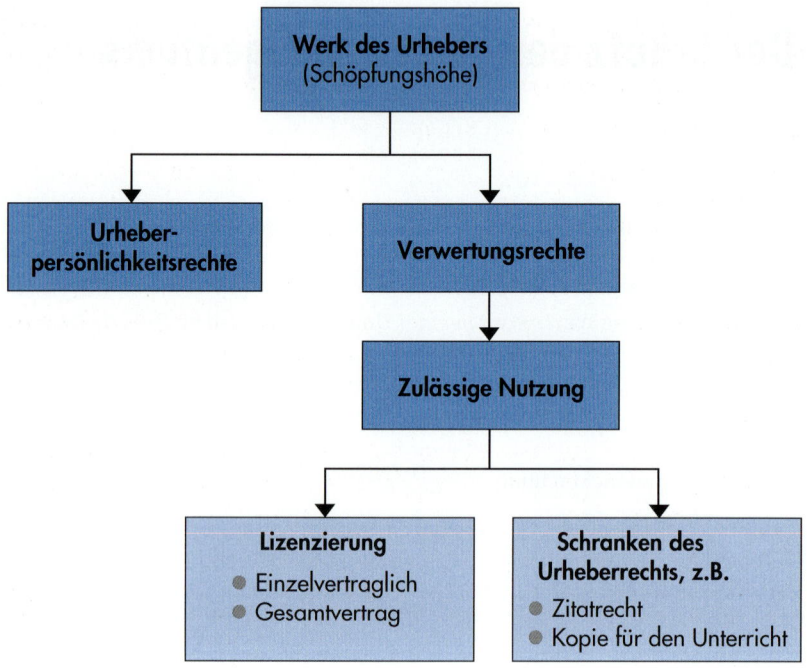

Das Urheberrechtsgesetz hat selbst für verschiedene Bereiche, so auch für den Unterricht und die Prüfungen an Schulen, Ausnahmen vorgesehen. So ist z. B. das **Kopieren für Unterrichtszwecke** in einem bestimmten Rahmen ohne Einwilligung des Rechteinhabers zulässig. Mit diesen Schranken nimmt der Gesetzgeber einen Interessenausgleich, eine Abwägung zwischen dem Schutz des geistigen Eigentums des Urhebers auf der einen Seite und dem Interesse der Gesellschaft an der Verbreitung von Wissen auf der anderen Seite vor. Eine weitere bekannte Schranke ist das sog. »**Zitatrecht**«.

2 Das Werk des Urhebers

2.1 Die erforderliche Schöpfungshöhe

Nur eine **persönliche geistige Schöpfung** genießt als Werk den Schutz des Urheberrechts, also nicht jede Banalität. Wäre dies anders, könnte kaum mehr ein geistiger Inhalt geschaffen oder verbreitet werden, ohne dass ein anderer daran Rechte geltend machen könnte.

Erforderlich für den Schutz durch das Urheberrecht ist deshalb eine gewisse **Schöpfungshöhe**. Nicht der Aufwand, der z. B. hinter einer tabellarischen Darstellung steckt, ist entscheidend für den Schutz, sondern die schöpferische Leistung.

Was bedeutet das z.B. konkret für den Schulbereich?

- Eine **tabellarische Darstellung**, z. B. historischer Ereignisse oder bestimmter Werte ist an und für sich nicht als Werk geschützt. Der Schutz könnte sich aber dann ergeben, wenn ihr eine besondere pädagogische Auswahl zugrunde liegt oder die Tabelle mit Gestaltungselementen illustriert ist.
- Der **beschreibende Text** ohne sprachliche Gestaltungselemente und Wertungen, wie z.B. die Beschreibung eines Versuchsaufbaus, sind ebenfalls keine Werke in diesem Sinne.
- Bei **Fotos** gilt es eine Besonderheit zu beachten. Reine »Knipsbilder« sind zwar keine Werke im Sinne des Urheberrechts. An Lichtbildern hat der Fotograf jedoch ein »Leistungsschutzrecht«.

Zu beachten ist, dass auch der **Schüler** Urheber z.B. eines Kunstwerks sein kann, so dass ohne seine Zustimmung das Werk nicht im Schulhaus ausgestellt werden kann.

2.2 Gesetze, Verordnungen, Erlasse und Urteile

Keinen urheberrechtlichen Schutz genießen Gesetze, Verordnungen, amtliche Erlasse und Bekanntmachungen sowie Entscheidungen und andere amtliche Werke, die im amtlichen Interesse zur allgemeinen Kenntnisnahme veröffentlicht worden sind. Keine Werke in diesem Sinne sind aber z. B. schulische Prüfungsaufgaben. Das Land hat oftmals an diesen Prüfungsaufgaben auch nicht die alleinigen Rechte, weil zwar die im dienstlichen Auftrag handelnden Aufgabenersteller die Rechte übertragen müssen, jedoch auch Fremdquellen eingesetzt werden, für die gesondert die Rechte eingeholt werden müssen. Es ist deshalb also nicht zulässig, die Prüfungsaufgaben auf der Schulhomepage zu veröffentlichen.

2.3 Dauer des Schutzes

Siebzig Jahre nach dem Tod des Urhebers erlischt das Urheberrecht. Das Werk wird dann »gemeinfrei« und kann ohne Einwilligung oder Vergütung genutzt werden.

3 Das Zitatrecht

Eine wesentliche Schranke des Urheberrechts, ohne die wissenschaftliches Arbeiten unmögliche wäre, ist das Zitatrecht. Es geht über das reine Wortzitat deutlich hinaus. So kann z. B. auch eine Musik, eine Filmsequenz oder auch ein Bild zitiert werden. Ein rechtmäßiges Zitat liegt aber nicht bereits dann vor, wenn an den Anfang und das Ende des Textes ein Anführungszeichen gesetzt und die Quelle korrekt angegeben wird. Erforderlich ist darüber hinaus, dass auch ein »**Zitatzweck**« vorliegt, also in einem Werk, das selbst die erforderliche Schöpfungshöhe hat, eine Auseinandersetzung mit dem zitierten Inhalt stattfindet, z. B. der Inhalt kritisch diskutiert wird oder als Beleg für die eigene Meinung dienen soll.

Die Grenze des rechtlich Zulässigen ist in jedem Fall dann überschritten, wenn dadurch eigene Mühe erspart werden soll, z. B. die Mühe selbst einen Text zu formulieren oder eine eigene Grafik zu erstellen.

4 Die Vervielfältigung

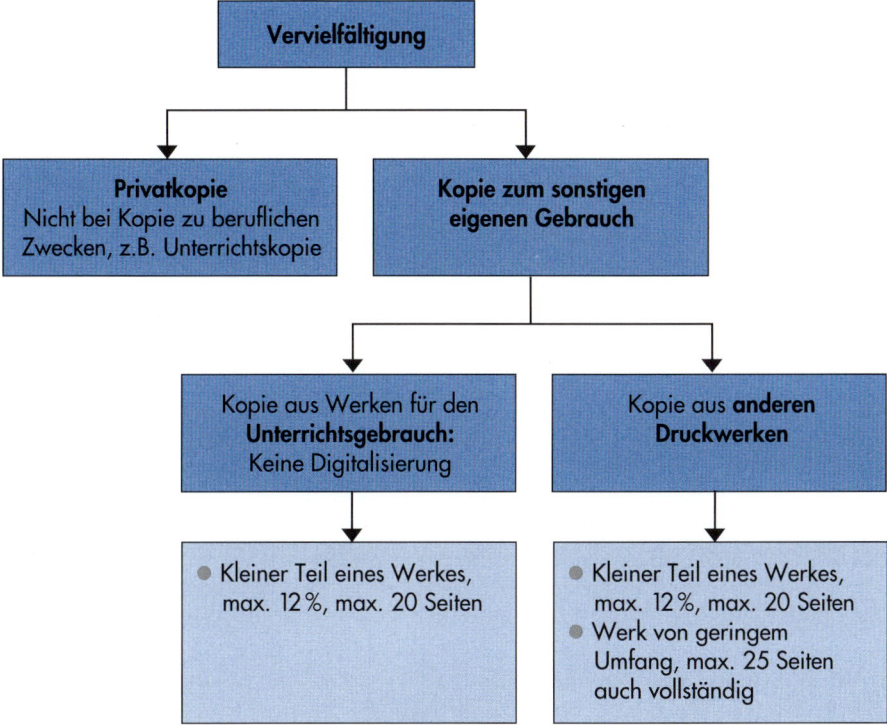

4.1 Was ist eine Vervielfältigung?

Das Recht der Vervielfältigung hat gerade in der Schule einen sehr weiten Anwendungsbereich, der erst auf den zweiten Blick deutlich wird. Immer wenn aus »einem« Werk »zwei« werden, liegt eine Vervielfältigung vor. Das kann natürlich klassisch in der Weise geschehen, dass das Werk auf einem Kopierer vervielfältigt wird. Ebenfalls liegt eine Kopie aber auch dann vor, wenn ein Text abgeschrieben wird, wenn ein Inhalt aus dem Internet auf den Rechner heruntergeladen oder wenn eine Grafik aus dem Internet direkt in ein Arbeitsblatt eingefügt wird. In all diesen Fällen sind die Regeln über die Vervielfältigung zu beachten.

Wird der Inhalt nicht unverändert übernommen, sondern bearbeitet, gelten jedoch andere rechtliche Regeln. Das Gesetz unterscheidet hier die »**Bearbeitung und Umgestaltung**« (§ 23 UrhG) von der »**freien Benutzung**« (§ 24 UrhG). Eine Bearbeitung oder Umgestaltung darf nur mit Zustimmung des Urhebers veröffentlicht oder verwertet werden. Wird also eine Darstellung, an der Urheberrechte bestehen, für ein Arbeitsblatt bearbeitet, weil es dann aus Sicht der Lehrkraft vielleicht besser auf die Bedürfnisse der Schülerinnen und Schüler angepasst ist, werden dadurch die Rechte des Urhebers verletzt. Eine solche Bearbeitung kann bereits darin gesehen werden, dass der Inhalt in einen anderen Kontext gestellt wird, also z. B. mehrere Texte aus Schulbüchern oder Arbeitsheften in einem Arbeitsblatt nicht mehr klar abgrenzbar kombiniert werden. Auch die Übersetzung eines Textes ist eine Bearbeitung in diesem Sinne.

Eine **zulässige freie Benutzung** setzt voraus, dass ein neues Werk entsteht, das sich deutlich von dem Ursprungswerk entfernt, wie z. B. bei einer Parodie.

4.2 Grundstruktur der Regelung zur Vervielfältigung (§ 53 UrhG)

Das Urheberrechtsgesetz unterscheidet die Kopie zum **privaten Gebrauch** von der Kopie zum sonstigen eigenen Gebrauch.

»Privatkopien« sind rechtmäßig, sofern nicht zur Vervielfältigung eine offensichtlich rechtswidrige Vorlage verwendet wird. Es dürfen auch nur »einzelne Vervielfältigungsstücke« erstellt werden. Auf die Frage, ob die Vorlage offensichtlich rechtswidrig erstellt wurde, kommt es z. B. an, wenn Musik oder Videos aus dem Internet heruntergeladen werden.

Vervielfältigungen, die für den Unterricht erstellt werden, **fallen jedoch nicht unter diese großzügige Regelung**, denn sie erfolgen für berufliche Zwecke. Maßgeblich ist also nicht, ob die Kopie in der Schule oder im häuslichen Bereich vorgenommen wurde, sondern zu welchem Zweck sie erfolgte. So ist also z. B. die Aufnahme einer Fernsehsendung über die Tiere der Wildnis dann rechtmäßig, wenn sie durch ein persönliches Interesse motiviert ist. Hingegen ist die Aufnahme der ganzen Sendung rechtswidrig, wenn sie für den Einsatz im Unterricht erfolgte.

4.3 Die Vervielfältigung für den Unterrichtsgebrauch

Die für »Unterrichtskopien« gültige Rechtslage erschließt sich erst aus einer Gesamtschau der gesetzlichen Regelung in § 53 UrhG und dem Gesamtvertrag, der zwischen den Ländern und den Verwertungsgesellschaften abgeschlossen wurde. Das Gesetz wird damit durch eine Vereinbarung ergänzt, die über das Gesetz hinaus Rechte einräumt, die gesetzlichen Begriffe definiert und eine Vergütung dafür vorsieht, die von den Ländern für die Nutzung zu zahlen ist.

§ 53 Abs. 3 UrhG ist eine sog. »Schranke« des Urheberrechts, **die für den Unterrichtsgebrauch die Rechte des Urhebers einschränkt**, um die Verwendung urheberrechtlich geschützter Werke für die schulische Wissensvermittlung zu erleichtern.

Zulässig ist nach dem Gesetz die Vervielfältigung von kleinen Teilen eines Werkes, von Werken von geringem Umfang oder von einzelnen Beiträgen, die in Zeitungen oder Zeitschriften erschienen oder öffentlich zugänglich gemacht worden sind, zur Veranschaulichung des Unterrichts in Schulen, in nichtgewerblichen Einrichtungen der Aus- und Weiterbildung sowie für staatliche Prüfungen und Prüfungen in Schulen.

Die **Quelle ist auf der Vervielfältigung deutlich anzugeben** (§ 63 UrhG).

4.4 Für den Unterrichtsgebrauch bestimmte Werke

Das Gesetz gestattet jedoch ausdrücklich **nicht** die Vervielfältigung aus solchen Werken, die **für den Unterrichtsgebrauch an Schulen** bestimmt sind. Das sind alle Werke, die ihren Primärmarkt in der Schule haben, wie Lehrbücher, Arbeitshefte, CDs usw.

Hier wäre nach der Gesetzeslage also stets die **Einwilligung** des Berechtigten erforderlich. Diese »Einwilligung« wird nach bestimmten Regeln durch den »Gesamtvertrag« erteilt. Er gestattet die Kopie aus Werken, die für den Unterrichtsgebrauch bestimmt sind,

- von kleinen Teilen des Werkes, also **maximal 12 % eines Werkes**, jedoch **nicht mehr als 20 Seiten**
- pro Schuljahr und Schulklasse

Um die Vorgaben des Urheberrechts zu beachten, muss die Lehrkraft also im Blick behalten, in welchem Umfang sie für welche Schulklasse bisher aus einem bestimmten Werk kopiert hat. Überschreitet sie diese Grenze, weil sie z. B. aus einem Arbeitsheft in der Summe 21 Seiten für eine Klasse kopiert hat, bewegt sie sich nicht mehr im rechtmäßigen Bereich!

Der Gesamtvertrag sieht für die Vervielfältigung aus Werken für den Unterrichtsgebrauch eine ganz wesentliche Einschränkung vor. Eine **Digitalisierung** solcher Inhalte ist nicht zulässig. Es wäre also z. B. unzulässig, den Inhalt eines Schulbuchs teilweise zu digitalisieren, um es an einem Whiteboard einzusetzen, im Intranet zur Verfügung zu stellen oder daraus ein neues Arbeitsblatt zu erstellen. Für jede Digitalisierung aus solchen Werken muss also die erforderliche Lizenzierung eingeholt werden.

> Im **Fall 1** ist das Einscannen aus dem Biologie-Unterrichtswerk also rechtswidrig.

Damit sieht das Gesetz aber kein generelles Digitalisierungsverbot vor. Aus solchen Werken, die nicht für den Unterrichtsgebrauch bestimmt sind, darf im gesetzlichen Rahmen (z. B. »kleine Teile«, siehe oben) auch in der Weise vervielfältigt werden, dass eine »digitale Kopie« erstellt wird.

> Die Digitalisierung des Bildbands ist im **Fall 1** deshalb rechtmäßig. Der zulässige Umfang (maximal 12 %, maximal 20 Seiten) wurde eingehalten, vorausgesetzt, die Lehrerin hat für diese Klasse im gleichen Schuljahr nicht bereits aus diesem Werk in einem Maße vervielfältigt, dass in der Summe der »kleine Teil« eines Werks überschritten wurde.

4.5 Sonstige Druckwerke

Von anderen Druckwerken dürfen nicht nur die o. g. kleine Teile eines Werkes (12 %, max. 20 Seiten) vervielfältigt werden. Soweit es sich um **Werke von geringem Umfang** handelt, die **maximal 25 Seiten** umfassen, dürfen sie auch vollständig kopiert werden.

4.6 Musikeditionen

Für graphische Aufzeichnungen von Werken der Musik (»Noten«) sieht das Urheberrechtsgesetz eine sehr strenge Regelung vor. Sie dürfen grundsätzlich nur durch Abschreiben vorgenommen werden. Jegliche andere Kopie ist nur mit Zustimmung des Urhebers möglich. Das gilt für jedes einzelne Exemplar. Es wäre also auch nicht zulässig, die Noten einmal abzuschreiben und dann zu vervielfältigen. Auch wenn die Musiknoten z. B. auf einem Keyboard gespielt und über ein Computerprogramm als Notenbild gesetzt würden, wäre das unzulässig.

Der Gesamtvertrag räumt die Rechte aber insoweit ein, als Musikeditionen von **maximal 6 Seiten** als Werke von geringem Umfang kopiert werden dürfen.

5 Internet und Intranet: Das Recht der »öffentlichen Zugänglichmachung«

Das Recht, urheberrechtlich geschützte Inhalte im Internet oder Intranet wiederzugeben, wird vom UrhG als das Recht der »öffentlichen Zugänglichmachung« (§ 19 a UrhG) bezeichnet. In das Internet dürfen urheberrechtlich geschützte Inhalte deshalb nur eingestellt werden, wenn dafür die Einwilligung des Berechtigten vorliegt. Eine **schulspezifische Schrankenregelung** enthält **§ 52 a UrhG**.

Urheberrechtsverstöße in diesem Bereich sind deshalb besonders gefährlich, weil die Kontrollmöglichkeiten für die Rechteinhaber ungleich dichter sind als z. B. bei der klassischen Kopie für den Unterricht.

Besonders ist darauf hinzuweisen, dass auch **Landkarten** urheberrechtlich geschützt sind und deshalb nicht als »Anfahrtskizze« auf die Schulhomepage gestellt werden dürfen.

§ 52 a UrhG gestattet in beschränktem Umfang, urheberrechtlich geschützte Inhalte zur Veranschaulichung im Unterricht wie auch zur nichtgewerblichen Aus- und Weiterbildung zugänglich zu machen. Hier gilt ohne Ausnahme der Grundsatz, dass **Inhalte aus Werken, die für den Unterrichtsgebrauch bestimmt sind, nicht bereitgestellt werden dürfen**.

Bei anderen Werken dürfen kleine Teile eines Werkes, Werke geringen Umfangs sowie einzelne Beiträge aus Zeitungen oder Zeitschriften bereitgestellt werden. Die zulässigen Quantitäten sind wie bereits bei der Vervielfältigung dargestellt, jedoch mit **folgenden Erweiterungen**:

- Filme mit nicht mehr als fünf Minuten Länge
- Zusätzlich zu der gesetzlichen Regelung (»kleine Teile«) auch Teile eines Werks, die max. 25 % eines Druckwerks, jedoch nicht mehr als 100 Seiten umfassen dürfen.

- Werke geringen Umfangs:
  - ein Film von maximal fünf Minuten Länge
  - maximal fünf Minuten eines Musikstücks.

Filmwerke dürfen vor Ablauf von zwei Jahren nach Beginn der üblichen regulären Auswertung in Filmtheatern nur mit Einwilligung des Berechtigten eingestellt werden.

Diese Werke dürfen aber **nur den Schülern** zur Verfügung gestellt werden, für deren Unterricht das jeweils erforderlich ist. Es ist also nicht zulässig, einen »Pool« von relevanten Inhalten zu bilden, auf die alle Schüler Zugriff haben. Die Rechte müssen z. B. über **ein Passwort so gesteuert** werden, dass nur die Schüler einer Klasse oder eine Kurses, die diese Inhalte jeweils aktuell für den Unterricht benötigen, Zugang haben.

6 Die »öffentliche Wiedergabe«

Die **öffentliche** Wiedergabe ist in §52 UrhG geregelt. Was eine **Wiedergabe** ist, fächert § 15 UrhG auf. Es geht hier z. B. um das Vortrags-, Aufführungs- und Vorführungsrecht.

Die **nicht öffentliche** Wiedergabe ist hingegen grundsätzlich zulässig. Deshalb muss zunächst geklärt werden, was im Sinne des Gesetzes als »öffentlich« anzusehen ist. Die gesetzliche Definition der Öffentlichkeit weicht vom allgemeinen Sprachgebrauch deutlich ab. Eine Wiedergabe ist dann öffentlich, wenn sie für eine Mehrzahl von Mitgliedern der Öffentlichkeit bestimmt ist.

Zur Öffentlichkeit gehört jeder, der

- nicht mit demjenigen, der das Werk verwertet,
- oder mit den anderen Personen, denen das Werk in unkörperlicher Form wahrnehmbar oder zugänglich gemacht wird,

durch persönliche Beziehungen verbunden ist.

Was bedeutet das nun bezogen auf die schulische Situation? Die Schüler einer Klasse sind miteinander persönlich verbunden. Innerhalb des Klassenverbands ist eine Wiedergabe deshalb nicht öffentlich und also generell zulässig. Erfolgt eine Wiedergabe vor mehreren Klassen, wird die erforderliche persönliche Verbundenheit nicht mehr anzunehmen sein. Die Wiedergabe ist öffentlich. Mit Sicherheit ist das auch anzunehmen, wenn die Wiedergabe vor der gesamten Schülerschaft einer Schule erfolgt.

Im **Fall 2** ist die Wiedergabe nicht öffentlich und deshalb in beiden Fällen rechtmäßig.

Für die **öffentliche Wiedergabe** innerhalb einer Schule sind aber wiederum Schranken vorgesehen.

Sofern

- die Wiedergabe keinem Erwerbszweck dient,
- die Teilnehmer ohne Entgelt zugelassen werden und
- keiner der Künstler eine besondere Vergütung erhält,

ist die Wiedergabe zwar **einwilligungsfrei aber vergütungspflichtig**. Für den Schulbereich gibt es eine weitergehende Privilegierung, die zur Vergütungsfreiheit führt, sofern über die o. g. Voraussetzungen hinaus

- die Schulveranstaltungen nach ihrer **sozialen oder erzieherischen Zweckbestimmung**
- nur einem bestimmt abgegrenzten Kreis von Personen zugänglich sind.

Die Vergütungsfreiheit gilt also nicht, wenn z. B. ein Eintrittsgeld erhoben wird oder die Veranstaltung der Außendarstellung der Schule dient und die Öffentlichkeit zu einer Aufführung eingeladen ist. Hier kann jedoch ein Pauschalvertrag weiterhelfen, sofern er vom Schulträger abgeschlossen wurde. Beispielsweise berechtigt er das Tanz- und Unterhaltungsmusikrepertoire der GEMA unter folgenden Bedingungen zu nutzen:

- das Eintrittsgeld oder ein sonstiger Kostenbeitrag beträgt **maximal € 2,60**,
- es muss sich um eine Schulveranstaltung handeln,
- die in der Schule, auf Plätzen und Straßen oder in Räumlichkeiten, die der Schule kostenfrei zur Verfügung gestellt werden, stattfindet,
- und es wird lediglich ein Erlös aus Eigenbewirtung erzielt.

> Im **Fall 3** wäre die Aufführung der Schulband zwar vergütungspflichtig, weil die **Veranstaltung keine erzieherische Zweckbestimmung** hat. Die Veranstaltung würde jedoch unter den Pauschalvertrag fallen, sofern die Schule ihm beigetreten ist.

Soweit eine Lizenzierung erforderlich ist, kann auf der Seite der GEMA (www.gema.de) der zutreffende Tarif gefunden und die Lizenzgebühr ermittelt werden.

Die **bühnenmäßige Aufführung** z. B. eines Theaterstücks oder eines Musicals bedarf hingegen stets einer Lizenzierung z. B. durch den jeweiligen Bühnenverlag. Dies gilt erst recht für die Herstellung einer DVD einer Theateraufführung. Sollte dafür kein urheberrechtlich geschütztes Material eingesetzt werden, d.h. handelt es sich um eine reine Eigenkomposition, ist jedenfalls die Zustimmung der »Künstler«, also der einzelnen Schülerinnen und Schüler, einzuholen.

7 Die Lizenzierung einer Nutzung

Greift keine gesetzliche Schranke des Urheberechts ein, müssen die Rechte für die beabsichtigte Nutzung beim Rechteinhaber eingeholt werden. Manche Inhalte werden aber bereits mit einer solchen Lizenz zur Verfügung gestellt, die eine Nutzung unter bestimmten Bedingungen erlaubt. Bekanntestes Beispiel ist wohl Wikipedia, dessen Inhalte unter eine Creative Commons Lizenz gestellt sind. Unter den dort genannten Bedingungen (!) Ist eine Nutzung also rechtmäßig möglich.

Das erwähnte Creative Commons ist eine Art Baukastensystem für die Lizenzierung von Inhalten. Durch den Verweis auf diese Bedingungen kann ein Urheber sicherstellen, dass seine Inhalte nur nach seinen Vorstellungen genutzt werden, also z. B. nicht kommerziell, ohne Veränderung, nur mit Namensnennung usw.

> **Fragen zur Wiederholung und Vertiefung**
>
> 1 Nennen Sie »Schranken des Urheberrechts«, die für den Schulbereich besonders bedeutsam sind!
> 2 In welchem Umfang darf aus Werken für den Unterrichtsgebrauch kopiert werden?
> 3 Welche Werke können »außerhalb« des Anwendungsbereichs der Schranken des Urheberrechts ohne Lizenzierung genutzt werden?
> 4 Welche Voraussetzungen müssen erfüllt sein, damit die öffentliche Wiedergabe eines Musikstücks in der Schule ohne Vergütung erfolgen kann?

Teil 4: Datenschutzrecht

1 Grundsätze des Datenschutzrechts

Fall 1
An der R Realschule werden den Schülern außerhalb des Unterrichts in der Mittagspause die Internetzugänge auch zur privaten Nutzung überlassen. Um einen Missbrauch zu vermeiden, werden die »Log-Files« aufgezeichnet und stichprobenhaft ausgewertet, d. h. anhand der Protokolle überprüft, welcher Schüler welche Seiten aufgerufen hat.
Ist diese Aufzeichnung und Auswertung datenschutzrechtlich bedenklich?

Fall 2
Die Eltern des Schülers S. beklagen sich bei der Schulleitung über die Praxis des Lehrers L., die in den schriftlichen Leistungsfeststellungen erzielten Noten der einzelnen Schüler jeweils vor der Klasse bekanntzugeben. Von der Schulleitung darauf angesprochen begründet L. seine Praxis damit, dass jeder Schüler doch wissen müsse, wie er mit seinen Leistungen innerhalb der Klasse steht. Dies könne für die Schüler auch ein zusätzlicher Ansporn sein.
Ist das Verhalten des L. datenschutzrechtlich korrekt?

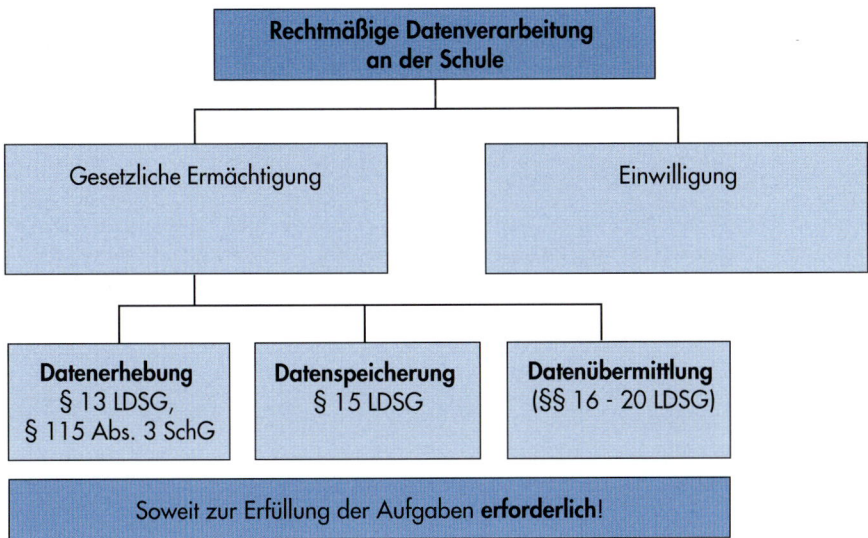

Mit seinem Volkszählungsurteil hat das Bundesverfassungsgericht im Jahr 1983 ein Recht auf informationelle Selbstbestimmung aus dem allgemeinen Persönlichkeitsrecht abgeleitet. Es beinhaltet für den Einzelnen das Recht, über die Preisgabe und Verwendung seiner persönlichen Daten zu bestimmen. In dieses Grundrecht darf nur mit einer **gesetzlichen Ermächtigung** oder mit **Einwilligung** des Betroffenen eingegriffen werden.

Die Ermächtigungsgrundlagen für den öffentlichen, also auch den schulischen Bereich, sind im **Landesdatenschutzgesetz (LDSG)** zu finden. Die Einzelheiten für den schulischen Bereich, also die Vorgabe des Kultusministeriums, in welcher Weise das Landesdatenschutzgesetz im schulischen Bereich umzusetzen ist, findet sich in der Verwaltungsvorschrift »Datenschutz an öffentlichen Schulen«.

Das Thema Datenschutz ist nicht nur bei der »elektronischen« Speicherung von Daten angesprochen. Auch für personenbezogene Daten, die auf Papier fixiert sind, z.B. beim Klassentagebuch, ist dieses Thema relevant. Hier sind datenschutzrechtliche Regelungen in der Verwaltungsvorschrift »Führen von Klassen- und Kurstagebüchern« enthalten. So ist dort geregelt, welche Informationen in den Klassen- und Kurstagebüchern festgehalten werden dürfen. Ebenso ist dort die Verantwortung der Schulleitung für geeignete Maßnahmen bestimmt, die einen Zugriff von Unbefugten auf die Klassen- und Kurstagebücher verhindern.

Folgende **Grundsätze** gelten allgemein im Datenschutzrecht:

- Es sollen möglichst wenig personenbezogene Daten erhoben und gespeichert werden **(Datensparsamkeit und Datenvermeidung)**.
- Nur soweit die Daten **erforderlich** sind, um die gesetzlichen Aufgaben der Schule, den Erziehungs- und Bildungsauftrag, zu erfüllen, soll eine Datenverarbeitung erfolgen **(Erforderlichkeitsprinzip)**.
- Daten dürfen nur für den Zweck genutzt werden, für den sie erhoben wurden. **(Zweckbindungsprinzip)**.

2   Datenerhebung

Das Erheben personenbezogener Daten ist zulässig, wenn ihre Kenntnis zur Erfüllung der Aufgaben der erhebenden Stelle erforderlich ist. Erforderlich in diesem Sinne bedeutet, dass der gesetzliche Auftrag der Schule ohne diese Daten nicht oder nur eingeschränkt erfüllt werden könnte. Welche Daten dies konkret sind, ist in der Verwaltungsvorschrift »Datenschutz an öffentlichen Schulen« unter II, 3.1 bestimmt.

Werden Daten von der Schule selbst erstellt, wie z. B. im Rahmen der Leistungsmessung, liegt keine Datenerhebung vor.

> Im **Fall 1** ließe sich die **Erforderlichkeit** der Datenerhebung mit der schulischen Aufsichtspflicht sowie dem Erziehungs- und Bildungsauftrag der Schule begründen.
>
> Allerdings sind im konkreten Fall auch die Vorgaben des Telemediengesetzes zu beachten, weil die Schule im Fall 1 die private Nutzung gestattet hat und sie somit als Diensteanbieter im Sinne des Telemediengesetzes, der Schüler als »Nutzer« anzusehen sind (§ 11 TMG). § 15 dieses Gesetzes bestimmt, dass personenbezogene Daten eines Nutzers nur erhoben und verwendet werden dürfen, soweit dies erforderlich ist, um die Inanspruchnahme von Telemedien zu ermöglichen und abzurechnen. Dies ist aber bei der Schule, die den Internetzugang kostenfrei zur Verfügung stellt, nicht der Fall. Es werden keine Daten für eine Abrechnung benötigt.
>
> Deshalb ist die sinnvolle Kontrolle im Fall 1 rechtlich nur dann möglich, wenn die Nutzung **von der Einwilligung des Schülers bzw. seiner Erziehungsberechtigten in die Protokollierung und Auswertung abhängig gemacht wird**.
>
> Identisch ist die rechtliche Situation übrigens, wenn Lehrkräften die private Nutzung des Internetzugangs der Schule gestattet wird. Aus diesem Grund ist die private Internetnutzung im Regelfall formal untersagt.

3 Die Datenübermittlung

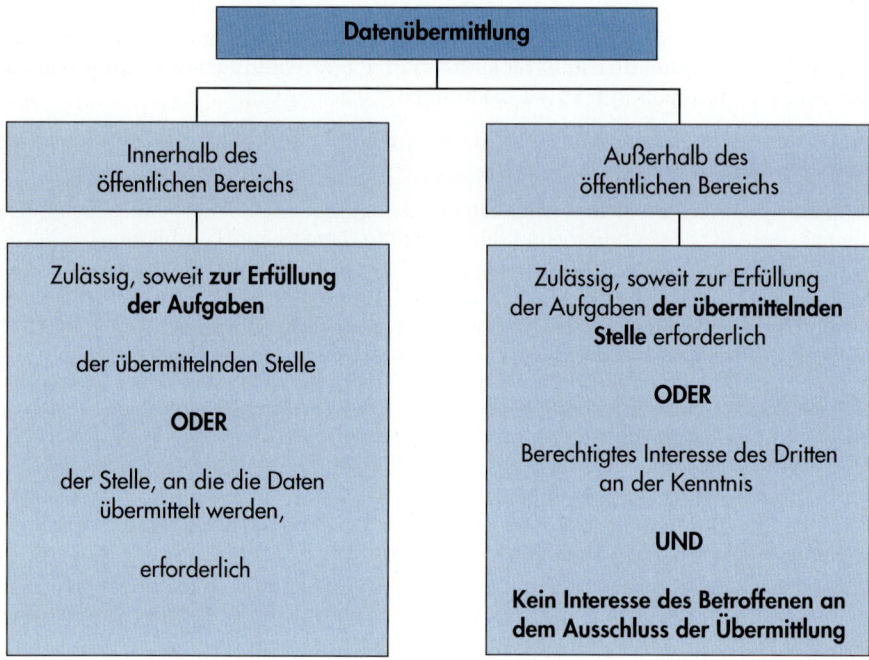

3.1 Allgemeine Grundsätze der Datenübermittlung

Sollen personenbezogene Daten die Schule verlassen und an eine Stelle außerhalb weitergegeben werden, geht es um die Rechtmäßigkeit der Datenübermittlung.

Das Landesdatenschutzgesetz unterscheidet die Übermittlung von Daten innerhalb des öffentlichen Bereichs, also z. B. die Übermittlung an eine andere Behörde von der Übermittlung außerhalb des öffentlichen Bereichs, z. B. an die örtliche Sparkasse oder einen Rechtsanwalt.

Sollen Daten an eine Stelle **außerhalb des öffentlichen Bereichs** übermittelt werden, ist dies an strengere rechtliche Anforderungen gebunden. Die Verwaltungsvorschrift schränkt dies ermessensleitend dahingehend ein, dass außerhalb des öffentlichen Bereichs **keine Daten** übermittelt werden sollen.

Stellen außerhalb des öffentlichen Bereichs sind beispielsweise

- Fördervereine der Schule
- Sparkassen, Schulfotografen
- Elternvertretungen
- Ehemalige Schüler, die ein »Ehemaligentreffen« organisieren wollen.

Möglich bleibt die Übermittlung zwar auf der Basis einer Einwilligungserklärung. Eine solche Erklärung wird jedoch von der Schule nicht eingeholt, wenn die Daten zu kommerziellen Zwecken übermittelt werden sollen.

Innerhalb des öffentlichen Bereichs ist eine Datenübermittlung zulässig, soweit sie zur Erfüllung der Aufgaben der übermittelnden Stelle (also z. B. der Schule) oder der Stelle, an die die Daten übermittelt werden (z. B. die Polizei), erforderlich ist

Solche Stellen zählt die VwV Datenschutz beispielhaft auf: Andere Schulen, Schulaufsichtsbehörden, Gesundheitsämter, zuständige öffentliche Archive, Mitverantwortliche für die Berufserziehung der Schülerin bzw. des Schülers (Dienstherren, Leiterinnen und Leiter von Betrieben, Verantwortliche für Praktika u. ä.) oder deren Bevollmächtigte, Stellen, die nach dem Berufsbildungsgesetz für die Berufsausbildung zuständig sind, Meldebehörden, Arbeits- und Ausländerämter, Schulträger, Jugendwohlfahrtsbehörden (vgl. § 90 Abs. 8 SchG), Sozialämter, Ämter für Ausbildungsförderung).

Grundsätzlich trägt die Schule die Verantwortung dafür, dass die Voraussetzungen für eine rechtmäßige Datenübermittlung tatsächlich vorliegen. Werden die Daten **auf Ersuchen einer öffentlichen Stelle** im Geltungsbereich des Grundgesetzes angefordert, **trägt diese die Verantwortung** (§ 16 Abs. 2 S.2 LDSG). Diese Regel greift also z. B. dann, wenn die Polizei oder das Jugendamt personenbezogene Daten bei der Schule anfordern.

Im **Fall 2** ist die Bekanntgabe der von den einzelnen Schülerinnen und Schülern erzielten Noten vor der Klasse datenschutzrechtlich zu beanstanden. Die Weitergabe dieser personenbezogenen Daten an die Mitschülerinnen und Mitschüler ist nicht erforderlich, um den Erziehungs- und Bildungsauftrag zu erfüllen.

3.2 Übermittlung von Daten bei einem Schulwechsel des Schülers

Wechselt der Schüler von der Grundschule auf eine darauf aufbauende Schulart, sind die Erziehungsberechtigten nicht verpflichtet, die Grundschulempfehlung sowie Zeugnisse oder Halbjahresinformationen bei der aufnehmenden Schule vorzulegen. Sie dürfen deshalb von der aufnehmenden Schule auch nicht eingefordert werden. Vorzulegen ist lediglich die Bestätigung der Grundschule, dass der Schüler die Klasse 4 der Grundschule besucht.

Falls bei einzelnen Schülerinnen und Schülern mit besonderen Schwierigkeiten beim Erlernen des Lesens und des Rechtschreibens sowie in Mathematik die besonderen Fördermaßnahmen in Klasse 5 fortgesetzt werden sollen, teilt die Schulleiterin bzw. der Schulleiter der Grundschule mit Einverständnis der Erziehungsberechtigten dies der aufnehmenden Schule formlos auf einem gesonderten Blatt mit.

Zu Verwaltungszwecken gestattet § 115 Abs. 3 SchG, dass durch die aufnehmende Schule Daten von Schülerinnen und Schülern, deren Erziehungsberechtigten unddenjenigen, denen Erziehung oder Pflege eines Schülers anvertraut ist, bei der abgebenden Schule zu erheben. Dies geschieht im Regelfall für das EDV Verfahren »AmtlicheSchuldaten Baden-Württemberg« (ASD-BW).

Weitere Daten werden im Einzelfall dann übermittelt, wenn die aufnehmende Schule ihren Erziehungs- und Bildungsauftrag gegenüber dem Schüler ansonsten nicht erfüllen könnte, z. B. bei außergewöhnlichen Auffälligkeiten im Schülerverhalten.

4 Die Einwilligungserklärung

Liegt **keine** gesetzliche Ermächtigung für die Verarbeitung personenbezogener Daten vor, weil der Erziehungs- und Bildungsauftrag zwar auch ohne diese Daten erfüllt werden könnte, personenbezogene Daten aber z. B. für die Außendarstellung der Schule oder ein schulisches Projekt verarbeitet werden sollen, ist eine **rechtswirksame Einwilligungserklärung** erforderlich.

Diese Erklärung kann der Schüler selbst abgeben, soweit er die erforderliche Einsichtsfähigkeit in die Bedeutung seiner Erklärung, also auch in die Bedeutung des Rechts auf informationelle Selbstbestimmung, besitzt. Davon ist nach **Vollendung des 16. Lebensjahres** auszugehen. Für jüngere Schülerinnen und Schüler muss diese Erklärung von den Personensorgeberechtigten abgegeben werden.

Die Erklärung hat im Regelfall **schriftlich** zu erfolgen. Sie kann nur dann wirksam sein, wenn der Erklärende erkennt, welche Tragweite seine Erklärung hat. Es muss also deutlich werden,

- welche Daten
- in welcher Weise
- zu welchem Zweck

verarbeitet werden.

- Sollen die Daten übermittelt werden, ist auch der **Empfänger der Daten** anzugeben.
- Schließlich ist darauf hinzuweisen, dass keine Verpflichtung besteht, die Einwilligung zu erteilen **(Freiwilligkeit)**. Gegebenenfalls ist darauf hinzuweisen, welche Folgen die fehlende Einwilligung haben würde.

Soll in die Veröffentlichung personenbezogener Daten im **Internet** eingewilligt werden, sind besonders strenge Maßstäbe an die Einwilligungserklärung zu stellen. Hier sollte auch auf die weltweite Abrufbarkeit und Suchfähigkeit hingewiesen werden.

Beispiel:

Einwilligung zur Darstellung von Bildern auf der Schulhomepage

Die Aktivitäten unserer Schule stellen wir auf der Homepage www.musterschule.de dar. Über die Einstellung der Inhalte entscheidet letztverantwortlich eine von der Schulleitung beauftragte Lehrkraft. Wir bitten Sie um Ihr Einverständnis, dass Aufnahmen, die bei schulischen unterrichtlichen und außerunterrichtlichen Veranstaltungen erstellt wurden und auf denen Ihr Kind zu sehen ist, auf der Schulhomepage ohne Namensnennung eingestellt werden.

Hinweis: Informationen sind im Internet weltweit suchfähig, abrufbar und veränderbar. Diese Einwilligung ist freiwillig und kann von Ihnen jederzeit mit Wirkung für die Zukunft widerrufen werden.

☐ Einwilligung wird erteilt.   ☐ Einwilligung wird nicht erteilt

_____   _____
Unterschrift Erziehungsberechtigte   Unterschrift Schülerin/Schüler

5 Löschungs- bzw. »Aufbewahrungsfristen«

Personenbezogene Daten sind zu löschen, wenn ihre Kenntnis für die Schule zur Erfüllung ihrer Aufgaben nicht mehr erforderlich ist.

- **Klassen- und Kurstagebücher:** Fünf Schuljahre nach Ablauf des maßgeblichen Schuljahres (VwV Führen von Klassen- und Kurstagebüchern).
- **Klassenarbeiten und Noten:** Ein Jahr nach Schuljahresende. Danach ist das Zeugnis bestandskräftig und kann i. d. R. nicht mehr rechtlich angegriffen werden.
- **Prüfungsunterlagen:** Drei Jahre nach Abschluss der Prüfung (so z.B. § 26 Abs. 4 BGVO, § 26 Abs. 3 NGVO).

Längere Aufbewahrungsfristen gelten, wenn z. B. der Schüler ein schutzwürdiges Interesse hat, weil

- die Daten eventuell für die die Ausstellung eines **»Ersatzzeugnisses«** benötigt werden
- die Daten möglicherweise für die **Rentenversicherung** zum Nachweis des Zeitraumes und der Dauer des Schulbesuches benötigt werden. Solche Daten werden erst **50 Jahre**, nachdem die Schülerin oder der Schüler die Schule verlassen hat, gelöscht und bis zu diesem Zeitpunkt »gesperrt«.

6 Verarbeitung personenbezogener Daten auf dem privaten PC der Lehrkraft

Werden personenbezogene Daten auf dem privaten PC der Lehrkraft verarbeitet, sind damit besondere datenschutzrechtliche Gefahren verbunden. Zu dem PC haben möglicherweise nicht nur die Lehrkraft, sondern auch der Partner oder auch die Kinder Zugriff. Der Computer kann den Angriffen von Viren oder Trojanern ausgesetzt sein. Die Daten werden möglicherweise auf einem USB-Stick transportiert, der verloren gehen kann.

Deshalb setzt die Verarbeitung personenbezogener Daten auf dem privaten PC eine Genehmigung durch die Schulleitung voraus, die erteilt wird, wenn die Lehrkraft erklärt, bestimmte Regeln einzuhalten. Beispielsweise dass der PC ausschließlich von der Lehrkraft genutzt wird oder ansonsten verschiedene Benutzerprofile angelegt sind, das Betriebssystem mit dem jeweils aktuellsten Sicherheitsupdate geschützt wird und eine Firewall und ein aktueller Virenschutz zum Einsatz kommen.

Insbesondere dann, wenn personenbezogene Daten auf einem USB-Stick transportiert werden, müssen sie dort verschlüsselt abgelegt werden. Das Land hat dafür das Programm »True Crypt« empfohlen.

> **Fragen zur Wiederholung und Vertiefung**
>
> 1 Welchen Inhalt hat das Recht auf informationelle Selbstbestimmung?
>
> 2 Dürfen die Adressen ehemaliger Schülerinnen und Schüler an die Organisatoren eines Ehemaligentreffens herausgegeben werden? Begründen Sie Ihre Ansicht!

Abkürzungsverzeichnis

Abs.	Absatz
BBesG	Bundesbesoldungsgesetz
BBiG	Berufsbildungsgesetz
BeamtStG	Beamtenstatusgesetz
BeamtVG	Beamtenversorgungsgesetz
BeamtZuVO	Beamtenrechtszuständigkeitsverordnung
BeihilfeVO	Beihilfeverordnung
BRRG	Beamtenrechtsrahmengesetz
BVerfG	Bundesverfassungsgericht
BVerfGE	Entscheidung des Bundesverfassungsgerichts, zitiert nach Band und Seite der amtlichen Sammlung
BVerwG	Bundesverwaltungsgericht
DÖD	Der öffentliche Dienst, juristische Fachzeitschrift
FG	Fördergesetz, Gesetz zur Förderung der beruflichen Chancen für Frauen und der Vereinbarkeit von Familie und Beruf im öffentlichen Dienst des Landes Baden-Württemberg
GG	Grundgesetz
GJSM	Gesetz über die Verbreitung jugendgefährdender Schriften und Medieninhalte
GLK	Gesamtlehrerkonferenz
Hs	Halbsatz
i. V. m.	in Verbindung mit
JArbSchG	Jugendarbeitsschutzgesetz
JGG	Jugendgerichtsgesetz
JÖSchG	Gesetz zum Schutz der Jugend in der Öffentlichkeit
JuSchG	Jugendschutzgesetz
K.u. U.	Kultus und Unterricht, Amtsblatt des Ministeriums für Kultus, Jugend und Sport
KMK	Kultusministerkonferenz
KonfO	Konferenzordnung
LBeamtVGBW	Landesbeamtenversorgungsgesetz
LBesGBW	Landesbesoldungsgesetz
LBG	Landesbeamtengesetz
LBV	Landesamt für Besoldung und Versorgung
LDO	Landesdisziplinarordnung
LKJHG	Kinder und Jugendhilfegesetz für Baden-Württemberg
LNTVO	Landesnebentätigkeitsverordnung
LPA	Landespersonalausschuss
LPVG	Landespersonalvertretungsgesetz
LRKG	Landesreisekostengesetz
LUKG	Landesumzugskostengesetz
LVO	Landeslaufbahnverordnung
LDSG	Landesdatenschutzgesetz
LVwVfG	Landesverwaltungsverfahrensgesetz
MVO	Multilaterale Versetzungsordnung
NGVO	Verordnung des Kultusministeriums über die Jahrgangsstufen sowie über die Abiturprüfung an Gymnasien der Normalform und Gymnasien in Aufbauform mit Heim
NJW	Neue Juristische Wochenschrift, juristische Fachzeitschrift
PSchG	Privatschulgesetz
Rspr.	Rechtsprechung
S.	Seite
SchulG	Schulgesetz
SGB	Sozialgesetzbuch
SMV	Schülermitverantwortung
UrhG	Urheberrechtsgesetz
UrlVO	Urlaubsverordnung
VA	Verwaltungsakt
VersO	Versetzungsordnung
VG	Verwaltungsgericht
VGH	Verwaltungsgerichtshof Baden-Württemberg
vgl.	vergleiche
VO	Verordnung
VwGO	Verwaltungsgerichtsordnung
VwV	Verwaltungsvorschrift
z. A.	zur Anstellung
z. B.	zum Beispiel
Ziff.	Ziffer

Stichwortverzeichnis

A

Abänderung
  von dienstlichen Beurteilungen 173
Abendgymnasium 40
Abmahnung 137
Abmeldung vom Religionsunterricht 66
Abordnung des Beamten 180
Akteneinsicht in Prüfungsakten 133
Alimentation 145, 168
Alkoholische Getränke 102
Allgemeine Hochschulreife 33, 38
Amtsbezeichnung 171
Amtshaftung 92, 100, 129, 178
Amtsverschwiegenheit 166
Anerkannte Bewertungsgrundsätze
  und Notengebung 109
Anforderungen und Notengebung 111
Anreiz- und Disziplinierungsfunktion
  der Notengebung 109
Anscheinsbeweis bei Täuschungshandlungen
  von Schülern 118
Arbeitsmaterialien 46
Aufbewahrung von schriftlichen Leistungen 115
Aufbewahrungsfristen 205
Aufschiebende Wirkung des Widerspruchs 27
Aufsicht
  bei Prüfungen 130
  gegenüber dem Schulträger 49
Aufsichtspflicht 85
  Aufsichtspflichtige Person 90
  bei außerunterrichtlichen Veranstaltungen 88
  Folgen einer Verletzung der 92
  Grundlagen 85
  Kriterien der Aufsichtsführung 88
  örtliche und zeitliche Grenzen 86
  Umfang 86
Aufsichtsplan 85
Aufstieg 144
Aussagegenehmigung 146, 166
Ausschluss
  aus der Schule 82
  vom Unterricht 82
Ausschlussfrist bei Dienstunfällen 169
Äußere Schulangelegenheiten 44, 45
Außerunterrichtliche Veranstaltung 93
  Aufsichtspflicht 88, 96
  Ausschluss von Schülern 96
  Einverständnis der Eltern 94, 96
  Genehmigung des Schulleiters 94
  Kosten der 94
  Reaktion bei Fehlverhalten von Schülern 96
  Transportmittel 95
  und Klassenpflegschaft 94
  Vertragsabschluss 95
  Vorbereitung und Planung 94
  Zeit zur freien Verfügung 88

B

Beamtenstatusgesetz 136, 142
Beamtenverhältnis
  auf Lebenszeit
  auf Probe
  auf Widerruf 156, 184
Beamtenversorgungsgesetz 136, 168
Bearbeitung im Urheberrecht 191
Beendigung des Beamtenverhältnisses 138, 158
Beginn der Schulpflicht 64
Begleitpersonen
  bei außerunterrichtlicher Veranstaltung 20, 90, 95
Begründungspflicht
  bei Prüfungsbewertungen 132
Beihilfe 168
Beihilfeakte 173
Beistand 26
Berufliches Gymnasium 37
Berufliches Schulwesen 35
Berufsaufbauschule 34, 37
Berufsbildungsgesetz 35, 104
Berufsfachschule 36
Berufskolleg 36
Berufskrankheit 169
Berufsoberschule 37
Berufsschule 35
Berufsschulunterricht und
  Beschäftigung im Ausbildungsbetrieb 104
Berufsvorbereitungsjahr 36
Beschränkte Geschäftsfähigkeit 99
Beschwerderecht 174
Besoldung 145, 167
Besonderes Gewaltverhältnis 18
Bestandskraft von Verwaltungsakten 26
Beurlaubung von Schülern 66
Beurteilungsspielraum
  bei der Notengebung 109
Bevollmächtigter im Verwaltungsverfahren 26
Bewertungsvorrecht 109
Bildungsempfehlung 31
Bühnenmäßige Aufführung 196

C

Charakterliche Eignung s. Probezeit
Christliche Gemeinschaftsschule 42

D

Darstellung und Notengebung 110
Datenerhebung 201
Datenschutz 166, 199 ff
Datenschutzrecht 199
Datensparsamkeit 200
Datenübermittlung 202
Deliktsfähigkeit 99
Dienst- und Treueverhältnis 159, 163
Dienstaufsicht 48
Dienstaufsichtsbeschwerde 174

Diensteid 163
Dienstherr 146
Dienstliche Beurteilung 173
Dienstunfallfürsorge 169
Dienstvergehen 177
Dienstvorgesetzter 147
Dienstweg 164, 174
Diskothek 101
Disziplinarverfahren 177
Disziplinarverfügung 177
Duales System 35

E
Ehrenamtliche Tätigkeit 171
Eigentum an Schülerarbeiten 47
Eigenwirtschaftliche Tätigkeiten
    und Versicherungsschutz für Schüler 91
Eindrucksnote und mündliche Note 116
Einrichtung einer Schule 45, 49
Einstellung
    in das Beamtenverhältnis 144, 151, 155
    Höchstalter 155
Einwilligungserklärung (Datenschutz) 204
Elterliches Sorgerecht 105
Elternbeirat 75
Elterngruppe 57
Elternrechte 70
    Entscheidungsrechte 72
    Informationsreche 72
    Repräsentative Rechte 73
Elternvertreter
    Unfallversicherungsschutz 73
Entfernung aus dem Dienst 156, 177
Entlassung des Beamten 157
Entlassungsfristen 158
Entlassungsverfügung 158
Ergänzungsschule 41
    anerkannte 41
Erholungsurlaub 170
Ermessen 13
Ernennung 144
Ersatzschule 40
    anerkannte 40
    Genehmigungsvoraussetzungen 40
Erziehungs- und
    Bildungsauftrag 15, 17
Erziehungs- und Ordnungsmaßnahmen 76 ff
    als Verwaltungsakt 78
    inhaltliche Anforderungen 82
    pädagogisches Ermessen 77
    präventive Maßnahmen 79
    schulisches Fehlverhalten 78
    Verfahrensablauf 83
    Zuständigkeiten 81
Erziehungsauftrag 71
    des Staates 71
    gemeinsamer von Elternhaus und Schule 71
Erziehungsrecht 70
    der Eltern 70
Ethik 19, 67

F
Fachaufsicht 48
Fachfremder Unterricht
    Pflicht zur Erteilung von 160
Fachgebundene Hochschulreife 38 f.
Fachhochschulreife 38
Fachkonferenz 46, 54
Fachliche Eignung 152, s. Probezeit
Fachschule 37
Fachschulreife 34, 36
Fahrlässigkeit
    grobe 177, 178
Fallbearbeitung 12
Filmveranstaltungen 102
Flucht in die Öffentlichkeit
    Verbot der 164
Föderalismusreform 142, 167
Formenstrenge 144
Fortbildungspflicht 160
Frauenförderung 171
Freie Benutzung im Urheberrecht 191
Freie Unterrichtseinrichtung 39
Funktionsvorbehalt
    für das Berufsbeamtentum 140
Fürsorgepflicht des Dienstherrn 170

G
Gaststätten
    Aufenthalt des Jugendlichen in 102
Gehobener Dienst 150
Gemeinwohlorientierung 163
Gemeinschaftsschule 34
Gesamtelternbeirat 73
Gesamtlehrerkonferenz 54
Geschäftsfähigkeit 99
    und Vertretung 99, 105
    bei Rechtsmitteln von Schülern 105
Gesetzesvorbehalt 78
    bei Grundrechten des Schülers 69
Gesetzgebungszuständigkeit
    im Beamtenrecht 142
    im Schulrecht 21
Gesetzliche Unfallversicherung für Schüler 90
Gesundheitliche Eignung 152, s. Probezeit
Glaubens- und Bekenntnisfreiheit
    des Schülers 69
Gliederung des Schulwesens 31
Grundrechtsfähigkeit 98
Grundrechtsmündigkeit 99
Grundschulempfehlung 32
Grundschulförderklasse 64
Gruppenleistungen 119
Gymnasium 35

H
Haftpflichtversicherung 91
Haftung der Eltern 100
Hamburger Abkommen 21 f.
Hauptberufliche Bindung des Beamten 141
Hauptschule 33
Hausaufgaben 119
Hausrecht des Schulleiters 53
Heranwachsender 100

Hergebrachte Grundsätze
des Berufsbeamtentums 141
Höherer Dienst 150

I

Informationelle Selbstbestimmung 199
Informationsfunktion der Notengebung 108
Innere Schulangelegenheit 44
Internet und Intranet im Urheberrecht 194

J

Jugendamt 70, 105
Jugendarbeitsschutz 103
Jugendarrest 100
Jugendgefährdende Medien 101, 103
Jugendgerichtsgesetz 100
Jugendlicher 100
Jugendrecht 98
Jugendstrafe 100
Juristische Personen 98

K

Kernfach 120
Klassenarbeiten 108, 113
 Höchstzahl 110, 115
 Schutzvorschriften für den Schüler 114
Klassenkonferenz 54
Klassenpflegschaft 73
Klassenschülerversammlung 58
Klassensprecher
 Wahl, Aufgaben 58
Konferenzordnung 54
Konfessionsschule 42
Kopie 191
Korrektur
 nachträgliche von Benotungen 115
Kosten des öffentlichen Dienstes 139
Kulturhoheit 21
Kultusministerkonferenz 22
Kündigung
 soziale Rechtfertigung 137
Kündigungsschutzgesetz 137

L

Landesdatenschutzgesetz 200
Landeselternbeirat 72
Landeslehrerprüfungsamt 186
Landesschülerbeirat 58, 59
Lateinschule 44
Laufbahngruppen 150
Laufbahnprinzip 141
Laufbahnrecht 149
Laufbahnrechtliche Probezeit 151
Lebenszeitprinzip 141, 159
Lehrer
 Rechtsstellung 54
Lehrerkonferenzen 54
Lehrmittel 46
 Zuständigkeit für die Wartung 47
Lehrproben von Anwärtern 186
Leistungsfeststellung 108
Leistungsprinzip 141

Lern- und Arbeitsverhalten 32
Lernmittelfreiheit 46
 Bagatellgrenze 46
 notwendige Lernmittel 46
Lernmittelverordnung 46
Lizenzierung im Urheberrecht 205
Löschungsfristen 205
Loyalitätspflicht 163

M

Maßgebliches Fach 120
Mäßigung und Zurückhaltung
 Pflicht zur 165
Mehrarbeit 160
Mehrarbeitspflicht 167
Meinungsfreiheit
 Schüler 68
Meisterprüfung 37
Methodik der Fallbearbeitung 12
Ministerium für Kultus, Jugend und Sport 50
Misshandlung Schutzbefohlener 101
Mitbestimmung des Personalrates 174
Mitwirkung des Personalrates 174
Mitwirkungspflicht des Prüflings im Prüfungs-
 verfahren 128
Multilaterale Versetzungsordnung 123
Mündliche Leistungen 116
Mündliche Note 116
Musikeditionen, Vervielfältigung 193

N

Nachschreibearbeit 116
Nachsitzen 78, 81
Nachversicherung bei Entlassung 158
Namensgebung für die Schule 45
Naturrechtslehre 12
Nebentätigkeit 160
Nichteheliche Kinder
 Sorgerecht 105
Notengebung
 Transparenz 112
Notensanktionen 80
Notenskala 113
 degressiv 113
 linear 113
Notenstufen 113
Nothilfe 164
Notwehr 164

O

Oberste Dienstbehörde 147
Öffentliche Anstalt
 Rechtsfähigkeit 44
Öffentliche Schule 18
Öffentliche Wiedergabe 195
Orientierungsstufe 124

P

Pädagogisch-fachliche Gesamtbewertung 111
Pädagogische Erziehungsmaßnahmen 79
Pädagogische Freiheit 161
Personalakte 172

Personalversammlung 177
Personalvertretung 174
Persönlichkeitsbedingte generelle
   Einschränkungen der Leistungsfähigkeit
   bei Prüfungen 131
Petitionsrecht 174
Pflicht zu achtungs- und
   vertrauenswürdigem Verhalten 164
Pflichten des Beamten 159 f.
Pflichtschule 32
Pflichtverletzungen des Beamten
   Rechtsfolgen 177
Privat PC (Datenschutz) 206
Private Volksschulen 39
Privatschule
   Rechtsschutz 42
   Schulgeld 39
Probezeit
   Abkürzung 151
   Dauer 151
   Entlassung 154
   fachliche Eignung 153
   gesundheitliche Eignung 153
   Verlängerung 154
Projekttage 94
Protokoll bei mündlichen Prüfungen 133
Prüfer
   Voreingenommenheit 129
Prüfung für Schulfremde 134
Prüfungsbedingungen 128
   äußere 130
Prüfungserleichterungen 130
Prüfungsspezifische Wertungen 110, 132
Prüfungsstoff 128
Prüfungsverfahren 129
   Informationen an den Schüler 128
Prüfungswiederholung 134

R

Rahmengesetze 142
Rauchen
   Schüler 102
Realschule 34
Rechte des Beamten 167
Rechtsanwalt im Verwaltungsverfahren 26
Rechtsbehelfsbelehrung 26
Rechtsfähigkeit 98
   der Schule 44
Rechtsfolge 12
Rechtsphilosophie 11
Rechtsschutz bei Prüfungen 132
Regierungspräsidium 48, 50
Regress bei der Schülerunfallversicherung 91
Reisekosten 170
Religionsmündigkeit 66, 99
Religionsunterricht 42, 72
   Abmeldung vom 66
Remonstrationspflicht 163
Residenzpflicht 162
Rettungsfähigkeit 86
Rücktritt von einer Prüfung 131
Rückwirkende Ernennung
   Verbot der 144

Rügepflicht bei Prüfungen 133
Ruhegehalt 168
Ruhestand 157

S

Sachfremde Erwägungen 109
Sachkostenbeitrag 45
Sachschaden und Dienstunfallfürsorge 169
Säumnis bei Leistungsfeststellungen 116
Scheidung und Sorgerecht 107
Schlichtes Verwaltungshandeln 23
Schmerzensgeld 91
Schöpfungshöhe (Urheberrecht) 187 ff.
Schreibzeitverlängerung 130
Schriftliche Leistungen 113
Schriftliche Wiederholungsarbeiten 113
Schularten 33 ff.
Schulaufsicht 48
Schulaufsichtsbehörden 50
Schulberechtigung 65
Schulbezirk 32, 46
Schulbushaltestelle 86
Schuldfähigkeit 100
Schülerarbeiten
   Eigentum 47
Schülermitverantwortung 58
   Aufgaben und Rechte 59
   Veranstaltungen der 60
Schülerrat
   Zusammensetzung 59
Schülersprecher 59
Schülerunfallversicherung 90
Schülerzeitschriften 61
Schulferien
   Abgeltung des Urlaubsanspruches
   durch die 170
Schulfremdenprüfung 40, 126
Schulgeldfreiheit 47
Schullandheimaufenthalt 93
Schulhoheit 48
Schulkonferenz 56
   Anhörung bei Entscheidungen der GLK 56
   Befugnisse 56
   Einverständnis
   bei Entscheidungen der GLK 56
Schullandheimaufenthalt 93
   Ausschluss von Schülern 80, 94
Schulleiter 52
   Stellenbesetzungsverfahren 53
Schulpflicht 63
   Beendigung der 64
   Befreiung vom Unterricht 66
   Befreiung von der 65
   Beginn der 64
   Beurlaubung 66
   Durchsetzung der 67
   Verlängerung der 64
Schulträger 44, 45
   Aufgaben des 45
   Aufsicht über den 49
Schultypen
   Gliederung des Schulwesens 33
Schulverbund 38

Schulverfassung 52
 direktoriale 52
 kollegiale 52
Schulweg 86
Schutzbefohlener 101
Schutzvorschriften
 zum Schutz des Jugendlichen 101
Selbsteintrittsrecht 110
Sexueller Missbrauch
 von Schutzbefohlenen 101
Sicherheitsbeauftragter 86
Sinnvoller Ausgleich 120, 123
Sofortvollzug 28
Sorgerecht 105
Sozialhilfe für Schullandheimaufenthalte 94
Sozialisierungsfunktion der Notengebung 108
Spielhallen 102
Sprache des Gesetzes 12
Staatliches Schulamt 50
Ständige Konferenz der Kultusminister 22
Strafrechtliche Folgen
 von Dienstpflichtverletzungen 178
Streikverbot für Beamte 163
Studienfahrten 93

T

Tanzveranstaltungen 102
Taschengeldparagraph 99
Tatbestand 12
Täter-Opfer-Ausgleich 100
Täuschungshandlung
 bei Leistungsfeststellungen 117
 bei Prüfungen 131
Täuschungsversuch 117
Technikerschule 37
Transparenz bei der Notengebung 112

U

Überweisung in eine Parallelklasse 82
Umsetzung von Beamten 180
Umzugskosten 170
Uneigennützigkeit
 Pflicht zur 165
Unparteilichkeit
 Pflicht zur 165
Unterrichtsweg 86
Untersuchungsgrundsatz 25
Urheberrecht 187 ff
Urlaub von Berufsschülern 104

V

Verbindungslehrer 59, 60
Verfassungstreuepflicht 162
Verfügungsstunde 59
Verhaltenspflichten des Beamten 164
Verhinderung der Teilnahme
 Entschuldigungsfrist 66
Verhinderung der Teilnahme
 von Schülern am Unterricht 66
Verkehrssicherungspflicht 86, 90
Verlängerung der Probezeit 152
Verlassen des Schulgrundstücks 91

Vermögenswerte Rechte des Beamten 167
Verordnungen 20
 im Beamtenrecht 143
Versetzung des Beamten 180
Versetzungsentscheidung (Schüler) 121
 auf Probe 122
Versetzungsordnung 120
Vervielfältigung 191
 aus Unterrichtswerken 192
 für den Unterrichtsgebrauch 192
Versorgung 168
Verwaltungsakt 23
 Anhörung 25
 Befangenheit 25
 Bekanntgabe 25
 Form 25
 Zuständigkeit 25
Verwaltungsvorschriften 20
 im Beamtenrecht 143
Verwendung der Schulräume
 zu anderen als schulischen Zwecken 46
Verwertungsrecht 188
Verwertungsverbot
 disziplinarrechtlicher Vorgänge 178
 für den Beamten ungünstiger Vorgänge 172
Volkszählungsurteil 166
Volljährigkeit 98
 und Elternrechte 75
Vorbereitungsdienst 184
 Ablauf und Beendigung 184
Voreingenommenheit des Prüfers 129
Vorgesetzter 147
 des Anwärters und Referendars 148
Vormundschaftsgericht 105
Vorzeitige Einschulung 64
Vorzeitige Entlassung von Schülern 87

W

Wahlpflichtbereich (Realschule) 35
Wahlschulen 32
Waldorfschule 40
Wandertage 93
Wegeunfall 169
Werk 189
Werkrealschule 33
Widerspruchsverfahren 29
Wiederholung
 freiwillige 122
Wohlverhaltenspflicht 164
Wohnsitz des Schülers 105

Z

Zeugnis 111
Zitat 190
Zurückstellung vom Schulbesuch 64
Zuständigkeiten
 im Bereich des Beamtenrechts 146
Zuteilungs- und Selektionsfunktion
 der Notengebung 108
Zweckbindungsprinzip im Datenschutz 200
Zweiter Bildungsweg 37
Zweitkorrektur 129